阅读·写作·口才

——新编大学语文

程红　邢学波　主编

北京体育大学出版社

策划编辑　佟　晖
责任编辑　佟　晖
责任校对　潘海英
版式设计　联众恒创

图书在版编目（CIP）数据

阅读·写作·口才：新编大学语文 / 程红，邢学波
主编 . -- 北京：北京体育大学出版社，2024.3
ISBN 978-7-5644-4069-5

Ⅰ . ①阅… Ⅱ . ①程… ②邢… Ⅲ . ①大学语文课—
高等学校—教材 Ⅳ . ① H193.9

中国国家版本馆 CIP 数据核字（2024）第 064306 号

阅读·写作·口才——新编大学语文

YUEDU·XIEZUO·KOUCAI——XINBIAN DAXUE YUWEN

程红　邢学波　主编

出版发行：北京体育大学出版社
地　　址：北京市海淀区农大南路 1 号院 2 号楼 2 层办公 B-212
邮　　编：100084
网　　址：http://cbs. bsu. edu. cn
发 行 部：010-62989320
邮 购 部：北京体育大学出版社读者服务部 010-62989432
印　　刷：三河市龙大印装有限公司
开　　本：787mm×1092mm　1/16
成品尺寸：185mm×260mm
印　　张：25.75
字　　数：655 千字
版　　次：2024 年 3 月第 1 版
印　　次：2024 年 3 月第 1 次印刷
定　　价：60.00 元

编委会

主　编　程　红　邢学波

编　委　（以姓氏笔画为序）

王　辰　王　珊　王　娜　田　艳　匡　昕

邢学波　乔东鑫　刘　芳　刘　晓　刘　路

衣雪峰　杜　丽　张　婷　陈石军　范耀斌

郑珊珊　屈　莎　项　英　原婕菲　高云鹏

黄二宁　黄兰花　蒋小杰　景虹梅　智　慧

程　红　谢　卫

前言

北京体育大学建校以来，语文一直就是全校本科生的必修课程。北京体育大学人文教师几代人，根据学校的实际学情，在反复调研的基础上，曾先后编写出版过《文体写作学教程》《国语读写教程》等教材，在教材编写与教学应用中积累了丰富的经验。

2018年以来，教育部发出大力建设新文科的倡议，要求学科交叉融合，教学内容、方法改革创新，全面加强文科建设。2022年，教育部和国家语委发布《关于加强高等学校服务国家通用语言文字高质量推广普及的若干意见》，明确要求高校将提高大学生语言文字应用能力纳入学校人才培养方案，纳入毕业要求。党的二十大报告指出，坚守中华文化立场，提炼展示中华文明的精神标识和文化精髓，加快构建中国话语和中国叙事体系，讲好中国故事、传播好中国声音，展现可信、可爱、可敬的中国形象。相应地，北京体育大学也先后成立人文学院、通识教育中心，大力推进通识教育，推进包括语言文字能力以及中华文化、文学经典阅读在内的课程体系改革。

教材是人才培养的重要载体，与课程体系的改革创新相辅相成。北京体育大学人文学院教师顺应时代发展以及国家、学校对语言文字能力、文化传承、经典阅读的新要求，集体编写了《阅读·写作·口才——新编大学语文》。

一、编写理念及目标

本教材立足通识教育，根据"以文化人，以写育人，以体思政"的编写理念，围绕经典阅读展开，强调读、写、说结合的语文教学方法，希望能为传承中华优秀传统文化，提升体育院校学生人文素养，培养文体兼修的优秀体育人才打下坚实的基础。

经典阅读，以点带面。培养与大师对话的能力，掌握经典文本的阅读方法，重新发现自己的未知领域，激发今后阅读"大部头"经典的兴趣。

实用文写作，学科交叉。给学生提供发现问题、分析问题、解决问题的多种视野和角度，凸显前沿性、时代性。

口才训练，倾听沟通。引导学生不唯"我"，增强对"他者"的尊重与理解，能够追问、思考、反思和批判，培养倾听、沟通与交流的"大语文"智慧。

本教材力求满足各学部院系各专业学生的需求，突出"可学性""可教性""可用性"，努力做到创新—传授—接受三位一体，为教学双方留有较大的选择空间。

二、编写内容及体例

本教材适用对象主要为大学一年级学生，课程旨在拓展学生视野，激发学生兴趣，培养学生博雅品位，使学生养成批判性思维，从而对各专业培养目标和培养要求的实现起到夯实基础的作用。

（一）教材内容体系——三大模块

三大模块重在"读、写、说"能力的提升，每一模块下设若干小模块。

第一模块——经典阅读。该模块主要包括经典文本鉴赏（古今中外文学文论）、体育文学专题鉴赏等小模块。这一模块以经典为载体，能够充分融入思政内容，具有价值引领、坚定文化自信的功用。

第二模块——实用文写作。该模块主要包括公文写作、学术论文写作、融媒体新闻写作（传统媒体与新媒体）等小模块。这一模块为学生获得基础性的处理信息能力、创新意识与逻辑思维提供必要的训练。

第三模块——口才训练。该模块主要包括社交口才（交际与沟通）、通用口才（演讲与辩论）、行业口才（职场语言、营销语言、教学语言）等小模块。这一模块以读、写为基础，注重人际沟通、思维淬炼与语言输出，将思维训练与口头表达深度融合，全面提升学生综合素养。

（二）教材核心要素——思维导向

本教材以通识教育理念为编写原则和指导思想，教材核心要素——思维导向贯穿于教材的三大模块，让学生进行读、写、说的全程学习。

经典阅读：通过精心筛选出的古今中外经典范本、体育专题文本，在语言文字符号破译的基础上，训练学生联想想象、形象重构、评鉴审美能力，激发和培养学生的创造性思维、批判性思维，为学生奠定良好的阅读基础。将与体育相关的文学作品单辟出来，以兼具艺术性、知识性和专业性的功能指向，形成更适用于体育院校学生所需、更具针对性的特色内容，重在博古通今，文化体认，以体育人。

实用文写作：通过实用文写作，训练学生从社会现实中获取、整理、加工、传递信息的能力，培养学生从社会现实中发现问题、提出问题、解决问题的能力，特别是清晰的理性思维逻辑、准确的语言组织和纵横的深度思考能力。

口才训练：立足学生综合素质、语言素养与职业能力的提升，采用示例导学、知识要点和模拟实训等多种形式，晓之以理，动之以情，融入形象、抽象等思维方式。学思悟练，融会贯通，提升思维条理性、敏捷性与灵活性，训练思辨能力及倾听沟通智慧。

（三）教材模块组合——因材施教

根据招生方式，体育院校本科专业主要有三类：一是单独招生类专业，二是体育（艺术）类招生专业，三是普通批次招生专业。因此，教学对象可分三个阶段：基础阶段、巩固阶段、提高阶段。

教材内容为模块形式，根据教学对象可重组模块、拆分内容，进行更有针对性、更有效的教学。力求"供给侧"与"需求侧"的合理对接，如"经典阅读＋口才训练"组合，可服务于第三类专业学生；"经典阅读＋实用文写作＋口才训练"组合，可服务于第一类和第二类专业学生。当然，使用者还可在三个模块中，根据学生实际情况进行不同难度的梯次等级设计，达到因材施教、精细化教学效果。

三、编写特色及创新

1. 理念创新，经验总结。借鉴中外优秀通识教材经验，贯穿"以文化人，以写育人，以体思政"的编写理念，通过综合性语言能力的训练，培育具有人文底蕴、家国情怀、国际视野的创新型体育人才。

2. 优选古今中外体育文本，凸显体育特色。本教材主要为体育院校语文教学设计，在选文、案例、练习上有体育方面的考量与侧重，还专门开辟了体育文学章节，以期引导、加深学生对体育精神的理解，更好地传播、践行中国传统体育和现代奥林匹克体育文化。

3. 模块化布局，更具适用性、兼容性。本教材采用大小模块组合的结构布局，覆盖听、说、读、写等语言技能，适用于大学语文、应用写作、沟通与表达（演讲与口才）等多种课型。特别是篇目内容依难度做梯次设置，以兼顾体育院校不同语言基础的学生，便于任课教师进行分阶段的针对性教学，因材施教、选材施教。

4. 信息化配套，资源丰富。本教材顺应高校教学信息化、标准化、精细化的大趋势，既有纸质教材的出版，又有数字化教学资源的扩充、配套，如制作教学课件，链接二维码补充学习材料，逐步录制教学慕课、微课，编写电子版习题，等等。

四、编写说明及分工

我校通识教育中心成立后，人文学院就开始酝酿通识平台语文类新教材的编写。人文学院下设中文系和国际文化系、通识教育中心（非实体机构）、体育哲学与体育史研究中心、体育法与体育社会学研究中心、体育文学研究中心等，学科互补优势为教材建设提供了既专业又多元的编写团队。教师专业背景具有文、史、哲、艺、体交叉融合的特点，进一步保障了教材"通识教育理念、人文底蕴、体育特色"的总体风格。

2021年5月，在人文学院院长田青的全力推动下，由程红教授牵头，成立了由邢学波、景虹梅、王娜、赵娟、匡昕、黄二宁、刘路、陈石军、王辰、项英等教师组成的教材申报团队。经过学校专家评审等多个环节，2021年10月申报教材获批学校第一批本科教材建设项目。

在教材编写过程中，人文学院党总支书记张卓林非常重视通识课程建设，尤其对通识平台语文类必修课及其教材建设倾注了大量心血，鼓励全院教师积极参与相关工作。教材编写工作也得到了人文学院副院长王巨川的大力支持。此外，还有其他学院和职能部门教师受邀参编，编写团队群策群力，充分发挥各自所长。因此，这部教材凝聚了集体的力量与智慧。

具体分工如下：

主编：程红、邢学波。负责教材策划与组织、设计整体框架、统稿等工作。

第一模块负责人：景虹梅、王娜、陈石军。

第一模块第一章概述由田艳撰写；诗歌参编者有谢卫、王娜、衣雪峰、张婷、田艳，概述由谢卫、田艳撰写；散文参编者有谢卫、王娜、张婷、陈石军、蒋小杰，概述由陈石军撰写；小说参编者有张婷、谢卫、田艳，概述由张婷、田艳撰写；戏剧影视文本及概述均由景虹梅完成；经典文艺理论参编者有陈石军、衣雪峰、原婕菲、蒋小杰、田艳，概述由蒋小杰撰写。

第一模块第二章概述由王娜撰写，体育古诗文、近现代体育文学、外国体育文学参编者分别为王娜、张婷和陈石军、黄兰花。

第二模块负责人：黄二宁。

第二模块概述由杜丽撰写；公文写作参编者有王珊、范耀斌；学术论文写作参编者有刘晓、屈莎、高云鹏；融媒体新闻写作参编者有黄二宁、郑珊珊。

第三模块负责人：匡昕。

第三模块概述由刘芳撰写；社交口才参编者有王辰、乔东鑫、智慧；通用口才参编者为刘路；行业口才参编者有匡昕、项英。

本教材是集体劳动的成果。大家民主协商，互相砥砺，有文责自负，有统筹合作，彰显了北京体育大学教师的使命担当。

本教材所选文本、图片、二维码内容均注明了出处，个别因联系不上而未能当面致谢，特此说明。同时，北体新传解说团队积极拓展专业实践路径，感谢李琳、李念、李思雨、宋羽、孙有哲、汤骁宇、佟艺、汪粤、王郑韬、徐菲娅、徐铭辰、薛鑫怡、周何天等同学，为教材体育古诗文录制了音频、视频，张敬旺同学为中国现当代诗歌录制了音频。

总之，新编教材以通识平台基础素质课程为依托，以服务体育行业类院校学生为目标，注重语言文字基础，强化思维，融入体育精神，提升人文底蕴。编委会旨在打造一部具有针对性、指导性、科学性、趣味性、可行性的通识语文类教材。

最后，感谢北京体育大学校领导和人文学院领导的大力支持，感谢教务处和北京体育大学出版社领导的悉心指导，特别感谢出版社佟晖老师的辛勤工作，更是感谢全体参编老师在紧张繁重的教学科研工作之余为本书付出的辛劳！借此机会，也向同事吴志强教授致敬，感谢吴教授为我校语文教材从无到有付出的巨大努力！

由于时间紧，任务重，不妥之处敬请专家学者、一线教师及广大读者批评指正。

程　红　邢学波

2023 年 3 月 15 日

目录

第一模块　经典阅读

第二模块　实用文写作

第三模块　口才训练

第一模块

经典阅读

第一章 经典文学与文论

概述

一、何为"经典"

每个民族都有自己的经典，经典是各个民族文化的精粹，同时具备跨文化传播的潜能，是人类命运共同体所共享的情感符号与智慧结晶。恰如佛克马所言，经典就是"一个文化所拥有的我们可以从中进行选择的全部精神宝藏"。①

从词源上来看，汉语的"经"从糸（mì）巠（jīng）声，本义是织物的纵线，与"纬"相对，后引申为具有恢宏大义的书籍。"典"上部为"册"，意为编连在一起的竹简（书册），下部是一双手，"典"字意为用双手捧着书册，指具有典范价值的文献书籍，后引申为标准、法则等。刘勰在《文心雕龙·宗经》中表明："三极彝训，其书言经。经也者，恒久之至道，不刊之鸿教也。故象天地，效鬼神，参物序，制人纪，洞性灵之奥区，极文章之骨髓者也。"②

---

① 佛克马，蚁布思.文学研究与文化参与［M］.俞国强，译.北京：北京大学出版社，1996：50.佛克马（Douwe Fokkema），荷兰当代著名学者、前国际比较文学学会会长，主要从事比较文学和文学理论的研究，代表作有《文学研究与文化参与》（合著）、《二十世纪文学理论》（合著）、《走向后现代主义》（合著）等。

② 刘勰.文心雕龙注［M］.范文澜，注.北京：人民文学出版社，1958：21.刘勰（约465—520），字彦和，生活于南北朝时期，中国历史上著名的文学理论家。《文心雕龙》是经典的文学理论著作，共50篇，内容包括总论、文体论、创作论、批评论等。

据此观点，只有彰显恒久至理与伟大教化的典籍才能称为"经"。在西方语境中，"经典"即 canon 在词源上来自闪族语 qan，意为垂直生长的芦苇，后引申为建筑中的尺寸规则与正确比例，含有供人学习、模仿的"典范"之意。无论中西，"经典"最初都泛指一般书籍，后来才特指那些最具典范意义的作品，如中国的四书五经、十三经等。西方最早被称为 canon 的是公元前 3 世纪亚历山大里亚学者们选定的一系列用于教化读者的典范之作。

总之，"经典"是经受漫长的历史考验而获得公认地位的、具有典范性和权威性的伟大作品，是人类文化传承的重要载体，它涵盖不同领域，如文学、哲学、历史学、法学、教育学等的优秀作品。其中，文学经典（包括文论）无疑是最重要且影响最广泛的一类经典，它不仅具有极高的审美价值，而且富于深厚的知识文化底蕴和对宇宙人生的深刻哲思。文学经典是文学作品的标杆，不仅能为文学批评提供参照系，还能起到重要的教育作用。它囊括了古今中外最优秀的诗歌、小说、散文和戏剧（包括影视文学），代表着人类的思维能力、想象力和语言表达能力所能达到的高度。文学经典往往具有以下几个特点：

首先是超越时空的永恒性。人们常说，"时间造就经典"，只有经过历史检验的文学作品才能成为经典。经典之所以成为经典，取决于其永恒的内在审美价值和思想价值，而非任何外在因素，正是因为这些内在价值，经典才能够突破时空的界限而为每一代读者所共享。曹丕《典论·论文》云："盖文章，经国之大业，不朽之盛事。年寿有时而尽，荣乐止乎其身，二者必至之常期，未若文章之无穷。是以古之作者，寄身于翰墨，见意于篇籍，不假良史之辞，不托飞驰之势，而声名自传于后。"[①]经典是不受时空限制的，不会随着历史的前进而被淘汰。它具有永恒的魅力，能在历史的长河中不断焕发生机。中国的《诗经》《楚辞》、唐诗宋词、元杂剧、四大名著，西方的《荷马史诗》《神曲》、莎士比亚戏剧、《浮士德》等都是永恒不朽的篇章，吸引一代代读者一读再读。

其次是原创性。正如布鲁姆所指出的，"一部文学作品能够赢得经典地位的标志是某种原创性"[②]。这种原创性主要表现在两个方面：一是思想立意的创新，二是艺术表现手法的创新。就前者而言，在思想层面不断探索、揭示宇宙人生的真谛，是经典作家们孜孜以求的目标。巴尔扎克对资本主义社会金钱关系的揭露、托尔斯泰对博爱精神的倡导、卡夫卡对现代人心灵异化状况的创造性描绘使他们在群星闪耀的天空中独树一帜，极大地拓宽了文学的文化底蕴和人性内涵。就后者而言，表现手法既是作品所采取的表现形式，也关乎文学的本质，经典作品往往是内容与形式的完美统一，具有极高的审美价值。王国维[③]曾说，"一代有一代之文学"。从唐诗宋词到元曲、元杂剧，再到明清小说，正是文

① 黄霖，蒋凡.中国古代文论选编（上卷）［M］.上海：复旦大学版社，2022.曹丕（187—226），字子桓，史称魏文帝，其《典论·论文》为中国文学批评史上第一部文学专论。

② 哈罗德·布鲁姆.西方正典［M］.江宁康，译.南京：译林出版社，2005：3.哈罗德·布鲁姆（Harold Bloom），美国当代著名文学批评家、理论家，"耶鲁学派"代表人物之一，著有《影响的焦虑：一种诗歌理论》《西方正典：伟大作家和不朽作品》等。

③ 王国维（1877—1927），字静安，浙江海宁人。王国维是中国近现代之交时期著名的学者，著有《人间词话》《红楼梦评论》《宋元戏曲考》等。

学形式上的不断创新，才使文学具有不朽的生命力。诗歌中的借景抒情、托物言志、烘托、渲染，小说结构上的埋伏笔、设悬念、草蛇灰线，现代文学中的意识流、戏仿、反讽等表现手法层出不穷，都显示出文学本身具有极强的创造性。

最后是无限丰富的可阐释性。博尔赫斯曾指出，在经典作品中，"一切都可引出无止境的解释"。① 文学作品一经诞生，就不再受制于作者的主观意图，而具有丰富多样的可阐释性。在某种意义上，经典正是由作者的原创性文本与读者的阐释所共同缔造的，是两者交互作用的结果，缺一不可。可以说，失去了读者的阅读与阐释，经典将彻底消失。这是因为，一方面，经典作品丰富了读者对于人类精神世界的认识，促使读者深入思考；另一方面，读者的思考与阐释又使经典作品获得了新的内涵与生命力。

总之，文学经典具有打破时空界限的超越性、丰富多元的思想性以及面向读者的开放性，是历史与当下、个体独特的精神世界与人类共通的思想情感相融合的产物，不仅细致入微地刻画了人类的内心经验和生存处境，更对人类的命运进行了思考与揭示。

二、经典阅读的当代意义

正是由于文学经典无可比拟的地位和价值，朱自清才明确指出："在中等以上的教育里，经典训练应该是一个必要的项目。"② 朱光潜也表示，"与其读十部无关轻重的书，不如以读十部书的时间和精力去读一部真正值得读的书"。③ 意大利著名作家卡尔维诺在《为什么读经典》中更表明经典是值得一再"重读"的。④ 但在当前这样一个网络化、图像化、技术化的时代，各种"快餐"文化、网红文化层出不穷，大量碎片化的信息充塞人们的精神空间，人们普遍满足于轻松获得"短平快"的知识和浅表的精神愉悦，经典之作往往被束之高阁，无人问津。对于当代大学生而言，在这种背景下，阅读或重读经典就更具有非凡的意义。

首先，阅读文学经典能够有效地提升读者的文化素养，实现价值引领与人格塑造。恰如朱自清所说，"经典训练的价值不在实用，而在文化"。文学经典具有一种独特的诗性力量和审美感染力，它通过诉诸情感来培育读者完善的品性。经典是古往今来优秀作家们

① 博尔斯.作家们的作家［M］.倪华迪，译.昆明：云南人民出版社，1995：21.博尔赫斯（Jorge Luis Borges，1899—1986），阿根廷著名文学家，代表作有《小径分岔的花园》等。

② 朱自清.经典常谈［M］.南宁：广西人民出版社，2017：1.朱自清（1898—1948），字佩弦，中国现代著名散文家、诗人、学者、民主战士，代表作有散文集《背影》《欧游杂记》等。

③ 朱光潜.谈读书［M］.北京：中国青年出版社，2015：13.朱光潜（1897—1986），字孟实，安徽桐城人，中国现当代著名美学家、文艺理论家、翻译家，主要作品有《文艺心理学》《悲剧心理学》《谈美》《诗论》《西方美学史》等。

④ 卡尔维诺指出："经典作品是那些你经常听人家说'我正在重读……'而不是'我正在读……'的书。"参见卡尔维诺.为什么读经典［M］.黄灿然，李桂蜜，译.南京：译林出版社，2019：1.卡尔维诺（Italo Calvino，1923—1985），意大利当代著名文学家，代表作有《我们的祖先》三部曲、《寒冬夜行人》等。

伟大智慧的结晶，传递着对至真、至善、至美等崇高价值信念的追求。屈原诗篇中九死不悔的高洁之志、苏东坡"竹杖芒鞋轻胜马"的豁达洒脱、唐·吉诃德锄强扶弱的天真勇敢、哈姆莱特"生存还是毁灭"的自我拷问、浮士德不断求索的自强不息，都是人类卓越精神的象征。这些作品深蕴着作家对宇宙人生的思考，每一次重读都能发掘新的意义。另外，经典是人生的一面镜子，能够帮助我们理解和建立自我与世界的关系。尤其在当前这样一个充满不确定性的时代，阅读经典有助于塑造我们内心世界的确定性，赋予我们积极面对人生挫折与困境的智慧和勇气。孟子提出的"尚友古人"，钟嵘①所说的"使穷贱易安，幽居靡闷，莫尚于诗矣"，毛姆的名言"阅读是一座随身携带的避难所"，都表明了经典所具有的伟大力量。

其次，阅读经典有助于培养思维能力，增强人们的反思能力和分析判断能力。与历史、哲学、社会学等学科的经典主要以理性思考为主不同，文学经典往往以一种半虚构半真实的表现方式最大限度地激发人心中的情感，使人感到惊叹、困惑甚至痛苦。但这种情感并不是完全非理性的，而在一定程度上是理性的、规范的，是感性与理性的融合。经典或通过情感共鸣的方式，引发读者的同理心并使其对一些习以为常的现象产生怀疑，进而思考这些现象背后的实质；或依托个体的生存经验来探索普遍的、本质性的人生奥秘，看似虚构之言，实则饱含真理。《红楼梦》的"满纸荒唐言，一把辛酸泪"揭示出人生的悲剧性本质，但丁的《神曲》通过描写亡灵漫游地狱、炼狱、天堂三界的奇幻之旅表达了光明终将战胜黑暗、穿过地狱就是天堂的神圣奥义。读者在阅读这类作品时，需要进行积极的思考，分析、判断表层文本背后的深层寓意。伟大的经典绝不止于"讲故事"，而是透过凡俗的悲欢照见永恒的生命真谛。正是在这个意义上，亚里士多德②说"诗比历史更真实"。总之，好的文学作品是感性与理性、特殊与一般、主观与客观的统一，有助于读者思维能力的提升。

最后，通过阅读文学经典，建构一个情感共同体，从而影响公共生活。文学经典并非仅仅关乎狭窄的个体生命体验，相反，承载着对社会人生的深切关怀和广泛思考。法国著名思想家萨特③的"文学介入"观即倡导文学艺术应当介入生活，发挥公共影响力。鲁迅将杂文看作投枪和匕首，正是深刻认识到文学所具有的现实力量。当今时代，一方面，网络文化与社交媒体的迅速蔓延，造成了人们现实感的逐步丧失以及人与人之间的隔膜；另一方面，消费主义一定程度上席卷了人类生活的方方面面，美好的理想与信念让位于短暂的物质享受与快感。面对这些现状，阅读经典，以书为镜，不仅能帮助个体深入认识自我

---

① 钟嵘（约468—518），字仲伟，中国南朝文学评论家，仿汉代"九品论人，七略裁士"的先例，著有诗歌评论著作《诗品》。

② 亚里士多德（Aristotle，公元前384—前322），古希腊著名哲学家，其所著《诗学》为西方文艺理论的重要作品。

③ 让－保罗·萨特（Jean-Paul Sartre，1905—1980），法国20世纪最重要的哲学家、文学家、社会活动家，主要作品有哲学著作《存在与虚无》、小说《恶心》、戏剧《死无葬身之地》《隔离审判》《苍蝇》等。

与世界，洞察自我的真实需求，认清消费主义的陷阱，还能通过人类所具有的共通感建构一个情感的共同体，实现自我与他人、与世界的真实连接。总之，阅读经典能使人们摆脱孤独的个体存在，消除隔膜，与他人"共在"。此外，还有研究者指出，阅读小说可以培养丰富的想象力和客观公正的情感，这种情感能够成为公共理性的典范，有助于更广泛的社会公正的实现。[①] 文学经典还能滋养读者的历史感与使命感，激发读者对于民族、国家乃至全人类的深厚情感与责任感。

三、经典阅读与思维能力的培养

文学经典蕴含着丰富而深刻的思想，这是当前的流行文化和通俗文学作品所无法比拟的。阅读经典，可以提高人的思考能力、辨别能力和判断能力。

（一）思维的含义与类型

法国思想家帕斯卡曾说，人不过是一根会思考的芦苇，然而人类正是因为懂得思考，才成为万物的灵长，可以说，思想铸就了人类的伟大，思维活动与人类生活息息相关。[②] 那么，究竟什么是思维或思考（thinking）？人类的大脑究竟是怎样进行思考的？对于这个问题，许多科学家都进行了探索，至今仍众说纷纭。一般来说，思维是指我们的主观世界把握客观世界的认识过程。有学者提出，可从语言交流的角度将思维理解为一种具有交流潜能的心理和脑力活动过程，它需要借助于语言（包括口语和书面语）来表达。[③] 因此，思维与语言的关系十分紧密，语言是思维的媒介，它就像大脑的镜子，能够反射出大脑的思维过程，只有将思想通过语言表达出来，我们才能够更客观地审视它，更好地与他人交流、分享。文学经典正是书面语言表达的典范，能最好地体现思维活动的过程。

从不同的角度，可以将思维划分为不同类型。例如，根据思维的不同特点可以分为形象思维、抽象思维和灵感思维；按照思维产生的依据可分为感性思维（直觉思维）和理性思维（逻辑思维）；从功能的角度可分为创造性思维（creative thinking）和批判性思维（critical thinking）；从哲学的角度可分为形而上学思维和辩证思维等。需要指出的是，这些分类都只是相对的，在实际的思维活动中，往往是多种思维方式共同起作用。

当前，最受关注的思维形式是创造性思维和批判性思维，它们被认为是推动未来社会进步的主要动力。两者都揭示出了思维的某种功能，前者强调思想上的除旧布新，即打破旧观念，创造新思想；后者则指运用正确的逻辑方法对思想观念进行分析和判断。两者对应于思维过程的两个阶段：一是创思或构思阶段（想法的产生），二是判断阶段（对想法进行辨析）。在实际思维过程中，这两个阶段往往相互交织，两种思维方式也相互作用。

① 努斯鲍姆.诗性正义：文学想象与公共生活［M］.丁晓东，译.北京：北京大学出版社，2009.
② 帕斯卡.人是一根会思考的芦苇［M］.郭向南，译.北京：北京联合出版公司，2017.
③ 加里·卡比，杰弗里·古德帕斯特.批判性思维与创造性思维［M］.韩广忠，译.北京：中国人民大学出版社，2016.

一方面，创造新观念往往是建立在对已有思想认识的批判性考察之上；另一方面，不断创新的内在诉求又会激发批判精神。

作为人类智慧结晶的文学经典往往具有鲜明的创造性与深刻的批判性，阅读这类作品必然有助于思维能力的提升。

（二）经典阅读与创造性思维的培养

创造性思维是指产生各种有意义、有价值的新思想、新观念的思维过程。创造性体现了人类的主观能动性，是人类的本质特征之一。作为一种思维方式，创造性思维并非天才所独有的，而是可以后天培养与提升的。它包含几个阶段：①头脑风暴，即从一个想法产生另一个想法，多个想法相互激发；②不断创新的内在渴望；③具备相应的知识与技能；④孜孜不倦的努力思考；⑤洞察力，即善于发现新观点、新方法。①

文学创作尤其需要创造性思维，伟大的文学家无疑是人类中最具有创造力的，无论是杜甫的"语不惊人死不休"、韩愈的"惟陈言之务去"，还是江西诗派的"夺胎换骨、点铁成金"都体现出诗人非凡的创新气魄；西方文学从古典主义的"模仿古代"到浪漫主义的"抒发自我情感"、现实主义的"反映现实"，再到现代主义的打破一切规则，每一次文学思潮的更迭都彰显着文学家们无与伦比的创造力。阅读这些经典作品，首先能激活我们对语言的感受力和驾驭能力，思维与语言紧密相关，学习驾驭语言也是在训练思维能力；其次能丰富我们的思想，提高我们的认识，使我们在进行思考时思维活跃，灵感勃发，进入头脑风暴的状态；最后能激发我们对于创造的渴望，因为伟大作家能以其不朽之作感召读者去学习、去创造、去超越。

（三）经典阅读与批判性思维的形成

"批判性"一词源自希腊语"kriticos"（质询、恰当的判断）和"kriterion"（标准），本意为"建立在某些标准上的恰当判断"。②"批判性"并不等同于具有否定意味的"批评"，而是指运用一套科学的思维方法对已有的思想或观念进行分析、判断。也就是说，批判性思维是一种反思性的认识活动，它不是对客观现实的评判，而是对我们主观认识的辨析。它是思维的思维，是对思维方式的再思考，以便提升思维方式本身。批判性思维在认识活动中具有极其重要的作用，它有助于人们摆脱偏见和成见，使之敢于挑战权威和习俗，以获得真知灼见。批判性思维的实质是一种科学的逻辑思维，其核心是合乎逻辑地思考、辨别自己和他人思维中的谬误。③

① 加里・卡比，杰弗里・古德帕斯特．批判性思维与创造性思维［M］．韩广忠，译．北京：中国人民大学出版社，2016.

② 琳达・埃尔德，理查德・保罗．批判性思维工具［M］．侯玉波，姜佟琳，译．北京：机械工业出版社，2013.

③ 加里・卡比，杰弗里・古德帕斯特．批判性思维与创造性思维［M］．韩广忠，译．北京：中国人民大学出版社，2016.

不同于消极、被动地接受一切思想与信息的思维方式，批判性思维首先要求对所接收到的信息进行质疑、分析，运用到阅读上，则是要求进行一种"批判性阅读"。培根在论及读书时就曾提醒读者要学会权衡与思考，不要一味地怀疑作者，也不要全盘接受。我们古人也说"尽信书不如无书"。一种真正有效的阅读（effective reading）是要将书本上的内容通过比较、分析、理解和判断之后转化为自己的思想。好的文学作品从来不是某种单一思想的传声筒，而是具有强烈的反思与批判色彩。它不服务于任何主流或权威的看法，甚至也并非作者意图的简单呈现，而是提供给读者广阔的想象空间和阐释空间，让读者自行判断。例如，塞万提斯写作《唐·吉诃德》，意在通过这个可笑的疯癫骑士形象消灭骑士小说，但读者却在唐·吉诃德身上看到了难能可贵的理想主义精神；陀思妥耶夫斯基众声喧哗的"复调小说"、卡夫卡的寓言式写作等，都提供了多种阐释的空间，伟大作品都在召唤读者运用自己的头脑独立思考。

文学经典从不提供唯一的答案，更不会强迫读者接受某种观念，而是激发读者在虚构与现实、文本与世界、历史与当下、个体与群体的张力之间寻找自己的答案。经典是思维与语言的共舞，是文化的血脉，经典永不过时。

◯ **思考题**

1. 什么是"经典"？你认为经典是如何产生的？
2. 经典作品具有怎样的特点和意义？
3. 什么是批判性思维？谈谈你对阅读经典与形成批判性思维之间关系的认识。
4. 什么是创造性思维？经典与创造性思维之间有怎样的关系？
5. 有人认为当今时代是一个碎片化阅读的时代，许多读者都对大部头的经典作品望而却步。请你结合自身具体的阅读体验，谈谈你对经典阅读的认识。

（田艳　撰写）

第一节　诗歌

概述

诗歌是一种基本的、古老的文学体裁和品类。诗歌的定义多种多样，如其较新的定义——诗歌是语词的所指和能指之间流动的情绪的链条。为分析方便，本书将其通俗地定义为：诗歌是高度凝练和概括地表现社会生活、表达思想情感的一种文学体裁。

对于诗歌的分类，角度不同，分类方法也不同。比如，从其内容和表现形式来划分，可分为抒情诗、叙事诗和散文诗三大类；从其声韵格律来划分，可分为古体诗、近体诗（格律诗）和自由体诗；从年代上来划分，可分为古典诗和现代诗。每一类还可分出许多细目。例如，古典诗中有古风、歌行、律诗（五律、七律、排律）、绝句（五绝、七绝），有词、曲（长调、小令）；现代诗中还有讽刺诗、散文诗等。

近来学者多主张诗歌起源于劳动，与音乐、舞蹈同源。《弹歌》据说是我国文字记录下来的第一首诗歌，讲的是打猎的事儿，一共八个字：断竹、续竹、飞土、逐宍（ròu，古"肉"字）。这首诗大抵就是先民的劳动号子。后来诗歌为神鬼服务、为宗教服务，具有极其强烈的实用功能。在经历了巫术活动和宗教仪式两个阶段后，诗歌渐渐进入人事阶段，或者描述君主贵族的娱乐，或者描述社会生活及表达民众情感，从而脱离音乐舞蹈，获得独立。

我国第一部诗歌总集《诗经》收集了西周初年至春秋中叶的诗歌，它与随后出现的楚地诗歌总集《楚辞》分别是我国现实主义和浪漫主义两大诗歌源头。汉代时有一个采集各地民歌的机构汉乐府。《诗经》主要是四言诗，《楚辞》则打破《诗经》的四言形式，从三、四言诗发展到五、七言诗。汉乐府时诗歌则发展到五言诗。后来经文人有意模仿，五言诗在三国两晋时期兴起，并兴盛于南北朝时期。

唐代时，七言诗和律绝等讲究格律的近体诗逐渐取代五言诗，诗歌进入黄金发展期。这一时期的诗歌形式完备、内容丰富、派别众多、大家迭出、名篇层出不穷，形成了一座难以逾越的高峰，后世历朝历代难以再现唐诗盛况。宋人另辟蹊径，诗中加入叙事议论，寻求理趣。由于大批有影响力的文人介入，原为"诗余"的词在宋代逐渐取代了诗歌的正统位置。词既能和乐而唱，又能讲求格律，分婉约派与豪放派两大流派。元代时，词中分出散曲，有一定的格律规范，但相对于诗和词有更大的灵活性，然其成就不如元杂剧。明清诗歌也远不如唐宋。

五四运动是以诗歌为切入口、从解放诗歌形式着手的。胡适在《谈新诗》里明确要"推翻词调曲谱的种种束缚"，后来又提出"作诗如作文"，旧格律诗至此终结。如果说早期白话诗重在突破旧格局，新一代诗人则开始进行内部结构性调整，探索白话诗"大众化"和"贵族化"的两条道路，这些新的探索深受外国诗歌的影响。经历了一段时间的沉寂后，当代诗歌在"文化大革命"后再次焕发生机。

诗歌在西方也是一种古老的文学形式，其历史可以追溯到古希腊时期。英语中的"诗"（poem）一词即来自希腊语"poiesis"，其本义为"制作""创造"，后主要指以韵文体写作的文学作品。实际上，在古希腊时期，大部分文学作品都是韵文，即诗体形式。《荷马史诗》是最早的长篇叙事诗，是整个西方文学的源头；萨福、品达等推动了西方抒情诗的发展。古希腊时期的戏剧也是以韵文体写成的，是一种戏剧诗。这一时期并无后世诗歌、小说、散文、戏剧四大体裁的划分，而主要是韵文体和散文体的区别。

中世纪时期，由于各封建国家的建立，产生了许多重要的民族史诗，如盎格鲁－撒克逊人的《贝奥武夫》、法国的《罗兰之歌》、德国的《尼伯龙根之歌》等。由于宗教力量的强大，这一时期出现了许多宗教赞美诗，民间还产生了大量的骑士抒情诗，尤其是法国南部的普罗旺斯抒情诗，成为后世爱情诗的源头。但丁的《神曲》是中世纪晚期最重要的文学作品，是采用独特的三韵体形式写成的长篇叙事诗。文艺复兴时期，意大利诗人彼得拉克独创了彼得拉克体——十四行诗，英国诗人斯宾塞和莎士比亚在此基础上发展了独具自身特色的十四行诗。17世纪，以弥尔顿的《失乐园》《复乐园》为代表的诗歌推动了长篇叙事诗的进一步发展，以约翰·多恩为代表的玄学派诗人探索了诗歌对玄奥思想的表达。18世纪，歌德的皇皇巨著《浮士德》，借鉴了古希腊戏剧诗传统，采用诗体的形式进行戏剧创作，并富有深厚的哲理意味。19世纪，浪漫主义诗歌取得了伟大、璀璨的成就，尤以英国浪漫派诗人的创作为最。英国湖畔派诗人华兹华斯、柯勒律治、骚塞和"恶魔派"诗人拜伦、雪莱、济慈创作了无数优美诗篇，至今吟咏不衰。此外，波德莱尔、惠特曼、普希金以及法国象征主义诗人、以王尔德为代表的唯美主义诗人等的创作也对后世诗歌影响深远。20世纪，伴随着现代主义文学的蓬勃发展，产生了多种诗歌流派，如意象派、客观主义、超现实主义，等等，以及叶芝、庞德、T·S·艾略特、W·H·奥登、里尔克等重要诗人。

不同于中国诗歌，西方诗歌一直长于叙事，西方诗人擅长用韵文的形式来描绘波澜壮阔的历史画面和震撼人心的传奇故事。但无论中西，抒情诗都有着源远流长的历史，因为对情感的表达是人类共同的渴望。俄国的大文论家别林斯基说，"感情是诗情天性的最主要的动力之一；没有感情，就没有诗人，也没有诗歌"。[①] 这话道出了诗歌的"情感"天性。情感于诗人胸中沉积律动，喷薄而出，形之于文字，就是诗。正如《毛诗序》所言，"情动于中而形于言，言之不足故嗟叹之，嗟叹之不足故永歌之"。于是诗人写诗传情，读者读诗体情，诗歌就是诗人与读者超越时空的情感共鸣呼应与共舞。少了激情，诗非好诗；无情，也就无诗。

和别的文体比起来，诗歌短小而精悍，是一种"精致的讲话"。诗的创作都是字斟句酌。诗人们就"像一个贫穷的老太婆叮当作响地敲打她那每一个不容易得来的铜板"（臧克家语）一样去敲打他诗中的每一个句子、句子中的每一个字，这是为了让诗更加精练。任何一种文学都要求集中、概括地表现生活，而诗歌为最。司马迁在《屈原列传》中评说《离骚》，"其文约，其辞微。其志洁，其行廉。其称文小而其指极大，举类迩而见义远"，高度赞赏其精美、凝练的特点。

现代诗人艾青说，"诗人最重要的才能就是运用想象。诗人把互不相关的事物，通过想象，像一条线串连起来，形成一个统一一体"。[②] 丰富的想象是诗歌的一个基本特点。文学的基本思维方式是形象思维，想象是形象思维中最活跃的因素。高尔基说，"艺术是靠想象而存在的"。王朝闻说，"没有想象就没有艺术创造"。[③] 小说、戏剧、散文等文体

①　中国社会科学院外国文学研究所外国文学研究资料丛刊编辑委员会.外国理论家作家论形象思维［M］.北京：中国社会科学出版社，1979：74.

②　艾青.和诗歌爱好者谈诗——在北京劳动人民文化宫［J］.人民文学，1980（5）：3-9.

③　王朝闻.艺术的创作与欣赏［J］.北京师范大学学报（社会科学版），1981（3）：1-18.

无不蕴含着想象，但相比之下，诗歌更富于想象，其想象也更为自由、大胆。丰富的想象可以大大加强诗歌的艺术表现力，深化其主题思想。

情感、精练和想象是诗歌的主要特征，因诗人们的创作风格、表现手法各不相同，这些特征在具体的诗歌中会各有侧重。但无论如何，总体上这些特征仍足以让诗歌跟小说、散文、戏剧等文体区别开来。

参考文献

［1］刘大杰.中国文学发展史［M］.天津：百花文艺出版社，1999.

［2］钱理群，温儒敏，吴福辉.中国现代文学三十年（修订本）［M］.北京：北京大学出版社，1998.

［3］艾布拉姆斯，哈珀姆.文学术语词典［M］.10版.北京：北京大学出版社，2014.

［4］郑克鲁，蒋承勇.外国文学史［M］.3版.北京：高等教育出版社，2015.

思考题

1. 中国古代诗歌经历了一个怎样的发展历程？
2. 对于李白与杜甫，你更喜欢哪位诗人的诗歌？为什么？
3. 中国现代诗歌借鉴了西方现代诗歌的哪些手法、特征？
4. 许多优秀诗歌都具有哲理意味，试选取一首你所喜爱的诗歌，分析诗人是如何将深刻的哲理与鲜明的意象融为一体的。
5. 谈谈你对诗歌特点的认识。

（谢卫　田艳　撰写）

［先秦］诗经·卫风·淇奥

《诗经》是我国第一部诗歌总集，收集了西周初年至春秋中叶（约前11世纪至前6世纪）500多年间的诗歌，共305篇，另有6篇笙诗（《南陔》《白华》《华黍》《由庚》《崇丘》《由仪》），有目无辞。产生地域以黄河流域为中心，南到长江北岸。《诗经》的作者绝大部分已无法考证。汉代以前《诗经》称为《诗》或《诗三百》。西汉时被尊为儒家经典，始称《诗经》，并沿用至今。《诗经》内容上分为《风》《雅》《颂》三类。《风》是各地的歌谣；《雅》是正声雅乐，分《小雅》和《大雅》；《颂》是周王庭和贵族宗庙祭祀的乐歌，又分为《周颂》《鲁颂》和《商颂》。《诗经》是中国现实主义文学的源头。对

《诗经》及其研究史进行研究的学科，今称"诗经学"。

瞻彼淇奥[1]，绿竹猗猗[2]。有匪[3]君子，如切如磋，如琢如磨[4]。

瑟兮僩兮[5]，赫兮咺兮[6]。有匪君子，终不可谖兮[7]。

瞻彼淇奥，绿竹青青[8]。有匪君子，充耳琇莹[9]，会弁[10]如星。

瑟兮僩兮，赫兮咺兮。有匪君子，终不可谖兮。

瞻彼淇奥，绿竹如箦[11]。有匪君子，如金如锡[12]，如圭如璧[13]。

宽兮绰兮[14]，猗重较兮[15]。善戏谑兮[16]，不为虐兮[17]。

（选自《诗经注析》，程俊英、蒋见元，中华书局，2017 年版。）

注释

[1]瞻：看。淇（qí）：淇水，源出河南省淇山，流入卫河。奥（yù）：也作"澳""隩"，指河水弯曲处。

[2]绿竹：绿色的竹子。汉代以前，淇水之岸多竹，见《水经注·淇水》。猗猗：茂密、美盛的样子。

[3]有匪：斐斐，形容才华。匪，斐，文采显明。

[4]切、磋、琢、磨：古代加工玉石器、骨器等的不同工艺。削齐为切，打磨为磋，雕刻磨平为琢、磨。《尔雅·释器》："骨谓之切，象谓之磋，玉谓之琢，石谓之磨。"这里用来比喻君子修身养性如同加工玉石器一样精雕细琢。

[5]瑟：瑟，仪态矜持庄严。僩（xiàn）：威武的样子。

[6]赫：光明、显明。咺（xuān）：也作"宣""喧"，显著。

[7]终：永久。谖（xuān）：忘记。句意为令人难忘。

[8]青青：茂盛的样子。一作"菁菁"。

[9]充耳：又名瑱，塞耳的玉石，用丝线悬挂在冠冕的两侧。琇（xiù）：似玉的美石。莹：玉色光润晶莹。

[10]会：皮帽两缝相合的地方。弁（biàn）：皮帽。

[11]箦（zé）：本义为竹席，此处指绿竹密集的样子。

[12]金、锡：两种贵金属，指德行如金锡一样精纯。

[13]圭、璧：指气质如圭璧一样莹润。

[14]宽：胸怀宽大。绰：舒缓，温柔。

[15]猗：即倚，依靠。重（chóng）较：古代车上为便于站立而安装的可以活动的扶手。有重较的车，是公卿一级人物所乘坐的。

[16]戏谑：开玩笑。

[17]虐：刻薄伤人，开过分的玩笑。

（注释为本书编者添加）

思考题

1."有匪君子，如切如磋，如琢如磨"用到了哪种思维方式？

2.联系自身，说说如何能够做到"如金如锡，如圭如璧"。

（王娜　选文）

［先秦］楚辞·九歌·山鬼

"楚辞"的名称，西汉初期已有之，至刘向乃编辑成集。"楚辞"是战国后期产生于楚国的一种以诗体为主的文学样式，其特征为"书楚语，作楚声，纪楚地，名楚物"，具有独特的地域色彩，句中或句末多用"兮"字。主要代表作家有屈原、宋玉，还有景差、唐勒等。"楚辞"是中国浪漫主义文学的源头，后世称此种文体为"楚辞体""骚体"。对《楚辞》及其研究史进行研究的学科，今称"楚辞学"。

若有人兮山之阿[1]，被薜荔兮带女萝[2]。既含睇兮又宜笑[3]，子慕予兮善窈窕[4]。乘赤豹兮从文狸[5]，辛夷车兮结桂旗[6]。被石兰兮带杜衡[7]，折芳馨兮遗所思[8]。余处幽篁兮终不见天[9]，路险难兮独后来。表[10]独立兮山之上，云容容[11]兮而在下。杳冥冥兮羌昼晦[12]，东风飘兮神灵雨[13]。留灵修兮憺忘归[14]，岁既晏兮孰华予[15]！采三秀兮於山间[16]，石磊磊兮葛蔓蔓[17]。怨公子兮怅忘归[18]，君思我兮不得闲。山中人兮芳杜若[19]，饮石泉兮荫松柏，君思我兮然疑作[20]。雷填填兮雨冥冥[21]，猨啾啾兮又夜鸣[22]。风飒飒兮木萧萧[23]，思公子兮徒离忧[24]。

（选自《中国历代文学作品选》上编第一册，朱东润，上海古籍出版社，2002年版。）

注释

［1］若：好像，仿佛。阿：山坳。

［2］被：同"披"。薜荔（bì lì）：一种蔓生植物，又叫木莲。女萝：即女罗，又名菟丝，蔓生植物。

［3］含睇（dì）：眼睛半睁，脉脉含情。睇，眼睛斜看。宜：适合。

［4］子：指山鬼爱慕的人。予：山鬼自称。窈窕：美好的样子。

［5］文狸：有花纹的狸猫。狸，狸猫，猫科动物。

［6］结桂旗：用桂枝编成旗子。

［7］带杜衡：用杜衡做带。

［8］芳馨：泛指香花芳草。遗：赠送。

［9］余：山鬼自称。篁：竹子的一种，指竹林。

［10］表：突出，特立。

［11］容容：云气浮动的样子。

［12］杳：遥远的样子。昼晦：白天光线昏暗。

［13］神灵：指山鬼，传说巫山神女能"旦为朝云，暮为行雨"。雨：行雨，降雨。

［14］留：挽留，一说等待。灵修：山鬼称呼恋人。

［15］岁既晏：年纪老了。晏：迟，晚。孰：谁。华：美。

［16］三秀：灵芝的别名，传说灵芝一年开三次花，故称三秀。於山：即巫山。

［17］磊磊：乱石堆积的样子。蔓蔓：蔓延的样子。

［18］公子：山鬼称恋人之名。怅：惆怅。

［19］山中人：山鬼自称。杜若：香草名。

［20］然疑：将信将疑。作：产生。

［21］填填：雷声。

［22］猨：同"猿"。

［23］飒飒：风声。萧萧：风吹叶落的声音。

［24］徒：徒然，白白地。离：通"罹"，遭受。

（注释为本书编者添加）

● 思考题

1. 《楚辞·九歌山鬼》中充满了丰富的想象，试着用自己的语言谈一谈。
2. 讨论作者为什么要写山鬼，想表达什么样的情感。

（王娜　选文）

［汉］古诗十九首·东城高且长

《古诗十九首》最早见于南朝梁昭明太子萧统所编的《文选》。这十九首诗的作者并非一人，大概是东汉中下层的文士，都没有留下名字。《古诗十九首》代表了五言古诗的最高成就：语言质朴，情感丰沛，意象浑厚。《东城高且长》是其中的第十二首。

东城[1]高且长，逶迤自相属。回风[2]动地起，秋草萋已绿。四时更变化，岁暮一何速。晨风[3]怀苦心，蟋蟀[4]伤局促。荡涤放情志，何为自结束[5]。燕赵多佳人，美者颜如玉。被服罗裳衣，当户理清曲。音响一何悲，弦急知柱促。驰情整巾带[6]，沉吟聊踯躅。思为双飞燕，衔泥巢君屋。

（选自《文选》，［南朝梁］萧统编，［唐］李善注，中华书局，1977年版。）

注释

[1] 东城：指东汉都城洛阳的东城。

[2] 回风：从地面盘旋而起的疾风。

[3] 晨风：《诗经·晨风》，"鴥（yù）彼晨风，郁彼北林。未见君子，忧心钦钦。如何如何，忘我实多"。

[4] 蟋蟀：《诗经·蟋蟀》，"蟋蟀在堂，岁聿其莫。今我不乐，日月其除"。

[5] 结束：约束。

[6] 整巾带：把头巾和衣带整理好。情思飞驰，而又真挚、严肃。巾带，一作"中带"。

（注释为本书编者添加）

（衣雪峰　选文）

［晋］陶渊明　咏荆轲

陶渊明（约365—427），字元亮，后更名陶潜，浔阳柴桑（今江西九江西南）人。405年，大约40岁时，陶渊明辞去彭泽县令，开始了隐居生活。他的诗常常以隐居、饮酒为主题，厌恶俗世的羁绊，追求自我的超越。他的语言"质而实绮，癯而实腴"（苏轼《与苏辙书》），是"豪华落尽"之后的平淡天真。不过，虽然陶渊明常被描述为"田园诗人"，他的诗也有多种面目。这里选的是陶渊明的咏史诗，隐约可见其豪情、仗义以及背后的历史责任感。"心知去不归，且有后世名""惜哉剑术疏，奇功遂不成"这些深沉的感慨，既是为荆轲而发，也是为陶渊明自己而发。

燕丹[1]善养士，志在报强嬴[2]。招集百夫良，岁暮得荆卿[3]。君子死知己，提剑出燕京。素骥[4]鸣广陌，慷慨送我行。雄发指危冠[5]，猛气冲长缨。饮饯易水上，四座列群英。渐离击悲筑[6]，宋意唱高声。萧萧哀风逝，淡淡寒波生。商音更流涕，羽奏壮士惊[7]。心知去不归，且有后世名。登车何时顾，飞盖[8]入秦庭。凌厉越万里，逶迤过千城。图穷[9]事自至，豪主正怔营[10]。惜哉剑术疏，奇功遂不成。其人虽已没，千载有馀情。

（选自《四部丛刊》，《笺注陶渊明集》，［晋］陶潜著，［元］李公焕笺注，
张元济等编，涵芬楼，1929年版。）

注释

[1] 燕丹：燕国太子丹。

[2] 强嬴：指秦国。

[3] 荆卿：荆轲，战国末年的刺客。《史记·刺客列传》："荆轲者，卫人也。其先乃齐人。徙于魏，卫人谓之庆卿。而之燕，燕人谓之荆卿。"

〔4〕素骥：白马。

〔5〕危冠：高冠。

〔6〕渐离：高渐离。《淮南子·泰族训》："高渐离、宋意，为击筑而歌于易水之上。"筑：古代击弦乐器，形似筝，十三弦，弦下设柱，以竹击之。

〔7〕商音：商声。羽奏：羽声。古代音阶分宫、商、角、徵（zhǐ）、羽五声（五音），对应现代简谱中的1、2、3、5、6。

〔8〕飞盖：飞车。

〔9〕图穷：《史记·刺客列传》，"轲既取图奏之，秦王发图，图穷而匕首见"。

〔10〕怔营：亦作"征营"，惶恐不安。

（注释为本书编者添加）

（衣雪峰　选文）

〔唐〕张若虚　春江花月夜（存目）

〔唐〕李白　蜀道难（存目）

〔唐〕李白　关山月

李白（701—762），字太白，号青莲居士，祖籍陇西成纪（今甘肃秦安东），生于碎叶（今吉尔吉斯斯坦北部托克马克附近）。李白与杜甫堪称唐代最伟大的两位诗人。李白的诗作更多的是道家的、游侠的精神，杜甫的诗作则更多的是儒家的、史家的精神。后人尊称李白为"诗仙"，尊称杜甫为"诗圣""诗史"。李白之天才，正如"君不见黄河之水天上来"，贺知章惊呼其为"谪仙人"。长篇歌行与绝句是李白诗歌最为后世称道的两种类型。李白的长篇歌行奇肆而瑰丽，放旷而浓烈；绝句则清新而敏捷，质朴而超脱。关山月，乐府旧题。唐代吴兢《乐府古题要解》："'关山月'，伤离别也。"

明月出天山[1]，苍茫云海间。长风几万里，吹度玉门关[2]。汉下白登道[3]，胡窥青海[4]湾。由来征战地，不见有人还。戍客望边邑[5]，思归多苦颜。高楼当此夜，叹息未应闲[6]。

（选自《全唐诗》（第五册），〔清〕彭定求等编，中华书局，1960年版。）

注释

〔1〕天山：即今祁连山，在今甘肃、青海间。

〔2〕玉门关：在今甘肃敦煌西北。

〔3〕白登：白登山，在今山西大同东北。《汉书·匈奴传》：匈奴"冒顿（mò dú）纵精兵三十余万骑围高帝于白登，七日，汉兵中外不得相救饷"。

［4］青海：即青海湖，在今青海东北部。汉武帝元鼎六年（前111年），筑西平亭（今青海西宁）。约十六国时期至唐初，属吐谷（yù）浑（313—663）。

［5］边邑：一作"边色"。

［6］未应闲：一作"未应还"。

（注释为本书编者添加）

（衣雪峰　选文）

［唐］杜甫　前出塞九首（其六）（存目）

［唐］杜甫　登岳阳楼

杜甫（712—770），字子美，生于巩县（今河南巩义）。杜甫曾任左拾遗、检校工部员外郎，因此又称杜拾遗、杜工部。北宋王洙（997—1057）编有《杜工部集》，是今天所有杜诗的源头。学者吕正惠根据杨伦（1747—1830）《杜诗镜铨》统计，现存杜诗为1453首。而766—768年，杜甫在夔州时，存诗高达483首，是他晚年创作的巅峰期。《登岳阳楼》作于768年冬，杜甫时在岳州（今湖南岳阳）。其中的"吴楚东南坼，乾坤日夜浮"句，与孟浩然（689—740）的"气蒸云梦泽，波撼岳阳城"遥相辉映，而杜诗之沉郁顿挫，又在孟诗之上。

昔闻洞庭水，今上岳阳楼[1]。吴楚东南坼[2]，乾坤[3]日夜浮。亲朋无一字，老病有孤舟。戎马关山北[4]，凭轩涕泗流。

（选自《杜诗详注》（第五册），［唐］杜甫著，［清］仇兆鳌注，
中华书局，1979年版。）

注释

［1］岳阳楼：湖南岳阳城西门楼，下临洞庭湖。

［2］吴楚：战国时的吴国、楚国，分别在洞庭湖的东面、南面。坼（chè）：裂开。

［3］乾坤：天地。

［4］戎马关山北：关山以北战争烽火仍未止息。关山，在长安（今陕西西安）西北。据《资治通鉴》，大历三年（768年）八月，吐蕃（bō）"十万众寇灵武（今宁夏灵武）"，"二万众寇邠州（今陕西彬州），京师戒严"。

（注释为本书编者添加）

（衣雪峰　选文）

［唐］李商隐 锦瑟（存目）

［宋］柳永 八声甘州[1]·对潇潇暮雨洒江天

柳永（？—约1053），原名三变，字景庄，后改名永，字耆卿，崇安（今福建武夷山）人。因排行第七，世称柳七。一生科举坎坷，终生漂泊，自称"奉旨填词柳三变"；仁宗朝47岁时始得进士，后以屯田员外郎致仕，故又称柳屯田。柳永是两宋词坛上创用词调最多的词人，专注于作词，"以一生精力在是"，为婉约派最具代表性的词人。他大量创作慢词，以"赋法"入词，运用俚词俗语，层层铺叙，加以白描手法，艺术特色鲜明，对宋词的发展产生了深远的影响。柳词具有雅俗得兼的审美特征，其词风行一时广为传唱，"凡有井水饮处，即能歌柳词"，词评家多见其俗。苏轼评，"人皆言柳耆卿俗，然如'渐霜风凄紧，关河冷落，残照当楼'，唐人高处，不过如此"。

对潇潇[2]暮雨洒江天，一番洗清秋。渐霜风凄紧，关河[3]冷落，残照当楼。是处红衰翠减，苒苒物华休[4]。惟有长江水，无语东流。

不忍登高临远，望故乡渺邈[5]，归思难收。叹年来踪迹，何事苦淹留[6]。想佳人、妆楼颙望[7]，误几回[8]、天际识归舟。争[9]知我、倚阑杆处，正恁凝愁[10]。

（选自《唐诗宋词元曲大全集》，雅瑟编，新世界出版社，2011年版。）

注释

［1］八声甘州：词牌名。

［2］潇潇：一说雨势急骤的样子。一作"萧萧"，义同。

［3］关河：关塞与河流，此指山河。

［4］苒（rǎn）苒：同"荏苒"，形容时光消逝，渐渐（过去）的意思。物华：美好的景物。

［5］渺邈（miǎo）：远貌，渺茫遥远。一作"渺渺"，义同。

［6］淹留：长期停留。

［7］颙（yóng）望：抬头凝望。颙，一作"长"。

［8］误几回：多少次错把远处驶来的船只当作心上人的归舟。语意出温庭筠《望江南》词："过尽千帆皆不是，斜晖脉脉水悠悠，肠断白苹洲。"

［9］争（zhēng）：怎。

［10］恁（nèn）：如此。

叶嘉莹讲十家词
——柳永

（注释为本书编者添加）

思考题

1. 柳永词以婉约见长，时人以为柳永词俗，难登大雅之堂，但这首千古名篇《八声甘州·对潇潇暮雨洒江天》词风大不同，连苏轼也称赞不已。试比较柳永其他词作，分析它们之间有何不同。

2. 谈谈这首词在艺术上有哪些特色。

3. 作者由自己转写佳人的曲折表达对抒发离愁有怎样的作用？

（谢卫　选文）

［宋］苏轼　定风波·莫听穿林打叶声（存目）

［宋］苏轼　八声甘州·有情风万里卷潮来（存目）

［宋］辛弃疾　水龙吟·登建康赏心亭（存目）

［宋］辛弃疾　摸鱼儿[1]·更能消几番风雨

辛弃疾（1140—1207），字幼安，中年后别号稼轩，历城（今山东济南）人。有"词中之龙"之称，与苏轼合称"苏辛"，与李清照并称"济南二安"。辛弃疾出生时，齐鲁大地已沦陷为金国领土十余年，幼年跟随祖父辛赞游历山川，目睹百姓艰难，立志收复河山。21岁参加抗金义军，胆识过人，勇猛异常，曾闯金军大营活捉叛徒，后带义军归南宋。辛词现存600多首，是两宋存词最多的作家。其词多以国家、民族现实问题为题材，《四库全书总目提要》称"其词慷慨纵横，有不可一世之概，于倚声家为变调，而异军突起，能于剪红刻翠之外，屹然别立一宗，迄今不废"。1179年（淳熙六年），辛弃疾由湖北转运副使改调湖南转运副使。行前，同僚王正之在小山亭摆下酒席为他送别。

淳熙己亥[2]，自湖北漕[3]移湖南，同官[4]王正之置酒小山亭，为赋。

更能消几番风雨、匆匆春又归去。惜春长怕花开早，何况落红无数。春且住：见说道、天涯芳草无归路。怨春不语，算只有、殷勤画檐[5]蛛网，尽日惹飞絮。

长门[6]事，准拟佳期又误，蛾眉曾有人妒。千金纵买相如赋[7]，脉脉此情谁诉？君莫舞：君不见、玉环飞燕皆尘土！闲愁最苦。休去倚危阑[8]，斜阳正在、烟柳断肠处。

（选自《唐诗宋词元曲大全集》，雅瑟编，新世界出版社，2011年版。）

注释

［1］摸鱼儿：词牌名。一名"摸鱼子"，又名"买陂塘""迈陂塘""双蕖怨"等。唐教坊曲，后用为词牌。

［2］淳熙己亥：淳熙是宋孝宗的年号，淳熙己亥对应公元1179年。

［3］漕：漕司的简称，指转运使。

［4］同官：作者调离湖北转运副使后，由王正之接任他原来的职务，故称"同官"。

［5］画檐：有画饰的屋檐。

［6］长门：汉代宫殿名，汉武帝皇后失宠后被幽闭于此。

［7］相如赋：即司马相如的《长门赋》。

［8］危阑：高处的栏杆。

叶嘉莹先生聊
辛弃疾

（注释为本书编者添加）

思考题

1. 有人说这首词兼有豪放与婉约两派的长处，你怎么看？

2. 该词作抒发了作者怎样的情怀？

（谢卫 选文）

［元］关汉卿 四块玉[1]·别情

关汉卿，生平资料不详，只能从零星记载中窥其大略。金末元初人，活跃于约1220年至约1300年（元成宗大德年间），原名不明，字汉卿，号"已斋叟"（一作"一斋"），大都（今北京市）人。"元曲四大家"之首，被称为"元杂剧的鼻祖""东方的莎士比亚"。关汉卿杂剧成就最高，但他的散曲或写男女恋情，或写离愁别恨，语言生动泼辣风趣，也同样具有很高的艺术价值。

自送别，心难舍，一点相思几时绝？凭阑袖拂杨花雪[2]。溪又斜[3]，山又遮，人去也！

（选自《唐诗宋词元曲大全集》，雅瑟编，新世界出版社，2011年版。）

注释

［1］四块玉：曲牌名。

［2］杨花雪：语出苏轼《少年游》："去年相送，余杭门外，飞雪似杨花。今年春尽，

杨花似雪，犹不见还家。"

　　[3] 斜：此处指溪流拐弯。

（注释为本书编者添加）

（谢卫　选文）

[清] 纳兰容若　画堂春·一生一代一双人（存目）

徐志摩　偶然[1]

　　徐志摩（1897—1931），浙江海宁人，幼名章垿，字槱森，赴美留学时，改名志摩。1923年成立新月社。1924年任北京大学教授。1926年任光华大学、大夏大学和南京大学教授。1931年11月19日，徐志摩搭乘"济南号"邮政飞机北上，途中因大雾弥漫，飞机触山，不幸罹难。代表作品有《再别康桥》《翡冷翠的一夜》。"偶然"是一个完全抽象化的时间副词，而作者在这抽象的标题下，写的是两件比较实在的事情：一是天空里的云偶尔投影在水里的波心，二是"你""我"（都是象征性的意象）相逢在海上。徐志摩把"偶然"这样一个极为抽象的时间副词形象化，置入象征性的结构中，充满情趣哲理，不但珠圆玉润、朗朗上口，而且余味无穷，意溢于言外。

　　我是天空里的一片云，
　　偶尔投影在你的波心——
　　　　你不必讶异，
　　　　更无须欢喜——
　　在转瞬间消灭了踪影。

徐志摩·偶然

　　你我相逢在黑夜的海上，
　　你有你的，我有我的，方向；
　　　　你记得也好，
　　　　最好你忘掉
　　在这交会时互放的光亮！

（选自《志摩的诗》，徐志摩著，作家出版社，2016年版。）

注释

　　[1] 此诗写于1926年5月，乃是诗人徐志摩偶遇林徽因于伦敦时所写，昔时徐志摩偶识林徽因，燃起爱情之火、诗作之灵感，一挥而就有此佳作。初载于同年5月27日《晨报副刊·诗镌》第9期，署名志摩。这也是徐志摩和陆小曼合写的剧本《卞昆冈》第五幕

里老瞎子的唱词。

思考题

1. 诗的题目是"偶然"，结合全诗内容，理解这个词的内涵。
2. 诗的第一段和第二段各提到了一次"你""我"，其所指有何不同？

（张婷 选文）

闻一多 发现

闻一多（1899—1946），原名闻家骅，号友三，湖北浠水人。现代诗人、学者、民主战士。酷爱绘画和古典诗词。1913 年进入清华学校，1922 年去美国留学，1925 年回国，曾参加新月社活动，是五四运动以后新格律诗的主要倡导者，著有诗集《红烛》和《死水》，其中许多诗篇表现了炽热的爱国主义感情。抗日战争期间任教西南联合大学，参加中国民主同盟，1946 年 7 月 15 日，继李公朴之后遭国民党特务暗杀。《发现》形象地记录了闻一多一颗充满血与泪的赤子之心在极度幻灭时的心理过程。这是一次大爱与大恨、大希望与大绝望强行扭结在一起的心灵体验。诗人哭着喊着"这不是我的中华，不对，不对！"他一再申明自己"不知道是一场空喜"，他在情感上还难以承受这巨大的幻灭感产生的摧毁力。

我来了，我喊一声，迸着血泪，
"这不是我的中华，不对，不对！"
我来了，因为我听见你叫我；
鞭着时间的罡风，擎一把火。
我来了，不知道是一场空喜。
我会见的是噩梦，哪里是你？
那是恐怖，是噩梦挂着悬崖，
那不是你，那不是我的心爱！
我追问青天，逼迫八面的风，
我问，拳头擂着大地的赤胸。
总问不出消息；我哭着叫你，
呕出一颗心来，你在我心里！

闻一多·发现

（选自《死水·现代文学名著原版珍藏·第一辑》，闻一多著，
百花文艺出版社，2018 年版。）

○ **思考题**

1. 诗歌中的"发现"有什么含义？诗人"发现"了什么？

2. 诗人说："我会见的是噩梦，哪里是你？"又说："那是恐怖，是噩梦挂着悬崖。"这两句诗表达了诗人怎样的思想感情？

（张婷　选文）

戴望舒　我用残损的手掌

戴望舒（1905—1950），浙江杭县人，他是现代派诗的代表诗人，诗集《我底记忆》《望舒草》和《灾难的岁月》呈现了现代派诗的形成、发展及演变的轨迹，其中《望舒草》标志着作者艺术的完成，《灾难的岁月》标志着作者思想性的提高。《我用残损的手掌》一诗是戴望舒在 1942 年 7 月 3 日所写。时值抗日战争的中段，1942 年 4 月，诗人在香港参加了抗日救亡运动，被投入监狱，受尽严刑拷打。1942 年 7 月，诗人获保释，摸着自己遍体鳞伤的身体，联想到祖国的河山何尝又不是如此。作者怀着对日本侵略者的痛恨愤慨，对祖国和人民的同情爱怜，饱蘸感慨，写下了这如泣如诉的诗篇。

我用残损的手掌
摸索这广大的土地：
这一角已变成灰烬，
那一角只是血和泥；
这一片湖该是我的家乡，
（春天，堤上繁花如锦幛，
嫩柳枝折断有奇异的芬芳，）
我触到荇藻和水的微凉；
这长白山的雪峰冷到彻骨，
这黄河的水夹泥沙在指间滑出；
江南的水田，你当年新生的禾草
是那么细，那么软……现在只有蓬蒿；
岭南的荔枝花寂寞地憔悴，
尽那边，我蘸着南海没有渔船的苦水……
无形的手掌掠过无限的江山，
手指沾了血和灰，手掌沾了阴暗，
只有那辽远的一角依然完整，
温暖，明朗，坚固而蓬勃生春。

戴望舒·我用残损的手掌

在那上面，我用残损的手掌轻抚，

像恋人的柔发，婴孩手中乳。

我把全部的力量运在手掌

贴在上面，寄与爱和一切希望，

因为只有那里是太阳，是春，

将驱逐阴暗，带来苏生，

因为只有那里我们不像牲口一样活，

蝼蚁一样死……

那里，永恒的中国！

（选自《望舒草》，戴望舒著，江苏文艺出版社，2009 年版。）

思考题

1. 诗人在想象中充分融入了多种感觉经验，请举例说明这样写有什么好处。

2. 根据自己的理解，说说下面诗句的含义。

（1）我用残损的手掌 / 摸索这广大的土地

（2）只有那辽远的一角依然完整 / 温暖，明朗，坚固而蓬勃生春

（3）我把全部的力量运在手掌 / 贴在上面，寄与爱和一切希望

（张婷　选文）

穆旦　赞美[1]

穆旦（1918—1977），原名查良铮，曾用笔名梁真，祖籍浙江省海宁市，现代主义诗人、翻译家。穆旦于 20 世纪 40 年代出版了《探险队》《穆旦诗集（1939—1945）》《旗》三部诗集，将西欧现代主义和中国诗歌传统结合起来，诗风富于象征寓意和心灵思辨，是"九叶诗派"的代表性诗人。《赞美》是穆旦于 1941 年 12 月创作的一首现代诗。诗歌以"赞美"为题，以"一个民族已经起来"作为全诗的抒情基调，在中华民族抵御日本侵略者的最艰苦的年代唱出了一曲高昂的民族精神的赞歌，流露出诗人对历史耻辱的悲悯、对民族灾难与命运的忧虑和对人民力量的崇拜。全诗规模宏大，激情澎湃，在语言上充分发挥了汉语的弹性，用多义词语、繁复句式、反复咏叹来传达复杂的诗情。

走不尽的山峦的起伏，河流和草原，

数不尽的密密的村庄，鸡鸣和狗吠，

接连在原是荒凉的亚洲的土地上，

在野草的茫茫中呼啸着干燥的风，

穆旦·赞美

在低压的暗云下唱着单调的东流的水，
在忧郁的森林里有无数埋藏的年代。
它们静静地和我拥抱：
说不尽的故事是说不尽的灾难，
沉默的是爱情，是在天空飞翔的鹰群，
是干枯的眼睛期待着泉涌的热泪，
当不移的灰色的行列在遥远的天际爬行；
我有太多的话语，太悠久的感情，
我要以荒凉的沙漠，坎坷的小路，骡子车，
我要以槽子船，漫山的野花，阴雨的天气，
我要以一切拥抱你，你
我到处看见的人民啊，
在耻辱里生活的人民，佝偻的人民，
我要以带血的手和你们一一拥抱，
因为一个民族已经起来。

一个农夫，他粗糙的身躯移动在田野中，
他是一个女人的孩子，许多孩子的父亲，
多少朝代在他的身上升起又降落了
而把希望和失望压在他身上，
而他永远无言地跟在犁后旋转，
翻起同样的泥土溶解过他祖先的，
是同样的受难的形象凝固在路旁。
在大路上多少次愉快的歌声流过去了，
多少次跟来的是临到他的忧患，
在大路上人们演说，叫嚣，欢快，
然而他没有，他只放下了古代的锄头，
再一次相信名辞，溶进了大众的爱，
坚定地，他看着自己溶进死亡里，
而这样的路是无限的悠长的，
而他是不能够流泪的，
他没有流泪，因为一个民族已经起来。

在群山的包围里，在蔚蓝的天空下，
在春天和秋天经过他家园的时候，
在幽深的谷里隐着最含蓄的悲哀：

一个老妇期待着孩子，许多孩子期待着

饥饿，而又在饥饿里忍耐，

在路旁仍是那聚集着黑暗的茅屋，

一样的是不可知的恐惧，

一样的是大自然中那侵蚀着生活的泥土，

而他走去了从不回头诅咒。

为了他我要拥抱每一个人，

为了他我失去了拥抱的安慰，

因为他，我们是不能给以幸福的，

痛哭吧，让我们在他的身上痛哭吧，

因为一个民族已经起来。

一样的是这悠久的年代的风，

一样的是从这倾圮[2]的屋檐下散开的无尽的呻吟和寒冷，

它歌唱在一片枯槁的树顶上，

它吹过了荒芜的沼泽，芦苇和虫鸣，

一样的是这飞过的乌鸦的声音，

当我走过，站在路上踟蹰[3]，

我踟蹰着为了多年耻辱的历史

仍在这广大的山河中等待，

等待着，我们无言的痛苦是太多了，

然而一个民族已经起来，

然而一个民族已经起来。

（选自《穆旦诗选》，穆旦著，人民文学出版社，1986年版。）

注释

［1］此诗原载于《文聚》1942年2月第1卷第1期，后收入诗集《旗》。

［2］倾圮（pǐ）：倾塌，倒塌。

［3］踟蹰（chí chú）：慢慢地走，犹豫不前的样子。

（注释为本书编者添加）

◯ 思考题

1.穆旦的《赞美》中的"我"指代什么？诗人究竟在赞美什么？

2.诗中每一节都用"一个民族已经起来"作结有怎样的意味？

（张婷　选文）

冯至　我们准备着

　　冯至（1905—1993），中国现代诗人、翻译家，抗日战争时期"西南联大诗人群"的代表诗人。出版有《昨日之歌》《北游及其他》等诗集。1941年，抗日战争爆发后，在昆明西南联合大学外文系任教，其间创作的诗集《十四行集》，代表了他诗歌创作的最高成就。被鲁迅称为"中国最为杰出的抒情诗人"。冯至的《十四行集》深受里尔克的影响。表达人应该在平凡的日常经验中悟出生命的哲理，包括人与大千世界的神秘关联、人生命存在的意义、如何看待死亡等问题。《我们准备着》是《十四行集》的第一首（共27首），这首诗表达了"稀有的时刻"的来临。诗中"彗星出现""狂风乍起"这样的奇迹，是经过漫长的等待，在某个不经意的时刻突然降临的。

我们准备着深深地领受
那些意想不到的奇迹，
在漫长的岁月里忽然有
彗星的出现，狂风乍起。
我们的生命在这一瞬间，
仿佛在第一次的拥抱里
过去的悲欢忽然在眼前
凝结成屹然不动的形体。
我们赞颂那些小昆虫，
它们经过了一次交媾
或是抵御了一次危险，
便结束它们美妙的一生。
我们整个的生命在承受
狂风乍起，彗星的出现。

冯至·我们
准备着

（选自《冯至诗选》，冯至著，四川人民出版社，1980年版。）

○ 思考题

1. 诗在开头提到了"领受"，在结尾提到了"承受"，诗人"领受"和"承受"的是什么？
2. 小昆虫象征什么？凸显了怎样的主题？

（张婷　选文）

舒婷　致橡树

舒婷（1952—），出生于福建龙海市，祖籍福建泉州，原名龚佩瑜，后改名龚舒婷，中国当代女诗人、作家，朦胧诗派的代表人物之一。代表诗作有《致橡树》《祖国啊，我亲爱的祖国》《惠安女子》《会唱歌的鸢尾花》等。其诗作在朦胧的氛围中流露出理性的思考，擅长运用比喻、象征等艺术手法表达内心独到而深刻的感受，是浪漫主义和当代主义风格相结合的产物。《致橡树》是中国诗人舒婷1977年创作的一首当代诗歌。这首诗共36行，前13行诗人用"攀援的凌霄花""痴情的鸟儿""泉源""险峰""日光""春雨"6个形象对传统的爱情观进行否定；14～36行用"木棉"对"橡树"的内心独白，歌唱自己的人格理想以及要求比肩而立、各自独立又深情的爱情观。

我如果爱你——
绝不像攀援的凌霄花，
借你的高枝炫耀自己；
我如果爱你——
绝不学痴情的鸟儿，
为绿荫重复单调的歌曲；
也不止像泉源，
常年送来清凉的慰藉；
也不止像险峰，
增加你的高度，衬托你的威仪。
甚至日光，
甚至春雨。
不，这些都还不够！
我必须是你近旁的一株木棉，
作为树的形象和你站在一起。
根，紧握在地下；
叶，相触在云里。
每一阵风过，
我们都互相致意，
但没有人，
听懂我们的言语。
你有你的铜枝铁干，
像刀，像剑，也像戟；
我有我红硕的花朵，

舒婷·致橡树

像沉重的叹息，

又像英勇的火炬。

我们分担寒潮、风雷、霹雳；

我们共享雾霭、流岚、虹霓。

仿佛永远分离，

却又终身相依。

这才是伟大的爱情，

坚贞就在这里：

爱——

不仅爱你伟岸的身躯，

也爱你坚持的位置，足下的土地。

（选自《舒婷诗》，舒婷著，长江文艺出版社，2021版。）

◎ 思考题

1. 诗人在表达"即使是由衷的奉献，也还是不够的"这一爱情观时，用了哪些意象来进行比喻？（至少说出三个）

2. 诗中表达的爱情观你认同吗？请结合当下社会与个人实际谈谈原因。

（张婷 选文）

［英］雪莱 致云雀

珀西·比希·雪莱（Percy Bysshe Shelley，1792—1822），英国浪漫主义诗人的杰出代表，其生前虽未获得巨大声名，但死后却对英国诗歌的发展产生了巨大影响。著名文学评论家哈罗德·布鲁姆（Harold Bloom）称之为"高超的艺术大师，无与伦比的抒情诗人"。主要作品有抒情诗《自由颂》《西风颂》《致云雀》《云》《悲歌》等，以及叙事诗《钦契》《伊斯兰起义》《解放了的普罗米修斯》《麦布女王》等。《致云雀》[1]（*To a Skylark*）完成于1820年6月，整首诗由21个小节组成，每小节5行，语言简洁明快、结构清晰完善。诗中的"云雀"不仅是大自然的"欢乐精灵"，更是诗人的自喻，云雀美妙的歌声就如同诗人优美的诗句，传达出对人类美好理想的向往与歌颂。《致云雀》具有强烈的隐喻和象征色彩，包含着诗人对自然与人类、现实与理想、生与死等问题的深刻思考。

你好啊，欢乐的精灵！

你似乎从不是飞禽，

从天堂或天堂的邻近，
以酣畅淋漓的乐音，
不事雕琢的艺术，倾吐着你的衷心。

向上，再向高处飞翔，
从地面你一跃而上，
像一片烈火的轻云[2]，
掠过蔚蓝的天心，
永远是歌唱着飞翔，飞翔着歌唱。

地平线下的太阳[3]，
放射出金色电光，
照耀得云霞通明，
你沐浴明光飞行，
似不具形体的喜悦开始迅疾的远征[4]。

淡淡的绛紫色黄昏，
在你航程周围消融，
像昼空的一颗星星，
虽然，看不见形影，
却可以听得清你那欢乐无比的强音——

那犀利明快的乐音，
似银色星光的利箭，
它那盏强烈的明灯，
在晨曦中逐渐暗淡，
以至难以分辨，却能感觉到就在空间。

整个的大地和大气，
响彻你婉转歌喉，
仿佛在荒凉的黑夜，
从一片孤云的背后，
明月放射出光芒，清辉洋溢宇宙。

我们不知你是什么
什么和你最相似？

从霓虹似彩色云霞
也难降这样美的雨，
能和随你出现降下的乐曲甘霖相比。

像一位诗人，隐身
在思想的明辉之中，
吟诵着即兴的诗韵，
直到普天下的同情，
都被未曾留意过的希望和忧虑唤醒[5]；

像一位高贵的少女，
居住在深宫的楼台，
在寂寞难言的时刻，
排遣为爱所苦的情怀，
甜美有如爱情的歌曲，溢出闺阁之外[6]；

像一只金色萤火虫，
在凝露的深山幽谷，
不显露出行止影踪，
把晶莹的流光传播，
在遮断了我们视线的芳草和鲜花丛中；

像被她自己的绿叶
荫蔽着的一朵玫瑰，
遭受到热风的摧残，
直到她的馥郁芳菲
以过浓的香甜使那些鲁莽的飞贼沉醉；

晶莹闪烁的芳草地，
春霖洒落时的声息，
雨后苏醒了的花蕾，
称得上明朗、欢悦、
清新的一切，全都及不上你的音乐。

飞禽或精灵，什么
甜美思绪在你心头？

我从来没有听到过
爱情或醇酒的颂歌，
能够迸涌出像这样神圣的极乐音流。

是赞婚的合唱也罢，
是凯旋的欢歌也罢，
若和你的乐声相比，
不过是空洞的浮夸，
人们可以觉察到，其中总有着贫乏。

什么样物象或事件，
是你那欢歌的源泉？
田野、波涛或山峦？
空中、陆上的形态？
是对同类的爱，还是对痛苦的绝缘？[7]

你明澈强烈的欢快，
使倦怠永不会出现，
那烦恼的阴影从来
接近不得你的身边，
你爱，却从不知晓过分充满爱的悲哀。[8]

是醒来抑或是睡去，[9]
你对死亡的理解一定
比我们凡人梦到的
更深刻真切，否则
你的乐曲音流怎能像液态的水晶涌泻？[10]

我们瞻前顾后，为了
不存在的事物自扰，
我们最真挚的欢笑，
也交织着某种苦恼，
我们最美的音乐是最能倾诉哀思的曲调。

可是即使能够摈弃
憎恨、傲慢和恐惧，

即使生来就从不会

抛洒任何一滴眼泪，

我也不知，怎样才能接近于你的欢愉。

比一切欢乐的音律

更加甜蜜而且美妙，

比一切书中的宝库，

更加丰盛而且富饶，

这就是鄙弃尘土的你啊你的艺术技巧。[11]

教给我一半你的心

必定是熟知的欢欣，

和谐、炽热的激情

就会流出我的双唇，

全世界就会像此刻的我——侧耳倾听。

1820 年夏

（选自［英］雪莱：《雪莱诗选》，江枫译，北京：外语教学与研究出版社，2016 年版。）

注释

［1］《致云雀》：雪莱抒情诗中的珍品。云雀，黄褐色小鸟，构巢于地面，清晨升入高空，入夜而还，有边飞边鸣的习性。云雀是 19 世纪英国诗人经常吟咏的题材，比雪莱年长 22 岁、已经名噪于时的前辈诗人华兹华斯也有类似的作品，读到雪莱的这首诗而自叹弗如。雪莱在这首诗里以他特有的艺术构思生动地描绘云雀的同时，也以饱满的激情写出了他自己的精神境界、美学理想和艺术抱负，语言也简洁、明快、准确而富于音乐性。

［2］像一片烈火的轻云：不是写云雀的形貌，而是按照"火向上以求日"的意思写它上升的运动态势。（据《爱丁堡评论》1871 年 4 月号）

［3］地平线下的太阳：原文为"sunken sun"，意为沉落的太阳，对于前一天为落目，对于新的一天则是尚未从地平线下升起的太阳。

［4］"似不具"句：有人认为原文此处的"unbodied"本来应该是"embodied"。（据《爱丁堡评论》1871 年 4 月号）。准此，则此处可译为"似具有形体的喜悦"或"似有形的喜悦"。

［5］对这一节的理解，可参看雪莱为长诗《阿多尼》所写前言（被删节段落）。他说他的为人，畏避闻达；他所以写诗，是为了唤起和传达人与人之间的同情。而雪莱的同情首先是对于人类争取从奴役、压迫、贫困和愚昧中解放出来的事业的同情。在《赞智力美》一诗中，他宣称他"热爱全人类"，其实"全"也不全，因为他反对人类中的暴君、教士及其奴仆。这里，他认为，诗人应该以值得关注而未被留意的希望和忧虑去唤醒全人类的同情。

〔6〕其实这一节所写的岂止是思春的少女，也完全有理由认为是雪莱的自况。他爱一切美好的事物、美好的事业，他爱"全人类"，但是他的爱在当时甚至不被自己的同胞所理解，而使他感到寂寞和为爱所苦。诗，是他的爱不能自已的流露。

〔7〕在以上三节中，雪莱认为没有高尚、优美的思想和情操，就不可能创造出美的艺术。因此，赞婚的合唱、凯旋的欢歌，总有某种贫乏。而对同类的爱和对痛苦的绝缘，却是他所珍视的品质。所谓对痛苦的绝缘，是指遇挫折而不馁，处逆境而泰然，胸怀坦荡，超然于痛苦之外。

〔8〕雪莱的悲哀常常来源于对正义的事业，对受苦的人类，对他自己所确认的真理，爱得太深、太真、太强烈，而为世俗所不理解。

〔9〕这是指对死的理解，绝不是指云雀的精神状态。有人认为死是从如梦的人生醒来，有人认为死是长眠。

〔10〕凡人认为死亡是最大的痛苦。雪莱认为，只有参透了生死的真谛，才能超然于痛苦之外，摆脱庸俗的恐惧和忧虑，上升到崇高的精神境界。

〔11〕鄙弃尘土：语义双关，既描写云雀从地面一跃而起，升上高空，又表达了诗人对当时流行的诗歌理论、评论以及一般的庸俗、反动的政治、社会观念所持的鄙弃态度。

（注释为原书译者添加）

◯ 思考题

1. 诗中的"云雀"具有怎样的象征意义？
2. 试比较雪莱的《西风颂》与《致云雀》，分析这两首诗有何异同。

（田艳 选文）

［爱］叶芝 当你老了

威廉·巴特勒·叶芝（William Butler Yeats，1865—1939），爱尔兰著名诗人、散文家和剧作家，是20世纪非常重要的文学家之一。其早期创作受斯宾塞、雪莱等人影响，具有浓郁的浪漫主义色彩，大多以民间神话传说和超验的神秘主义信仰为主题，1900年开始转向象征主义。叶芝于1923年获得诺贝尔文学奖，"因为他的诗歌总是充满灵感，以高度艺术的形式表达了整个民族的精神"。主要诗集有《玫瑰集》《塔楼》《旋梯及其它》《新诗集》等。《当你老了》[1]（When You Are Old，1893）是叶芝写给当时他所爱慕的女性毛特·冈（Maud Gonne）的著名诗篇，全诗有3节，每节4行，结构精巧完美，揭示了时间的流逝、生命的短暂、爱情的重要性等主题；歌颂了永恒"真爱"，整首诗极具浪漫主义精神。

当你老了，头白了，睡思昏沉，

炉火旁打盹，请取下这部诗歌，

慢慢读，回想你过去眼神的柔和，

回想它们昔日浓重的阴影；

多少人爱你青春欢畅的时辰，

爱慕你的美丽，假意或真心，

只有一个人爱你那朝圣者的灵魂，[2]

爱你衰老了的脸上痛苦的皱纹；

垂下头来，在红光闪耀的炉子旁，

凄然地轻轻诉说那爱情的消逝，

在头顶的山上它缓缓踱着步子，

在一群星星中间隐藏着脸庞。

（选自［爱］叶芝：《叶芝文集（卷一）·朝圣者的灵魂》，王家新编选，

本首为袁可嘉译，东方出版社，1996年版。）

注释

［1］仿法国诗人龙沙（1524—1585）同名十四行诗，1893年为毛特·冈而作，她是爱尔兰自治运动中的主要人物之一，曾是叶芝长期追求的对象。

［2］毛特·冈热爱爱尔兰的独立事业，曾为之进行终生的斗争。

（注释为原书译者添加）

思考题

1. 这首诗表达了诗人怎样的爱情观念？

2. 简要分析这首诗的艺术手法。

（田艳　选文）

［奥］里尔克　秋日

莱纳·玛利亚·里尔克（Rainer Maria Rilke，1875—1926），奥地利德语诗人，是20世纪非常重要的现代诗人之一。代表作有《豹》《秋日》《杜伊诺哀歌》及《致俄耳甫斯的十四行诗》等，达到了极致的形而上高度与艺术深度。《秋日》（Herbstag）的主旨在于探讨上帝、人与自然三者复杂而深刻的关系。全诗分为三节，第一节三句，第二节四句，

第三节五句，被刻意构建为 3/4/5 递增的整体结构。开篇以第一人称口吻向上帝发出吁请，暗示了人与上帝的某种共谋和紧张关系；第二节酿酒意象意味着自然创造的转化，这种创造成为上帝与人之间的中介，由外而内发生；第三节是对人生困顿的展示，由此对人存在的形而上的孤独进行彻底反思。全诗的内在理路是：由至高存在者上帝到自然，由自然的创造与转化到人的存在，最终由人的存在开启超验的存在之思。

　　主啊！是时候了。夏日曾经很盛大。
　　把你的阴影落在日晷上，
　　让秋风刮过田野。

　　让最后的果实长得丰满，
　　再给它们两天南方的气候，
　　迫使它们成熟，
　　把最后的甘甜酿入浓酒。

　　谁这时没有房屋，就不必建筑，
　　谁这时孤独，就永远孤独，
　　就醒着，读着，写着长信，
　　在林荫道上来回
　　不安地游荡，当着落叶纷飞。

（选自［奥］里尔克：《里尔克诗选》，林克编选，本首为冯至译，

武汉：长江文艺出版社，2013 年版。）

（田艳　选文）

［英］艾略特　四个四重奏（节选）

　　托马斯·斯特恩斯·艾略特（Thomas Stearns Eliot，1888—1965），出生于美国，后加入英国国籍，是诗人、批评家、剧作家。艾略特早年受法国象征主义文学的影响，反对浪漫主义风格以及维多利亚时期的文学传统。早期诗歌代表作为《普鲁夫洛克的情歌》，中期有《荒原》等，后期则是《四个四重奏》（*Four Quartets*）。艾略特与里尔克一道被誉为 20 世纪最伟大的诗人，1948 年获诺贝尔文学奖。《四个四重奏》作为艾略特诗艺和哲学的总结，试图寻求一种超越的、永恒的存在，这种寻求围绕"时间"主题展开。全诗借鉴了"四重奏"这一西方音乐形式，借助复调、对位、和声、变奏等音乐技法来表达其诗性哲思。《燃毁的诺顿》（*Burnt Norton*，1935）是《四个四重奏》的第一部，诗人在寻求时间的拯救中探究时间的本质，体现了其复杂而深邃的哲学与神学思想，诗歌语言纯净、自然、凝练，达到极高的境界。

燃毁的诺顿

虽然道对所有人都是共同的，但大多数人活着，仿佛
每个人对此都有自己独特的理解。
向上的路和向下的路是一样的。

—— 赫拉克利特

时间现在和时间过去
也许都存在于时间将来，
时间将来包容于时间过去。
如果时间永远都是现在，
所有的时间都不能得到拯救。
那本来可能发生的事是一种抽象，
始终只是在一个思辨的世界中
一种永恒的可能性。
那本来可能发生的和已经发生的
都指向一个终结，终结永远是现在[1]。
足音在记忆中回响
沿着我们不曾走过的那条通道
通往我们不曾打开的那扇门
进入玫瑰园[2]中。我的话这样
回响，在你的头脑中。
但扰乱一盆玫瑰花
叶瓣中的泥土有什么用，
我不知道。
其余的回声
占据花园。我们是否跟随？
快，那鸟儿说，找到它们，找到它们，
转过那个角，通过第一扇门，
进入我们第一个世界，我们是否听信
画眉鸟的欺骗？进入我们的第一个世界。
他们在那里，庄严非凡、隐而不见，
在毫无压力地移动，在枯叶上，
在秋天的炎热里，越过颤抖的空气，
于是鸟儿唱起来了，回应那隐藏
在灌木丛中听不到的音乐，

还有未遇见的目光，因为那玫瑰

曾有过人们现在看到的花朵样子。

那里他们作为我们的客人，受到招待，给予招待。

这样我们走动着，还有他们，一本正经的模样，

沿那条空旷的小巷，进入一圈圈的灌木丛，

俯视那干涸的池塘。

池干了，干得结结实实，边缘棕黄，

但在阳光下，池里似乎充满了水，

荷花静静地、静静地升起，

在阳光的中心，水面闪闪发亮，

他们在我们身后，也映在池水中。

接着一朵云彩飘过，池空了。

走吧，那只鸟说，绿叶丛中满是儿童，

紧张地隐藏着，抑制住笑声。

走吧走吧走吧，鸟说：人类

不能忍受太多的真实。

时间过去和时间将来

那本来会发生的和已经发生的

都指向一个终点，终结永远是现在。

（选自［英］Ｔ·Ｓ·艾略特：《四个四重奏：艾略特诗选》，裘小龙译，

南京：译林出版社，2017 年版。）

注释

［1］这里的"现在"有双重意义："终结"和"目的"。

［2］玫瑰是性欲上和精神上的爱的象征，圣母闺房常被描绘成一座玫瑰园。

（注释为原书译者添加）

（田艳　选文）

［美］弗罗斯特　未选择的路

罗伯特·弗罗斯特（Robert Frost，1874—1963），20 世纪非常受欢迎的美国诗人之一，曾四次荣获普利策诗歌奖。弗罗斯特生活在美国诗歌从 19 世纪向 20 世纪现代主义诗歌过渡的时期，被称为"交替性的诗人"。主要诗集有《山间》《新罕布什尔》《西去的溪流》《又一片牧场》《林间空地》等。在诗歌形式上，弗罗斯特恪守传统，多采用既有的诗歌韵律，以浅显、平易的口语入诗，感情舒缓而克制。

《未选择的路》（*The Road Not Taken*）是弗罗斯特一首广为流传的代表作，全诗分为四节，围绕"林中岔路"这一日常意象展开。前三节对两条岔路展开了细致而自然的刻画，充分体现了弗罗斯特对事物进行直接描绘的"直接感"；第四节笔锋一转，设想自己多年后将如何评价这种选择，赋予全诗哲理寓意。全诗语言质朴清新，形式整饬而又自然，貌似简单而直接，却又复杂而深刻。

　　　　两条路分岔于黄色树林里，
　　　　可惜我不能都踏上脚步，
　　　　作为旅行者，我久久伫立
　　　　沿着一条路眺望，尽目力所及
　　　　直到它在灌木丛中蜿蜒而去。

　　　　于是走上另一条同样美的路径，
　　　　或许是有着更好的原因，
　　　　它需要踩踏，因为杂草丛生；
　　　　虽然经过那里的往来行人
　　　　其实曾几乎同样磨损它们。

　　　　那天早晨，两条路同样躺在
　　　　草叶里，尚未被脚步踩得发黑。
　　　　哦，第一条我留给改日再来！
　　　　但我知晓路跟路如何连接，
　　　　我怀疑是否还会返回。

　　　　我将一边叹息一边讲述这经过：
　　　　在许多年后，在某个地方：
　　　　两条路分岔于树林里，而我——
　　　　我选择了一条更少人走的路，
　　　　这使得一切都不一样。

　　　　　　（选自［美］弗罗斯特：《未选择的路：弗罗斯特诗选》，
　　　　　　　　远洋译，长沙：湖南文艺出版社，2019年版。）

○ **思考题**

1.如何理解诗中"路"的寓意？

2.在诗歌的最后,为什么诗人说"我选择了一条更少人走的路,这使得一切都不一样"?

（田艳 选文）

第二节 散文

概述

散文是一种文学体裁、样式。一般来说,散文指用凝练、生动、优美的语言写成的叙事、抒情、记人、写景等文学作品。散文一般篇幅较短,题材范围广,形式灵活,聚焦自然、社会生活、历史、文化、精神生活等场景进行描述。散文从功能上分,包括叙事性散文、抒情性散文、议论性散文等;从形式上分,有诸子、史传、碑文、墓志、随笔、杂感、序跋、短评、笔记、速写、小品、通讯、游记、书信、日记、回忆录等。

一般而言,散文与韵文相对,不用对偶押韵,不讲究音律和节奏。中国古代有"文""笔"之分,南朝刘勰《文心雕龙·总术》载:"今之常言,有文有笔,以为无韵者笔也,有韵者文也。"这是说,"笔"是与韵文相对的散文的总称。唐代以后,随着古文运动的兴起,古文被视作典型的散文。与韵文相比,古文不追求形式美,奇句单行,不堆砌辞藻,比较接近日常语言的形态。

中国散文的特点是叙事真挚。散文主要描写特定的对象,描写真人真事。在真人真事的基础上进行创作,是散文写作的基本要求。散文在选材、构思上较为灵活,不追求长篇大论,表现形式相对其他文体更加自由、随意;散文形散神不散,按照生活本身的内在逻辑把内容不同的段落串为一体。散文往往在叙事的基础上,将抒情和议论融为一体,来叙夹议,反映现实生活,表现作者对时代生活的感受。

散文在中国有悠久的历史。中国古代的散文脱胎于以经、史、子为代表的先秦学术论著,比起近代意义上的"纯文学散文"要宽泛得多。在文、史、哲尚未分家的先秦时期,历史和哲理类著作都可以看作散文。

先秦时期是中国文化的奠基期,也是中国散文发展的最早阶段。一般认为,甲骨卜辞、青铜器铭文、易卦爻辞等原始文字记录是散文的萌芽。总体来说,先秦散文又可分为历史散文和诸子散文。历史散文以《尚书》《春秋》《左传》《国语》《战国策》等历史著作为代表。《尚书》和《春秋》分别是我国最早的记言散文和记事散文。此后,《左传》《国语》《战国策》的产生将先秦散文推向了高峰,成为后世散文创作的典范。诸子散文以《论语》《墨子》《孟子》《庄子》《荀子》《韩非子》为代表,经历了由简到繁、由语录到专题的发展过程。

秦汉时期，以《史记》《汉书》为代表的历史散文将中国史传文学推向高峰。东汉还出现了以桓谭的《新论》、王充的《论衡》等为代表的论说散文。

三国两晋南北朝兴起了骈体文。骈体文讲求对偶、用典，辞藻华丽，句式以四、六字为多，声韵、声调方面也有讲究。这一时期的代表作家，有"三曹""建安七子"以及陶渊明、郦道元、庾信等。

唐宋时期，文章由骈趋散，名家辈出。先有中唐韩愈、柳宗元等掀起的"古文运动"，主张师法秦汉，"文以载道"，摆脱骈偶束缚，提倡形式为内容服务，对中国散文的发展影响巨大。到了宋代，欧阳修倡导诗文革新，在他的引领下，陆续产生了曾巩、王安石、苏洵、苏轼、苏辙等散文大家，他们与唐代的韩愈、柳宗元合称为"唐宋八大家"，由此形成了中国古代散文的又一个高峰。

元代散文相对衰微，姚燧、戴表元、吴澄、虞集等堪为代表。明代早期可视为元代散文之余波，有宋濂、刘基、高启等散文家。明中叶以后风格趋于多样，流派纷呈：有"前七子""后七子"为代表的复古派，强调"文必秦汉，诗必盛唐"；有唐顺之、归有光为代表的唐宋派，主张学习文从字顺的"唐宋八大家"作品，反对拟古；有"三袁"（袁宏道、袁宗道、袁中道）为代表的公安派，讲求"独抒性灵，不拘格套"；等等。晚明兴起小品文，以张岱《西湖七月半》《湖心亭看雪》等为代表的杂感、随笔文字盛行。

清代文坛形成了声势浩大的桐城派。戴名世、方苞、刘大櫆、姚鼐被尊称为桐城派"四祖"。其中又以倡导"考据、义理、辞章"的姚鼐为集大成者。桐城派以"道统自任"，主张学习《左传》《史记》，行文要求简明达意，"清真雅正"。桐城派体现出散文发展向传统回归的趋势。

进入20世纪，随着"白话文运动"的展开，散文实现了古代形态向现代形态的转变。从此，散文与诗歌、小说、戏剧并列，成为中国现代文学创作的重要形式之一。中国现代散文"化古"与"化欧"调和得比较成功。不仅强调文章的社会功能，也重视创作的审美性质，与传统散文追求文笔合一、文以载道的特质一脉相承，还受到外国散文的影响。

鲁迅在《小品文的危机》中指出：五四文学发展中"散文小品的成功，几乎在小说、戏曲和诗歌之上"。新文化运动之初，《新青年》"随感录"作家群凭借短小精悍、尖锐深刻的杂感散文抨击旧传统、旧道德、旧礼教，对社会发展起到了明显的推动作用。冰心、朱自清和"文学研究会"作家的散文，郁达夫和"创造社"作家的散文，鲁迅的抒情散文集《野草》、叙事散文集《朝花夕拾》等，都是五四新文学重要的散文代表。1930—1940年，散文继续探索多样化发展之路，文体意识逐步加强。林语堂式的幽默闲适小品、"鲁迅风"杂文、报告文学等，从数量到质量均有重要突破，散文艺术日臻圆熟。中国现代散文呈现出多姿多彩的特点。

1949年以后的中国当代散文，一般分为两个大的阶段：第一阶段是1949年以后"十七年文学"的散文，以杨朔、刘白羽、秦牧为代表；第二阶段是1977年以后的散文。1980—1990年，散文创作成绩突出，其中"文化散文"（也称"学者散文"）引人瞩目。

西方散文的历史可以追溯到古希腊、罗马时期。从公元前5世纪开始，以普鲁塔克、塞涅卡为代表的学者使用散文的样式写出了历史、哲学著作。西方现代散文的产生晚于诗歌和戏剧，"散文"这一概念最早由法国作家蒙田在1580年创作的《散文集》（又译为《随笔集》等）中使用。"散文"这一文体既古老又生机勃勃。

◯ 参考文献

1.《中国大百科全书》编委会.中国大百科全书[M].2版.北京:中国大百科全书出版社, 2009.

2.袁行霈.中国文学史[M].3版.北京:高等教育出版社, 2014.

3.陈平原.中国散文小说史[M].上海:上海人民出版社, 2004.

4.钱理群, 温儒敏, 吴福辉.中国现代文学三十年[M].北京:北京大学出版社, 1998.

◯ 思考题

1.请介绍散文的定义、特点。

2.以散文为例，谈谈你对文学、历史、哲学之间的关系的看法。

3.中国古代散文和现当代散文有何异同？

4.试分析散文与诗歌、小说、戏剧的主要区别。

5.请思考中国散文与外国散文在创作理念、风格上的差异。

（陈石军　撰写）

［东周］孔子　论语·子路、曾皙、冉有、公西华侍坐（存目）

［东周］左丘明　左传·郑伯克段于鄢（节选）

选自《左传·隐公元年》，标题依《春秋》隐公元年经文添加。《左传》旧传为春秋末年左丘明解读《春秋》的著作，后世学者根据内容考证，其实际成书时间在战国初期。《左传》原名《左氏春秋》，汉代古文经学家认为它的内容是解释《春秋》的，故改称《春秋左氏传》。《春秋》记事简略，总共一万八千多字。《左传》则补充了大量史料，共有十多万字。《左传》是我国第一部叙事详细的编年体历史著作，起于鲁隐公元年（前722年），终于鲁悼公四年（前464年），实际记事到鲁悼公十四年（前454年）。《左传》记事文约事丰，辞令理富辞美，人物鲜明生动，可谓"情韵并美，文采照耀"，是先秦时期最具有文学色彩的历史散文。

郑伯克段于鄢

初[1]，郑武公[2]娶于申[3]，曰武姜[4]，生庄公及共叔段[5]。庄公寤生[6]，惊姜氏，故名曰寤生，遂恶之。爱共叔段，欲立之，亟请于武公[7]，公弗许。及庄公即位，为之请制[8]。公曰："制，巌[9]邑也，虢叔死焉[10]，佗邑唯命[11]。"请京，使居之，谓之京城大叔[12]。

祭仲[13]曰："都城过百雉[14]，国之害也。先王之制，大都不过参国之一，中、五之一，小、九之一[15]。今京不度[16]，非制也[17]，君将不堪。"公曰："姜氏欲之，焉辟害[18]？"对曰："姜氏何厌之有[19]！不如早为之所，无使滋蔓[20]。蔓，难图也。蔓草犹不可除，况君之宠弟乎？"公曰："多行不义，必自毙[21]，子姑待之。"

既而大叔命西鄙北鄙贰于己[22]。公子吕曰："国不堪贰，君将若之何？欲与大叔，臣请事之；若弗与，则请除之，无生民心。"公曰："无庸，将自及。"

大叔又收贰以为己邑，至于廪延。子封曰："可矣，厚将得众。"公曰："不义不暱[23]，厚将崩。"

大叔完聚[24]，缮甲兵，具卒乘[25]，将袭[26]郑。夫人将启之。公闻其期，曰："可矣！"命子封帅车二百乘[27]以伐京。京叛大叔段，段入于鄢，公伐诸鄢。五月辛丑，大叔出奔共。

……

遂寘[28]姜氏于城颍，而誓之曰："不及黄泉[29]，无相见也！"既而悔之。颍考叔为颍谷封人[30]，闻之，有献于公。公赐之食，食舍肉。公问之，对曰："小人有母，皆尝小人之食矣，未尝君之羹[31]，请以遗之[32]。"公曰："尔有母遗，繄我独无[33]！"颍考叔曰："敢问何谓也？"公语之故，且告之悔。对曰："君何患焉？若阙[34]地及泉，隧而相见，其谁曰不然？[35]"公从之。公入而赋："大隧之中，其乐也融融。"[36]姜出而赋："大隧之外，其乐也泄泄[37]。"遂为母子如初。

（选自《中国历代散文选（上）》，刘盼遂、郭预衡编，北京出版社，1996年版。）

注释

[1] 初：当初。这是追述往事时的说法。

[2] 郑武公：名掘突，谥号武，郑桓公的儿子，郑国第二代君主。

[3] 娶于申：从申国娶妻。申，春秋时国名，姜姓。

[4] 曰武姜：叫武姜。武姜，郑武公之妻，"姜"是她娘家的姓，"武"是她丈夫郑武公的谥号。

[5] 共（gōng）叔段：郑庄公的弟弟，名段，"叔"是他的排行。后来叔段出奔共国，所以称"共叔段"。

[6] 寤（wù）生：寤，通"牾"，逆，倒着。

[7] 亟（qì）请于武公：屡次向武公请求。亟，屡次。

[8] 制：地名，即虎牢，河南省荥（xíng）阳县西北。

[9] 巌（yán）：险要。

[10] 虢（guó）叔死焉：东虢国的国君死在那里。虢，指东虢，古国名，为郑国所灭。

［11］佗邑唯命：佗同"他"。唯命即"唯命是听"。

［12］谓之京城大（tài）叔：称共叔段为京城太叔。大，同"太"。《说文》段注："太从大声，后世凡言大，而以为形容未尽则作太，如大宰，俗作太宰，大子，俗作太子，周大王俗作太王是也。"

［13］祭（zhài）仲：人名，郑国的大夫。

［14］都城过百雉（zhì）：都邑的城墙超过了三百丈。都，《左传·庄公二十八年》载"凡邑有宗庙先君之主曰都"，指次于国都而高于一般城邑等级的城市。雉，古代城墙长三丈、宽一丈、高一丈为一雉。

［15］大都不过参（sān）国之一：大城市的城墙不超过国都城墙的三分之一。参，三。中、五之一：中等城市的城墙不超过国都城墙的五分之一。小、九之一：小城市的城墙不超过国都城墙的九分之一。

［16］不度：不合法度。

［17］非制也：不是先王定下的制度。

［18］焉辟害：怎么能逃避祸害。辟，"避"的古字。

［19］何厌之有：有何厌，即有什么满足，宾语前置。

［20］为之所：给他安排个地方，双宾语，即重新安排。无使滋蔓（màn）：不要让他滋长蔓延。无，通"毋"（wú）。

［21］多行不义，必自毙：多做不义的事，必定自己垮台。毙，本义为倒下去、垮台，汉以后才有"死"义。

［22］命西鄙北鄙（bǐ）贰于己：命令原属庄公的西部和北部边境城邑同时臣属于自己。鄙，边境上的城邑。贰，两属。

［23］不义不暱（nì）：一说为并列关系，对君不义对兄不亲；一说为条件关系，对君不义别人就不亲近他。暱，同"昵"，亲近。

［24］完聚：修治城郭，聚集百姓。完，修葺。

［25］具卒乘（shèng）：准备步兵和兵车。具，准备。

［26］袭：偷袭。行军不用钟鼓。杜预注："轻行掩其不备曰袭。"

［27］帅车二百乘：率领二百辆战车。帅，率领。古代每辆战车配备甲士三人，步卒七十二人。二百乘，共甲士六百人，步卒一万四千四百人。

［28］寘："置"的通用字，放置，放逐。

［29］黄泉：地下的泉水，喻穴，指死后。

［30］颍考叔：人名，郑国大夫。封人：管理边界的地方长官。封，聚土培植树木。古代国境以树（沟）为界，故为边界标志。

［31］羹：带汁的肉。《尔雅·释器》："肉谓之羹。"

［32］遗（wèi）之：赠送给她。

［33］繄（yī）我独无：我却单单没有啊！繄，句首语气助词，不译。

［34］阙：通"掘"，挖。

[35]其谁曰不然：那谁能说不是这样（不是跟誓词相合）呢？其，语气助词，加强反问的语气。然，代词，代庄公对姜氏发的誓言。

[36]大隧之中，其乐也融融：走进隧道里，欢乐真无比。中、融，上古冬韵，今押韵。

[37]大隧之外，其乐也泄泄（yì）：走出隧道外，心情多欢快。外、泄，上古押韵，今不押韵。

（注释为本书编者添加）

思考题

1.兄弟至亲却最终兵戎相向，你认为谁的过错大一些？

2.寓褒贬于曲折的文笔之中而不直接表明自己的态度的写法叫"春秋笔法"。《春秋》原文"郑伯克段于鄢"六字和《左传》全篇是如何"一字见褒贬"的？

（谢卫 选文）

［西汉］刘向 战国策·冯谖客孟尝君（存目）

［西汉］司马迁 史记·刺客列传（节选）

《史记》作者司马迁,字子长,夏阳(今陕西韩城)人,生于汉景帝中元五年(前145年),卒年不可考。西汉史学家、文学家、思想家。司马谈之子,任太史令,被后世尊称为史迁、太史公。司马迁以"究天人之际,通古今之变,成一家之言"的史识创作了中国第一部纪传体通史《史记》,记载了从黄帝到汉武帝太初四年长达3000多年的历史,被鲁迅誉为"史家之绝唱,无韵之离骚",包括十二本纪、十表、八书、三十世家、七十列传,共130篇,52万余字。《刺客列传》记载了春秋战国时代曹沫、专诸、豫让、聂政、荆轲五位著名刺客的事迹,被誉为《史记》全书"第一种激烈文字"。

聂政者,轵[1]深井里人也。杀人避仇,与母、姊如齐,以屠为事。

久之,濮阳严仲子事韩哀侯[2],与韩相侠累有郤[3]。严仲子恐诛,亡[4]去,游求人可以报侠累者[5]。至齐,齐人或言聂政勇敢士也,避仇隐于屠者之间。严仲子至门请,数反[6],然后具酒自畅[7]聂政母前。酒酣,严仲子奉黄金百溢,前为聂政母寿。聂政惊怪其厚,固谢[8]严仲子。严仲子固进,而聂政谢曰："臣幸有老母,家贫,客游以为狗屠,可以旦夕得甘毳[9]以养亲。亲供养备,不敢当仲子之赐。"严仲子辟[10]人,因为聂政言曰："臣有仇,而行游诸侯众矣[11];然至齐,窃闻足下义甚高,故进百金者,将用为大人麤粝之费[12],得以交足下之驩[13],岂敢以有求望邪！"聂政曰："臣所以降志辱身居市井屠者,徒幸[14]

以养老母；老母在，政身未敢以许人也。"严仲子固让，聂政竟[15]不肯受也。然严仲子卒备宾主之礼[16]而去。

久之，聂政母死。既已葬，除服[17]，聂政曰："嗟乎！政乃市井之人，鼓刀以屠；而严仲子乃诸侯之卿相也，不远千里，枉车骑[18]而交臣。臣之所以待之，至浅鲜矣，未有大功可以称者[19]，而严仲子奉百金为亲寿，我虽不受，然是者徒深知政也[20]。夫贤者以感忿睚眦之意而亲信穷僻之人，而政独安得嘿然而已乎[21]！且前日要[22]政，政徒以老母；老母今以天年终，政将为知己者用。"乃遂西至濮阳，见严仲子曰："前日所以不许仲子者，徒以亲在；今不幸而母以天年终。仲子所欲报仇者为谁？请得从事[23]焉！"严仲子具告曰："臣之仇韩相侠累，侠累又韩君之季父也，宗族盛多，居处兵卫甚设[24]，臣欲使人刺之，终莫能就。今足下幸而不弃，请益其车骑壮士可为足下辅翼者。"聂政曰："韩之与卫，相去中间不甚远，今杀人之相，相又国君之亲，此其势不可以多人，多人不能无生得失[25]，生得失则语泄，语泄是韩举国而与仲子为雠，岂不殆[26]哉！"遂谢车骑人徒。

聂政乃辞，独行杖剑至韩，韩相侠累方坐府上，持兵戟而卫侍者甚众。聂政直入，上阶刺杀侠累，左右大乱。聂政大呼，所击杀者数十人，因自皮面决眼[27]，自屠出肠，遂以死。

韩取聂政尸暴于市，购问莫知谁子。于是韩县购[28]之，有能言杀相侠累者予千金。久之莫知也。

政姊荣闻人有刺杀韩相者，贼不得，国不知其名姓，暴其尸而县之千金，乃於邑[29]曰："其是吾弟与？嗟乎，严仲子知吾弟！"立起，如韩，之市，而死者果政也，伏尸哭，极哀，曰："是轵深井里所谓聂政者也。"市行者诸众人皆曰："此人暴虐[30]吾国相，王县购其名姓千金，夫人不闻与？何敢来识之也？"荣应之曰："闻之。然政所以蒙污辱自弃于市贩之间者，为老母幸无恙，妾未嫁也。亲既以天年下世，妾已嫁夫，严仲子乃察举吾弟困污之中而交之，泽厚矣，可奈何[31]！士固为知己者死，今乃以妾尚在之故，重自刑以绝从[32]，妾其奈何畏殁身之诛，终灭贤弟之名！"大惊韩市人。乃大呼天者三，卒于邑悲哀而死政之旁。

晋、楚、齐、卫闻之，皆曰："非独政能也，乃其姊亦烈女也。乡使政诚知其姊无濡忍[33]之志，不重暴骸之难[34]，必绝险千里[35]以列其名，姊弟俱僇[36]于韩市者，亦未必敢以身许严仲子也。严仲子亦可谓知人能得士矣！"

（选自《史记》卷八十六，司马迁，中华书局，2013 年版。）

注释

[1]轵：魏邑名，在今河南省济源东南。

[2]濮阳：卫都，在今河南省濮阳西南。严仲子：名遂。

[3]侠累：名傀，《战国策》称之为韩傀。卻：仇怨。《战国策·韩策》云："韩傀相韩，严遂重于君，二人相害也。严遂政议直指，举韩傀之过。韩傀以之叱之于朝。严遂拔剑趋之，以救解。"此其怨隙之由来。

[4]亡：逃，逃走。

［5］游：四处周游。报：报复。

［6］数反：多次前来。因聂政不想见。

［7］自畅：即自觞，亲自敬酒。

［8］谢：推辞不受。

［9］甘毳：香甜肥美的食品。毳，同"脆"。

［10］辟：同"避"。

［11］行游诸侯众矣：我曾到各个国家找过许多人，但总没有遇到合适的。

［12］大人：长辈，此称聂政之母。麤粝：麤，同"粗"，麤粝指粗糙的米粱。粝，粗米。"麤粝之费"在这里是谦辞，指饮食生活所需。

［13］驩：同"欢"，意为希望和你交个朋友。

［14］幸以：犹言"以此"。"幸"是表示对母亲的敬爱，以养母为幸事。

［15］竟：始终。

［16］卒备宾主之礼：完满地尽了宾主的礼仪。

［17］除服：丧服期满，三年过后。

［18］枉车骑：犹言"屈尊"。枉，委屈。

［19］"臣之所以待之"句：意谓我对他的招待很淡薄，没有什么大的功劳可以和人家待我的礼敬相比。鲜，稀少。称，相称，相比。

［20］然是者徒深知政也：但从这件事情看来人家就是特别赏识我。徒，独，特别。

［21］"夫贤者以感忿睚眦之意"两句：严仲子为某种个人仇恨所愤激（想找一个能替他报仇的人），结果竟把我这样一个低贱的屠夫视为亲信，难道我还能够默不作声地了事吗？感忿，愤慨，愤疾。睚眦之意，因被瞪了一眼而结下的仇恨，极言其起因之小。

［22］要：同"邀"。

［23］从事：办理这件事情，解决这个问题。

［24］甚设：指防卫严密。

［25］生得失：发生失误。得失，偏义复词，即指失。

［26］殆：危险。

［27］皮面：破面。皮，同"披"。

［28］县购：悬金以购求之。县，同"悬"。

［29］於邑：同"呜咽"，低声哭泣。

［30］虐：用作动词，对……施行残暴，指杀害。

［31］泽厚矣，可奈何：严仲子对我弟弟的恩情太深了，我弟弟还能怎么样呢？

［32］绝从：避免让亲属受连累获罪。从，一从"坐"，因受牵连被治罪；一同"踪"，意为断绝跟踪追查的线索。

［33］濡忍：容忍，忍耐。濡，浸润，引申为含忍。

［34］不重：不惜，不顾。暴骸：指被杀。

[35] 绝险千里：指千里跋涉。绝险，度越险难崎岖。

[36] 僇：同"戮"，指被杀害。

（注释为本书编者添加）

思考题

1. 请查阅相关资料，概述《刺客列传》中其他四个刺客的事迹并思考司马迁为什么选择这五个刺客？

2. 为以下句子断句并翻译：

（1）然至齐窃闻足下义甚高故进百金者将用为大人麤粝之费得以交足下之驩岂敢以有求望邪

（2）士固为知己者死今乃以妾尚在之故重自刑以绝从妾其奈何畏殁身之诛终灭贤弟之名

（王娜　选文）

［唐］韩愈　祭十二郎文

韩愈（768—824），字退之，河南河阳（今河南孟州市南）人。自谓郡望昌黎，世称"韩昌黎""昌黎先生"；曾官至吏部侍郎，人称"韩吏部"；谥号"文"，故又称"韩文公"。韩愈为"唐宋八大家"之首，政治上主张天下统一，反对藩镇割据；文学上主张"文道合一""唯陈言之务去"，反对六朝以来浮艳的文风，开辟了唐以来古文的发展道路。杜牧把韩文与杜诗并列，称为"杜诗韩笔"；苏轼称他"文起八代之衰"；有"文章巨公"和"百代文宗"之名。本篇祭文被誉为"祭文中千年绝调"。《古文观止》赞之："情之至者，自然流为至文。读此等文，须想其一面哭，一面写，字字是血，字字是泪。未尝有意为文，而文无不工。"

年月日，季父[1]愈闻汝丧之七日，乃能衔哀致诚，使建中远具时羞之奠[2]，告汝十二郎[3]之灵：

呜呼！吾少孤[4]，及长，不省所怙，惟兄嫂是依。中年，兄殁南方，吾与汝俱幼，从嫂归葬河阳[5]；既又与汝就食江南，零丁孤苦，未尝一日相离也。吾上有三兄，皆不幸早世。承先人后者，在孙惟汝，在子惟吾，两世一身，形单影只。嫂尝抚汝指吾而言曰："韩氏两世，惟此而已！"汝时尤小，当不复记忆；吾时虽能记忆，亦未知其言之悲也。

吾年十九[6]，始来京城。其后四年，而归视汝。又四年，吾往河阳省坟墓，遇汝从嫂丧来葬。又二年，吾佐董丞相于汴州，汝来省吾，止一岁，请归取其孥[7]。明年，丞相薨，吾去汴州，汝不果来。是年，吾佐戎[8]徐州，使取汝者始行，吾又罢去，汝又不果来。吾念汝从于东，东亦客也，不可以久；图久远者，莫如西归，将成家而致汝

[9]。呜呼！孰谓汝遽去吾而殁乎！吾与汝俱少年，以为虽暂相别，终当久相与处，故舍汝而旅食京师，以求斗斛之禄[10]；诚知其如此，虽万乘之公相，吾不以一日辍汝而就也！

去年，孟东野往，吾书与汝曰："吾年未四十，而视茫茫，而发苍苍，而齿牙动摇。念诸父与诸兄，皆康强而早世，如吾之衰者，其能久存乎？吾不可去，汝不肯来，恐旦暮死，而汝抱无涯之戚也。"孰谓少者殁而长者存，强者夭而病者全乎？呜呼！其信[11]然邪？其梦邪？其传之非其真邪？信也，吾兄之盛德而夭其嗣乎？汝之纯明而不克蒙其泽乎[12]？少者强者而夭殁，长者衰者而存全乎？未可以为信也。梦也，传之非其真也？东野之书，耿兰[13]之报，何为而在吾侧也？呜呼！其信然矣！吾兄之盛德而夭其嗣矣！汝之纯明宜业其家[14]者，不克蒙其泽矣！所谓天者诚难测，而神者诚难明矣！所谓理者不可推，而寿者不可知矣！虽然，吾自今年来，苍苍者或化而为白矣，动摇者或脱而落矣，毛血日益衰，志气日益微，几何不从汝而死也！死而有知，其几何离？其无知，悲不几时，而不悲者无穷期矣！汝之子始十岁，吾之子始五岁，少而强者不可保，如此孩提者，又可冀其成立邪？呜呼哀哉！呜呼哀哉！

汝去年书云："比得软脚病，往往而剧[15]。"吾曰："是疾也，江南之人，常常有之。"未始以为忧也。呜呼！其竟以此而殒其生乎？抑别有疾而至斯乎？汝之书，六月十七日也。东野云："汝殁以六月二日，耿兰之报无月日。盖东野之使者，不知问家人以月日，如耿兰之报，不知当言月日。"东野与吾书，乃问使者，使者妄称以应之耳。其然乎？其不然乎？

今吾使建中祭汝，吊汝之孤与汝之乳母，彼有食可守以待终丧[16]，则待终丧而取以来；如不能守以终丧，则遂取以来。其余奴婢，并令守汝丧。吾力能改葬，终葬汝于先人之兆[17]，然后惟其所愿。

呜呼！汝病吾不知时，汝殁吾不知日，生不能相养以共居，殁不得抚汝以尽哀，敛不凭其棺，窆不临其穴[18]。吾行负神明而使汝夭，不孝不慈，而不得与汝相养以生、相守以死；一在天之涯，一在地之角，生而影不与吾形相依，死而魂不与吾梦相接，吾实为之，其又何尤！彼苍者天，曷其有极！自今已往，吾其无意于人世矣！当求数顷之田于伊、颍之上[19]，以待余年，教吾子与汝子，幸其成；长吾女与汝女，待其嫁，如此而已！呜呼！言有穷而情不可终，汝其知也邪？其不知也邪？呜呼哀哉！尚飨[20]！

（选自《中国历代散文选》（下），刘盼遂、郭预衡编，北京出版社，1996年版。）

注释

[1] 季父：叔父。

[2] 建中：韩愈的仆人。时羞：时鲜食品。

[3] 十二郎：韩愈二哥韩介次子，过继给大哥韩会，自幼与韩愈友善。

[4] 孤：韩愈三岁丧父，由大哥大嫂抚养。

[5] 河阳：今河南孟州市南，韩家祖坟所在。

［6］年十九：韩愈十九岁游长安，应进士第。

［7］孥（nú）：妻子儿女。

［8］佐戎：助理军务。

［9］致汝：接你来。

［10］斗斛（hú）：古代以十斗为一斛。

［11］信：真实。

［12］纯明：纯洁聪明。克：能。

［13］耿兰：可能是十二郎老成的仆人。

［14］业其家：继承家业。

［15］比：近来。剧：严重。

［16］终丧：古礼父死三年除孝服为终丧。

［17］兆：坟地。

［18］敛：今作殓，装殓。窆（biǎn）：安葬。

［19］伊、颍：韩愈家乡的伊水和颍水。

［20］飨（xiǎng）：享用。

（注释为本书编者添加）

思考题

1. 苏轼认为读《祭十二郎文》不下泪者，其人必不友。对此你怎么看？

2. 清代袁枚《祭妹文》也是一篇祭文佳作，请找来读一读，跟同学一起讨论祭文佳作有何共通之处。

（谢卫 选文）

［唐］韩愈 张中丞传后叙（存目）

［唐］柳宗元 种树郭橐驼传（存目）

［宋］欧阳修 五代史伶官传序（存目）

［宋］苏轼 文与可画筼筜谷偃竹记（存目）

［宋］苏轼 赤壁赋（存目）

［宋］苏辙 黄州快哉亭记（存目）

［明］张岱　西湖七月半（存目）

朱自清　桨声灯影里的秦淮河

朱自清（1898—1948），字佩弦，号秋实。他生于江苏省东海县，是文学研究会的早期成员，也是著名的诗人、散文作家、学者、民主战士。1916年中学毕业后考入北京大学哲学系，1923年发表长诗《毁灭》。1925年任清华大学教授，开始创作散文并致力于古典文学的研究。1928年出版第一本散文集《背影》，成为著名散文作家。《桨声灯影里的秦淮河》是朱自清与友人俞平伯同游秦淮河时所作的散文，该文1924年1月25日发表于《东方杂志》。这篇文章记叙的是夏夜泛舟秦淮河的见闻感受。作者将自己的感情与思绪融和在风景描写之中，使读者真切地感受到作者的思想感情。这篇文章代表着"五四"散文创作所达到的艺术成就。

一九二三年八月的一晚，我和平伯同游秦淮河，平伯是初泛，我是重来了。我们雇了一只"七板子"，在夕阳已去、皎月方来的时候，便下了船。于是桨声汩——汩，我们开始领略那晃荡着蔷薇色的历史的秦淮河的滋味了。

秦淮河里的船，比北京万牲园、颐和园的船好，比西湖的船好，比扬州瘦西湖的船也好。这几处的船不是觉着笨，就是觉着简陋、局促；都不能引起乘客们的情韵，如秦淮河的船一样。秦淮河的船约略可分为两种：一是大船；一是小船，就是所谓"七板子"。大船舱口阔大，可容二三十人。里面陈设着字画和光洁的红木家具，桌上一律嵌着冰凉的大理石面。窗格雕镂颇细，使人起柔腻之感。窗格里映着红色蓝色的玻璃；玻璃上有精致的花纹，也颇悦人目。"七板子"规模虽不及大船，但那淡蓝色的栏杆，空敞的舱，也足系人情思。而最出色处却在它的舱前。舱前是甲板上的一部，上面有弧形的顶，两边用疏疏的栏杆支着。里面通常放着两张藤的躺椅。躺下，可以谈天，可以望远，可以顾盼两岸的河房。大船上也有这个，但在小船上更觉清隽罢了。舱前的顶下，一律悬着灯彩；灯的多少，明暗，彩苏的精粗，艳晦，是不一的，但好歹总还你一个灯彩。这灯彩实在是最能勾人的东西。夜幕垂垂地下来时，大小船上都点起灯火。从两重玻璃里映出那辐射着的黄黄的散光，反晕出一片朦胧的烟霭；透过这烟霭，在黯黯的水波里，又逗起缕缕的明漪。在这薄霭和微漪里，听着那悠然的间歇的桨声，谁能不被引入他的美梦去呢？只愁梦太多了，这些大小船儿如何载得起呀？我们这时模模糊糊的谈着明末的秦淮河的艳迹，如《桃花扇》及《板桥杂记》里所载的。我们真神往了。我们仿佛亲见那时华灯映水，画舫凌波的光景了。于是我们的船便成了历史的重载了。我们终于恍然秦淮河的船所以雅丽过于他处，而又有奇异的吸引力的，实在是许多历史的影像使然了。

秦淮河的水是碧阴阴的；看起来厚而不腻，或者是六朝金粉所凝么？我们初上船的时候，天色还未断黑，那漾漾的柔波是这样恬静，委婉，使我们一面有水阔天空之想，一面又憧憬着纸醉金迷之境了。等到灯火明时，阴阴的变为沉沉了：黯淡的水光，像梦一般；那偶然闪烁着的光芒，就是梦的眼睛了。我们坐在舱前，因了那隆起的顶棚，仿佛总是昂着首向前走着似的；于是飘飘然如御风而行的我们，看着那些自在的湾泊着的船，船里走马灯般的人物，便像是下界一般，迢迢的远了，又像在雾里看花，尽朦朦胧胧的。这时我们已过了利涉桥，望见东关头了。沿路听见断续的歌声：有从沿河的妓楼飘来的，有从河上船里度来的。我们明知那些歌声，只是些因袭的言词，从生涩的歌喉里机械的发出来的；但它们经了夏夜的微风的吹漾和水波的摇拂，袅娜着到我们耳边的时候，已经不单是她们的歌声，而混着微风和河水的密语了。于是我们不得不被牵惹着，震撼着，相与浮沉于这歌声里了。从东关头转弯，不久就到大中桥。大中桥共有三个桥拱，都很阔大，俨然是三座门儿；使我们觉得我们的船和船里的我们，在桥下过去时，真是太无颜色了。桥砖是深褐色，表明它的历史的长久；但都完好无缺，令人叹息于古昔工程的坚美。桥上两旁都是木壁的房子，中间应该有街路？这些房子都破旧了，多年烟熏的迹，遮没了当年的美丽。我想象秦淮河的极盛时，在这样宏阔的桥上，特地盖了房子，必然是髹漆[1]得富富丽丽的；晚间必然是灯火通明的，现在却只剩下一片黑沉沉！但是桥上造着房子，毕竟使我们多少可以想见往日的繁华；这也慰情聊胜无了。过了大中桥，便到了灯月交辉，笙歌彻夜的秦淮河，这才是秦淮河的真面目哩。

大中桥外，顿然空阔，和桥内两岸排着密密的人家的景象大异了。一眼望去，疏疏的林，淡淡的月，衬着蔚蓝的天，颇像荒江野渡光景；那边呢，郁丛丛的，阴森森的，又似乎藏着无边的黑暗：令人几乎不信那是繁华的秦淮河了。但是河中眩晕着的灯光，纵横着的画舫，悠扬着的笛韵，夹着那吱吱的胡琴声，终于使我们认识绿如茵陈酒的秦淮水了。此地天裸露着的多些，故觉夜来的独迟些；从清清的水影里，我们感到的只是薄薄的夜——这正是秦淮河的夜。大中桥外，本来还有一座复成桥，是船夫口中的我们的游踪尽处，或也是秦淮河繁华的尽处了。我的脚曾踏过复成桥的脊，在十三四岁的时候。但是两次游秦淮河，却都不曾见着复成桥的面；明知总在前途的，却常觉得有些虚无缥缈似的。我想，不见倒也好。这时正是盛夏。我们下船后，借着新生的晚凉和河上的微风，暑气已渐渐消散；到了此地，豁然开朗，身子顿然轻了——习习的清风荏苒在面上，手上，衣上，这便又感到了一缕新凉。南京的日光，大概没有杭州猛烈；西湖的夏夜老是热蓬蓬的，水像沸着一般，秦淮河的水却尽是这样冷冷地绿着。任你人影的憧憧，歌声的扰扰，总像隔着一层薄薄的绿纱面幂似的；它尽是这样静静的，冷冷的绿着。我们出了大中桥，走不上半里路，船夫便将船划到一旁，停了桨由它宕着。他以为那里正是繁华的极点，再过去就是荒凉了；所以让我们多多赏鉴一会儿。他自己却静静地蹲着。他是看惯这光景的了，大约只是一个无可无不可。这无可无不可，无论是升的沉的，总之，都比我们高了。

那时河里热闹极了；船大半泊着，小半在水上穿梭似的来往。停泊着的都在近市的那一边，我们的船自然也夹在其中。因为这边略略的挤，便觉得那边十分的疏了。在每一只船从那边过去时，我们能画出它的轻轻的影和曲曲的波，在我们的心上；这显着是空，且显着是静了。那时处处都是歌声和凄厉的胡琴声，圆润的喉咙，确乎是很少的。但那生涩的，尖脆的调子能使人有少年的，粗率不拘的感觉。也正可快我们的意。况且多少隔开些儿听着。因为想像与渴慕的做美，总觉更有滋味；而竞发的喧嚣，抑扬的不齐，远近的杂沓，和乐器的嘈嘈切切，合成另一意味的谐音，也使我们无所适从，如随着大风而走。这实在因为我们的心枯涩久了，变为脆弱；故偶然润泽一下，便疯狂似的不能自主了。但秦淮河确也腻人。即如船里的人面，无论是和我们一堆儿泊着的，无论是从我们眼前过去的，总是模模糊糊的，甚至渺渺茫茫的；任你张圆了眼睛，揩净了眦垢[2]，也是枉然。这真够人想呢。在我们停泊的地方，灯光原是纷然的；不过这些灯光都是黄而有晕的。黄已经不能明了，再加上了晕，便更不成了。灯愈多，晕就愈甚；在繁星般的黄的交错里，秦淮河仿佛笼上了一团光雾。光芒与雾气腾腾的晕着，什么都只剩了轮廓了；所以人面的详细的曲线，便消失于我们的眼底了。但灯光究竟夺不了那边的月色；灯光是浑的，月色是清的。在浑沌的灯光里，渗入一派清辉，却真是奇迹！那晚月儿已瘦削了两三分，她晚妆才罢，盈盈的上了柳梢头。天是蓝得可爱，仿佛一汪水似的；月儿便更出落得精神了。岸上原有三株两株的垂杨树，淡淡的影子，在水里摇曳着。它们那柔细的枝条浴着月光，就像一只只美人的臂膊，交互的缠着，挽着；又像是月儿披着的发。而月儿偶尔也从它们的交叉处偷偷窥看我们，大有小姑娘怕羞的样子。岸上另有几株不知名的老树，光光的立着；在月光里照起来，却又俨然是精神矍铄的老人。远处——快到天际线了，才有一两片白云，亮得现出异彩，像是美丽的贝壳一般。白云下便是黑黑的一带轮廓；是一条随意画的不规则的曲线。这一段光景，和河中的风味大异了。但灯与月竟能并存着，交融着，使月成了缠绵的月，灯射着渺渺的灵辉，这正是天之所以厚秦淮河，也正是天之所以厚我们了。

（节选自《朱自清散文集》，朱自清，南京出版社，2018 年版。）

注释

［1］髹漆（xiū qī）：亦作"髤漆"。这里是动词，指油漆。
［2］眦垢（zì gòu）：眼眵。俗称眼屎。

（注释为本书编者添加）

○ 思考题

1. 试简析这篇散文的语言美具体表现在哪些方面。
2. 请阅读俞平伯同名散文《桨声灯影里的秦淮河》，试比较二者的异同。

（张婷　选文）

梁遇春 途中（存目）

沈从文 过节和观灯（存目）

钱锺书 论快乐

钱锺书（1910—1998），字默存，号槐聚，江苏无锡人，中国现代作家、文学研究家，被称为"文化昆仑"。1929年，钱锺书考入清华大学外文系，1941年写成《谈艺录》和《写在人生边上》，1947年出版长篇小说《围城》，1958年《宋诗选注》被列入中国古典文学读本丛书出版，1972年3月开始写作《管锥编》，1976年参与翻译的《毛泽东诗词》英译本出版。《论快乐》收于钱锺书第一本散文集《写在人生边上》，它是一篇哲理意味浓厚的随笔。思路奔放开阔，文意层层加深。作者从不同角度、不同层面反复阐述了对快乐的种种理解。尤其是比喻的修辞手法的巧妙运用，不仅使得文章文采斐然，而且使得议论深入浅出，活泼灵动，通篇蕴含着浓郁的幽默情趣。

在旧书铺里买回来维尼（Vigny）的《诗人日记》（*Journal d'unpoète*），信手翻开，就看见有趣的一条。他说，在法语里，喜乐（bonheur）一个名词是"好"和"钟点"两字拼成，可见好事多磨，只是个把钟头的玩意儿（Si le bonheur n'etait qu'une bonne heure!）。我们联想到我们本国话的说法，也同样的意味深永，譬如快活或快乐的快字，就把人生一切乐事的飘瞥难留，极清楚地指示出来。所以我们又慨叹说："欢娱嫌夜短！"因为人在高兴的时候，活得太快，一到困苦无聊，愈觉得日脚像跛了似的，走得特别慢。德语的沉闷（langeweile）一字，据字面上直译，就是"长时间"的意思。《西游记》里小猴子对孙行者说："天上一日，下界一年。"这种神话，确反映着人类的心理。天上比人间舒服欢乐，所以神仙活得快，人间一年在天上只当一日过。从此类推，地狱里比人间更痛苦，日子一定愈加难度。段成式《酉阳杂俎》就说："鬼言三年，人间三日。"嫌人生短促的人，真是最"快活"的人；反过来说真快活的人，不管活到多少岁死，只能算是短命夭折。所以，做神仙也并不值得，在凡间已经三十年做了一世的人，在天上还是个初满月的小孩。但是这种"天算"，也有占便宜的地方：譬如戴君孚《广异记》载崔参军捉狐妖，"以桃枝决五下"，长孙无忌罚讨得太轻，崔答："五下是人间五百下，殊非小刑。"可见卖老祝寿等等，在地上最为相宜，而刑罚呢，应该到天上去受。

"永远快乐"这句话，不但渺茫得不能实现，并且荒谬得不能成立。快过的决不会永久；我们说永远快乐，正好像说四方的圆形、静止的动作同样地自相予盾。在高兴的时候，我们的生命加添了迅遽，增进了油滑。像浮士德那样，我们空对瞬息即逝的时间喊着说："逗留一会儿吧！你太美了！"那有什么用？你要永久，你该向痛苦里去找。不讲别的，只要一个失眠的晚上，或者有约不来的下午，或者一课沉闷的听讲——这许多，比一切宗教信仰更有效力，能使你尝到什么叫做"永生"的滋味。人生的刺，就在这里，留恋着不肯快走的，偏是你所不留恋的东西。

快乐在人生里，好比引诱小孩子吃药的方糖，更像跑狗场里引诱狗赛跑的电兔子。几分钟或者几天的快乐赚我们活了一世，忍受着许多痛苦。我们希望它来，希望它留，希望它再来——这三句话概括了整个人类努力的历史。在我们追求和等候的时候，生命又不知不觉地偷渡过去。也许我们只是时间消费的筹码，活了一世不过是为那一世的岁月充当殉葬品，根本不会享到快乐。但是我们到死也不明白是上了当，我们还理想死后有个天堂，在那里——谢上帝，也有这一天！我们终于享受到永远的快乐。你看，快乐的引诱，不仅像电兔子和方糖，使我们忍受了人生，而且仿佛钓钩上的鱼饵，竟使我们甘心去死。这样说来，人生虽然痛苦，却并不悲观，因为它终抱着快乐的希望；现在的账，我们预支了将来去付。为了快活，我们甚至于愿意慢死。

穆勒曾把"痛苦的苏格拉底"和"快乐的猪"比较。假使猪真知道快活，那么猪和苏格拉底也相去也无几了。猪是否能快乐得像人，我们不知道；但是人会容易满足得像猪，我们是常看见的。把快乐分肉体的和精神的两种，这是最糊涂的分析。一切快乐的享受都属于精神的，尽管快乐的原因是肉体上的物质刺激。小孩子初生下来，吃饱了奶就乖乖地睡，并不知道什么是快活，虽然它身体感觉舒服。缘故是小孩子的精神和肉体还没有分化，只是混沌的星云状态。洗一个澡，看一朵花，吃一顿饭，假使你觉得快活，并非全因为澡洗得干净，花开得好，或者菜合你口味，主要因为你心上没有挂碍，轻松的灵魂可以专注肉体的感觉，来欣赏，来审定。要是你精神不痛快，像将离别时的筵席，随它怎样烹调得好，吃来只是土气息、泥滋味。那时刻的灵魂，仿佛害病的眼怕见阳光，撕去皮的伤口怕接触空气，虽然空气和阳光都是好东西。快乐时的你，一定心无愧怍。假如你犯罪而真觉快乐，你那时候一定和有道德、有修养的人同样心安理得。有最洁白的良心，跟全没有良心或有最漆黑的良心，效果是相等的。

发现了快乐由精神来决定，人类文化又进一步。发现这个道理，和发现是非善恶取决于公理而不取决于暴力，一样重要。公理发现以后，从此世界上没有可被武力完全屈服的人。发现了精神是一切快乐的根据，从此痛苦失掉它们的可怕，肉体减少了专制。精神的炼金术能使肉体痛苦都变成快乐的资料。于是，烧了房子，有庆贺的人，一箪食，一瓢饮，有不改其乐的人；千灾百毒，有谈笑自若的人。所以我们前面说，人生虽不快乐，而仍能乐观。譬如从写《先知书》的所罗门直到做《海风》诗的马拉梅（Mallarmé），都觉得文明人的痛苦，是身体困倦。但是偏有人能苦中作乐，从病痛里滤出快活来，使健康的消失有种赔偿。苏东坡诗就说："因病得闲殊不恶，安心是药更无方。"王丹麓《今世说》也记毛稚黄善病，人以为忧，毛曰："病味亦佳，第不堪为躁热人道耳！"在着重体育的西洋，我们也可以找着同样达观的人。工愁善病的诺凡利斯（Novalis）在《碎金集》里建立一种病的哲学，说病是"教人学会休息的女教师"。罗登巴煦（Rodenbach）的诗集《禁锢的生活》（*Les Vies Encloses*）里有专咏病味的一卷，说病是"灵魂的洗涤"（épuration）。身体结实、喜欢活动的人采用了这个观点，就对病痛也感到另有风味。顽健粗壮的十八世纪德国诗人白洛柯斯（B.H.Brockes）第一次害病，觉得是一个"可惊异的大发现"。对于这种人，人生还有什么威胁？这种快乐把忍受变为享受，是精神对于物质的大胜利。灵魂可以自主——同时也许是自欺。能一贯抱这种态度的人，当然是大哲学家，但是谁知道他不也是个大傻子？

是的，这有点矛盾。矛盾是智慧的代价。这是人生对于人生观开的玩笑。

（选自《钱锺书选集·散文卷》，钱锺书，南海出版公司，2022年版。）

思考题

1. "发现了快乐由精神来决定，人类文化又进一步"，作者认为进步在什么地方？
2. 选文运用了多种论证方法，试举两种不同的论证方法，结合例句，分析其作用。

（张婷 选文）

张中行　顺生论·我与读书（存目）

宗璞　紫藤萝瀑布

宗璞（1928—），原名冯钟璞，著名哲学家冯友兰之女。1948年开始发表作品，成名作为1957年的短篇小说《红豆》，代表作有短篇小说《弦上的梦》，系列长篇小说《野葫芦引》和散文《紫藤萝瀑布》等。《野葫芦引》分为《南渡记》《东藏记》《西征记》《北归记》四卷，其中《东藏记》荣获2008年第六届茅盾文学奖。《紫藤萝瀑布》选自《福建文学》1982年第7期，文章写于1982年5月，当时宗璞的弟弟身患绝症，她非常悲痛，徘徊于庭院中，见一树盛开的紫藤萝花，睹物思人，由花儿从衰到盛感悟到人生的美好和生命的永恒。

我不由得停住了脚步。

从未见过开得这样盛的藤萝，只见一片辉煌的淡紫色，像一条瀑布，从空中垂下，不见其发端，也不见其终极。只是深深浅浅的紫，仿佛在流动，在欢笑，在不停地生长。紫色的大条幅上，泛着点点银光，就像迸溅[1]的水花。仔细看时，才知道那是每一朵紫花中的最浅淡的部分，在和阳光互相挑逗。

这里春红[2]已谢，没有赏花的人群，也没有蜂围蝶阵。有的就是这一树闪光的、盛开的藤萝。花朵儿一串挨着一串，一朵接着一朵，彼此推着挤着，好不活泼热闹！

"我在开花！"它们在笑。

"我在开花！"它们嚷嚷。

每一穗花都是上面的盛开、下面的待放。颜色便上浅下深，好像那紫色沉淀下来了，沉淀在最嫩最小的花苞里。每一朵盛开的花就像是一个小小的张满了的帆，帆下带着尖底的舱，船舱鼓鼓的；又像一个忍俊不禁的笑容，就要绽开似的。那里装的是什么仙露琼浆？我凑上去，想摘一朵。

但是我没有摘。我没有摘花的习惯。我只是伫立凝望，觉得这一条紫藤萝瀑布不只在我眼前，也在我心上缓缓流过。流着流着，它带走了这些时一直压在我心上的关于生死的疑惑，关于疾病的痛楚。我浸在这繁密的花朵的光辉中，别的一切暂时都不存在，有的只是精神的宁静和生的喜悦。

这里除了光彩，还有淡淡的芳香，香气似乎也是浅紫色的，梦幻一般轻轻地笼罩着我。忽然记起十多年前家门外也曾有过一大株紫藤萝，它依傍一株枯槐爬得很高，但花朵从来都稀落，东一穗西一串伶仃地挂在树梢，好像在察言观色，试探什么。后来索性连那稀零的花串也没有了。园中别的紫藤花架也都拆掉，改种了果树。那时的说法是，花和生活腐化有什么必然关系。我曾遗憾地想：这里再看不见藤萝花了。

过了这么多年，藤萝又开花了，而且开得这样盛，这样密，紫色的瀑布遮住了粗壮的盘虬卧龙[3]般的枝干，不断地流着、流着，流向人的心田。

花和人都会遇到各种各样的不幸，但是生命的长河是无止境的。我抚摸了一下那小小的紫色的花舱，那里满装生命的酒酿，它张满了帆，在这闪光的花的河流上航行。它是万花中的一朵，也正是由每一个一朵，组成了万花灿烂的流动的瀑布。

在这浅紫色的光辉和浅紫色的芳香中，我不觉加快了脚步。

1982 年 5 月 6 日

（选自《宗璞散文精选》，宗璞，长江文艺出版社，2017 年版。）

注释

［1］迸溅（bèng jiàn）：向四处溅。
［2］春红：春天的花朵。
［3］盘虬（qiú）卧龙：盘绕横卧着的虬龙。

（注释为本书编者添加）

◯ 思考题

1. 作者不仅描写了眼前的紫藤萝，还回忆起过去的紫藤萝，这两者有什么不同？从开头"不由得停住了脚步"，到结尾又"不觉加快了脚步"，你感受到作者的情感有了怎样的变化？

2. 结合自己的经历和见闻，谈谈你对"花和人都会遇到各种各样的不幸，但是生命的长河是无止境的"这句话的理解。

（张婷　选文）

张炜　融入野地（存目）

［法］蒙田　随笔集·论书籍（存目）

［英］培根　谈学养

弗朗西斯·培根（Francis Bacon，1561—1626），英国文艺复兴时期散文家、哲学家。英国经验主义哲学家，实验科学和近代归纳法创始人。培根的主要著作有《随笔集》《新工具》《论科学的增进》以及《学术的伟大复兴》等，他曾提出名言："知识就是力量。"

　　学养可助娱乐，可添文采，可长才干。助娱乐主要表现在闭门独处之际，添文采主要表现在交际议论之时，长才干则表现在判断理事之中。有一技之长者可以一一处理、判断具体专门的事务，然而总体规划、全面运作则有赖于博学之士。

　　在学养上耗时过多是偷懒，利用学养添彩过头是矫饰，全凭学养的标准做判断则是学究的怪癖。学养可以完善天赋，而经验又可以完善学养。因为天赋犹如天然草木，需要学养的修剪，而学养的指示，如不受经验规范，则过于枝蔓。天性伶俐者鄙薄学养，土牛木马惊奇学养，唯有智者运用学养。因为学养并不传授自己的用法，而运用则是在学养之外、学养之上、靠留心观察所得的一种智慧。

　　读书时不可一味批驳，不可轻易相信，不可寻章摘句，而要推敲研究。有些书可以浅尝辄止，有些书可以囫囵吞下，少数书则要咀嚼消化。也就是说，有些书只需读其中的一些段落，有些书只需大体涉猎一遍。而少数的书则需通读、勤读、细读。有些书可以请人代读，再看看人家做的摘要，但这只限于主题不太重要和品位低下的书籍，否则浓缩过的书就像普通的蒸馏水，淡而无味。阅读使人充实，讨论使人灵敏，笔记使人精确。因此，人如果懒于提笔，就必须长于记忆；如果不爱讨论，就需要十分机敏；如果不爱读书，就必须有随机应变的能力，方能显不知为有知。

　　历史使人明智；诗歌使人韶秀；数学使人缜密；科学使人深沉；伦理学使人庄重；逻辑修辞学使人善辩："学养终成性格。"不仅如此，神智上的障碍皆可通过适当的学养来根治，恰如身体上的疾病，都有相应的运动来治愈。滚球有益于睾肾，射箭有益于胸肺，漫步有益于肠胃，骑马有益于头脑，如此等等，所以如果有人神思飘忽不定就让他去研究数学。因为在演算证明时稍一分心，他就必须从头再来。如果有的人头脑缺乏辨析能力，那就让他研究经院哲学，因为经院哲学家个个是"剖毫析芒之辈"。如果他不善博闻强记、触类旁通，不善由此及彼进行论证，那就让他去研究律师的案例。所以，心智上的缺陷都可以对症下药。

　　（选自《培根随笔全集》，培根著，蒲隆译，上海译文出版社，2012 年版。）

○ 思考题

1. 学养主要有什么用途？
2. 培根笔下的学养与运动有何异同之处？

（陈石军　选文）

［法］卢梭　一个孤独的散步者的梦（节选）

让-雅克·卢梭（Jean-Jacques Rousseau，1712—1778），法国18世纪启蒙思想家、哲学家、教育家、文学家、民主政论家和浪漫主义文学流派的开创者，启蒙运动代表人物之一。卢梭的主要著作有《论科学与艺术》《论人类不平等的起源和基础》《社会契约论》《爱弥儿》《忏悔录》《新爱洛伊丝》《植物学通信》等。本文选自《一个孤独的散步者的梦》中的"第五次散步"。一生都在追求自由的卢梭，在经历自然自由的询问、公民自由的质疑之后，于晚年进入心灵自由之境，这是他历经文明风霜之后对自然的一种回归。卢梭独居在圣皮埃尔岛，远离世俗的尘嚣，感受自然的韵律，享受沉思的快乐。随心所欲，任意飘荡；兴之所至，极目远眺。在时间流逝中感受着岁月的静好，在物我两忘中徜徉于心灵的自足，与永恒同在，和幸福相伴。

在所有我曾经居住过的地方中（有几处是很迷人的），没有一个地方是像碧茵纳湖中心的圣皮埃尔岛那样使我真正感到十分快活，并使我对它产生极其甜蜜的怀念之情。这个小岛，纳沙泰尔人称它为拉莫特岛。即使是在瑞士，知道这个小岛的人也不多。就我所知，还没有任何一个旅行家曾经谈起过它，然而，它却非常之美，对一个喜欢自己把自己幽禁起来的人来说，它的位置简直是好得出奇。尽管在这个世界上我也许是唯一一个命中注定要自己把自己幽禁起来的人，但我不相信有这种天生的爱好的人只有我一个，虽然迄今为止，有此种乐趣的人我还没有发现过。

碧茵纳湖的湖岸比日内瓦湖的湖岸虽显得更荒芜，但却更别致。由于湖边的岩石和树木更临近湖水，所以湖岸之美，并不逊于日内瓦湖。虽说沿湖一带的农田和葡萄园比较少，市镇和住户也不多，但它依然到处是郁郁葱葱，一派天然的美景；到处是草地和树荫遮盖的幽静处。地势起起伏伏，互相映衬的景色，比比皆是。由于这宁静的湖滨没有可通车马的大路，所以很少有人到此一游，然而，对喜欢孤独和沉思的人来说，这里正是好地方，因为他喜欢陶醉于大自然的妩媚，喜欢在这除偶尔有几声莺啼和小鸟的鸣啭与从山巅奔腾直泻的哗哗水声以外，便别无其他声音打扰他在寂静环境中的潜心沉思。在这近似正圆形的美丽的湖泊中央，有两个小岛，其中一个方圆约半法里，岛上有人居住，种有庄稼；另一个小一些，无人居住，十分荒凉，岛上的泥土不断被人们搬去修补大岛上被波涛和暴风雨冲毁的地方，看来，这个岛终有一天将荡然无存。弱者的血肉就是这样被用去增补强者的身躯。

　　岛上只有一幢房子。这幢房子很大，很漂亮，也很舒适。它和这个岛都属于伯尔尼医院所有。房子里住着一位税务官和他的家人与仆役。屋旁有一个养有许多家禽的饲养场、一个鸟栏和几块鱼塘。岛虽小，但地势和地貌变化万千。因此，什么样的风景都有，什么样的作物都可以种植。有庄稼地，有葡萄园，有树林，有未开垦的处女地，有树荫掩映的大牧场，周遭有各种各样的灌木林，它们靠近湖边的水，长得很茂盛。另外，在一个高高的台地上种有两行树，在台地的中央建有一个大厅，在收葡萄的季节里，每逢星期天，湖边的居民就到大厅来聚会和跳舞。

　　在莫蒂埃遭到一顿石头袭击[1]之后，我就来到这个岛上避难。我感到在这个岛上居住是如此地令人心旷神怡，岛上的生活是如此地适合我的性情，以致使我下定决心，要在这个岛上度过我的余生。我唯一担心的，是怕人家不让我执行这个计划，硬要把我送到英国去，此事的酝酿，我早已觉察[2]。我心中惴惴不安，真巴不得人们把我这个安身的地方建成一个永久的监狱，把我在这里关一辈子，剥夺我的一切权利，断绝我走出这个监狱的念头，切断我与陆地的联系，使我对外界发生的事情一无所知，忘记岛外的人们，也让岛外的人们忘记我。

　　人们让我在这个岛上居住的时间连两个月都不到[3]，而我倒是真想在岛上住两年，住两个世纪，甚至永远住下去也不会感到片刻的厌腻。我和我的伴侣[4]在岛上只和那位税务官与他的太太及仆役接触，此外就没有任何其他来往的人。这税务官一家的确是好人，仅此而已，而我需要的也恰恰是这种人。我把这两个月看作是我一生中最幸福的一段时间。这段时间是如此的幸福，以致，要是我能终生过此生活，我就心满意足，再也不会三心二意想去过其他的生活了。

　　不过，究竟是什么样的幸福呢？它有哪些东西让我享受呢？我让本世纪的人根据我对我在岛上的生活的描写去猜。首先是我无事可做，这是最珍贵难得的享受，是我得到的种种享受中最主要的享受，现在回想起来还觉得其味无穷。我在岛上居住期间，我所做的，只不过是一个懒散成性的人喜欢做的和必须做的事情而已。

　　有些人巴不得让我在这个孤岛上自己把自己幽禁起来，如果没有他人的帮助，我就不可能逃离此地，而要逃离，那一定会被人发现的。此外，如果没有我周围的人的通力合作，我就无法和外界联系和通消息。他们的这些想法，倒使我产生了另外一个想法，那就是：我要比以往任何时候都更平平静静地在岛上度过我的晚年。由于我想到我有充分的时间安排我的生活。所以在开始的时候，我一点准备工作也没有做。我仓促之间被人们送到这个岛上，单独一个人，什么东西也没有带，只好把我的女管家[5]接到岛上，然后又陆陆续续把我的书和我的那一点儿行李运来。可是我懒得打开看，箱笼之物运到时放在哪里，就让它们放在哪里。我住在我打算度过一生的屋子里，就好像住旅店第二天就要离开似的，一切都原封不动，这样挺好，若要整理，反而会弄得一团糟。最使我高兴的事情之一是，我的书放在箱子里一本也没有动，甚至连纸、笔和墨水也一样也没有取出来。当有些伤脑筋的信非要我拿起笔来写回信不可时，我只好满腹牢骚地到税务官家去借，用完以后马上就归还，盼望从此不再去借第二次。我的房间里不但没有讨厌的文具，反而摆满了各种各样的花和草，因为那时候我已开始爱上了植物学。这是迪维尔努瓦博士引导我产生这一爱好的，而且，不久就使我入了迷。我既然不愿意看书和写作，就得有一件既能使我感到好玩，又不让我这个懒人花多大力气的事情来填补这个空缺。我打算写一本《圣皮埃尔岛植物志》，描述岛上的一草一木，一个也不遗漏，而且要写得尽量详细，好以此来打发我的时光。听说有一个德国人为了一块柠檬皮就写了一本书，而我则要对草地上的每一种禾本植物和树林中的每一种苔藓以及岩石上的每一种地衣，都要一个一个地写一本书。总之，无论是一株小草也好，一粒种子也好，我都要详细研究，一个也不放过。按照这个美好的计划，我每天早晨吃完早饭后，便一手拿着一个放大镜，一只胳臂下夹着一本《自然分类法》[6]，信步走到岛上的一个地方去调查。为了做好这个工作，我还特意把这个小岛划分成好几个小区，以便在每个季节里一个一个地去研究一番。那时，我对植物的组织和结构，对它们的性器官在开花结实过程中所起的作用，一无所知。因此，每当我在观察中有什么发现时，我欢喜若狂的心情，简直是无法形容。从前，我对各种植物的生殖特性的差异，毫无概念，因此，我特别喜欢在常见的几种植物身上检验这种差异，以期从中发现更鲜为人知的现象。当我第一次看到夏枯草的两根长长的雄蕊上的分叉，看到尊麻和墙草的雄蕊的弹动，看到凤仙花的果实和黄扬壳的爆裂，看到开花结实过程中的数不清的微小现象时，我真是高兴到极点了。拉封登问人家是否读过《哈巴谷书》[7]，而我倒要问人们是否见过夏枯草的角。两三个小时以后，我满载而归地回家；下午若老天下雨，我就不愁在家没事儿干了。上午如有空闲，我就和税务官与他的太太及黛莱丝一起去看他的雇工们干活；我们也经常动手和他们一起劳动。常常有伯尔尼人来看我，他们曾多次发现我爬在一株大树上，腰间挎一个口袋，等装满了我采摘的果子，我就用一根绳子把口袋吊放到地上。上午的这些活动以及与活动分不开的愉快心情，使我的午饭吃得很香，吃的时间也长。但是，如果遇到天好的话，我不等午饭吃完就离席，乘别人还在桌上用餐之时，独自一人溜出屋去，跳上一条小船，把船划到湖中心；湖上波平浪静，我躺在船上仰望天空，听任小船随风漂荡，爱漂到哪里，就漂到哪里。有时候，我在船上一躺就躺好几个小时；我沉思默想，千奇百怪的景象想得很多，乱是乱一点，但都挺有趣。尽管没有固定的目标，而且对任何一件事情都不是一想就想到底，然而，正是由于随我的兴之所至，所以我觉得它们比人们所谓的生活的乐趣还美妙一百倍。我经常是看到夕阳西下，才发现我该回家，然而这时，我已经离岛很远了，只好使出全身的力气拼命划船，赶到天黑以前回到岛上。有几次，我不是把船划到湖中心，而是沿着绿茵茵的岛岸一桨一桨地向前划去。这儿的湖水清澈见底，岸边的树荫又浓密得使我禁不住自己跳入水中游泳。不过，我划船常去的地方之一，是从大岛到小岛。我午饭后，把船划到小岛，弃舟登陆，在那里度过一个下午，在稚柳、泻鼠李、春蓼和各种各样的灌木丛中散步，有时候我躺在长满细草、欧百里香、野花甚至还有岩黄芪和苜蓿的沙丘上休息。看来，苜蓿是人们从前种的。有苜蓿之地最适合于野兔居住，它们可以在那里平平安安地生活，既不担心人家伤害它们，它们也不伤害别人。我把这个想法对税务官讲了，于是，他让人从纳沙泰尔买来几只公野兔和几只母野兔；在我离开圣皮埃尔岛回陆地之前，它们就已经开始生小兔了。如果它们能熬过严酷的冬天的话，它们一定会在岛上昌盛繁衍的。这个小小的殖民地建立那一天，真是热闹得很。我比"阿耳戈"号船上的司令官[8]还神气，率领我们这支队伍，把野兔从大岛护送到小岛。最使我感到得意的是，那个怕水怕得要命并老晕船的税务官太太登上我的船，在我的率领下，信心十足地到了小岛，一路上一点畏惧的样子也没有。

当湖上波涛汹涌不能行船时，我下午就在岛上到处去采集植物。有时候又坐在一个风景宜人的僻静处像做梦似的沉思，海阔天空地想象，有时候又站在高坡或高地上极目眺望美妙的湖景；湖岸一边临山，一边是土地肥沃的大平原，地势辽阔，一直延伸到远处淡蓝色的群山。

暮色降临时，我从岛上的高岗走到湖边，坐在一个僻静的湖滩上。在那里，波涛声和汹涌的水声集中了我的思想，驱走了翻腾在我心中的烦恼，使我的心能够长时间地沉醉在美妙的梦境里，直到天已大黑，我还没有发现时间已到夜晚。波涛起伏，水声不停，不时还夹杂着一声轰鸣；这一切，不断传到我的耳里，吸引着我的眼睛，时时唤醒我在沉思中停息了的内心的激动，使我须思考，就能充分感到我的存在。我有时又短暂地和淡淡地思考时事的沧桑，变化无常，宛如这湖面的涟漪。不过，这短暂的想象不久就消逝在永恒的和平稳的心灵运动中，使我得到慰藉。尽管我的心没有主动让我长久处于这种状态，我也是如此之沉湎于兹，以致到了钟点和约好的信号叫我，我才费了很大的劲摆脱这种状态，回到家里。

晚饭后，如果天好的话，我们便一起到高地上去散步，呼吸湖上送来的清新的空气。我们在一个亭子里休息，笑呀，聊呀，唱几首比现今怪声怪调的歌好听得多的老歌，然后怀着对一天的生活过得很惬意的心情回家去睡觉，筹划如何在明天也像今天这样快快活活地过一天。

除有时候接待一些不速之客以外，我在这个岛上居住期间，天天都是这样度过的。现在请人们告诉我：究竟是什么原因使我入了迷，使我对圣皮埃尔岛如此恋恋不忘地亲切怀念，以致时隔十五年[9]之后，每一想到在岛上居住的那段甜蜜的时光，便好像我又再次登上该岛，置身于我原来居住的地方。

在坎坷不平的漫长的一生中，我发现，最使我得到甜蜜的享受和舒心的快乐的时期，并不是最常引起我回忆和使我感触最深的时期。那令人迷醉和牵动感情的短暂时刻，不论它是多么的活跃，但正是由于它的活跃，所以在生命的长河中只不过是几个明亮的小点。这种明亮的小点为数太少，而且移动得也太快，所以不能形成一种持久的状态。我心目中的幸福，绝不是转眼即逝的瞬间，而是一种平平常常的持久的状态，它本身没有任何令人激动的地方，但它持续的时间愈长，便愈令人陶醉，从而最终使人达到完美的幸福的境地。

世间的一切事物都处在持续不断的变动之中，没有任何东西能保持一种永久不变的形态。我们对外界事物的感受，也同事物本身一样，经常在变动。它们不是走在我们的前头，就是落在我们的后头；或者使我们回想一去不复返的过去，或者使我们憧憬往往难成现实的未来。世上没有任何一种能使我们的心永远寄托的固定不变的东西，因此，我们在世上所能享受到的，只不过是一些转瞬即逝的快乐。至于永恒的幸福，我怀疑世上是否真正有过。即使在我们尽情享受的时候，也很难有一个瞬间真能使我们的心对我们说："我愿这一瞬间长此持续。"因此，我们怎么能把那使我们忐忑不安、心中一片空虚、患得患失的转瞬即逝的状态称为幸福呢？

如果世间真有这么一种状态：心灵十分充实和宁静，既不怀恋过去也不奢望将来，放任光阴的流逝而紧紧掌握现在，不论它持续的长短都不留下前后接续的痕迹，无匮乏之感也无享受之感，不快乐也不忧愁，既无所求也无所惧，而只感受到自己的存在，单单这一感受就足以充实我们整个的心灵；只要这种状态继续存在，处于这种状态的人就可以说自己得到了幸福——不是残缺的、贫乏的和相对的幸福，而是圆满的、充实的、使心灵无空虚欠缺之感的幸福。我在圣皮埃尔岛上就经常处于这种状态。我或者躺在随风漂荡的船中，或者坐在波涛汹涌的湖边，或者站在一条美丽的小河旁或流水冲激砾石潺潺作响的溪边，孤独一人，静静沉思。

在这种状况下，得到的是什么乐趣呢？在这种情况下得到的乐趣，不在任何身外之物，而在我们自身，在我们自己的存在，只要这种状态继续存在，一个人就可像上帝那样自己满足自己。排除一切其他欲念而只感到自身的存在，这本身就是一种非常珍贵的满足感和宁静感。单单这种感受就足以使一个人对自己的存在感到可贵和可爱，并知道如何消除一切不断来分散我们的心力和干扰我们在世上的乐趣的肉欲和尘世杂念。不过，大多数人都被一个接一个的情欲搅得心绪不宁，感受不到这种状态的魅力。他们只是在很难得的短暂时刻隐隐约约进入这种佳境，因此，对这种境界只有一个模糊不清的概念，不足以使他们领略到它的美。然而，从目前的客观环境来看，如果一味贪恋这种令人如醉如痴的境界，未必是一件好事，因为它将使人对社会生活感到厌腻，而社会生活中不断增长的种种需要，是要求人们承担一定的义务的。但是，一个被逐出人类社会、在这个世界上无论对人或对己都不能做出什么有意义的事情的人，却在这种状态中可找到无论是命运或任何人都无法剥夺的乐趣，以补偿他失去的人间幸福。

是的，这种补偿，并不是每个人，也不是在任何情况下都能感受到的。必须心境宁静，没有任何欲念来打扰。进入这种境界的人要有发自内心的感触，另外还需要有周围的事物的谐和。内心不能绝对静止，也不能过分激动；内心的活动必须缓慢而均匀，既不时而过快，也不时而间歇。没有运动的生命必将麻木；如果运动不均匀，或者过于猛烈，就会一惊而醒。只要我们对周围的事物一动心念，就会破坏我们沉思的佳境，失去内心的平衡，从而再次戴上命运和人世间的枷锁，回忆过去的苦难。绝对的宁静将使人感到哀戚，使人有死之将至的感觉，因此，这时候就需要借助于欢乐的想象来驱散心中的凄凉。凡是具有上天赐予的想象力的人，是一定会自然而然地频频想到许多欢乐的景象的。这时，内心的活动将取代外界的刺激，轻松而愉快的想象将微微拂动心灵的表面而不触及它的深处。心中的宁静感虽然微小，但却非常的甜蜜，这就足以使人把握自我，忘记他所受的苦难。无论你身在何处，只要你能静下心来，便可领略这种沉思的乐趣。我经常在想：即使我身陷巴士底狱，或者被关在一间伸手不见五指的牢房里，我也能非常愉快地这样静思。

应当承认，这一切，必须在一个树木繁茂的孤立的岛上做起来效果才更加美好。这个岛由于自然条件的限制，与陆地完全隔绝。岛上的景色赏心悦目，非常宜人；没有一样东西会勾起你对过去的痛苦的回忆。和少数居民的交往亲密无间，但关系又不密切到没完没了地来打扰你。这样，我每天可无拘无束地想做什么就做什么，没有什么事情要我操心；我可以懒懒散散，安闲度日。对一个置身在许许多多令人不快的事物中也能想象出使人愉快的景象的沉思人来说，这样的环境是非常好的。他可以随他的心意尽情幻想，使各种各样能真正打动他的感官的东西都听从他的安排。当我从长时间的幻想回到现实中来时，看到我周围浓密的树木和各种各样的花和小鸟，极目远眺，观看那围绕在辽阔的和明净的湖水四周的湖岸，我还以为这些美好的景色是出自我的幻想。直到我一步一步地恢复自我，回到周围的现实事物中，我也不知道应当把虚幻的景象与现实事物的分界线划在何处。所有这一切，使我在这个美丽的小岛居住期间所过的孤独宁静的生活十分惬意。这样的生活，难道就不能再过一次吗？但愿我能再次到那个可爱的岛上居住，在那里度过我的余年，永远也不离开，从此不再见到任何一个陆地上的居民，以免使我回想起他们这些年来千方百计地使我遭到的苦难！尽管我事过不久就把他们通通忘记了，但他们却永远也不会忘记我。不过，这有什么要紧呢？因为他们没有办法到岛上来打扰我嘛。摆脱了喧嚣的社会生活中产生的种种尘世的欲念，我的心就可超出尘世，提前和天上的神灵交往，希望不久就成为他们当中的一员。我完全知道，有些人不愿意把这样一个安静的避难处还给我，他们早已打定主意不让我留居该岛了。然而，他们无法禁止我每天给我的想象力插上翅膀，让我飞到该岛，像我身居该岛那样，在几个小时中再次领略我从前在岛上沉思时的乐趣。有一件事情我还要做得更好，那就是：我要在该岛幻想，我就要随心所欲，爱怎么想，就怎么想。我既然要想象我现在就在岛上，我岂能还像从前那样幻想吗？我要添枝加叶，给虚幻的和单调的梦境增添一些可以使它富有生气的美妙形象。从前，它们往往在我心醉神迷的时候逃避我的眼睛，而现在，我愈深入沉思，它们就愈在我面前活跃；与我当初身在岛上的情况相比，我现在更觉得我是身在其中，比那时的心情更快乐。可惜的是，随着想象力的衰退，想象起来就更加困难，而且也不能持久。唉！当一个人开始离开他的躯壳时，他的躯壳反而阻碍他的想象力。

（选自《一个孤独的散步者的梦》，卢梭著，李平沤译，商务印书馆，2008 年版。）

注释

［1］1765 年 9 月 6 日夜，莫蒂埃部分居民扔石头袭击卢梭的住所。关于此事的经过，请参见卢梭：《忏悔录》，第 12 卷。

［2］石头袭击事件发生后，卢梭的朋友们催促他接受英国哲学家休谟的邀请，到英国居住。1766 年 1 月 4 日，卢梭由休谟与德吕兹伴随离开巴黎，于 1 月 13 日到达伦敦。

［3］卢梭于 1765 年 9 月 12 日到圣皮埃尔岛，同年 10 月 25 日离开，只在该岛住了六个星期。

［4］指黛莱丝·勒瓦赛尔。

〔5〕此处的"女管家",即前文的"伴侣"黛莱丝·勒瓦赛尔。

〔6〕《自然分类法》,瑞典博物学家林内(1707—1778)的一部主要著作。

〔7〕拉封登(1621—1695):法国诗人、寓言故事作家;《哈巴谷书》为《圣经·旧约全书》中的一书。这里说法有误,据路易·拉辛(《让·拉辛评传》)说,拉封登最欣赏的是先知巴录的《巴录书》。

〔8〕指希腊神话故事中率领"阿耳戈"号船上的勇士去寻找金羊毛的伊阿宋。

〔9〕卢梭1765年到圣皮埃尔岛,至1777年夏写作本文,其间只相隔12年。

(注释为原书译者添加)

思考题

1.卢梭为什么推崇孤独的漫步者生活?

2.卢梭所说的幸福,有什么具体的内涵?

(蒋小杰　选文)

第三节　小说

概述

"小说"一词最早见于《庄子》杂篇《外物》:"饰小说以干县令,其于大达亦远矣。"将"小说"与"大达"对举,指的是那些琐屑的言谈、无关政教的小道理,与今天作为四大文学样式(散文、小说、诗歌、戏剧)之一的文类概念相去甚远。

小说的概念现在也是众说不一。较为普遍的说法是,小说是以塑造人物形象为中心,通过完整故事情节的叙述和具体的环境描写反映社会生活的一种文学体裁,它是拥有完整布局、发展及主题的文学样式。

人物形象、故事情节、环境描写是小说的三要素。人物形象的核心是人物的思想性格,人物描写的角度有正面描写和侧面描写。正面描写包括外貌、语言、动作、神态、心理,侧面描写是指以他人言行来反映人物等。故事情节是指作品所描写的事件发展、演变的全过程,一般包括开端、发展、高潮、结局四个部分。环境描写是指对人物活动的环境和事情发生的背景的描写,包括自然环境描写和社会环境描写。自然环境描写是指对人物活动的时间、地点、季节、气候及花草鸟虫等的描写,社会环境描写是指对人物活动的具体背景、处所、氛围以及人际关系等的描写。人物描写是小说的核心,故事情节是小说的骨架,环境描写是小说的依托。

小说按照篇幅及容量可分为长篇小说、中篇小说、短篇小说和微型小说（小小说）；按照表现的内容可分为武侠小说、恐怖小说、言情小说、推理小说、悬疑小说、历史小说等；按照体制可分为章回体小说、日记体小说、书信体小说、自传体小说；按照语言形式可分为文言小说和白话小说。

中国古典小说萌芽于先秦，发展于两汉，雏形于三国两晋南北朝，成熟于唐代，繁荣于宋元，鼎盛于明清。大致可分以下几个时期。

1. 先秦两汉时期

此时期出现的神话传说、寓言故事、史传文学是古典小说叙事的源头。神话传说已经具备人物和情节两个基本因素。历史著作有比较完整的结构、人物形象和历史背景。

2. 三国两晋南北朝时期

此时期出现了志怪、志人小说。严格意义上说这仍然算不上是小说，只能算是小说的雏形。志怪小说的代表是东晋干宝的《搜神记》，志人小说的代表是刘义庆的《世说新语》，都收集了很多短小精悍的小故事。

3. 唐朝时期

此时期古代小说的发展趋于成熟，形成了独立的文学形式——传奇体小说。作家们开始有意地虚构，由此我国的小说脱离历史领域而成为文学创作。李朝威的《柳毅传》、元稹的《莺莺传》、白行简的《李娃传》、蒋防的《霍小玉传》、陈鸿的《长恨歌传》等是唐传奇的标志性作品。

4. 宋元时期

此时期商品经济的发展和市井文化的兴起给小说创作带来深厚的土壤。宋元民间艺人在勾栏瓦肆中以通俗的语言讲唱故事，由此产生话本小说。后经文人收集、加工、模拟，话本小说便蔚为大观。

5. 明清时期

此时期在宋元讲史话本的基础上发展形成了我国古典长篇小说的唯一形式——章回小说。明代长篇章回小说的代表是"四大奇书"：《西游记》《水浒传》《三国演义》《金瓶梅》。由此形成了历史演义、英雄传奇、神魔志怪、世俗风情四大系统。明代中国小说作家主体意识增强，《金瓶梅》更是开启了文人独立创作长篇小说的先河。明代短篇小说则有冯梦龙、凌濛初的"拟话本""三言二拍"：《醒世恒言》《警世通言》《喻世明言》《初刻拍案惊奇》《二刻拍案惊奇》。清代小说代表作有《红楼梦》《儒林外史》《老残游记》《聊斋志异》等。《红楼梦》更是以其前所未有的思想艺术成就把中国古代小说推向了顶峰。今人把清代的《红楼梦》与明代的《三国演义》《水浒传》《西游记》合称为中国的四大名著。

中国古代小说有文言小说与白话小说两条不同的发展脉络，在概念、渊源、语言、思想、趣味、作者以及读者等方面都有很大不同。其发展的历史大体是：宋代以前，是文言短篇小说单线发展；宋元时代，文言、白话两种短篇小说双线发展；明代开始，文言、白话、长篇、短篇多线发展，呈现出多姿多彩的特点。

总体来看，中国古代小说有传记性、故事性等鲜明特点：注意人物行动、语言和细节的描写，在矛盾冲突中展示人物形象；情节曲折，结构完整；语言准确简练，生动流畅，富于个性；叙事方式带有说书人的印记。

小说在中国古代文学中一直处于边缘地位。到近代，随着西方文学的译介传入，中国人的小说观念也发生了巨大的改变。19世纪末，梁启超创办了《新小说》杂志，提倡小说创作。他认为"小说为文学之最上乘""今日欲改良群治，必自小说界革命始；欲新民，必自新小说始"。林纾翻译了大量西方小说，在梁启超、林纾等人的努力下，小说地位得到极大提高。

五四运动以后，小说在社会中的重要地位进一步确立，现代小说意识觉醒。鲁迅的第一篇白话小说《狂人日记》宣告了我国小说史一个新纪元的到来。随后则产生了茅盾、巴金、老舍、沈从文、张爱玲、丁玲、赵树理、张恨水等一批著名小说家。

1949—1966年为"十七年文学"时期，主要以红色经典小说为代表。1976年以后文学进入新时期，这时期以伤痕小说、反思小说、改革小说、寻根小说、先锋小说、现代派小说、新写实小说、女性小说、新生代小说等为代表，涌现了刘心武、冯骥才、茹志鹃、何立伟、王蒙、高晓声、谌容、李国文、张贤亮、蒋子龙、贾平凹、路遥、王小波、阿城、韩少功、王安忆、汪曾祺、张承志、陈忠实、苏童、马原、刘索拉、格非、莫言、余华、梁晓声、刘震云、池莉、刘恒、王朔、铁凝、张洁、张抗抗、残雪、毕淑敏、何申、阿来、毕飞宇、金庸、白先勇等一大批有影响力的作家。

20世纪90年代，网络小说在互联网媒体上诞生。与传统的文学形式相比，网络小说因其创作门槛低、创作过程中互动性强、创作内容娱乐化等优势逐渐得到广大网民特别是青少年群体的接受与认可。在商业化大潮以及移动新媒体技术的进一步影响推动下，大量资本介入，各种小说网站、阅读平台纷至迭出，众多专业、非专业的网络写手试水参与，言情、都市、玄幻、仙侠、历史、军事等诸类题材、模式的作品有如潮起浪涌、泥沙俱下。这一光怪陆离、前所未有的新兴文学现象将在文学史上慢慢定位与书写。

欧洲小说的源头可追溯至古希腊罗马时期的神话故事，但不同于《荷马史诗》以及赫西俄德的《神谱》等以韵文形式写成的叙事作品，小说主要是指用散文体写成的虚构故事。古罗马作家阿普列乌斯的《金驴记》就是最早以散文体写作的长篇叙事作品，被视为欧洲长篇小说的奠基之作。在西方的语境中，最初表示"小说"的"Roman"一词源自中世纪的骑士传奇（romance，又译作罗曼司）。骑士传奇发端于12世纪的法国，后逐渐传入欧洲其他国家，并取代早期的英雄史诗成为一种广为流传的民间叙事文学类型。它主要围绕骑士与贵妇人的典雅爱情和骑士的冒险经历展开，着力展现忠诚、英勇、行侠的骑士精神，其中最具代表性的有亚瑟王和十二圆桌骑士的故事、特里斯坦与伊索尔德的爱情故事等。骑士传奇对欧洲小说的发展影响深远，它对真挚爱情的歌颂也成为后世小说经久不衰的主题。

欧洲文艺复兴时期是小说发展的重要时期，尤以薄伽丘的《十日谈》、拉伯雷的《巨人传》、塞万提斯的《唐·吉诃德》为代表。小说的英文名称"novel"来自意大利语"novella"，本意为新颖小巧的事物，后指用散文写成的小故事。《十日谈》正是这样的故事汇编集，为后世短篇小说的发展奠定了基础。塞万提斯的《唐·吉诃德》带有鲜明的西班牙流浪汉小说的特点。兴起于16世纪的西班牙流浪汉小说是近代小说的一个重要前身，其主题多为一个机智的、无所事事的主人公的冒险经历。《小癞子》是西班牙的第一部流浪汉小说。

从18世纪开始，小说就取代韵文体叙事作品，成为最重要的文学体裁，并得到蓬勃的发展。18世纪欧洲启蒙主义小说以笛福的《鲁滨逊漂流记》、斯威夫特的《格列佛游记》、卢梭的《新爱洛伊丝》《爱弥儿》、歌德的《少年维特之烦恼》等为代表。19世纪浪漫主义小说以雨果的《巴黎圣母院》《悲惨世界》、大仲马的《基督山伯爵》、麦尔维尔的《白鲸》等为代表。19世纪批判现实主义小说成绩斐然，以司汤达的《红与黑》、巴尔扎克的《人间喜剧》、福楼拜的《包法利夫人》、狄更斯的《艰难时世》《双城记》、夏洛蒂·勃朗特的《简·爱》、斯托夫人的《汤姆叔叔的小屋》、马克·吐温的《哈克贝利·费恩历险记》、果戈里的《死魂灵》、陀思妥耶夫斯基的《罪与罚》、列夫·托尔斯泰的《安娜·卡列尼娜》等为代表。20世纪现代主义与后现代主义文学日益兴盛，打破了传统写实的小说创作手法，强调艺术观念及形式的创新，西方小说由此呈现出百花齐放的姿态，产生了众多文学流派，主要有表现主义小说、意识流小说、法国新小说、存在主义小说、拉美魔幻现实主义小说、黑色幽默小说等。

◯ 参考文献

［1］袁行霈.中国文学概论［M］.北京：高等教育出版社，1990（2002重印）.

［2］陈平原.中国散文小说史［M］.上海：上海人民出版社，2004.

［3］杨义.中国现代小说史［M］.北京：人民文学出版社，1986.

［4］艾布拉姆斯，哈珀姆.文学术语词典［M］.10版.北京：北京大学出版社，2014.

［5］郑克鲁，蒋承勇.外国文学史［M］.3版.北京：高等教育出版社，2015.

◯ 思考题

1. 中国古代小说的叙事视角有何特别之处？

2. 中国现代小说与中国古典小说最大的区别是什么？

3. 你喜欢读外国小说吗？你觉得外国小说和中国小说有何异同？

（张婷　田艳　撰写）

［明］冯梦龙 杜十娘怒沉百宝箱

冯梦龙（1574—1646），字犹龙、耳犹、子犹，号龙子犹、茂苑外史、顾曲散人、姑苏词奴、平平阁主人等。明末南直隶苏州府长洲（今江苏吴县）人。出身士大夫家庭，早年中秀才，崇祯年间贡生。本文选自《警世通言》第三十二卷。《警世通言》与《喻世明言》《醒世恒言》合称"三言"。"三言"主要是在宋元话本、明代拟话本等说唱艺术的基础上进行编辑整理润饰，也有作者的创作。"三言"是宋元明三朝最重要的短篇小说总集。《杜十娘怒沉百宝箱》是《警世通言》中的名篇，是中国古代非常杰出的短篇小说之一，其思想内容和艺术成就极高。

> 扫荡残胡立帝畿，龙翔凤舞势崔嵬。
> 左环沧海天一带，右拥太行山万围。
> 戈戟九边雄绝塞，衣冠万国仰垂衣；
> 太平人乐华胥世，永永金瓯共日辉。

这首诗单夸我朝燕京建都之盛。说起燕都的形势，北倚雄关，南压区夏，真乃金城天府，万年不拔之基。当先洪武爷扫荡胡尘，定鼎金陵，是为南京。到永乐爷从北平起兵靖难，迁于燕都，是为北京。只因这一迁，把个苦寒地面变作花锦世界。自永乐爷九传至于万历爷，此乃我朝第十一代的天子。这位天子，聪明神武，德福兼全，十岁登基，在位四十八年，削平了三处寇乱。那三处？

日本关白平秀吉，西夏哱承恩，播州杨应龙。

平秀吉侵犯朝鲜，哱承恩、杨应龙是土官谋叛，先后削平。远夷莫不畏服，争来朝贡。真个是：

> 一人有庆民安乐，四海无虞国太平。

话中单表万历二十年间，日本国关白作乱，侵犯朝鲜。朝鲜国王上表告急，天朝发兵泛海往救。有户部官奏准：目今兵兴之际，粮饷未充，暂开纳粟入监之例。原来纳粟入监的，有几般便宜：好读书，好科举，好中，结末来又有个小小前程结果。以此宦家公子、富室子弟，到不愿做秀才，都去援例做太学生。自开了这例，两京太学生各添至千人之外。内中有一人，姓李名甲，字子先，浙江绍兴府人氏。父亲李布政所生三儿，惟甲居长，自幼读书在庠，未得登科，援例入于北雍。因在京坐监，与同乡柳遇春监生同游教坊司院内，与一个名姬相遇。那名姬姓杜名媺，排行第十，院中都称为杜十娘，生得：

> 浑身雅艳，遍体娇香，两弯眉画远山青，一对眼明秋水润。脸如莲萼，分明卓氏文君；

唇似樱桃，何减白家樊素。可怜一片无瑕玉，误落风尘花柳中。

那杜十娘自十三岁破瓜，今一十九岁，七年之内，不知历过了多少公子王孙。一个个情迷意荡，破家荡产而不惜。院中传出四句口号来，道是：

坐中若有杜十娘，斗筲之量饮千觞。
院中若识杜老媺，千家粉面都如鬼。

却说李公子风流年少，未逢美色，自遇了杜十娘，喜出望外，把花柳情怀，一担儿挑在他身上。那公子俊俏庞儿，温存性儿，又是撒漫的手儿，帮衬的勤儿，与十娘一双两好，情投意合。十娘因见鸨儿贪财无义，久有从良之志，又见李公子忠厚志诚，甚有心向他。奈李公子惧怕老爷，不敢应承。虽则如此，两下情好愈密，朝欢暮乐，终日相守，如夫妇一般。海誓山盟，各无他志。真个：

恩深似海恩无底，义重如山义更高。

再说杜妈妈，女儿被李公子占住，别的富家巨室，闻名上门，求一见而不可得。初时李公子撒漫用钱，大差大使，妈妈胁肩谄笑，奉承不暇。日往月来，不觉一年有余，李公子囊箧渐渐空虚，手不应心，妈妈也就怠慢了。老布政在家闻知儿子嫖院，几遍写字来唤他回去。他迷恋十娘颜色，终日延捱。后来闻知老爷在家发怒，越不敢回。古人云："以利相交者，利尽而疏。"那杜十娘与李公子真情相好，见他手头愈短，心头愈热。妈妈也几遍教女儿打发李甲出院，见女儿不统口，又几遍将言语触突李公子，要激怒他起身。公子性本温克，词气愈和。妈妈没奈何，日逐只将十娘叱骂道："我们行户人家，吃客穿客，前门送旧，后门迎新，门庭闹如火，钱帛堆成垛。自从那李甲在此，混帐一年有余，莫说新客，连旧主顾都断了。分明接了个锺馗老，连小鬼也没得上门。弄得老娘一家人家，有气无烟，成什么模样！"

杜十娘被骂，耐性不住，便回答道："那李公子不是空手上门的，也曾费过大钱来。"妈妈道："彼一时，此一时，你只教他今日费些小钱儿，把与老娘办些柴米，养你两口也好。别人家养的女儿便是摇钱树，千生万活，偏我家晦气，养了个退财白虎！开了大门七件事，般般都在老身心上。到替你这小贱人白白养着穷汉，教我衣食从何处来？你对那穷汉说，有本事出几两银子与我，到得你跟了他去，我别讨个丫头过活却不好？"十娘道："妈妈，这话是真是假？"妈妈晓得李甲囊无一钱，衣衫都典尽了，料他没处设法，便应道："老娘从不说谎，当真哩。"十娘道："娘，你要他许多银子？"妈妈道："若是别人，千把银子也讨了。可怜穷汉出不起，只要他三百两，我自去讨一个粉头代替。只一件，须是三日内交付与我，左手交银，右手交人。若三日没有银时，老身也不管三七二十一，公子不公子，一顿孤拐，打那光棍出去。那时莫怪老身！"十娘道："公子虽在客边乏钞，谅三百金还措办得来。只是三日忒近，限他十日便好。"妈妈想道："这穷汉一双赤手，便限他一百日，他那里来银子？没有银子，便铁皮包脸，料也无颜上门。那时重整家风，嫩儿也没得话讲。"答应道："看你面，便宽到十日。第十日没有银子，不干老娘之事。"十娘道："若十日内无银，料他也无颜再见了。只怕有了三百两银子，妈妈又翻悔起来。"妈妈道："老身年五十一岁了，又奉十斋，怎敢说谎？不信时与你拍掌为定。若翻悔时，做猪做狗！"

　　　从来海水斗难量，可笑虔婆意不良。
　　　料定穷儒囊底竭，故将财礼难娇娘。

　　是夜，十娘与公子在枕边，议及终身之事。公子道："我非无此心。但教坊落籍，其费甚多，非千金不可。我囊空如洗，如之奈何！"十娘道："妾已与妈妈议定只要三百金，但须十日内措办。郎君游资虽罄，然都中岂无亲友可以借贷？倘得如数，妾身遂为君之所有，省受虔婆之气。"公子道："亲友中为我留恋行院，都不相顾。明日只做束装起身，各家告辞，就开口假贷路费，凑聚将来，或可满得此数。"起身梳洗，别了十娘出门。十娘道："用心作速，专听佳音。"公子道："不须分付。"

　　公子出了院门，来到三亲四友处，假说起身告别，众人倒也欢喜。后来叙到路费欠缺，意欲借贷。常言道："说着钱，便无缘。"亲友们就不招架。他们也见得是，道李公子是风流浪子，迷恋烟花，年许不归，父亲都为他气坏在家。他今日抖然要回，未知真假。倘或说骗盘缠到手，又去还脂粉钱，父亲知道，将好意翻成恶意，始终只是一怪，不如辞了干净。便回道："目今正值空乏，不能相济，惭愧，惭愧！"人人如此，个个皆然，并没有个慷慨丈夫，肯统口许他一十二十两。李公子一连奔走了三日，分毫无获，又不敢回决十娘，权且含糊答应。到第四日又没想头，就羞回院中。平日间有了杜家，连下处也没有了，今日就无处投宿。只得往同乡柳监生寓所借歇。

　　柳遇春见公子愁容可掬，问其来历。公子将杜十娘愿嫁之情，备细说了。遇春摇首道："未必，未必。那杜媺曲中第一名姬，要从良时，怕没有十斛明珠，千金聘礼。那鸨儿如何只要三百两？想鸨儿怪你无钱使用，白白占住他的女儿，设计打发你出门。那妇人与你相处已久，又碍却面皮，不好明言。明知你手内空虚，故意将三百两卖个人情，限你十日；若十日没有，你也不好上门。便上门时，他会说你笑你，落得一场褒渎，自然安身不牢，此乃烟花逐客之计。足下三思，休被其惑。据弟愚意，不如早早开交为上。"公子听说，半晌无言，心中疑惑不定。遇春又道："足下莫要错了主意。你若真个还乡，不多几两盘费，还有人搭救；若是要三百两时，莫说十日，就是十个月也难。如今的世情，那肯顾缓急二字的！那烟花也算定你没处告债，故意设法难你。"公子道："仁兄所见良是。"口里虽如此说，心中割舍不下。依旧又往外边东央西告，只是夜里不进院门了。

　　公子在柳监生寓中，一连住了三日，共是六日了。杜十娘连日不见公子进院，十分着紧，就教小厮四儿街上去寻。四儿寻到大街，恰好遇见公子。四儿叫道："李姐夫，娘在家里望你。"公子自觉无颜,回复道:"今日不得功夫,明日来罢。"四儿奉了十娘之命,一把扯住,死也不放,道:"娘叫咱寻你,是必同去走一遭。"李公子心上也牵挂着婊子,没奈何,只得随四儿进院,见了十娘,默默无言。十娘问道:"所谋之事如何?"公子眼中流下泪来。十娘道:"莫非人情淡薄,不能足三百之数么?"公子含泪而言,道出二句:

> "不信上山擒虎易,果然开口告人难。

一连奔走六日,并无铢两,一双空手,羞见芳卿,故此这几日不敢进院。今日承命呼唤,忍耻而来。非某不用心,实是世情如此。"十娘道:"此言休使虔婆知道。郎君今夜且住,妾别有商议。"十娘自备酒肴,与公子欢饮。睡至半夜,十娘对公子道:"郎君果不能办一钱耶?妾终身之事,当如何也?"公子只是流涕,不能答一语。渐渐五更天晓。十娘道:"妾所卧絮褥内藏有碎银一百五十两,此妾私蓄,郎君可持去。三百金,妾任其半,郎君亦谋其半,庶易为力。限只四日,万勿迟误!"十娘起身将褥付公子,公子惊喜过望。唤童儿持褥而去。径到柳遇春寓中,又把夜来之情与遇春说了。将褥拆开看时,絮中都裹着零碎银子,取出兑时果是一百五十两。遇春大惊道:"此妇真有心人也。既系真情,不可相负。吾当代为足下谋之。"公子道:"倘得玉成,决不有负。"当下柳遇春留李公子在寓,自出头各处去借贷。两日之内,凑足一百五十两交付公子道:"吾代为足下告债,非为足下,实怜杜十娘之情也。"

李甲拿了三百两银子,喜从天降,笑逐颜开,欣欣然来见十娘,刚是第九日,还不足十日。十娘问道:"前日分毫难借,今日如何就有一百五十两?"公子将柳监生事情,又述了一遍。十娘以手加额道:"使吾二人得遂其愿者,柳君之力也!"两个欢天喜地,又在院中过了一晚。

次日十娘早起,对李甲道:"此银一交,便当随郎君去矣。舟车之类,合当预备。妾昨日于姊妹中借得白银二十两,郎君可收下为行资也。"公子正愁路费无出,但不敢开口,得银甚喜。说犹未了,鸨儿恰来敲门叫道:"嫩儿,今日是第十日了。"公子闻叫,启门相延道:"承妈妈厚意,正欲相请。"便将银三百两放在桌上。鸨儿不料公子有银,默然变色,似有悔意。十娘道:"儿在妈妈家中八年,所致金帛,不下数千金矣。今日从良美事,又妈妈亲口所订,三百金不欠分毫,又不曾过期。倘若妈妈失信不许,郎君持银去,儿即刻自尽。恐那时人财两失,悔之无及也。"鸨儿无词以对。腹内筹画了半晌,只得取天平兑准了银子,说道:"事已如此,料留你不住了。只是你要去时,即今就去。平时穿戴衣饰之类,毫厘休想!"说罢,将公子和十娘推出房门,讨锁来就落了锁。此时九月天气。十娘才下床,尚未梳洗,随身旧衣,就拜了妈妈两拜。李公子也作了一揖。一夫一妇,离了虔婆大门:

> 鲤鱼脱却金钩去,摆尾摇头再不来。

公子教十娘且住片时："我去唤个小轿抬你，权往柳荣卿寓所去，再作道理。"十娘道："院中诸姊妹平昔相厚，理宜话别。况前日又承他借贷路费，不可不一谢也。"乃同公子到各姊妹处谢别。姊妹中惟谢月朗、徐素素与杜家相近，尤与十娘亲厚。十娘先到谢月朗家。月朗见十娘秃鬓旧衫，惊问其故。十娘备述来因，又引李甲相见。十娘指月朗道："前日路资，是此位姐姐所贷，郎君可致谢。"李甲连连作揖。月朗便教十娘梳洗，一面去请徐素素来家相会。十娘梳洗已毕，谢、徐二美人各出所有，翠钿金钏，瑶簪宝珥，锦袖花裙，鸾带绣履，把杜十娘装扮得焕然一新，备酒作庆贺筵席。月朗让卧房与李甲、杜嫩二人过宿。次日，又大排筵席，遍请院中姊妹。凡十娘相厚者，无不毕集，都与他夫妇把盏称喜。吹弹歌舞，各逞其长，务要尽欢，直饮至夜分。十娘向众姊妹一一称谢。众姊妹道："十姊为风流领袖，今从郎君去，我等相见无日。何日长行，姊妹们尚当奉送。"月朗道："候有定期，小妹当来相报。但阿姊千里间关，同郎君远去，囊箧萧条，曾无约束，此乃吾等之事。当相与共谋之，勿令姊有穷途之虑也。"众姊妹各唯唯而散。

是晚，公子和十娘仍宿谢家。至五鼓，十娘对公子道："吾等此去，何处安身？郎君亦曾计议有定着否？"公子道："老父盛怒之下，若知娶妓而归，必然加以不堪，反致相累。辗转寻思，尚未有万全之策。"十娘道："父子天性，岂能终绝？既然仓卒难犯，不若与郎君于苏、杭胜地，权作浮居。郎君先回，求亲友于尊大人面前劝解和顺，然后携妾于归，彼此安妥。"公子道："此言甚当。"次日，二人起身辞了谢月朗，暂往柳监生寓中，整顿行装。杜十娘见了柳遇春，倒身下拜，谢其周全之德："异日我夫妇必当重报。"遇春慌忙答礼道："十娘钟情所欢，不以贫窭易心，此乃女中豪杰。仆因风吹火，谅区区何足挂齿！"三人又饮了一日酒。次早，择了出行吉日，雇请轿马停当。十娘又遣童儿寄信，别谢月朗。临行之际，只见肩舆纷纷而至，乃谢月朗与徐素素拉众姊妹来送行。月朗道："十姊从郎君千里间关，囊中消索，吾等甚不能忘情。今合具薄赆，十姊可检收，或长途空乏，亦可少助。"说罢，命从人挈一描金文具至前，封锁甚固，正不知什么东西在里面。十娘也不开看，也不推辞，但殷勤作谢而已。须臾，舆马齐集，仆夫催促起身。柳监生三杯别酒，和众美人送出崇文门外，各各垂泪而别。正是：

他日重逢难预必，此时分手最堪怜。

再说李公子同杜十娘行至潞河，舍陆从舟，却好有瓜洲差使船转回之便，讲定船钱，包了舱口。比及下船时，李公子囊中并无分文余剩。你道杜十娘把二十两银子与公子，如何就没了？公子在院中嫖得衣衫褴褛，银子到手，未免在解库中取赎几件穿着，又制办了铺盖，剩来只够轿马之费。公子正当愁闷，十娘道："郎君勿忧，众姊妹合赠，必有所济。"乃取钥开箱。公子在旁自觉惭愧，也不敢窥觑箱中虚实。只见十娘在箱里取出一个红绢袋来，掷于桌上道："郎君可开看之。"公子提在手中，觉得沉重，启而观之，皆是白银，计数整五十两。十娘仍将箱子下锁，亦不言箱中更有何物。但对公子道："承众姊妹高情，不惟途路不乏，即他日浮寓吴、越间，亦可稍佐吾夫妻山水之费矣。"公子且惊且喜道：

"若不遇恩卿，我李甲流落他乡，死无葬身之地矣。此情此德，白头不敢忘也！"自此每谈及往事，公子必感激流涕，十娘亦曲意抚慰。一路无话。

不一日，行至瓜洲，大船停泊岸口，公子别雇了民船，安放行李。约明日清晨，剪江而渡。其时仲冬中旬，月明如水，公子和十娘坐于舟首。公子道："自出都门，困守一舱之中，四顾有人，未得畅语。今日独据一舟，更无避忌。且已离塞北，初近江南，宜开怀畅饮，以舒向来抑郁之气，恩卿以为何如？"十娘道："妾久疏谈笑，亦有此心，郎君言及，足见同志耳。"公子乃携酒具于船首，与十娘铺毡并坐，传杯交盏。饮至半酣，公子执卮对十娘道："恩卿妙音，六院推首。某相遇之初，每闻绝调，辄不禁神魂之飞动。心事多违，彼此郁郁，鸾鸣凤奏，久矣不闻。今清江明月，深夜无人，肯为我一歌否？"十娘兴亦勃发，遂开喉顿嗓，取扇按拍，呜呜咽咽，歌出元人施君美《拜月亭》杂剧上"状元执盏与婵娟"一曲，名《小桃红》。真个：

声飞霄汉云皆驻，响入深泉鱼出游。

却说他舟有一少年，姓孙名富，字善赍，徽州新安人氏。家资巨万，积祖扬州种盐。年方二十，也是南雍中朋友。生性风流，惯向青楼买笑，红粉追欢，若嘲风弄月，到是个轻薄的头儿。事有偶然，其夜亦泊舟瓜州渡口，独酌无聊。忽听得歌声嘹亮，凤吟鸾吹，不足喻其美。起立船头，伫听半晌，方知声出邻舟。正欲相访，音响倏已寂然。乃遣仆者潜窥踪迹，访于舟人。但晓得是李相公雇的船，并不知歌者来历。孙富想道："此歌者必非良家，怎生得他一见？"辗转寻思，通宵不寐。捱至五更，忽闻江风大作。及晓，彤云密布，狂雪飞舞。怎见得，有诗为证：

千山云树灭，万径人踪绝。
扁舟蓑笠翁，独钓寒江雪。

因这风雪阻渡，舟不得开。孙富命艄公移船，泊于李家舟之旁。孙富貂帽狐裘，推窗假作看雪。值十娘梳洗方毕，纤纤玉手揭起舟旁短帘，自泼盂中残水。粉容微露，却被孙富窥见了，果是国色天香。魂摇心荡，迎眸注目，等候再见一面，杳不可得。沉思久之，乃倚窗高吟高学士《梅花诗》二句，道：

雪满山中高士卧，月明林下美人来。

李甲听得邻舟吟诗，舒头出舱，看是何人。只因这一看，正中了孙富之计。孙富吟诗，正要引李公子出头，他好乘机攀话。当下慌忙举手，就问："老兄尊姓何讳？"李公子叙了姓名乡贯，少不得也问那孙富。孙富也叙过了。又叙了些太学中的闲话，渐渐亲热。孙富便道："风雪阻舟，乃天遣与尊兄相会，实小弟之幸也。舟次无聊，欲同尊兄上岸，就酒肆中一酌，少领清诲，万望不拒。"公子道："萍水相逢，何当厚扰？"孙富道："说那里话！'四海之内，皆兄弟也'。"喝教艄公打跳，童儿张伞，迎接公子过船，就于船头作揖。然后让公子先行，自己随后，各各登跳上涯。

行不数步，就有个酒楼。二人上楼，拣一副洁净座头，靠窗而坐。酒保列上酒肴。孙富举杯相劝，二人赏雪饮酒。先说些斯文中套话，渐渐引入花柳之事，二人都是过来之人，志同道合，说得入港，一发成相知了。孙富屏去左右，低低问道："昨夜尊舟清歌者，何人也？"李甲正要卖弄在行，遂实说道："此乃北京名姬杜十娘也。"孙富道："既系曲中姊妹，何以归兄？"公子遂将初遇杜十娘，如何相好，后来如何要嫁，如何借银讨他，始末根由，备细述了一遍。孙富道："兄携丽人而归，固是快事，但不知尊府中能相容否？"公子道："贱室不足虑。所虑者老父性严，尚费踌躇耳！"孙富将计就计，便问道："既是尊大人未必相容，兄所携丽人，何处安顿？亦曾通知丽人，共作计较否？"公子攒眉而答道："此事曾与小妾议之。"孙富欣然问道："尊宠必有妙策。"公子道："他意欲侨居苏杭，流连山水。使小弟先回，求亲友宛转于家君之前，俟家君回嗔作喜，然后图归。高明以为何如？"孙富沉吟半晌，故作愀然之色，道："小弟乍会之间，交浅言深，诚恐见怪。"公子道："正赖高明指教，何必谦逊？"孙富道："尊大人位居方面，必严帷薄之嫌，平时既怪兄游非礼之地，今日岂容兄娶不节之人？况且贤亲贵友，谁不迎合尊大人之意者？兄枉去求他，必然相拒。就有个不识时务的进言于尊大人之前，见尊大人意思不允，他就转口了。兄进不能和睦家庭，退无词以回复尊宠。即使留连山水，亦非长久之计。万一资斧困竭，岂不进退两难！"

公子自知手中只有五十金，此时费去大半，说到资斧困竭，进退两难，不觉点头道是。孙富又道："小弟还有句心腹之谈，兄肯俯听否？"公子道："承兄过爱，更求尽言。"孙富道："疏不间亲，还是莫说罢。"公子道："但说何妨！"孙富道："自古道：'妇人水性无常。'况烟花之辈，少真多假。他既系六院名姝，相识定满天下；或者南边原有旧约，借兄之力，挈带而来，以为他适之地。"公子道："这个恐未必然。"孙富道："既不然，江南子弟，最工轻薄。兄留丽人独居，难保无逾墙钻穴之事。若挈之同归，愈增尊大人之怒。为兄之计，未有善策。况父子天伦，必不可绝。若为妾而触父，因妓而弃家，海内必以兄为浮浪不经之人。异日妻不以为夫，弟不以为兄，同袍不以为友，兄何以立于天地之间？兄今日不可不熟思也！"

公子闻言，茫然自失，移席问计："据高明之见，何以教我？"孙富道："仆有一计，于兄甚便。只恐兄溺枕席之爱，未必能行，使仆空费词说耳！"公子道："兄诚有良策，使弟再睹家园之乐，乃弟之恩人也。又何惮而不言耶？"孙富道："兄飘零岁余，严亲怀怒，闺阁离心，设身以处兄之地，诚寝食不安之时也。然尊大人所以怒兄者，不过为迷花恋柳，挥金如土，异日必为弃家荡产之人，不堪承继家业耳！兄今日空手而归，正触其怒。兄倘能割衽席之爱，见机而作，仆愿以千金相赠。兄得千金以报尊大人，只说在京授馆，并不曾浪费分毫，尊大人必然相信。从此家庭和睦，当无间言。须臾之间，转祸为福。兄请三思，仆非贪丽人之色，实为兄效忠于万一也！"李甲原是没主意的人，本心惧怕老子，被孙富一席话，说透胸中之疑，起身作揖道："闻兄大教，顿开茅塞。但小妾千里相从，义难顿绝，容归与商之。得其心肯，当奉复耳。"孙富道："说话之间，宜放婉曲。彼既忠心为兄，必不忍使兄父子分离，定然玉成兄还乡之事矣。"二人饮了一回酒，风停雪止，天色已晚。孙富教家僮算还了酒钱，与公子携手下船。正是：

逢人且说三分话，未可全抛一片心。

却说杜十娘在舟中，摆设酒果，欲与公子小酌，竟日未回，挑灯以待。公子下船，十娘起迎。见公子颜色匆匆，似有不乐之意，乃满斟热酒劝之。公子摇首不饮，一言不发，竟自床上睡了。十娘心中不悦，乃收拾杯盘为公子解衣就枕，问道："今日有何见闻，而怀抱郁郁如此？"公子叹息而已，终不启口。问了三四次，公子已睡去了。十娘委决不下，坐于床头而不能寐。到夜半，公子醒来，又叹一口气。十娘道："郎君有何难言之事，频频叹息？"公子拥被而起，欲言不语者几次，扑簌簌掉下泪来。十娘抱持公子于怀间，软言抚慰道："妾与郎君情好，已及二载，千辛万苦，历尽艰难，得有今日。然相从数千里，未曾哀戚。今将渡江，方图百年欢笑，如何反起悲伤？必有其故。夫妇之间，死生相共，有事尽可商量，万勿讳也。"

公子再四被逼不过，只得含泪而言道："仆天涯穷困，蒙恩卿不弃，委曲相从，诚乃莫大之德也。但反复思之，老父位居方面，拘于礼法，况素性方严，恐添嗔怒，必加黜逐。你我流荡，将何底止？夫妇之欢难保，父子之伦又绝。日间蒙新安孙友邀饮，为我筹及此事，寸心如割！"

十娘大惊道："郎君意将如何？"公子道："仆事内之人，当局而迷。孙友为我画一计颇善，但恐恩卿不从耳！"十娘道："孙友者何人？计如果善，何不可从？"公子道："孙友名富，新安盐商，少年风流之士也。夜间闻子清歌，因而问及。仆告以来历，并谈及难归之故，渠意欲以千金聘汝。我得千金，可借口以见吾父母，而恩卿亦得所耳。但情不能舍，是以悲泣。"说罢，泪如雨下。

十娘放开两手，冷笑一声道："为郎君画此计者，此人乃大英雄也！郎君千金之资既得恢复，而妾归他姓，又不致为行李之累，发乎情，止乎礼，诚两便之策也。那千金在那里？"公子收泪道："未得恩卿之诺，金尚留彼处，未曾过手。"十娘道："明早快快应承了他，不可错过机会。但千金重事，须得兑足交付郎君之手，妾始过舟，勿为贾竖子所欺。"时已四鼓，十娘即起身挑灯梳洗道："今日之妆，乃迎新送旧，非比寻常。"于是脂粉香泽，用意修饰，花钿绣袄，极其华艳，香风拂拂，光采照人。装束方完，天色已晓。

孙富差家僮到船头候信。十娘微窥公子，欣欣似有喜色，乃催公子快去回话，及早兑足银子。公子亲到孙富船中，回复依允。孙富道："兑银易事，须得丽人妆台为信。"公子又回复了十娘，十娘即指描金文具道："可便抬去。"孙富喜甚，即将白银一千两，送到公子船中。十娘亲自检看，足色足数，分毫无爽。乃手把船舷，以手招孙富。孙富一见，魂不附体。十娘启朱唇，开皓齿道："方才箱子可暂发来，内有李郎路引一纸，可检还之也。"孙富视十娘已为瓮中之鳖，即命家僮送那描金文具，安放船头之上。十娘取钥开锁，内皆抽替小箱。十娘叫公子抽第一层来看，只见翠羽明珰，瑶簪宝珥，充牣于中，约值数百金。十娘遽投之江中。李甲与孙富及两船之人，无不惊诧。又命公子再抽一箱，乃玉箫金管；又抽一箱，尽古玉紫金玩器，约值数千金。十娘尽投之于大江中。岸上之人，观者如堵。齐声道："可惜，可惜！"正不知什么缘故。最后又抽一箱，箱中复有一匣。开匣视之，夜明之珠约有盈把。其他祖母绿、猫儿眼，诸般异宝，目所未睹，莫能定其价之多少。众人齐声喝彩，喧声如雷。十娘又欲投之于江。李甲不觉大悔，抱持十娘恸哭，那孙富也来劝解。

十娘推开公子在一边，向孙富骂道："我与李郎备尝艰苦，不是容易到此。汝以奸淫之意，巧为谗说，一旦破人姻缘，断人恩爱，乃我之仇人。我死而有知，必当诉之神明，尚妄想枕席之欢乎！"又对李甲道："妾风尘数年，私有所积，本为终身之计。自遇郎君，山盟海誓，白首不渝。前出都之际，假托众姊妹相赠，箱中韫藏百宝，不下万金。将润色郎君之装，归见父母，或怜妾有心，收佐中馈，得终委托，生死无憾。谁知郎君相信不深，惑于浮议，中道见弃，负妾一片真心。今日当众目之前，开箱出视，使郎君知区区千金，未为难事。妾椟中有玉，恨郎眼内无珠。命之不辰，风尘困瘁，甫得脱离，又遭弃捐。今众人各有耳目，共作证明，妾不负郎君，郎君自负妾耳！"于是众人聚观者，无不流涕，都唾骂李公子负心薄幸。公子又羞又苦，且悔且泣，方欲向十娘谢罪。十娘抱持宝匣，向江心一跳。众人急呼捞救。但见云暗江心，波涛滚滚，杳无踪影。可惜一个如花似玉的名姬，一旦葬于江鱼之腹！

三魂渺渺归水府，七魄悠悠入冥途。

当时旁观之人，皆咬牙切齿，争欲拳殴李甲和那孙富。慌得李、孙二人手足无措，急叫开船，分途遁去。李甲在舟中，看了千金，转忆十娘，终日愧悔，郁成狂疾，终身不瘥。孙富自那日受惊，得病卧床月余，终日见杜十娘在旁诟骂，奄奄而逝。人以为江中之报也。

却说柳遇春在京坐监完满，束装回乡，停舟瓜步。偶临江净脸，失坠铜盆于水，觅渔人打捞。及至捞起，乃是个小匣儿。遇春启匣观看，内皆明珠异宝，无价之珍。遇春厚赏渔人，留于床头把玩。是夜梦见江中一女子，凌波而来，视之，乃杜十娘也。近前万福，诉以李郎薄幸之事。又道："向承君家慷慨，以一百五十金相助，本意息肩之后，徐图报答。不意事无终始。然每怀盛情，悒悒未忘。早间曾以小匣托渔人奉致，聊表寸心，从此不复相见矣。"言讫，猛然惊醒，方知十娘已死，叹息累日。

后人评论此事，以为孙富谋夺美色，轻掷千金，固非良士；李甲不识杜十娘一片苦心，碌碌蠢才，无足道者。独谓十娘千古女侠，岂不能觅一佳侣，共跨秦楼之凤，乃错认李公子。明珠美玉，投于盲人，以致恩变为仇，万种恩情，化为流水，深可惜也！有诗叹云：

不会风流莫妄谈，单单情字费人参。

若将情字能参透，唤作风流也不惭。

（选自《警世通言》，［明］冯梦龙著，华夏出版社，2013年版。）

思考题

1. 除怒沉百宝箱、投江自尽以外，杜十娘还有怎样的人生选择？
2. 你认为小说的悲剧是如何造成的？

（谢卫　选文）

电影《杜十娘》

评剧杜十娘"投宝""骂孙富"

影视歌曲——杜十娘

［清］蒲松龄　促织

　　蒲松龄（1640—1715），字留仙，一字剑臣，别号柳泉居士，世称聊斋先生；山东淄川（今淄博市）人。蒲松龄生于书香门第，少聪慧，19岁时应童子试，得县、府、道三第一，名震一时。其后科举不顺，屡试不第，教书为生，直到71岁中岁贡士。《聊斋志异》是蒲松龄创作的文言短篇小说集。故事多采自民间传说和野史轶闻，将神仙狐鬼精魅人格化、社会化，想象奇异丰富，情节幻异曲折，极尽腾挪跌宕之能事，语言典雅工丽又活泼清新，塑造了一批性格鲜明生动、人情味浓厚的艺术形象。鲁迅在《中国小说史略》中说此书是"专集之最有名者"；郭沫若为蒲氏故居题联，赞其"写鬼写妖高人一等，刺贪刺虐入骨三分"。

　　宣德间，宫中尚促织[1]之戏，岁征民间。此物故非西产，有华阴令欲媚上官，以一头进，试使斗而才，因责常供。令以责之里正[2]。市中游侠儿[3]，得佳者笼养之，昂其直，居为奇货。里胥[4]猾黠，假此科敛丁口[5]，每责一头，辄倾数家之产。

　　邑有成名者，操童子业，久不售。为人迂讷，遂为猾胥报充里正役，百计营谋不能脱。不终岁，薄产累尽。会征促织，成不敢敛户口，而又无所赔偿，忧闷欲死。妻曰："死何裨益？不如自行搜觅，冀有万一之得。"成然之。早出暮归，提竹筒、铜丝笼，于败堵丛草处，探石发穴，靡计不施，迄无济。即捕得三两头，又劣弱不中于款。宰严限追比[6]，旬余，杖至百，两股间脓血流离，并虫亦不能行捉矣。转侧床头，惟思自尽。时村中来一驼背巫，能以神卜。成妻具赍诣问。见红女白婆，填塞门户。入其舍，则密室垂帘，帘外设香几。问者爇香[7]于鼎，再拜。巫从傍望空代祝，唇吻翕辟，不知何词。各各竦立以听。少间，帘内掷一纸出，即道人意中事，无毫发爽。成妻纳钱案上，焚拜如前人。食顷，帘动，片纸抛落。拾视之，非字而画，中绘殿阁，类兰若[8]。后小山下，怪石乱卧，针针丛棘，青麻头伏焉。旁一蟆，若将跳舞。展玩不可晓，然睹促织，隐中胸怀，折藏之，归以示成。成反复自念："得无教我猎虫所耶？"细瞻景状，与村东大佛阁真逼似。乃强起，扶杖执图诣寺后，有古陵蔚起。循陵而走，见蹲石鳞鳞[9]，俨然类画。遂于蒿莱中侧听徐行，似寻针芥。而心、目、耳力俱穷，绝无踪响。冥搜未已，一癞头蟆猝然跃去。成益愕，急逐趁之。蟆入草间，蹑迹披求，见有虫伏棘根，遽扑之，入石穴中。掭[10]以尖草，不出；以筒水灌之始出，状极俊健，逐而得之。审视：巨身修尾，青项金翅。大喜，笼归。举家庆贺，虽连城拱璧不啻也。土于盆而养之，蟹白栗黄，备极护爱。留待限期，以塞官责。

成有子九岁，窥父不在，窃发盆，虫跃掷径出，迅不可捉。及扑入手，已股落腹裂，斯须就毙。儿惧，啼告母。母闻之，面色灰死，大骂曰："业根，死期至矣！而翁归，自与汝复算耳！"儿涕而出。未几成归，闻妻言，如被冰雪[11]。怒索儿，儿渺然不知所往；既得其尸于井，因而化怒为悲，抢呼欲绝[12]。夫妻向隅，茅舍无烟，相对默然，不复聊赖。日将暮，取儿藁[13]葬，近抚之，气息惙然[14]。喜置榻上，半夜复苏，夫妻心稍慰，但蟋蟀笼虚，顾之则气断声吞，亦不敢复究儿。自昏达曙，目不交睫。东曦既驾，僵卧长愁。忽闻门外虫鸣，惊起觇视，虫宛然尚在，喜而捕之。一鸣辄跃去，行且速。覆之以掌，虚若无物；手裁举，则又超忽[15]而跃。急趁之，折过墙隅，迷其所往。徘徊四顾，见虫伏壁上。审谛之，短小，黑赤色，顿非前物。成以其小，劣之，惟彷徨瞻顾，寻所逐者。壁上小虫忽跃落衿袖间。视之：形若土狗，梅花翅，方首长胫，意似良。喜而收之。将献公堂，惴惴恐不当意，思试之斗以觇之。

村中少年好事者，驯养一虫，自名"蟹壳青"，日与子弟角，无不胜。欲居之以为利，而高其直，亦无售者。径造庐访成，视成所蓄，掩口胡卢而笑。因出己虫，纳比笼中。成视之，庞然修伟，自增惭怍，不敢与较，少年固强。顾念蓄劣物终无所用，不如拼博一笑，因合纳斗盆。小虫伏不动，蠢若木鸡。少年又大笑。试以猪鬣毛，撩拨虫须，仍不动。少年又笑。屡撩之，虫暴怒，直奔，遂相腾击，振奋作声。俄见小虫跃起，张尾伸须，直龁[16]敌领。少年大骇，解令休止。虫翘然矜鸣[17]，似报主知。成大喜。方共瞻玩，一鸡瞥来，径进以啄。成骇立愕呼。幸啄不中，虫跃去尺有咫。鸡健进，逐逼之，虫已在爪下矣。成仓猝莫知所救，顿足失色。旋见鸡伸颈摆扑，临视则虫集冠上，力叮不释。成益惊喜，掇置笼中。

翼[18]日进宰。宰见其小，怒诃成。成述其异，宰不信。试与他虫斗，虫尽靡；又试之鸡，果如成言。乃赏成，献诸抚军[19]。抚军大悦，以金笼进上，细疏其能。既入宫中，举天下所贡蝴蝶、螳螂、油利挞、青丝额，一切异状，遍试之，无出其右者。每闻琴瑟之声，则应节而舞，益奇之。上大嘉悦，诏赐抚臣名马衣缎。抚军不忘所自，无何，宰以"卓异"闻。宰悦，免成役；又嘱学使[20]，俾入邑庠[21]。由此以善养虫名，屡得抚军殊宠。不数岁，田百顷，楼阁万椽，牛羊蹄躈各千计[22]。一出门，裘马过世家焉。

异史氏[23]曰："天子偶用一物，未必不过此已忘；而奉行者即为定例。加以官贪吏虐，民日贴妇卖儿，更无休止。故天子一跬皆关民命，不可忽也。独是成氏子以蠹贫，以促织富，裘马扬扬。当其为里正受扑责时，岂意其至此哉！天将以酬长厚者，遂使抚臣、令尹，并受促织恩荫。闻之：一人飞升，仙及鸡犬。信夫！"

（选自《聊斋志异详注新评》，〔清〕蒲松龄著，赵伯陶注评，

人民文学出版社，2016 年版。）

注释

〔1〕促织：蟋蟀的别名。

〔2〕里正：古代的乡官。

〔3〕游侠儿：古代称轻生重义、勇于救人急难的人。这里指乡里游荡不务正业的年轻人。

〔4〕里胥：县衙中管理里甲的小吏。

〔5〕科敛丁口：指按人口摊派要进贡蟋蟀有关的费用。丁口，人口。

〔6〕严限追比：指的是严格限定期限，逾期不交差就杖责追逼，另定期限完成。

〔7〕爇（ruò）香：烧香。

〔8〕兰若：梵语"阿兰若"的省称，指清净无苦恼的地方，即指寺庙。

〔9〕蹲（cún）石鳞鳞：石头聚合，如鱼鳞一样。

〔10〕掭（tiàn）：轻轻拨动。

〔11〕如被（pī）冰雪：好像盖着冰雪一样。被，同"披"。

〔12〕抢呼欲绝：头撞地，口呼天，几乎要绝命。抢，碰撞。

〔13〕藁（gǎo）葬：用草席裹着尸体埋葬。

〔14〕惙（chuò）然：气息微弱的样子。

〔15〕超忽：远远地。

〔16〕龁：咬。

〔17〕翘然矜鸣：鼓起翅膀得意地叫。翘，举。矜，夸耀。

〔18〕翼：同"翌"，次日。

〔19〕抚军：官名，巡抚的别称，总管一省的民政和军政。

〔20〕学使：提督学政（学台），是专管教育和考试的官。

〔21〕俾入邑庠：使（他）进入县学，即做秀才。俾，使。邑，县。庠，学校。

〔22〕牛羊蹄躈各千计：牛羊几百头。蹄躈，亦作"蹄噭"，古时用以计算牲畜的头数。躈，肛门。

〔23〕异史氏：作者自称。《聊斋志异》里边有许多怪异的事，所以称异史。

（注释为本书编者添加）

（谢卫　选文）

赣剧弋阳腔
《促织》

木偶动画片
《蛐蛐》

［元末明初］罗贯中　三国演义·群英会蒋干中计（存目）

［元末明初］施耐庵　水浒传·李逵坐衙（存目）

［清］曹雪芹　红楼梦·宝玉挨打（存目）

鲁迅　铸剑（节选）[1]

鲁迅（1881—1936），原名周樟寿，后改名周树人，字豫才，浙江绍兴人。著名文学家、思想家、革命家，新文化运动的重要参与者，中国现代文学的奠基人之一，著有短篇小说集《呐喊》《彷徨》《故事新编》，散文诗集《野草》，散文集《朝花夕拾》等。《狂人日记》是中国第一部现代白话短篇小说，宣布中国现代小说史一个新纪元的到来。鲁迅一生在文学创作、文学批评、思想研究、文学史研究、翻译、美术理论引进、基础科学介绍和古籍校勘与研究等多个领域具有重大贡献，他对于五四运动以后的中国社会思想文化发展具有重大影响，蜚声世界文坛，被誉为"二十世纪东亚文化地图上占最大领土的作家"。《铸剑》写于1926年底，后收入《故事新编》，这是鲁迅在经历了"女师大学潮"和"三·一八惨案"之后，离京南下，在厦门和广州时写的，他深深认识到暴力革命的必要性，一直紧张地思考"复仇"问题，作品对复仇精神的描写，是紧紧联系着现实斗争的。"三头相搏"的场面无疑是小说情节发展的顶点，在大多数作家的笔下，小说都到此戛然而止；但鲁迅却偏要精心安排"复仇完成以后"情节的新的发展，于是出现了"辨头"的闹剧，"三头并葬"的滑稽戏，到最后的"大出丧"变成全民"瞻仰"的"狂欢节"。

眉间尺[2]刚和他的母亲睡下，老鼠便出来咬锅盖，使他听得发烦。他轻轻地叱了几声，最初还有些效验，后来是简直不理他了，格支格支地径自咬。他又不敢大声赶，怕惊醒了白天做得劳乏，晚上一躺就睡着了的母亲。

许多时光之后，平静了；他也想睡去。忽然，扑通一声，惊得他又睁开眼。同时听到沙沙地响，是爪子抓着瓦器的声音。

"好！该死！"他想着，心里非常高兴，一面就轻轻地坐起来。

他跨下床，借着月光走向门背后，摸到钻火家伙，点上松明，向水瓮里一照。果然，一匹很大的老鼠落在那里面了；但是，存水已经不多，爬不出来，只沿着水瓮内壁，抓着，团团地转圈子。

"活该！"他一想到夜夜咬家具，闹得他不能安稳睡觉的便是它们，很觉得畅快。他将松明插在土墙的小孔里，赏玩着；然而那圆睁的小眼睛，又使他发生了憎恨，伸手抽出一根芦柴，将它直按到水底去。过了一会，才放手，那老鼠也随着浮了上来，还是抓着瓷壁转圈子。只是抓劲已经没有先前似的有力，眼睛也淹在水里面，单露出一点尖尖的通红的小鼻子，咻咻地急促地喘气。

他近来很有点不大喜欢红鼻子的人。但这回见了这尖尖的小红鼻子，却忽然觉得它可怜了，就又用那芦柴，伸到它的肚下去，老鼠抓着，歇了一回力，便沿着芦干爬了上来。待到他看见全身，——湿淋淋的黑毛，大的肚子，蚯蚓随的尾巴，——便又觉得可恨可憎得很，慌忙将芦柴一抖，扑通一声，老鼠又落在水瓮里，他接着就用芦柴在它头上搠了几下，叫它赶快沉下去。

换了六回松明之后，那老鼠已经不能动弹，不过沉浮在水中间，有时还向水面微微一跳。眉间尺又觉得很可怜，随即折断芦柴，好容易将它夹了出来，放在地面上。老鼠先是丝毫不动，后来才有一点呼吸；又许多时，四只脚运动了，一翻身，似乎要站起来逃走。这使眉间尺大吃一惊，不觉提起左脚，一脚踏下去。只听得吱的一声，他蹲下去仔细看时，只见口角上微有鲜血，大概是死掉了。

他又觉得很可怜，仿佛自己作了大恶似的，非常难受。他蹲着，呆看着，站不起来。

"尺儿，你在做什么？"他的母亲已经醒来了，在床上问。

"老鼠……"他慌忙站起，回转身去，却只答了两个字。

"是的，老鼠。这我知道。可是你在做什么？杀它呢，还是在救它？"

他没有回答。松明烧尽了；他默默地立在暗中，渐看见月光的皎洁。

"唉！"他的母亲叹息说，"一交子时[3]，你就是十六岁了，性情还是那样，不冷不热地，一点也不变。看来，你的父亲的仇是没有人报的了。"

他看见他的母亲坐在灰白色的月影中，仿佛身体都在颤动；低微的声音里，含着无限的悲哀，使他冷得毛骨悚然，而一转眼间，又觉得热血在全身中忽然腾沸。

"父亲的仇？父亲有什么仇呢？"他前进几步，惊急地问。

"有的。还要你去报。我早想告诉你的了；只因为你太小，没有说。现在你已经成人了，却还是那样的性情。这教我怎么办呢？你似的性情，能行大事的么？"

"能。说罢，母亲。我要改过……"

"自然。我也只得说。你必须改过……那么，走过来罢。"

他走过去；他的母亲端坐在床上，在暗白的月影里，两眼发出闪闪的光芒。

"听哪！"她严肃地说，"你的父亲原是一个铸剑的名工，天下第一。他的工具，我早已都卖掉了来救了穷了，你已经看不见一点遗迹；但他是一个世上无二的铸剑的名工。二十年前，王妃生下了一块铁[4]，听说是抱了一回铁柱之后受孕的，是一块纯青透明的铁。大王知道是异宝，便决计用来铸一把剑，想用它保国，用它杀敌，用它防身。不幸你的父亲那时偏偏入了选，便将铁捧回家里来，日日夜夜地煅炼，费了整三年的精神，炼成两把剑。

"当最末次开炉的那一日，是怎样地骇人的景象呵！哗拉拉地腾上一道白气的时候，地面也觉得动摇。那白气到天半便变成白云，罩住了这处所，渐渐现出绯红颜色，映得一切都如桃花。我家的漆黑的炉子里，是躺着通红的两把剑。你父亲用井华水[5]慢慢地滴下去，那剑嘶嘶地吼着，慢慢转成青色了。这样地七日七夜，就看不见了剑，仔细看时，却还在炉底里，纯青的，透明的，正像两条冰。

　　"大欢喜的光采，便从你父亲的眼睛里四射出来；他取起剑，拂拭着，拂拭着。然而悲惨的皱纹，却也从他的眉头和嘴角出现了。他将那两把剑分装在两个匣子里。

　　"'你只要看这几天的景象，就明白无论是谁，都知道剑已炼就的了。'他悄悄地对我说。'一到明天，我必须去献给大王。但献剑的一天，也就是我命尽的日子。怕我们从此要长别了。'

　　"'你……'我很骇异，猜不透他的意思，不知怎么说的好。我只是这样地说：'你这回有了这么大的功劳……'

　　"'唉！你怎么知道呢！'他说。'大王是向来善于猜疑，又极残忍的。这回我给他炼成了世间无二的剑，他一定要杀掉我，免得我再去给别人炼剑，来和他匹敌，或者超过他。'

　　"我掉泪了。

　　"'你不要悲哀。这是无法逃避的。眼泪决不能洗掉运命。我可是早已有准备在这里了！'他的眼里忽然发出电火似的光芒，将一个剑匣放在我膝上。'这是雄剑。'他说。'你收着。明天，我只将这雌剑献给大王去。倘若我一去竟不回来了呢，那是我一定不在人间了。你不是怀孕已经五六个月了么？不要悲哀；待生了孩子，好好地抚养。一到成人之后，你便交给他这雄剑，教他砍在大王的颈子上，给我报仇！'"

　　"那天父亲回来了没有呢？"眉间尺赶紧问。

　　"没有回来！"她冷静地说。"我四处打听，也杳无消息。后来听得人说，第一个用血来饲你父亲自己炼成的剑的人，就是他自己——你的父亲。还怕他鬼魂作怪，将他的身首分埋在前门和后苑了！"

　　眉间尺忽然全身都如烧着猛火，自己觉得每一枝毛发上都仿佛闪出火星来。他的双拳，在暗中捏得格格地作响。

　　他的母亲站起了，揭去床头的木板，下床点了松明，到门背后取过一把锄，交给眉间尺道："掘下去！"

　　眉间尺心跳着，但很沉静地一锄一锄轻轻地掘下去。掘出来的都是黄土，约到五尺多深，土色有些不同了，似乎是烂掉的材木。

　　"看罢！要小心！"他的母亲说。

　　眉间尺伏在掘开的洞穴旁边，伸手下去，谨慎小心地撮开烂树，待到指尖一冷，有如触着冰雪的时候，那纯青透明的剑也出现了。他看清了剑靶，捏着，提了出来。

　　窗外的星月和屋里的松明似乎都骤然失了光辉，惟有青光充塞宇内。那剑便溶在这青光中，看去好像一无所有。眉间尺凝神细视，这才仿佛看见长五尺余，却并不见得怎样锋利，剑口反而有些浑圆，正如一片韭叶。

"你从此要改变你的优柔的性情，用这剑报仇去！"他的母亲说。

"我已经改变了我的优柔的性情，要用这剑报仇去！"

"但愿如此。你穿了青衣，背上这剑，衣剑一色，谁也看不分明的。衣服我已经做在这里，明天就上你的路去罢。不要记念我！"她向床后的破衣箱一指，说。

眉间尺取出新衣，试去一穿，长短正很合式。他便重行叠好，裹了剑，放在枕边，沉静地躺下。他觉得自己已经改变了优柔的性情；他决心要并无心事一般，倒头便睡，清晨醒来，毫不改变常态，从容地去寻他不共戴天的仇雠。

但他醒着。他翻来覆去，总想坐起来。他听到他母亲的失望的轻轻的长叹。他听到最初的鸡鸣；他知道已交子时，自己是上了十六岁了。

（节选自《鲁迅全集·第二卷》，鲁迅著，人民文学出版社，2005 年版。）

注释：

［1］本篇最初发表于 1927 年 4 月 25 日、5 月 10 日《莽原》半月刊第二卷第八、九期，原题为《眉间尺》。1932 年编入《自选集》时改为现名。

［2］眉间尺复仇的传说，在相传为魏曹丕所著的《列异传》中有如下记载："干将莫邪为楚王作剑，三年而成。剑有雄雌，天下名器也，乃以雌剑献君，藏其雄者。谓其妻曰：'吾藏剑在南山之阴，北山之阳；松生石上，剑在其中矣。君若觉，杀我；尔生男，以告之。'及至君觉，杀干将。妻后生男，名赤鼻，告之。赤鼻斫南山之松，不得剑；忽于屋柱中得之。楚王梦一人，眉广三寸，辞欲报仇。购求甚急，乃逃朱兴山中。遇客，欲为之报；乃刎首，将以奉楚王。客令镬煮之，头三日三夜跳不烂。王往观之，客以雄剑倚拟王，王头堕镬中；客又自刎。三头悉烂，不可分别，分葬之，名曰三王冢。"（据鲁迅辑《古小说钩沉》本）晋代干宝《搜神记》卷十一也有内容大致相同的记载，而叙述较为细致，如眉间尺山中遇客一段说："（楚）王梦见一儿，眉间广尺，言欲报仇，王即购之千金。儿闻之，亡去，入山行歌。客有逢者，谓子年少，何哭之甚悲耶？曰：'吾干将莫邪子也。楚王杀我父，吾欲报之。'客曰：'闻王购子头千金，将子头与剑来，为子报之。'儿曰：'幸甚！'即自刎，两手捧头及剑奉之，立僵。客曰：'不负子也。'于是尸乃仆。"（此外，相传为后汉赵晔所著的《楚王铸剑记》中的记载，完全与《搜神记》所记相同。）

［3］子时：我国古代用十二地支（子、丑、寅、卯、辰、巳、午、未、申、酉、戌、亥）计时，从夜里十一点到次晨一点称为子时。

［4］王妃生下了一块铁：清代陈元龙撰《格致镜原》卷三十四引《列士传》佚文："楚王夫人于夏纳凉，抱铁柱，心有所感，遂怀孕，产一铁；王命莫邪铸为双剑。"

［5］井华水：清晨第一次汲取的井水。明代李时珍《本草纲目》卷五井泉水《集解》，"汪颖曰：平旦第一汲，为井华水"。

（注释为本书编者添加）

○ 思考题

1.请阅读鲁迅的小说《铸剑》全文，简要概括黑衣人的形象特征。

2.如果以"鲁迅的怀疑精神"为题写一则《铸剑》的小评论，请结合文本，列出评论要点。

（张婷　选文）

张爱玲　封锁

张爱玲（1920—1995），原名张煐，笔名梁京，祖籍河北丰润，生于上海，中国现代女作家。1943—1944年，创作和发表了《沉香屑·第一炉香》《沉香屑·第二炉香》《茉莉香片》《倾城之恋》《红玫瑰与白玫瑰》等小说。1955年，张爱玲赴美国定居，创作英文小说多部，1969年以后主要从事古典小说的研究，著有红学论集《红楼梦魇》。1995年9月在美国洛杉矶去世，终年75岁。《封锁》初载1943年11月上海《天地》第2期，收入《传奇》，张爱玲在小说中通过男性和女性的互看达到了对女性自身的内省，表现了张爱玲的女性意识既是传统的，也是现代的。"搁浅"的电车让荒诞的偶然调情成为爱情，某种程度上体现了张爱玲对爱情的真实性的消解和嘲讽，也可以看到张爱玲对女性精神深入的解剖和自省意识，具有深刻的历史文化意义和象征意义。

开电车的人开电车。在大太阳底下，电车轨道像两条光莹莹的，水里钻出来的曲鳝，抽长了，又缩短了；抽长了，又缩短了，就这么样往前移——柔滑的，老长老长的曲鳝，没有完，没有完……开电车的人眼睛钉住了这两条蠕蠕的车轨，然而他不发疯。

如果不碰到封锁，电车的进行是永远不会断的。封锁了。摇铃了。"叮铃铃铃铃铃"，每一个"铃"字是冷冷的一小点，一点一点连成一条虚线，切断了时间与空间。

电车停了，马路上的人却开始奔跑，在街的左面的人们奔到街的右面，在右面的人们奔到左面。商店一律的沙啦啦拉上铁门。女太太们发狂一般扯动铁栅栏，叫道："让我们进来一会儿！我这儿有孩子哪，有年纪大的人！"然而门还是关得紧腾腾的。铁门里的人和铁门外的人眼睁睁对看着，互相惧怕着。

电车里的人相当镇静。他们有座位可坐，虽然设备简陋一点，和多数乘客的家里的情形比较起来，还是略胜一筹。街上渐渐地也安静下来，并不是绝对的寂静，但是人声逐渐渺茫，像睡梦里所听到的芦花枕头里的窸窣声。这庞大的城市在阳光里眯着了，重重的把头搁在人们的肩上，口涎顺着人们的衣服缓缓流下去，不能想象的巨大的重量压住了每一个人。上海似乎从来没有这么静过——大白天里！一个乞丐趁着鸦雀无声的时候，提高了喉咙唱将起来："阿有老爷太太先生小姐做做好事救救我可怜人哇？阿有老爷太太……"然而他不久就停了下来，被这不经见的沉寂吓噤住了。

还有一个较有勇气的山东乞丐，毅然打破了这静默。他的嗓子浑圆嘹亮："可怜啊可怜！一个人啊没钱！"悠久的歌，从一个世纪唱到下一个世纪。音乐性的节奏传染上了开电车的。开电车的也是山东人。他长长的叹了一口气，抱着胳膊，向车门上一靠，跟着唱了起来："可怜啊可怜！一个人啊没钱！"

电车里，一部分的乘客下去了。剩下的一群中，零零落落也有人说句把话。靠近门口的几个公事房里回来的人继续谈讲下去。一个人撒喇一声抖开了扇子，下了结论道："总而言之，他别的毛病没有，就吃亏在不会做人。"另一个鼻子里哼了一声，冷笑道："说他不会做人，他把上头敷衍得挺好的呢！"

一对长得颇像兄妹的中年夫妇把手吊在皮圈上，双双站在电车的正中。她突然叫道："当心别把裤子弄脏了！"他吃了一惊，抬起他的手，手里拈着一包熏鱼。他小心翼翼使那油汪汪的纸口袋与他的西装裤子维持二寸远的距离。他太太兀自絮叨道："现在干洗是什么价钱？做一条裤子是什么价钱？"

坐在角落里的吕宗桢，华茂银行的会计师，看见了那熏鱼，就联想到他夫人托他在银行附近一家面食摊子上买的菠菜包子。女人就是这样！弯弯扭扭最难找的小胡同里买来的包子必定是价廉物美的！她一点也不为他着想——一个齐齐整整穿着西装戴着玳瑁边眼镜提着公事皮包的人，抱着报纸里的热腾腾的包子满街跑，实在是不像话！然而无论如何，假使这封锁延长下去，耽误了他的晚饭，至少这包子可以派用场。他看了看手表，才四点半。该是心理作用罢？他已经觉得饿了。他轻轻揭开报纸的一角，向里面张了一张。一个个雪白的，喷出淡淡的麻油气味。一部分的报纸黏住了包子，他谨慎地把报纸撕了下来，包子上印了铅字，字都是反的，像镜子里映出来的，然而他有这耐心，低下头去逐个认了出来："讣告……申请……华股动态……隆重登场候教……"都是得用的字眼儿，不知道为什么转载到包子上，就带点开玩笑性质。也许因为"吃"是太严重的一件事了，相形之下，其他的一切都成了笑话。吕宗桢看着也觉得不顺眼，可是他并没有笑，他是一个老实人。他从包子上的文章看到报上的文章，把半页旧报纸读完了，若是翻过来看，包子就得跌出来，只得罢了。他在这里看报，全车的人都学了样，有报的看报，没有报的看发票，看章程，看名片。任何印刷物都没有的人，就看街上的市招。他们不能不填满这可怕的空虚——不然，他们的脑子也许会活动起来。思想是痛苦的一件事。

只有吕宗桢对面坐着的一个老头子，手心里骨碌碌骨碌碌搓着两只油光水滑的核桃，有板有眼的小动作代替了思想。他剃着光头，红黄皮色，满脸浮油，打着皱，整个的头像一个核桃。他的脑子就像核桃仁，甜的，滋润的，可是没有多大意思。

老头子右首坐着吴翠远，看上去像一个教会派的少奶奶，但是还没有结婚。她穿着一件白洋纱旗袍，滚一道窄窄的蓝边——深蓝与白，很有点讣闻的风味。她携着一把蓝白格子小遮阳伞。头发梳成千篇一律的式样，惟恐唤起公众的注意。然而她实在没有过分触目的危险。她长得不难看，可是她那种美是一种模棱两可的，仿佛怕得罪了谁的美，脸上一切都是淡淡的，松弛的，没有轮廓。连她自己的母亲也形容不出她是长脸还是圆脸。

在家里她是一个好女儿，在学校里她是一个好学生。大学毕了业后，翠远就在母校服务，担任英文助教。她现在打算利用封锁的时间改改卷子。翻开了第一篇，是一个男生做的，大声疾呼抨击都市的罪恶，充满了正义感的愤怒，用不很合文法的，吃吃艾艾的句子，骂着"红嘴唇的卖淫妇……大世界……下等舞场与酒吧间"。翠远略略沉吟了一会，就找出红铅笔来批了一个"A"字。若在平时，批了也就批了，可是今天她有太多的考虑的时间，她不由的要质问自己，为什么她给了他这么好的分数。不问倒也罢了，一问，她竟涨红了脸。她突然明白了：因为这学生是胆敢这么毫无顾忌地对她说这些话的唯一的一个男子。

他拿她当做一个见多识广的人看待；他拿她当做一个男人，一个心腹。他看得起她。翠远在学校里老是觉得谁都看不起她——从校长起，教授、学生、校役……学生们尤其愤慨得厉害："申大越来越糟了！一天不如一天！用中国人教英文，照说，已经是不应当，何况是没有出过洋的中国人！"翠远在学校里受气，在家里也受气。吴家是一个新式的，带着宗教背景的模范家庭。家里竭力鼓励女儿用功读书，一步一步往上爬，爬到了顶儿尖儿上——一个二十几岁的女孩子在大学里教书！打破了女子职业的新纪录。然而家长渐渐对她失掉了兴趣，宁愿她当初在书本上马虎一点，匀出点时间来找一个有钱的女婿。

她是一个好女儿，好学生。她家里都是好人，天天洗澡，看报，听无线电向来不听申曲滑稽京戏什么的，而专听贝多芬、瓦格涅的交响乐，听不懂也要听。世界上的好人比真人多……翠远不快乐。

生命像《圣经》，从希伯来文译成希腊文，从希腊文译成拉丁文，从拉丁文译成英文，从英文译成国语。翠远读它的时候，国语又在她脑子里译成了上海话。那未免有点隔膜。

翠远搁下了那本卷子，双手捧着脸。太阳滚热的晒在她背脊上。

隔壁坐着个奶妈，怀里躺着小孩，孩子的脚底心紧紧抵在翠远的腿上。小小的老虎头红鞋包着柔软而坚硬的脚……这至少是真的。

电车里，一个医科学生拿出一本图书簿，孜孜修改一张人体骨骼的简图。其他的乘客以为他在那里速写他对面眍着的那个人。大家闲着没事干，一个一个聚拢来，三三两两，撑着腰，背着手，围绕着他，看他写生。拈着熏鱼的丈夫向他妻子低声道："我就看不惯现在兴的这种立体派、印象派！"他妻子附耳道："你的裤子！"

那医科学生细细填写每一根骨头、神经、筋络的名字。有一个公事房里回来的人将折扇半掩着脸，悄悄向他的同事解释道："中国画的影响。现在的西洋画也时兴题字了，倒真是'东风西渐'！"

吕宗桢没凑热闹，孤零零地坐在原处。他决定他是饿了。大家都走开了，他正好从容地吃他的菠菜包子。偏偏他一抬头，瞥见了三等车厢里有他一个亲戚，是他太太的姨表妹的儿子。他恨透了这董培芝。培芝是一个胸怀大志的清寒子弟，一心只想娶个略具资产的小姐，作为上进的基础。吕宗桢的大女儿今年方才十三岁，已经被培芝看在眼里，心里打着如意算盘，脚步儿越发走得勤了，吕宗桢一眼望见了这年轻人，暗暗叫声不好，只怕培芝看见了他，要利用这绝好的机会向他进攻。若是在封锁期间和这董培芝困在一间屋子里，这情形一定是不堪设想！他匆匆收拾起公事皮包和包子，一阵风奔到对面一排座位上，坐了下来。现在他恰巧被隔壁的吴翠远挡住了，他表侄绝对不能够看见他。翠远回过头来，微微瞪了他一眼。糟了！这女人准是以为他无缘无故换了一个座位，不怀好意。他认得出那被调戏的女人的脸谱——脸板得纹丝不动，眼睛里没有笑意，嘴角也没有笑意，连鼻洼里都没有笑意，然而不知道什么地方有一点颤巍巍的微笑，随时可以散布开来。觉得自己太可爱了的人，是忍不住要笑的。

该死，董培芝毕竟看见了他，向头等车厢走过来了，谦卑地，老远的就躬着腰，红喷喷的长长的面颊，含有僧尼气息的灰布长衫——一个吃苦耐劳，守身如玉的青年，最合理想的乘龙快婿。宗桢迅疾地决定将计就计，顺水推舟，伸出一只手臂来搁在翠远背后的窗台上，不声不响宣布了他的调情的计划。他知道他这么一来，并不能吓退了董培芝，因为培芝眼中的他素来是一个无恶不作的老年人。由培芝看来，过了三十岁的人都是老年人，老年人都是一肚子的坏。培芝今天亲眼看见他这样下流，少不得一五一十要去报告给他太太听——气气他太太也好！谁叫她给他弄上这么一个表侄！气，活该气！

他不怎么喜欢身边这女人。她的手臂，白倒是白的，像挤出来的牙膏。她的整个的人像挤出来的牙膏，没有款式。

他向她低声笑道：“这封锁，几时完哪？真讨厌！”翠远吃了一惊，掉过头来，看见了他搁在她身后的那只胳膊，整个身子就僵了一僵。宗桢无论如何不能容许他自己抽回那只胳膊。他的表侄正在那里双眼灼灼望着他，脸上带着点会心的微笑。如果他夹忙里跟他表侄对一对眼光，也许那小子会怯怯地低下头去——处女风的窘态；也许那小子会向他挤一挤眼睛——谁知道？

他咬一咬牙，重新向翠远进攻。他道：“你也觉着闷罢？我们说两句话，总没有什么要紧！我们——我们谈谈！”他不由自主的，声音里带着哀恳的调子。翠远重新吃了一惊，又掉回头来看了他一眼。他现在记得了，他瞥见她上车的——非常戏剧化的一刹那，但是那戏剧效果是碰巧得到的呢，并不能归功于她。他低声道：“你知道么？我看见你上车。车前头的玻璃上贴的广告，撕破了一块，从这破的地方我看见你的侧面，就只一点下巴。”是乃络维奶粉的广告，画着一个胖孩子，孩子的耳朵底下突然出现了这女人的下巴，仔细想起来是有点吓人的。“后来你低下头去从皮包里拿钱，我才看见你的眼睛，眉毛，头发。”拆开来一部分一部分地看，她未尝没有她的一种风韵。

翠远笑了。看不出这人倒也会花言巧语——以为他是个靠得住的生意人模样！她又看了他一眼。太阳红红地晒穿他鼻尖下的软骨。他搁在报纸包上的那只手，从袖口里伸出来，黄色的，敏感的——一个真的人！不很诚实，也不很聪明，但是一个真的人！她突然觉得炽热，快乐。她背过脸去，细声道：“这种话，少说些罢！”

宗桢道：“嗯？”他早忘了他说了些什么。他眼睛钉着他表侄的背影——那知趣的青年觉得他在这儿是多余的，他不愿得罪了表叔，以后他们还要见面呢，大家都是快刀斩不断的好亲戚；他竟退回三等车厢去了。董培芝一走，宗桢立刻将他的手臂收回，谈吐也正经起来。他搭讪着望了一望她膝上摊着的练习簿，道：“申光大学……您在申光读书？”

他以为她这么年轻？她还是一个学生？她笑了，没作声。

宗桢道：“我是华济毕业的。华济。”她颈子上有一粒小小的棕色的痣，像指甲刻的印子。宗桢下意识地用右手捻了一捻左手的指甲，咳嗽了一声，接下去问道："您读的是哪一科？"

翠远注意到他的手臂不在那儿了，以为他态度的转变是由于她端凝的人格潜移默化所致。这么一想，倒不能不答话了，便道："文科。您呢？"宗桢道："商科。"他忽然觉得他们的对话，道学气太浓了一点，便道："当初在学校里的时候，忙着运动。出了学校，又忙着混饭吃。书，简直没念多少！"翠远道："你公事忙么？"宗桢道："忙得没头没脑。早上乘车上公事房去，下午又乘车回来，也不知道为什么去，为什么来！我对于我的工作一点也不感到兴趣。说是为了挣钱罢，也不知道是为谁挣的！"翠远道："谁都有点家累。"宗桢道："你不知道——我家里——咳，别提了！"翠远暗道："来了！他太太一点都不同情他！世上有了太太的男人，似乎都是急切需要别的女人的同情。"宗桢迟疑了一会，方才吞吞吐吐，万分为难地说道："我太太——一点都不同情我。"

翠远皱着眉毛望着他，表示充分了解。宗桢道："我简直不懂我为什么天天到了时候就回家去。回到哪儿去。实际上我是无家可归的。"他褪下眼镜来，迎着亮，用手绢子拭去上面的水渍，道："咳，混着也就混下去了，不能想——就是不能想！"近视眼的人当众摘下眼镜子，翠远觉得有点秽亵，仿佛当众脱衣服似的，不成体统。宗桢继续说道："你——你不知道她是怎么样的一个女人！"翠远道："那么，你当初……"宗桢道："当初我也反对来着。她是我母亲给订下的。我自然是愿意让我自己拣，可是……她从前非常的美……我那时又年青……年青的人，你知道……"翠远点点头。

宗桢道："她后来变成了这么样的一个人——连我母亲都跟她闹翻了，倒过来怪我不该娶了她！她——她那脾气——她连小学都没有毕业。"翠远不禁微笑道："你仿佛非常看重那一纸文凭！其实，女子教育也不过是那么一回事！"她不知道为什么她说出这句话来，伤了她自己的心。宗桢道："当然哪，你可以在旁边说风凉话，因为你是受过高等教育的。你不知道她是怎么样的一个——"他顿住了口，上气不接下气，刚戴上了眼镜子，又褪下来擦镜片。翠远道："你说得太过分了一点罢？"宗桢手里捏着眼镜，艰难地做了一个手势道："你不知道她是——"翠远忙道："我知道，我知道。"她知道他们夫妇不和，决不能单怪他太太。他自己也是一个思想简单的人。他需要一个原谅他、包涵他的女人。

街上一阵乱，轰隆轰隆来了两辆卡车，载满了兵。翠远与宗桢同时探头出去张望；出其不意地，两人的面庞异常接近。在极短的距离内，任何人的脸都和寻常不同，像银幕上特写镜头一般的紧张。宗桢和翠远突然觉得他们俩还是第一次见面。在宗桢的眼中，她的脸像一朵淡淡几笔的白描牡丹花，额角上两三根吹乱的短发便是风中的花蕊。

他看着她，她红了脸。她一脸红，让他看见了，他显然是很愉快。她的脸就越发红了。

宗桢没有想到他能够使一个女人脸红，使她微笑，使她背过脸去，使她掉过头来。在这里，他是一个男子。平时，他是会计师，他是孩子的父亲，他是家长，他是车上的搭客，他是店里的主顾，他是市民。可是对于这个不知道他的底细的女人，他只是一个单纯的男子。

他们恋爱着了。他告诉她许多话，关于他们银行里，谁跟他最好，谁跟他面和心不和，家里怎样闹口舌，他的秘密的悲哀，他读书时代的志愿……无休无歇的话，可是她并不嫌烦。恋爱着的男子向来是喜欢说，恋爱着的女人向来是喜欢听。恋爱着的女人破例地不大爱说话，因为下意识地她知道：男人彻底地懂得了一个女人之后，是不会爱她的。

宗桢断定了翠远是一个可爱的女人——白，稀薄，温热，像冬天里你自己嘴里呵出来的一口气。你不要她，她就悄悄地飘散了。她是你自己的一部分，她什么都懂，什么都宽宥你。你说真话，她为你心酸；你说假话，她微笑着，仿佛说："瞧你这张嘴！"

宗桢沉默了一会，忽然说道："我打算重新结婚。"翠远连忙做出惊慌的神气，叫道："你要离婚？那……恐怕不行罢？"宗桢道："我不能够离婚。我得顾全孩子们的幸福。我大女儿今年十三岁了，才考进了中学，成绩很不错。"翠远暗道："这跟当前的问题又有什么关系？"她冷冷地道："哦，你打算娶妾。"宗桢道："我预备将她当妻子看待。我——我会替她安排好的。我不会让她为难。"翠远道："可是，如果她是个好人家的女孩子，只怕她未见得肯罢？种种法律上的麻烦……"宗桢叹了口气道："是的。你这话对。我没有这权利。我根本不该起这种念头……我年纪太大了。我已经三十五了。"翠远缓缓地道："其实，照现在的眼光看来，那倒也不算大。"宗桢默然，半晌方说道："你……几岁？"翠远低下头去道："二十五。"宗桢顿了一顿，又道："你是自由的么？"翠远不答。宗桢道："你不是自由的。即使你答应了，你家里人也不会答应的，是不是？……是不是？"

翠远抿紧了嘴唇。她家里的人——那些一尘不染的好人——她恨他们！他们哄够了她。他们要她找个有钱的女婿，宗桢没有钱而有太太——气气他们也好！气！活该气！

车上的人又渐渐多了起来，外面许是有了"封锁行将开放"的谣言，乘客一个一个上来，坐下，宗桢与翠远给他们挤得紧紧的，坐近一点，再坐近一点。

宗桢与翠远奇怪他们刚才怎么这样的糊涂，就想不到自动地坐近一点。宗桢觉得他太快乐了，不能不抗议。他用苦楚的声音向她说："不行！这不行！我不能让你牺牲了你的前程！你是上等人，你受过这样好的教育……我——我又没有多少钱，我不能坑了你的一生！"可不是，还是钱的问题。他的话有理。翠远想道："完了。"以后她多半是会嫁人的，可是她的丈夫决不会像一个萍水相逢的人一般的可爱——封锁中的电车上的人……一切再也不会像这样自然。再也不会……呵，这个人，这么笨！这么笨！她只要他的生命中的一部分，谁也不稀罕的一部分。他白糟蹋了他自己的幸福。多么愚蠢的浪费！她哭了，可是那不是斯斯文文的、淑女式的哭。她简直把她的眼泪唾到他脸上。他是个好人——世界上的好人又多了一个！

向他解释有什么用？如果一个女人必须倚仗着她的言语来打动一个男人，她也就太可怜了。

宗桢一急，竟说不出话来，连连用手去摇撼她手里的阳伞。她不理他。他又去摇撼她的手，道："我说——我说——这儿有人哪！别！别这样！待会儿我们在电话上仔细谈。你告诉我你的电话。"翠远不答。他逼着问道："你无论如何得给我一个电话号码。"翠远飞快的说了一遍道："七五三六九。"宗桢道："七五三六九？"她又不做声了。宗桢嘴里喃喃重复着"七五三六九"，伸手在上下的口袋里掏摸自来水笔，越忙越摸不着。翠远皮包里有红铅笔，但是她有意的不拿出来。她的电话号码，他理该记得，记不得，他是不爱她，他们也就用不着往下谈了。

封锁开放了。"叮铃铃铃铃铃"摇着铃，每一个"铃"字是冷冷的一点，一点一点连成一条虚线，切断时间与空间。

一阵欢呼的风刮过这大城市。电车哗哗哗往前开了。宗桢突然站起身来，挤到人丛中，不见了。翠远偏过头去，只做不理会。他走了。对于她，他等于死了。电车加足了速力前进，黄昏的人行道上，卖臭豆腐干的歇下了担子，一个人捧着文王神的匣子，闭着眼霍霍地摇。一个大个子的金发女人，背上背着大草帽，露出大牙齿来向一个意大利水兵一笑，说了句玩话。翠远的眼睛看到了他们，他们就活了，只活那么一刹那。车往前哗哗地跑，他们一个个地死去了。

翠远烦恼地合上了眼。他如果打电话给她，她一定管不住她自己的声音，对他分外的热烈，因为他是一个死去了又活过来的人。

电车里点上了灯，她一睁眼望见他遥遥坐在他原先的位子上。她震了一震——原来他并没有下车去！她明白他的意思了：封锁期间的一切，等于没有发生。整个的上海打了个盹，做了个不近情理的梦。

开电车的放声唱道："可怜啊可怜！一个人啊没钱！可怜啊可——"一个缝穷婆子慌里慌张掠过车头，横穿过马路。开电车的大喝道："猪猡！"

（选自《张爱玲全集·倾城之恋》，张爱玲著，止庵主编，

北京十月文艺出版社，2009年版。）

思考题

1. 张爱玲的《封锁》在构思上有何特点？
2. 宗桢喜欢翠远吗？他为何与翠远聊到谈婚论嫁的地步？

（张婷　选文）

汪曾祺　受戒（存目）

莫言　红高粱（节选）

简介

莫言（1956—），原名管谟业，山东高密人，1976年参军，1981年开始创作，先后有《秋水》《枯河》等小说。之后，就读于解放军艺术学院。1985年，《透明的红萝卜》声名大噪后，他又写了与《红高粱》在故事背景、人物等有连续关系的几个中篇，它们后来结集为《红高粱家族》。20世纪90年代，他的长篇小说《丰乳肥臀》再次在读者中引起了轰动效应。

莫言自己坦言，"红高粱"系列受到福克纳、马尔克斯小说的很大启发，它们取材于对故乡高密的"童年记忆"，通过"我爷爷""我奶奶"等长辈的爱恨情仇，揭示了这些人物生命中的野性和传奇经历，象征着民族勃发的血性。而"大地"和"母亲"则是他小说的基本主题。在艺术上，丰富的想象、历史、世俗生活、情爱场面、感性体验等是作品的多种"合成"因素。

　　一九三九年古历八月初九，我父亲这个土匪种十四岁多一点。他跟着后来名满天下的传奇英雄余占鳌司令的队伍去胶平公路伏击敌人的汽车队。奶奶披着夹袄，送他们到村头。余司令说："立住吧。"奶奶就立住了。奶奶对我父亲说："豆官，听你干爹的话。"父亲没吱声，他看着奶奶高大的身躯，嗅着奶奶的夹袄里散出的热烘烘的香味，突然感到凉气逼人，他打了一个战。肚子咕噜噜响一阵。余司令拍了一下父亲的头，说："走，干儿。"

　　天地混沌，景物影影绰绰，队伍的杂沓脚步声已响出很远。父亲眼前挂着蓝白色的雾幔，挡住他的视线，只闻队伍脚步声，不见队伍形和影。父亲紧紧扯住余司令的衣角，双腿快速挪动。奶奶像岸愈离愈远，雾像海水愈近愈汹涌，父亲抓住余司令，就像抓住一条船舷。

　　父亲就这样奔向了耸立在故乡通红的高粱地里属于他的那块无字的青石墓碑。他的坟头上已经枯草瑟瑟，曾经有一个光屁股的男孩牵着一只雪白的山羊来到这里，山羊不紧不忙地啃着坟头上的草，男孩子站在墓碑上，怒气冲冲地撒了一泡尿，然后放声高唱：高粱红了——日本来了——同胞们准备好——开枪开炮——

　　有人说这个放羊的男孩就是我，我不知道是不是我。我曾经对高密东北乡极端热爱，曾经对高密东北乡极端仇恨，长大后努力学习马克思主义，我终于悟到：高密东北乡无疑是地球上最美丽最丑陋、最超脱最世俗、最圣洁最龌龊、最英雄好汉最王八蛋、最能喝酒最能爱的地方。生存在这块土地上的我的父老乡亲们，喜食高粱，每年都大量种植。八月深秋，无边无际的高粱红成汪洋的血海。高粱高密辉煌，高粱凄婉可人，高粱爱情激荡。秋风苍凉，阳光很旺，瓦蓝的天上游荡着一朵朵丰满的白云，高粱上滑动着一朵朵丰满白云的紫红色影子。一队队暗红色的人在高粱棵子里穿梭拉网，几十年如一日。他们杀人越货，精忠报国，他们演出过一幕幕英勇悲壮的舞剧，使我们这些活着的不肖子孙相形见绌，在进步的同时，我真切感到种的退化。

　　出村之后，队伍在一条狭窄的土路上行进，人的脚步声中夹杂着路边碎草的窸窣声响。雾奇浓，活泼多变。我父亲的脸上，无数密集的小水点凝成大颗粒的水珠，他的一撮头发，粘在头皮上。从路两边高粱地里飘来的幽淡的薄荷气息和成熟高粱苦涩微甘的气味，我父亲早已经闻惯，不新不奇。在这次雾中行军里，父亲闻到了那种新奇的、黄红相间的腥甜气息。那味道从薄荷和高粱的味道中隐隐约约地透过来，唤起父亲心灵深处一种非常遥远的记忆。

　　七天之后，八月十五日，中秋节。一轮明月冉冉升起，遍地高粱肃然默立，高粱穗子浸在月光里，像蘸过水银，汩汩生辉。我父亲在剪破的月影下闻到了比现在强烈无数倍的腥甜气息。那时候，余司令牵着他的手在高粱地里行走，三百多个乡亲叠股枕臂、陈尸狼藉，流出的鲜血灌溉了一大片高粱，把高粱下的黑土浸泡成稀泥，使他们拔脚迟缓。腥甜的气味令人窒息，一群前来吃人肉的狗，坐在高粱地里，目光炯炯地盯着父亲和余司令。余司令掏出自来得手枪，甩手一响，两只狗眼灭了；又一甩手，灭了两只狗眼。群狗一哄而散，坐得远远的，呜呜地哮着，贪婪地望着死尸。腥甜味愈加强烈，余司令大喊一声："日本狗！狗娘养的日本！"他对着那群狗打完了所有的子弹，狗跑得无影无踪。余司令对我父亲说："走吧，儿子！"一老一小，便迎着月光，向高粱深处走去。那股弥漫田野的腥甜味浸透了我父亲的灵魂，在以后更加激烈更加残忍的岁月里，这股腥甜味一直伴随着他。

高粱的茎叶在雾中嗞嗞乱叫，雾中缓慢地流淌着在这块低洼平原上穿行的墨河水明亮的喧哗，一阵强一阵弱，一阵远一阵近。赶上队伍了，父亲的身前身后响起踢踢踏踏的脚步声和粗重的呼吸。不知谁的枪托撞到另一个谁的枪托上了。不知谁的脚踩破了一个死人的骷髅什么的。父亲前边那个人吭吭地咳嗽起来，这个人的咳嗽声非常熟悉。父亲听着他咳嗽就想起他那两扇一激动就充血的大耳朵。透明单薄布满细密血管的大耳朵是王文义头上引人注目的器官。他个子很小，一颗大头缩在耸起的双肩中。父亲努力看去，目光刺破浓雾，看到了王文义那颗一边咳一边颤动的大头。父亲想起王文义在演练场上挨打时，那颗大头颤成那般可怜模样。那时他刚参加余司令的队伍，任副官在演练场上对他也对其他队员喊：向右转——王文义欢欢喜喜地跺着脚，不知转到哪里去了。任副官在他腚上打了一鞭子，他嘴咧开叫一声：孩子他娘！脸上表情不知是哭还是笑。围在短墙外看光景的孩子们都哈哈大笑。

余司令飞起一脚，踢到王文义的屁股上。

"咳什么？"

"司令……"王文义忍着咳嗽说，"嗓子眼发痒……"

"痒也别咳！暴露了目标我要你的脑袋！"

"是，司令。"王文义答应着，又有一阵咳嗽冲口而出。

父亲觉出余司令的手从王文义的后颈皮上松开了，父亲还觉得王文义的脖子上留下两个熟葡萄一样的紫手印，王文义幽蓝色的惊惧不安的眼睛里，飞出几点感激与委屈。

很快，队伍钻进了高粱地。父亲本能地感觉到队伍是向着东南方向开进的。适才走过的这段土路是由村庄直接通向墨水河边的唯一的道路。这条狭窄的土路在白天颜色青白，路原是由乌油油的黑土筑成，但久经践踏，黑色都沉淀到底层，路上叠印过多少牛羊的花瓣蹄印和骡马毛驴的半圆蹄印，马骡驴粪像干萎的苹果，牛粪像虫蛀过的薄饼，羊粪稀拉拉像震落的黑豆。父亲常走这条路，后来他在日本炭窑中苦熬岁月时，眼前常常闪过这条路。父亲不知道我的奶奶在这条土路上主演过多少风流悲喜剧，我知道。父亲也不知道在高粱阴影遮掩着的黑土上，曾经躺过奶奶洁白如玉的光滑肉体，我也知道。

拐进高粱地后，雾更显凝滞，质量更大，流动感少，在人的身体与人负载的物体碰撞高粱秸秆后，随着高粱嚓嚓啦啦的幽怨鸣声，一大滴一大滴的沉重水珠扑簌簌落下。水珠冰凉清爽，味道鲜美，我父亲仰脸时，一滴大水珠准确地打进他的嘴里。父亲看到舒缓的雾团里，晃动着高粱沉甸甸的头颅。高粱沾满了露水的柔韧叶片，锯着父亲的衣衫和面颊。高粱晃动激起的小风在父亲头顶上短促出击，墨水河的流水声愈来愈响。

父亲在墨水河里玩过水，他的水性好像是天生的，奶奶说他见了水比见了亲娘还急。父亲五岁时，就像小鸭子一样潜水，粉红的屁股跟儿朝着天，双脚高举。父亲知道，墨水河底的淤泥乌黑发亮，柔软得像油脂一样。河边潮湿的滩涂上，丛生着灰绿色的芦苇和鹅绿色车前草，还有贴地生的野葛蔓，支支直立的接骨草。滩涂的淤泥上，印满螃蟹纤细的爪迹。秋风起，天气凉，一群群大雁往南飞，一会儿排成个"一"字，一会儿排成个"人"字，等等。高粱红了，西风响，蟹脚痒，成群结队的、马蹄大小的螃蟹都在夜间爬上河滩，到草丛中觅食。螃蟹喜食新鲜牛屎和腐烂的动物的尸体。父亲听着河声，想着从前的秋天夜晚，跟着我家的老伙计刘罗汉大爷去河边捉螃蟹的情景。夜色灰葡萄，金风串河道，宝蓝色的天空深邃无边，绿色的星辰格外明亮。北斗勺子星——北斗主死，南头簸箕星——南斗司生，八角玻璃井——缺了一块砖，焦灼的牛郎要上吊，忧愁的织女要跳河……都在头上悬着。刘罗汉大爷在我家工作了几十年，负责着我家烧酒作坊的全面工作，父亲跟着罗汉大爷脚前脚后地跑，就像跟着自己的爷爷一样。

父亲被迷雾扰乱的心头亮起了一盏四块玻璃插成的罩子灯，洋油烟子从罩子灯上盖的铁皮、钻眼的铁皮上钻出来。灯光微弱，只能照亮五六米方圆的黑暗。河里的水流到灯影里，黄得像熟透的杏子一样可爱，但可爱一霎霎，就流过去了，黑暗中的河水倒映着一天星斗。父亲和罗汉大爷披着蓑衣，坐在罩子灯旁，听着河水的低沉呜咽——非常低沉的呜咽。河道两边无穷的高粱地不时响起寻偶狐狸的兴奋鸣叫。螃蟹趋光，正向灯影聚拢。父亲和罗汉大爷静坐着，恭听着天下的窃窃秘语，河底下淤泥的腥味，一股股泛上来。成群结队的螃蟹团团围上来，形成一个躁动不安的圆圈。父亲心里惶惶，跃跃欲起，被罗汉大爷按住了肩头。"别急！"大爷说，"心急喝不得热黏粥。"父亲强压住激动，不动，螃蟹爬到灯光里就停下来，首尾相衔，把地皮都盖住了。一片青色的蟹壳闪亮，一对对圆杆状的眼睛从凹陷的眼窝里打出来。隐在倾斜的脸面下的嘴里，吐出一串一串的五彩泡沫。螃蟹吐着彩沫向人挑战，父亲身上披着的大蓑衣长毛参起。罗汉大爷说："抓！"父亲应声弹起，与罗汉大爷抢过去，每人抓住一面早就铺在地上的密眼罗网的两角，把一网螃蟹抬起来，露出了螃蟹下的河滩地。父亲和罗汉大爷把网角系起扔在一边，又用同样的迅速和熟练抬起网片。每一网都是那么沉重，不知网住了几百几千只螃蟹。

（节选自《红高粱家族》，莫言著，浙江文艺出版社，2017年版。）

○ **思考题**

1. 有评论家认为，《红高粱》的开头深受加西亚·马尔克斯小说《百年孤独》开头的影响，请从时间角度分析开头两句的特点和作用。

2. "高密东北乡无疑是地球上最美丽最丑陋、最超脱最世俗、最圣洁最龌龊、最英雄好汉最王八蛋、最能喝酒最能爱的地方。"请分析这句话的多重意味。

（张婷 选文）

史铁生 我的遥远的清平湾（存目）

铁凝 哦，香雪（存目）

路遥 人生（存目）

毕飞宇 受伤的猫头鹰（存目）

［法］雨果 悲惨世界（存目）

［法］巴尔扎克 高老头（节选）

奥诺雷·德·巴尔扎克（Honoré de Balzac，1799—1850），19世纪现实主义文学的代表人物之一，被誉为"现代法国小说之父"。他在1829年以后不到20年的时间里创作了90多部小说，总称为《人间喜剧》，对整个社会进行全景式的描绘与揭露。《高老头》是《人间喜剧》的代表作之一。它以1820年前后的法国社会为背景，以外省青年拉斯蒂涅的性格演变历程和高老头之死为两条主线情节，以伏盖公寓和鲍赛昂子爵夫人的沙龙为主要场地，全景式地展示了巴黎的社会生活，反映了波旁王朝复辟时期法国新兴资产阶级对贵族阶级的冲击。此处节选的是《高老头》最后一章"父亲的死"，描绘了高老头临终时的情景，也是全书的高潮。高老头以金钱来表达父爱，一旦破产就遭到女儿无情地抛弃。金钱不仅让父爱破产，还诱使青年走向堕落，人与人之间只剩下赤裸裸的金钱关系。

父亲的死

［……］

克里斯朵夫回来，拉斯蒂涅以为高老头睡熟了，让佣人高声回报他出差的情形。

"先生，我先上伯爵夫人家，可没法跟她说话，她和丈夫有要紧事儿。我再三央求，特·雷斯多先生亲自出来对我说：高里奥先生快死了是不是？哎，再好没有。我有事，要太太待在家里。事情完了，她会去的。——他似乎很生气，这位先生。我正要出来，太太从一扇我看不见的门里走到穿堂，告诉我：克利斯朵夫，你对我父亲说，我同丈夫正在商量事情，不能来。那是有关我孩子们生死的问题。但等事情一完，我就去看他。——说到男爵夫人吧，又是另外一桩事儿！我没有见到她，不能跟她说话。老妈子说：啊！太太今儿早上五点一刻才从跳舞会回来；中午以前叫醒她，一定要挨骂的。等会她打铃叫我，我会告诉她，说她父亲的病更重了。报告一件坏消息，不会嫌太晚的。——我再三央求也没用。哎，是呀，我也要求见男爵，他不在家。"

"一个也不来，"拉斯蒂涅嚷道，"让我写信给她们。"

"一个也不来，"老人坐起来接着说，"她们有事，她们在睡觉，她们不会来的。我早知道了。直要临死才知道女儿是什么东西！唉！朋友，你别结婚，别生孩子！你给他们生命，他们给你死。你带他们到世界上来，他们把你从世界上赶出去。她们不会来的！我已经知道了十年。有时我心里这么想，只是不敢相信。"

他每只眼中冒出一颗眼泪，滚在鲜红的眼皮边上，不掉下来。

"唉！倘若我有钱，倘若我留着家私，没有把财产给她们，她们就会来，会用她们的亲吻来舐我的脸！我可以住在一所公馆里，有漂亮的屋子，有我的仆人，生着火；她们都要哭做一团，还有她们的丈夫，她们的孩子。这一切我都可以到手。现在可什么都没有。钱能买到一切，买到女儿。啊！我的钱到哪儿去了？倘若我还有财产留下，她们会来伺候我，招呼我；我可以听到她们，看到她们。啊！欧也纳，亲爱的孩子，我唯一的孩子，我宁可给人家遗弃，宁可做个倒霉鬼！倒霉鬼有人爱，至少那是真正的爱！啊，不，我要有钱，那我可以看到她们了。唉，谁知道？她们两个的心都像石头一样。我把所有的爱在她们身上用尽了，她们对我不能再有爱了。做父亲的应该永远有钱，应该拉紧儿女的缰绳，像对付狡猾的马一样。我却向她们下跪。该死的东西！她们十年来对我的行为，现在到了顶点。你不知道她们刚结婚的时候对我怎样的奉承体贴！（噢！我痛得像受毒刑一样！）我才给了她们每人八十万，她们和她们的丈夫都不敢怠慢我。我受到好款待：好爸爸，上这儿来；好爸爸，往那儿去。她们家永远有我的一份刀叉。我同她们的丈夫一块儿吃饭，他们对我很恭敬，看我手头还有一些呢。为什么？因为我生意的底细，我一句没提。一个给了女儿八十万的人是应该奉承的。他们对我那么周到，体贴，那是为我的钱啊。世界并不美。我看到了，我！她们陪我坐着车子上戏院，我在她们的晚会里爱待多久就待多久。她们承认是我的女儿，承认我是她们的父亲。我还有我的聪明呢，嗨，什么都没逃过我的眼睛。我什么都感觉到，我的心碎了。我明明看到那是假情假意；可是没有办法。在她们家，我就不像在这儿饭桌上那么自在。我什么话都不会说。有些漂亮人物咬着我女婿的耳朵问：

——那位先生是谁啊？

——他是财神，他有钱。

——啊，原来如此！

"人家这么说着，恭恭敬敬瞧着我，就像恭恭敬敬瞧着钱一样。即使我有时叫他们发窘，我也补赎了我的过失。再说，谁又是十全的呢？（哎哟！我的脑袋简直是块烂疮！）我这时的痛苦是临死以前的痛苦，系爱的欧也纳先生，可是比起当年娜齐第一次瞪着我给我的难受，眼前的痛苦算不了什么。那时她瞪我一眼，因为我说错了话，丢了她的脸；唉，她那一眼把我全身的血管都割破了。我很想懂得交际场中的规矩；可是我只懂得一样：我在世界上是多余的。第二天我上但斐纳家去找安慰，不料又闹了笑话，惹她冒火。我为此急疯了。八天工夫我不知道怎么办。我不敢去看她们，怕受埋怨。这样，我便进不了女儿的大门。哦！我的上帝！既然我吃的苦，受的难，你全知道，既然我受的千刀万剐，使我头发变白，身子磨坏的伤，你都记在账上，为什么今日还要我受这个罪？就算太爱她们是我的罪过，我受的刑罚也足够补赎了。我对她们的慈爱，她们都狠狠的报复了，像刽子手一般给我上过毒刑了。唉！做老子的多蠢！我太爱她们了，每次都回头去迁就她们，好像赌棍离不开赌场一样。我的嗜好，我的一切，便是两个女儿，她们俩想要一点儿装饰品什么的，老妈子告诉了我，我就去买来送给她们，巴望得到些好款待！可是她们看了我在人前的态度，照样来一番教训。而且等不到第二天！喝，她们为着我脸红了。这是给儿女受好教育的报应。我活了这把年纪，可不能再上学校啦。（我痛死了，天哪！医生呀！医生呀！把我脑袋劈开来，也许会好些。）我的女儿呀，我的女儿呀，娜齐，但斐纳！我要看她们。叫警察去找她们来，抓她们来！法律应该帮我的，天性，民法，都应该帮我。我要抗议。把父亲踩在脚下，国家不要亡了吗？这是很明白的。社会、世界，都是靠父道做轴心的；儿女不孝敬父亲，不要天翻地覆吗？哦！看到她们，不管她们说些什么，只要听见她们的声音，尤其但斐纳，我就不觉得痛苦。等她们来了，你叫她们别那么冷冷的瞧我。啊！我的好朋友，欧也纳先生，看到她们眼中的金光变得像铅一样不灰不白，你真不知道心里是什么滋味儿。自从她们的眼睛对我不放光辉之后，我老在这儿过冬；只有苦水给我吞，我也就吞下了！我活着就是为受委屈，受侮辱。她们给我一点儿可怜的，小小的，可耻的快乐，代价是让我受种种的羞辱，我都受了，因为我太爱她们了。老子偷偷摸摸的看女儿！听见过没有？我把一辈子的生命给了她们，她们今天连一小时都不给我！我又饥又渴，心在发烧，她们不来疏解一下我的临终苦难。我觉得我要死了。什么叫作践踏父亲的尸首，难道她们不知道吗？天上还有一个上帝，他可不管我们做老子的愿不愿意，要替我们报仇的。噢！她们会来的！来啊，我的小心肝儿，你们来亲我呀；最后一个亲吻就是你们父亲的临终圣餐了，他会代你们求上帝，说你们一向孝顺，替你们辩护！归根结底，你们没有罪。朋友，她们是没有罪的！请你对大家都这么说，别为了我难为她们。一切都是我的错，是我纵容她们把我踩在脚下的。我就喜欢那样。这跟谁都不相干，人间的裁判，神明的裁判，都不相干。上帝要是为了我责罚她们，就不公平了。我不会做人，是我糊涂，自己放弃了权利。为她们我甚至堕落也甘心情愿！有什么办法！最美的天性，最优秀的灵魂，都免不了溺爱儿女。我是一个糊涂蛋，遭了报应，女儿七颠八倒的生活是由我一手造成的，是我惯了她们。现在她们要寻欢作乐，正像她们从前要吃糖果。我一向对她们百依百顺。小姑娘想入非非的欲望；都给她们满足。十五岁就有了车！要什么有什么。罪过都在我一个人身上，为了爱她们而犯的罪。唉，她们的声音能够打开我的心房。我听见她们，她们在来啦。哦！一定的，她们要来的。法律也要人给父亲送终的，法律是支持我的只要叫人跑一趟就行。我给车钱。你写信去告诉她们，说我还有几百万家私留给她们！我敢起誓。我可以上敖德萨去做高等面食。我有办法。计划中还有几百万好赚。哼，谁也没有想到。那不会像麦子和面粉一样在路上变坏的。嗳，嗳，淀粉哪，有几百万好赚啊！你告诉她们有几百万决不是扯谎。她们为了贪心还是肯来的；我宁愿受骗，我要看到她们。我要我的女儿！是我把她们生下来的！她们是我的！"他一边说一边在床上挺起身子，给欧也纳看到一张白发凌乱的脸，竭力装做威吓的神气。

欧也纳说："噯，噯，你睡下吧。我来写信给她们。等皮安训来了，她们要再不来，我就自个儿去。"

"她们再不来，"老人一边大哭一边接了一句，"我要死了，要气疯了，气死了！气已经上来了！现在我把我这一辈子都看清楚了。我上了当！她们不爱我，从来没有爱过我！这是明摆的了。她们这时不来是不会来的了。她们越拖，越不肯给我这个快乐。我知道她们。我的悲伤，我的痛苦，我的需要，她们从来没体会到一星半点，连我的死也没有想到，我的爱，我的温情，她们完全不了解。是的，她们把我糟蹋惯了，在她们眼里我所有的牺牲都一文不值。哪怕她们要挖掉我眼睛，我也会说：挖吧！我太傻了。她们以为天下的老子都像她们的一样。想不到你待人好一定要人知道！将来她们的孩子会替我报仇的。唉，来看我还是为她们自己啊。你去告诉她们，说她们临死要受到报应的。犯了这桩罪，等于犯了世界上所有的罪。去啊，去对她们说，不来送我的终是忤逆！不加上这一桩，她们的罪过已经数不清啦。你得像我一样的去叫：哎！娜齐！哎！但斐纳！父亲待你们多好，他在受难，你们来吧！——唉！一个都不来。难道我就像野狗一样的死吗？爱了一辈子的女儿，到头来反给女儿遗弃！简直是些下流东西，流氓婆；我恨她们，咒她们；我半夜里还要从棺材里爬起来咒她们。噯，朋友，难道这能派我的不是吗？她们做人这样恶劣，是不是！我说什么？你不是告诉我但斐纳在这儿吗？还是她好。你是我的儿子，欧也纳。你，你得爱她，像她父亲一样的爱她。还有一个是遭了难。她们的财产呀！哦！上帝！我要死了，我太苦了！把我的脑袋割掉吧，留给我一颗心就行了。"

"克里斯朵夫，去找皮安训来，顺便替我雇辆车。"欧也纳嚷着。他被老人这些呼天抢地的哭诉吓坏了。

"老伯，我到你女儿家去把她们带来。"

"把她们抓来，抓来！叫警卫队，叫军队！"老人说着，对欧也纳瞪了一眼，闪出最后一道理性的光。"去告诉政府，告诉检察官，叫人替我带来！"

"你刚才咒过她们了。"

老人愣了一愣，说："谁说的？你知道我是爱她们的，疼她们的！我看到她们，病就好啦……去吧，我的好邻居，好孩子，去吧，你是慈悲的；我要重重的谢你；可是我什么都没有了，只能给你一个祝福，一个临死的人的祝福。啊！至少我要看到但斐纳，吩咐她代我报答你。那个不能来，就带这个来吧。告诉她，她要不来，你不爱她了。她多爱你，一定会来的。哟，我渴死了，五脏六腑都在烧！替我在头上放点儿什么吧。最好是女儿的手，那我就得救了，我觉得的……天哪！我死了，谁替她们挣钱呢？我要为她们上敖德萨去，上敖德萨做面条生意。"

欧也纳搀起病人，用左臂扶着，另一只手端给他一杯满满的药茶，说道："你喝这个。"

"你一定要爱你的父母，"老人说着，有气无力的握着欧也纳的手。"你懂得吗，我要死了，不见她们一面就死了。永远口渴而没有水喝，这便是我十年来的生活……两个女婿断送了我的女儿。是的，从她们出嫁之后，我就没有女儿了。做老子的听着！你们得要求国会订一条结婚的法律！要是你们爱女儿，就不能把她们嫁人。女婿是毁坏女儿的坏蛋，他把一切都污辱了。再不要有结婚这回事！结婚抢走我们的女儿，叫我们临死看不见女儿。为了父亲的死，应该制定一条法律。真是可怕！报仇呀！报仇呀！是我女婿不准她们来的呀。杀死他们！泰雷斯多！杀纽沁根！他们是我的凶手！不还我女儿，就要他们的命！唉！完啦，我见不到她们的了！她们！娜齐，斐斐纳，喂，来呀，爸爸出门啦[1]……"

（（节）选自《高老头》，［法］巴尔扎克著，傅雷译，

人民文学出版社，2019年版。）

注释

[1]"来呀，爸爸出门啦"一句，为女儿幼年时父亲出门前呼唤她们的亲切语，此处"出门"二字有双关意味。

（注释为原书译者添加）

（田艳 选文）

［奥］卡夫卡 饥饿艺术家

弗兰茨·卡夫卡（Franz Kafka，1883—1924），奥地利著名小说家，被视为表现主义文学的先驱和现代派文学的奠基者。其创作特点在于，在平淡的语言叙述中蕴含丰富多义的艺术结构和形而上的哲思，即所谓"卡夫卡风格"。主要作品有中短篇小说《判决》《变形记》《在流放地》《饥饿艺术家》等，长篇小说《城堡》《审判》《美国》等。《饥饿艺术家》（*Ein Hungerkünstler*）讲述的是一位醉心于饥饿艺术表演的艺术家从风靡全城到被人冷落、直至在孤寂中无声地死去的过程。饥饿艺术家视饥饿艺术为毕生事业，固执以求、至死无悔，并强烈希望得到观众真正的理解；但观众并不真正理解艺术家的执著，起先是新奇，渐渐麻木，最终诋毁。通过二者的对比，小说塑造了一个为理想而殉身的艺术家形象，以及一群冷漠麻木的"看客"形象，具有强烈的讽喻意味。

近几十年来，人们对饥饿表演的兴趣大为淡薄了。从前自行举办这类名堂的大型表演收入是相当可观的，今天则完全不可能了。那是另一种时代。当时，饥饿艺术家风靡全城；饥饿表演一天接着一天，人们的热情与日俱增；每人每天至少要观看一次；表演期临近届满时，有些买了长期票的人，成天守望在小小的铁栅笼子前；就是夜间也有人来观看，在火把照耀下，别有情趣；天气晴朗的时候，就把笼子搬到露天场地，这样做主要是让孩子们来看看饥饿艺术家，他们对此有特殊兴趣；至于成年人来看他，不过是取个乐，赶个时髦而已；可孩子们一见到饥饿艺术家，就惊讶得目瞪口呆，为了安全起见，他们互相手牵着手，惊奇地看着这位身穿黑色紧身衣、脸色异常苍白、全身瘦骨嶙峋的饥饿艺术家。这位艺术家甚至连椅子都不屑去坐，只是席地坐在铺在笼子里的干草上，时而有礼貌地向大

家点头致意，时而强作笑容回答大家的问题，他还把胳臂伸出栅栏，让人亲手摸一摸，看他多么消瘦，而后却又完全陷入沉思，对谁也不去理会，连对他来说如此重要的钟鸣（笼子里的唯一陈设就是时钟）他也充耳不闻，而只是呆呆地望着前方出神，双眼几乎紧闭，有时端起一只很小的杯子，稍稍啜一点儿水，润一润嘴唇。

观众来来去去，川流不息，除他们以外，还有几个由公众推选出来的固定的看守人员。说来也怪，这些人一般都是屠夫。他们始终三人一班，任务是日夜看住这位饥饿艺术家，绝不让他有任何偷偷进食的机会。不过这仅仅是安慰观众的一种形式而已，因为内行的人大概都知道，饥饿艺术家在饥饿表演期间，不论在什么情况下都是点食不进的，你就是强迫他吃他都是不吃的。他的艺术的荣誉感禁止他吃东西。当然，并非每个看守的人都能明白这一点，有时就有这样的夜班看守，他们看得很松，故意远远地聚在一个角落里，专心致志地打起牌来。很明显，他们是有意要留给他一个空隙，让他得以稍稍吃点儿东西；他们以为他会从某个秘密的地方拿出储藏的食物来。这样的看守是最使饥饿艺术家痛苦的了。他们使他变得忧郁消沉；使他的饥饿表演异常困难；有时他强打精神，尽其体力之所能，就在他们值班期间，不断地唱着歌，以便向这些人表明，他们怀疑他偷吃东西是多么冤枉。但这无济于事；他这样做反而使他们一味赞叹他的技艺高超，竟能一边唱歌，一边吃东西。另一些看守人员使饥饿艺术家甚是满意，他们紧挨着笼子坐下来，嫌厅堂里的灯光昏暗，还用演出经理发给他们使用的手电筒照射着他。刺眼的光线对他毫无影响，入睡固然不可能，稍稍打个盹儿他一向是做得到的，不管在什么光线下，在什么时候，也不管大厅里人山人海，喧闹不已。他非常愿意彻夜不睡，同这样的看守共度通宵；他愿意跟他们逗趣戏谑，给他们讲他漂泊生涯的故事，然后又悉心倾听他们的趣闻，目的只有一个：使他们保持清醒，以便让他们始终看清，他在笼子里什么吃的东西也没有，让他们知道，他们之中谁也比不上他的忍饿本领。然而他感到最幸福的是，当天亮以后，他掏腰包让人给他们送来丰盛的早餐，看着这些壮汉们在熬了一个通宵以后，以健康人的旺盛食欲狼吞虎咽。诚然，也有人对此举不以为然，他们把这种早餐当做饥饿艺术家贿赂看守以利自己偷吃的手段。这就未免太离奇了。当你问他们自己愿不愿意一心为了事业，值一通宵的夜班而不吃早饭，他们就会溜之乎也，尽管他们的怀疑并没有消除。

人们对饥饿艺术家的这种怀疑却也难以避免。作为看守，谁都不可能日以继夜、一刻不停地看着饥饿艺术家，因而谁也无法根据亲眼目睹的事实证明他是否真的持续不断地忍着饥饿，一点漏洞也没有；这只有饥饿艺术家自己才能知道，因此只有他自己才是对他能够如此忍饥耐饿感到百分之百满意的观众。然而他本人却由于另一个原因又是从未满意过的；也许他压根儿就不是因为饥饿，而是由于对自己不满而变得如此消瘦不堪，以致有些人出于对他的怜悯，不忍心见到他那副形状而不愿来观看表演。除了他自己之外，即使行家也没有人知道，饥饿表演是一件如此容易的事，这实在是世界上最轻而易举的事了。他自己对此也从不讳言，但是没有人相信。从好的方面想，人们以为这是他出于谦虚，可人们多半认为他是在自我吹嘘，或者干脆把他当做一个江湖骗子，断绝饮食对他当然不难，因为他有一套使饥饿轻松好受的秘诀，而他又是那么厚颜无耻，居然遮遮掩掩地说出断绝饮食易如反掌的实情。这一切流言蜚语他都得忍受下去，经年累月他也已经习惯了，但在他的内心里这种不满始终折磨着他。每逢饥饿表演期满，他没有一次是自觉自愿地离开笼子的，这一点我们得为他做证。经理规定的饥饿表演的最高期限是四十天，超过这个期限他决不让他继续饿下去，即使在世界有名的大城市也不例外，其中道理是很好理解的。经验证明，大凡在四十天里，人们可以通过逐步升级的广告招徕不断激发全城人的兴趣，再往后观众就皮了，表演场就会门庭冷落。在这一点上，城市和乡村当然是略有区别的，但是四十天是最高期限，这条常规是各地都适用的。所以到了第四十天，插满鲜花的笼子的门就开了，观众兴高采烈，挤满了半圆形的露天大剧场，军乐队高奏乐曲，两位医生走进笼子，对饥饿艺术家进行必要的检查、测量，接着通过扩音器当众宣布结果。最后上来两位年轻的女士，为自己有幸被选中侍候饥饿艺术家而喜气洋洋，她们要扶着艺术家从笼子里出来，走下那几级台阶，阶前有张小桌，上面摆好了精心选做的病号饭。在这种时刻，饥饿艺术家总是加以拒绝。当两位女士欠着身子向他伸过手来准备帮忙的时候，他虽是自愿地把他皮包骨头的手臂递给了她们，但他却不肯站起来。现在刚到四十天，为什么就要停止表演呢？他本来还可以坚持得更长久，无限长久地坚持下去，为什么在他的饥饿表演正要达到最出色程度（唉，还从来没有让他的表演达到过最出色的程度呢）的时候停止呢？只要让他继续表演下去，他不仅能成为空前伟大的饥饿艺术家——这一步看来他已经实现了——而且还要超越这一步而达到常人难以理解的高峰呢（因为他觉得自己的饥饿能力是没有止境的），为什么要剥夺他达到这一境界的荣誉呢？为什么这群看起来如此赞赏他的人，却对他如此缺乏耐心呢？他自己尚且还能继续饿下去，为什么他们却不愿忍耐着看下去呢？而且他已经很疲乏，满可以坐在草堆上好好休息休息，可现在他得支立起自己又高又细的身躯，走过去吃饭，而对于吃，他只要一想到就要恶心，只是碍于两位女士的面子，他才好不容易勉强忍住。他仰头看了看表面上如此和蔼，其实是如此残酷的两位女士的眼睛，摇了摇那过分沉重地压在他细弱的脖子上的脑袋。但接着，一如往常，演出经理出场。经理默默无言（由于音乐他无法讲话）双手举到饥饿艺术家的头上，好像他在邀请上苍看一看他这草堆上的作品，这值得怜悯的殉道者（饥饿艺术家确实是个殉道者，只是完全从另一种意义上讲罢了）。演出经理两手箍住饥饿艺术家的细腰，动作小心翼翼，以便让人感到他抱住的是一件极易损坏的物品。这时，经理很可能暗中将他微微一撼，以致饥饿艺术家的双腿和上身不由自主地摆荡起来；接着就把他交给那两位此时吓得脸色煞白的女士。于是饥饿艺术家只得听任一切摆布；他的脑袋耷拉在胸前，就好像它一滚到了那个地方，就莫名其妙地停住不动了；他的身体已经掏空；双膝出于自卫的本能互相夹得很紧，但两脚却擦着地面，好像那不是真实的地面，它们似乎在寻找真正可以着落的地面；他的身子的全部重量（虽然非常轻）都落在其中一个女士的身上，她气喘吁吁，四顾求援（真想不到这件光荣差事竟是这样的），她先是尽量伸长脖子，这样至少可以使饥饿艺术家碰不到她的花容。但这点她并没有做到，而她的那位较为幸运的女伴却不来帮忙，只肯战战兢兢地执着饥饿艺术家的一只手——其实只是一小把骨头——举着往前走，在哄堂大笑声中那位倒霉的女士不禁哇的一声哭了起来，只得由一个早就站着待命的仆人接替了她。接着开始就餐，经理在饥饿艺术家近乎昏厥的半眠状态中给他灌了点流汁，同时说些开心的闲话，以便分散大家对饥饿艺术家身体状况的注意力，然后，据说饥饿艺术家对经理耳语了一下，经理就提议为观众干杯；乐队起劲地奏乐助兴。随后大家各自散去。谁能对所见到的一切不满意呢，没有一个人。只有饥饿艺术家不满意，总是他一个人不满意。

每表演一次，便稍稍休息一下，他就这样度过了许多个岁月，表面上光彩照人，扬名四海。尽管如此，他的心情通常是阴郁的，而且有增无已，因为没有一个人能够认真体察他的心情。人们该怎样安慰他呢？他还有什么可企求的呢？如果一旦有个好心肠的人对他表示怜悯，并想向他说明他的悲哀可能是由于饥饿造成的。这时，他就会——尤其是在经过了一个时期的饥饿表演之后——用暴怒来回答，那简直像只野兽似的猛烈地摇撼着栅栏，真是可怕之极。但对于这种状况，演出经理自有一种他喜欢采用的惩治办法。他当众为饥饿艺术家的反常表现开脱说：饥饿艺术家的行为可以原谅，因为他的易怒性完全是由饥饿引起的，而这对于吃饱了的人并不是一下就能理解的。接着他话锋一转就讲起饥饿艺术家的一种需要加以解释的说法，即他能够断食的时间比他现在所做的饥饿表演要长得多。经理夸奖他的勃勃雄心、善良愿望与伟大的自我克制精神，这些无疑也包括在他的说法之中；但是接着经理就用出示照片（它们也供出售）的办法，轻而易举地把艺术家的那种说法驳得体无完肤。因为在这些照片上，人们看到饥饿艺术家在第四十天的时候，躺在床上，虚弱得奄奄一息。这种对于饥饿艺术家虽然司空见惯、却不断使他伤心丧气的歪曲真相的做法，实在使他难以忍受。这明明是饥饿表演提前收场的结果，大家却把它解释为饥饿表演之所以结束的原因！反对这种愚昧行为，反对这个愚昧的世界是不可能的。在经理说话的时候，他总还能真心诚意地抓着栅栏如饥似渴地倾听着，但每当他看见相片出现的时候，他的手就松开栅栏，叹着气坐回到草堆里去，于是刚刚受到抚慰的观众重又走过来观看他。

几年后，当这一场面的目击者们回顾这件往事的时候，他们往往连自己都弄不清是怎么一回事了。因为在这期间发生了那个已被提及的剧变；它几乎是突如其来的；也许有更深刻的缘由，但有谁去管它呢；总之，有一天这位备受观众喝彩的饥饿艺术家发现他被那群爱赶热闹的人抛弃了，他们宁愿纷纷涌向别的演出场所。经理带着他又一次跑遍半个欧洲，以便看看是否还有什么地方仍然保留着昔日的爱好；一切徒然；到处都可以发现人们像根据一项默契似的形成一种厌弃饥饿表演的倾向。当然，冰冻三尺非一日之寒，现在回想起来，当时就有一些苗头，由于人们被成绩所陶醉，没有引起足够的重视，没有切实加以防止，事到如今要采取什么对策却为时已晚了。诚然，饥饿表演重新风行的时代肯定是会到来的，但这对于活着的人们却不是安慰。那么，饥饿艺术家现在该怎么办呢？这位被成千人簇拥着欢呼过的人，总不能屈尊到小集市的陋堂俗台去演出吧，而要改行干别的职业呢，则饥饿艺术家不仅显得年岁太大，而且主要是他对于饥饿表演这一行爱得发狂，岂肯放弃。于是他终于告别了经理——这位生活道路上无与伦比的同志，让一个大马戏团招聘了去；为了保护自己的自尊心，他对合同条件连看也不屑看一眼。

马戏团很庞大，它有无数的人、动物、器械，它们经常需要淘汰和补充。不论什么人才，马戏团随时都需要，连饥饿表演者也要，当然所提条件必须适当，不能太苛求。而像这位被聘用的饥饿艺术家则属于一种特殊情况，他的受聘，不仅仅在于他这个人的本身，还在于他那当年的鼎鼎大名。这项艺术的特点是表演者的技艺并不随着年龄的递增而减色。根据这一特点，人家就不能说：一个不再站在他的技艺顶峰的老朽的艺术家想躲避到一个马戏团的安静闲适的岗位上去。相反，饥饿艺术家信誓旦旦地保证，他的饥饿本领并不减当年，这是绝对可信的。他甚至断言，只要准许他独行其是（人们马上答应了他的这一要求），他要真正做到让世界为之震惊，其程度非往日所能比拟。饥饿艺术家一激动，竟忘掉了时代气氛，他的这番言辞显然不合时宜，在行的人听了只好一笑置之。

　　但是饥饿艺术家到底还没有失去观察现实的能力，并认为这是当然之事，即人们并没有把他及其笼子作为精彩节目安置在马戏场的中心地位，而是安插在场外一个离兽场很近的交通要道口。笼子周围是一圈琳琅满目的广告，彩色的美术体大字令人一看便知那里可以看到什么。要是观众在演出的休息时间涌向兽场去观看野兽的话，几乎都免不了要从饥饿艺术家面前经过，并在那里稍停片刻，他们庶几本来是要在那里多待一会儿，从从容容地观看一番的，只是由于通道狭窄，后面涌来的人不明究竟，奇怪前面的人为什么不赶紧去观看野兽，而要在这条通道上停留，使得大家不能从容观看他。这也就是为什么饥饿艺术家看到大家即将来参观（他以此为其生活目的，自然由衷欢迎）时，就又颤抖起来的原因。起初他急不可待地盼着演出的休息时间；后来当他看到潮水般的人群迎面滚滚而来，他欣喜若狂，但他很快就看出，那一次又一次涌来的观众，就其本意而言，大多数无例外地是专门来看兽畜的。即使是那种顽固不化、近乎自觉的自欺欺人的人也无法闭眼不看这一事实。可是看到那些从远处蜂拥而来的观众，对他来说总还是最高兴的事。因为，每当他们来到他的面前时，便立即在他周围吵嚷得震天响，并且不断形成新的派别互相谩骂，其中一派想要悠闲自在地把他观赏一番，他们并不是出于对他有什么理解，而是出于心血来潮和对后面催他们快走的观众的赌气，这些人不久就变得使饥饿艺术家更加痛苦；而另一派呢，他们赶来的目的不过是想看看兽畜而已。等到大批人群过去，又有一些人姗姗来迟，他们只要有兴趣在饥饿艺术家跟前停留，是不会再有人妨碍他们的了，但这些人为了能及时看到兽畜，迈着大步，匆匆而过，几乎连瞥也不瞥他一眼。偶尔也有这种幸运的情形：一个家长领着他的孩子指着饥饿艺术家向孩子们详细讲解这是怎么一回事。他讲到较早的年代，那时他看过类似的，但盛况无与伦比的演出。孩子呢，由于他们缺乏足够的学历和生活阅历，总是理解不了——他们懂得什么叫饥饿吗？——然而在他们炯炯发光的探寻着的双眸里，流露出那属于未来的、更为仁慈的新时代的东西。饥饿艺术家后来有时暗自思忖：假如他所在的地点不是离兽笼这么近，说不定一切都会稍好一些。像现在这样，人们很容易就选择去看兽畜，更不用说兽场散发出的气味，牲畜们夜间的闹腾，给猛兽肩担生肉时来往脚步的响动，喂食料时牲畜的叫唤，这一切把他搅扰得多么不堪，使他老是郁郁不乐。可是他又不敢向马戏团当局去陈述意见；他得感谢这些兽类招徕了那么多的观众，其中时不时也有个把是为光顾他而来的，而如果要提醒人们注意还有他这么一个人存在，从而使人们想到，他——精确地说——不过是通往厩舍路上的一个障碍，那么谁知道人家会把他塞到哪里去呢。

自然是一个小小的障碍，一个变得越来越小的障碍。在现今的时代居然有人愿意为一个饥饿艺术家耗费注意力，对于这种怪事人们已经习以为常，而这种见怪不怪的态度也就是对饥饿艺术家的命运的宣判。让他去就其所能进行饥饿表演吧，他也已经那样做了，但是他无从得救了，人们从他身旁扬长而过，不屑一顾。试一试向谁讲讲饥饿艺术吧！一个人对饥饿没有亲身感受，别人就无法向他讲清楚饥饿艺术。笼子上漂亮的美术字变脏了，看不清楚了，它们被撕了下来，没有人想到要换上新的；记载饥饿表演日程的布告牌，起初是每天都要仔细地更换数字的，如今早已没有人更换了，每天总是那个数字，因为过了头几周以后，记的人自己对这项简单的工作也感到腻烦了；而饥饿艺术家却仍像他先前一度所梦想过的那样继续饿下去，而且像他当年预言过的那样，他长期进行饥饿表演毫不费劲。但是，没有人记天数，没有人，连饥饿艺术家自己都一点不知道他的成绩已经有多大，于是他的心变得沉重起来。假如有一天，来了一个游手好闲的家伙，他把布告牌上那个旧数字奚落一番，说这是骗人的玩意儿，那么，他这番话在这种意义上就是人们的冷漠和天生的恶意所能虚构的最愚蠢不过的谎言，因为饥饿艺术家诚恳地劳动，不是他诓骗别人，倒是世人骗取了他的工钱。

又过了许多天，表演也总算告终。一天，一个管事发现笼子，感到诧异，他问仆人们，这个里面铺着腐草的笼子好端端的还挺有用，为什么让它闲着。没有人回答得出来，直到一个人看见了记数字的牌儿，才想起了饥饿艺术家来。他们用一根竿儿挑起腐草，发现饥饿艺术家在里面。"你还一直不吃东西？"管事问，"你到底什么时候才停止呢？""请诸位原谅。"饥饿艺术家细声细气地说。管事耳朵贴着栅栏，因此只有他才能听懂对方的话。"当然，当然。"管事一边回答，一边用手指摸了摸自己的额头，以此向仆人们暗示饥饿艺术家的状况不妙，"我们原谅你。""我一直在希望你们能赞赏我的饥饿表演。"饥饿艺术家说。"我们也是赞赏的，"管事迁就地回答说。"但你们不应当赞赏。"饥饿艺术家说。"好，那我们就不赞赏，"管事说，"不过究竟为什么我们不应该赞赏呢？""因为我只能挨饿，我没有别的办法。"饥饿艺术家说。"瞧，多怪啊！"管事说，"你到底为什么没有别的办法呢？""因为我，"饥饿艺术家一边说，一边把小脑袋稍稍抬起一点，撮起嘴唇，直伸向管事的耳朵，像要去吻它似的，唯恐对方漏听了他一个字，"因为我找不到适合自己口味的食物。假如我找到这样的食物，请相信，我不会这样惊动视听，并像你和大家一样，吃得饱饱的。"这是他最后的几句话，但在他那瞳孔已经扩散的眼睛里，流露着虽然不再是骄傲，却仍然是坚定的信念：他要继续饿下去。

"好，归置归置吧！"管事说，于是人们把饥饿艺术家连同烂草一起给埋了。而笼子里换上了一只小豹，即使感觉最迟钝的人看到在弃置了如此长时间的笼子里，这只凶猛的野兽不停地蹦来跳去，他也会感到赏心悦目，心旷神怡。小豹什么也不缺。看守们用不着思考良久，就把它爱吃的食料送来，它似乎都没有因失去自由而惆怅；它那高贵的身躯，应有尽有，不仅具备着利爪，好像连自由也随身带着。它的自由好像就藏在牙齿中某个地方。它生命的欢乐是随着它喉咙发出如此强烈的吼声而产生，以致观众感到对它的欢乐很是受不了。但他们克制住自己，挤在笼子周围，舍不得离去。

（选自《卡夫卡小说全集》（第 3 卷），［奥］卡夫卡著，韩瑞祥等译，

本篇为叶廷芳译，人民文学出版社，2018 年版。）

○ **思考题**

1. 如何理解饥饿艺术家的这种执着精神？

2. 观众对饥饿艺术家的态度为什么发生转变，其深层原因是什么？

（田艳　选文）

［阿］博尔赫斯　小径分岔的花园（存目）

第四节　戏剧影视文学

概述

作为一类专门的文学样式，戏剧影视文学与诗歌、散文、小说既有相同之处，又有不同之处。

相同之处在于，它们都是作家或编剧使用文字这一语言媒介，运用具象的形象思维和丰富的艺术手法，创造出一系列具体生动的人物、环境、情节，构建起一个个引人入胜、充满魅力的虚构性艺术世界，以此来进行叙事、抒情、表意的；读者也同样只能透过文字阅读，借助想象、联想与思考，完成对文学作品的欣赏和理解，从而产生审美愉悦。也就是说，在文学的基本媒介手段、要素构成、思维方式和欣赏特点上，各种文学样式表现出高度一致性。

不同之处在于，戏剧影视文学除了具备文学共有的这些基本特征外，还凸显出其作为戏剧影视艺术的文学脚本所具有的独特的功能属性和艺术规定性。

简言之，戏剧影视文学是指供舞台演出和影视剧拍摄使用的文学剧本。它既可以作为独立的文学作品供读者阅读，又可以服务于舞台演出和影视剧拍摄，因此兼具审美性与实用性。

尽管与其他文学样式相比，戏剧影视文学具有内在的趋同性，但由于戏剧艺术和影视艺术本身又各有不同的历史渊源和艺术特征，所以，受其影响的戏剧文学和影视文学也相

应表现出不尽相同的特点和规范。

（一）戏剧文学

戏剧是一门以表演艺术为中心，综合运用文学、音乐、舞蹈、美术等多种艺术手段来达到叙事目的的舞台艺术。狭义的戏剧，专指以古希腊悲剧和喜剧为开端，首先在欧洲各国发展起来，继而在世界广泛流行的舞台演出形式，英文为"drama"，中文也常译为话剧；广义的戏剧，还包括东方一些国家、民族的传统舞台演出形式，如中国的戏曲、日本的歌舞伎、印度的古典戏剧、朝鲜的唱剧等。

中西方戏剧有着各不相同的发展历程。

中国戏剧实际上包含了戏曲和话剧两部分。戏曲是中国固有的传统戏剧，话剧则是20世纪从西方引进的戏剧形式。二者的历史渊源与沿革并不相同。戏曲起源于原始宗教祭祀活动中巫觋的歌舞，但其形成过程相当漫长，大致经历了秦汉、宋金、元代、明清四个时期。从秦汉时期的"百戏""角抵戏"到唐代的歌舞戏、参军戏，再到宋金时期各处"瓦肆""勾栏"里上演的杂剧的兴盛，古代戏曲逐渐成形。而戏曲艺术的成熟，则要从元杂剧算起。元杂剧以宋杂剧为基础，有完整的故事情节、人物形象、唱词和念白，体式完备。元代戏剧代表作品有关汉卿的《窦娥冤》、王实甫的《西厢记》、马致远的《汉宫秋》、白朴的《梧桐雨》等杂剧作品，以及高明的南戏《琵琶记》等。明清时期，传奇剧勃兴，名家名作辈出，戏曲进入前所未有的繁荣期。除汤显祖的《牡丹亭》、洪昇的《长生殿》、孔尚任的《桃花扇》等经典明清传奇剧之外，清代乾隆年间，随着徽班进京而在诸家地方戏基础上形成的京剧迅速崛起，成为传播面最广、影响最大、最具中国戏曲代表性的"国剧"。20世纪，受西方戏剧的影响，中国才出现了话剧。早期话剧被称为新剧、文明戏，1928年起称话剧，沿用至今。话剧代表作品有田汉的《关汉卿》、曹禺的《雷雨》《日出》、郭沫若的《屈原》、老舍的《茶馆》《龙须沟》等。

一般认为，西方戏剧的源头是古希腊戏剧。古希腊戏剧以埃斯库罗斯、索福克勒斯、欧里庇德斯的悲剧和阿里斯托芬的喜剧为最高成就。文艺复兴时期涌现出了一大批人文主义戏剧大师，其中莎士比亚因其一系列传世之作彪炳千秋。经历了17世纪以"三一律"为圭臬的古典主义戏剧和18世纪的启蒙主义戏剧之后，19世纪古典戏剧渐渐衰亡，浪漫主义戏剧和现实主义戏剧先后成为新的创作潮流。20世纪以来，现实主义戏剧继续发展的同时，兴起了流派纷呈的现代主义戏剧和后现代主义戏剧，象征主义、表现主义、存在主义、荒诞派戏剧"你方唱罢我登场"，以迥异于传统戏剧的姿态占据了戏剧发展的舞台前沿。

中西方戏剧在表现形式、手段和风格倾向上有明显的差异。西方戏剧有话剧、歌剧、舞剧等多种戏剧形态，话剧是其主体。话剧是以对白和动作为主要表现手段的戏剧艺术。而中国戏曲则是以"戏"和"曲"为主要因素，在发展过程中不断吸收和融合诗歌、音乐、舞蹈、绘画、雕塑、杂技、武术等各种艺术成分，逐渐形成"以歌舞演故事"的综合性艺术。从舞台布置到表演风格，西方戏剧总体上偏于写实，中国戏曲则更偏于写意。

可见，戏剧在不同时代、不同文化环境中孕育、衍生出了丰富的艺术样式。事实上，戏剧从不同角度可划分为不同类型：从表现形式看，可分为话剧、歌剧、诗剧、舞剧、戏曲等；从戏剧冲突的性质及效果看，可分为悲剧、喜剧和正剧；从结构规格看，可分为多幕剧、独幕剧和小品；从风格流派看，可分为古典主义、浪漫主义、现实主义、现代主义戏剧等；从题材内容看，又可分为神话剧、历史剧、传奇剧、市民剧、社会剧、家庭剧、科学幻想剧等。

尽管如此，不同的戏剧样式或种类仍具备共同的基本要素和特征。

一般认为，构成戏剧的三个必不可少的要素是剧本、演员、观众，而在此基础上形成的集体性创造、综合性手段、限定性时空、直观性表演、双向性交流、一次性现场，则是几乎所有戏剧共有的特点。

戏剧文学是与小说、诗歌、散文并列的一种文学体裁，是指为戏剧表演所创作的脚本，即剧本。它是用文学的手段刻画人物，主要运用语言描写来叙述故事的。它既是文学作品，具有较强的可读性；又是戏剧艺术创作的基础，为戏剧的舞台表演奠定了基本的情节、人物、主题、结构。剧本质量的高低优劣直接关系到整个戏剧演出的艺术水平。

因此，剧作家在创作时必须建立一种"戏剧思维"或舞台意识，即在其运用文字创造每一个人物、每一场戏乃至每一句台词时，须充分考虑到戏剧艺术的舞台属性及其丰富的表现手段和演出效果，从而形成剧本有别于一般仅供案头阅读的文学样式的独特规范。大体说来，戏剧文学凸显出以下鲜明的特点：

首先，高度集中的情节。戏剧舞台具有明显的时空限定性：一般舞台只有几十平方米，演出时间通常不超过三个小时，这就要求剧本中故事发生的时间、地点和设计的人物、场面、事件必须高度集中。

其次，紧张激烈的冲突。戏剧冲突是指戏剧中的人物由于性格、身份、立场、诉求等方面的差别、矛盾而产生的外化于行动的对抗、斗争。戏剧作品就是通过人物与人物之间的各种矛盾冲突来展开情节、刻画人物、揭示社会生活的本质的。所以说"没有冲突，就没有戏剧"。而戏剧舞台有限的时空规约也决定了剧本中的冲突常常比现实矛盾或其他文学体裁中的冲突更集中、更强烈、更典型。紧张激烈的戏剧冲突是所谓"戏剧性"的重要来源和最显著的体现，也是戏剧艺术最基本的审美特征。

再次，体式独特的结构。剧本结构同样受到舞台演出形式的影响。结构布局，实际上就是对戏剧冲突或情节在有限的舞台时空中所做的恰当的组织安排，也就是戏剧的分幕和分场。幕，是戏剧的大段落，表示时空的转换，一幕就是一个新的时间和地点。通常在演出中，拉开舞台大幕一次为一幕。一幕可以分为若干"场"。场，指一幕中具有事件或动作的相对完整性的一个情节分段，有时伴有时空上的小转移。通常在演出中，拉开舞台二道幕一次为一场。在结构形式上，戏剧剧本也以明显的"场"和"幕"，或中国传统戏曲中的"折"或"出"，区分段落结构。

最后，鲜明生动的语言。同其他文学样式一样，文学剧本首先是一种语言艺术。其中的故事情节、人物形象、动作冲突、主题思想等都是通过语言文字加以表现和塑造的。所以，文学创作中基于语言媒介建立起的各种修辞手法和艺术规范，如用于塑造人物的语言须典型、生动，富于个性化和表现力等，同样适用于戏剧剧本。但戏剧文学与其他叙事性文学最大的不同在于：小说属于旁叙体，作者可以直接叙述、议论、抒情；戏剧文学却是代言体，只能靠作品中人物自身的语言去塑造性格、描绘环境、展开情节，而不存在所谓的叙述人语言，即小说中所有叙述人语言所要完成的任务，在戏剧文学中都要由人物语言来完成。因此，人物语言在戏剧剧本中具有格外突出的分量和意义。

剧本中的人物语言包括台词和唱词。台词可分为人物对白、旁白和独白，是剧本中最主要的人物语言构成；唱词是指中国传统戏曲或西方歌剧中具有抒情性和音乐性的曲词唱段。

戏剧文学对人物语言的审美要求通常有三个标准：①富于动作性；②高度个性化；③兼顾朗朗上口的流畅性与回味无穷的韵味。

文学剧本中的语言除了占据最大篇幅的人物语言外，还有部分舞台提示语。舞台提示语是帮助导演和演员掌握剧情，为演出提示需要注意的相关事宜的说明、叙述和描写的语言，包括对开幕、落幕、时间、地点，布景、人物的上下场、动作、表情，以及舞台上各种艺术手段及其效果（如灯光、布景、音效等）的特别提示。舞台提示语直观地反映出戏剧剧本对戏剧艺术的综合性、舞台性的体现。

（二）影视文学

影视艺术是较晚出现的艺术形态。同戏剧艺术一样，影视艺术也是借助诸多艺术手段（包括戏剧在内）完成的、具有综合性特征的时空艺术。但相较于戏剧而言，影视艺术在时空上享有更大的自由度。

影视文学是以影视艺术的独特视听思维方式来构思和写作的文学样式，兼有影视和文学的双重属性。影视文学是一个比较宽泛的概念，它既包括拍摄前完成的、供影视剧拍摄使用的剧本，以及其他影视作品类型，如影视纪录片、风光片、电视小品、电视诗歌、电视散文、电视专栏节目等的文字性脚本，也包括根据定型的影视成品完成的成片剧本（完成的台本）和作为后影视产品推出的、专供阅读的影视文学读本，如影视小说、影视故事等。

通常，影视文学主要指影视剧本。影视剧本根据结构形式的不同，还可分为文学剧本、分场景剧本和分镜头剧本。文学剧本，在文体形式上基本与小说无异；分场景剧本，组织结构上依据场景进行分割，每个场景都嵌有标头（含场景号、场景、时间、内外景提示等要素）。分镜头剧本，则是以镜头分割，对镜头的长度、角度、景别、运动方式等均有具体规定。分场景剧本是剧本投稿的标准格式。分镜头剧本是导演在拍摄时会更多采用的剧本形式。

影视文学有别于其他文学体裁的主要特征表现在以下几方面。

1. 可视性

影视文学虽然不乏独立的阅读价值，但其最重要的功能还是为影视剧拍摄提供方便转化为银幕（屏幕）形象的实用性文学脚本。这就要求剧本中的文字具有强烈的画面感，而阅读影视文学最独特的审美体验也恰恰在于这种强烈的画面感。专业的影视编剧有一种特殊的视听思维，当他在脑海中构思一个故事或开始写作一个剧本时，习惯于用具象的画面代替抽象的理念去想象、组织、建构，于是他所运用的尽管仍是文字符号，却是具有强烈画面感的、能够通过可视可听的外在形象表现出来的文字，而尽量避免那些不适合用画面来表现的主观议论或抒情性的语言。这是影视艺术的媒介特性所决定的。

2. 动作性

运动性是影视艺术极富魅力的本质特征。剧本创作时须发挥和利用影视艺术的这一优势特长，避免过多的静止场面和冗长对话（风格化追求另当别论），而适当加强人物言行、情节场面的动作性和富于动态变化的镜头内外的节奏、张力。

3. 蒙太奇思维

蒙太奇，源自法语"Montage"的音译，原本是一个建筑学术语，意为构成、装配。电影发明后引申出"剪辑"之义，是电影艺术（后被电视艺术沿用）的一种特别的结构方式。一部电影的完成分为前期、中期和后期三个阶段。前期阶段主要指剧本创作阶段；中期阶段指拍摄阶段；后期阶段中最重要的环节就是剪辑。剪辑决定了一部影片最后定型的成片样貌。然而，作为一种思维方式的蒙太奇，却不单单体现在最后的剪辑中，而是贯穿于从剧本创作、导演拍摄直至剪辑的每一个环节。专业的影视编剧在构思和写作剧本时，不但要创造可视性的语言文字和富于动作性的场面设计，而且要以蒙太奇的结构思维去构建整个故事及其每个镜头、段落的衔接、切换，即在有限的影片或剧集时长的限定下，以一定的逻辑将数量众多的镜头——影视作品的最小结构单位——进行合理的筛选、组织、安排，使其成为一种"有意味的形式"，从而完成叙事，产生美感，产生意义。可见，蒙太奇不只是一种能把庞杂无序的镜头连缀、拼接成有条有理的故事的剪辑手段，而且是通过镜头组合能够产生悬念、对比、暗示等修辞效果的艺术手法，更是影视艺术，包括影视文学所特有的一种思维方式。

○ 思考与练习

1. 如何理解戏剧影视文学的概念？

2. 戏剧影视文学和诗歌、散文、小说等文学样式相比，异同之处在哪里？

3. 戏剧的分类有哪些？

4. 中西戏剧的差异主要表现在什么地方？

5. 戏剧文学的特征是什么？

6. 常见的影视文学有哪些表现形式？

7. 影视文学的特征是什么？

（景虹梅　撰写）

［元］王实甫　西厢记（节选）

王实甫，名德信，元代著名杂剧作家，河北省保定市定兴（今定兴县）人。他著有杂剧14种，现存《西厢记》《丽春堂》《破窑记》三种。《西厢记》大约写于元贞、大德年间，甫一登台，惊倒四座，被誉为"新杂剧，旧传奇，《西厢记》天下夺魁"。

《西厢记》全名《崔莺莺待月西厢记》。该剧讲述了书生张君瑞和相国小姐崔莺莺冲破封建礼教的禁锢，追求自由爱情的故事。全剧共五本二十一折五楔子，《闹简》是其中的第三本第二折，是整本《西厢记》中最富喜剧色彩的精彩片段。通过富有喜剧性冲突的情节，生动刻画出崔莺莺、红娘和张生的个性特点，曲词优美，活泼灵动，具有很高的文学欣赏价值。

闹简（第三本第二折）

（旦上云）红娘伏侍老夫人，不得空，偌早晚敢待来也。困思上来，再睡些儿咱。（睡科）（红上云）奉小姐言语，去看张生，因伏侍老夫人，未曾回小姐话去。不听得声音，敢又睡哩。我入去看一遭。

【中吕】【粉蝶儿】风静帘闲，透纱窗麝兰香散，启朱扉摇响双环。绛台高，金荷小，银釭犹灿。比及将暖帐轻弹，先揭起这梅红罗软帘偷看。

【醉春风】则见他钗嚲玉横斜，鬓偏云乱挽。日高犹自不明眸，畅好是懒，懒。（旦做起身长叹科）（红唱）半晌抬身，几回搔耳，一声长叹。

我待便将简帖儿与他，恐俺小姐有许多假处哩。我则将这简帖儿放在妆盒儿上，看他见了说甚么。（旦做照镜科，见帖看科）（红唱）

【普天乐】晚妆残，乌云嚲，轻匀了粉脸，乱挽起云鬟。将简帖儿拈，把妆盒儿按，开拆封皮孜孜看，颠来倒去不害心烦。

（旦怒叫）红娘！（红做意云）呀，决撒了也！

厌的早扢皱了黛眉。

（旦云）小贱人，不来怎么！（红唱）

忽的波低垂了粉颈，氲的呵改变了朱颜。

（旦云）小贱人，这东西那里将来的？我是相国的小姐，谁敢将这简帖来戏弄我？我几曾惯看这等东西？告过夫人，打下你个小贱人下截来。（红云）小姐使将我去，他着我将来，我不识字，知他写着甚么？

【快活三】分明是你过犯，没来由把我摧残；使别人颠倒恶心烦，你不"惯"，谁曾"惯"？

姐姐休闹，比及你对夫人说呵，我将这简帖儿，去夫人行出首去来！（旦做揪住科）我逗你耍来。（红云）放手，看打下下截来！（旦云）张生两日如何？（红云）我则不说。（旦云）好姐姐，你说与我听咱！（红唱）

【朝天子】张生近间、面颜，瘦得来实难看。不思量茶饭，怕见动弹；晓夜将佳期盼，废寝忘餐。黄昏清旦，望东墙淹泪眼。

（旦云）请个好太医看他证候咱。（红云）他证候吃药不济。

病患、要安，则除是出几点风流汗。

（旦云）红娘，不看你面时，我将与老夫人看，看他有何面目见夫人！虽然我家亏他，只是兄妹之情，焉有外事。红娘，早是你口稳哩，若别人知呵，甚么模样！（红云）你哄著谁哩！你把这个饿鬼，弄的他七死八活，却要怎么？

【四边静】怕人家调犯，"早共晚夫人见些破绽，你我何安。"问甚么他遭危难？揎断、得上竿，掇了梯儿看。

（旦云）将描笔儿过来，我写将去回他，著他下次休是这般！（旦做写科）（起身科云）红娘，你将去说："小姐看望先生，相待兄妹之礼如此，非有他意。再一遭儿是这般呵，必告夫人知道。"和你个小贱人都有话说。（旦掷书下）（红唱）

【脱布衫】小孩儿家口没遮拦，一迷的将言语摧残。把似你使性子，休思量秀才，做多少好人家风范。（红做拾书科）

【小梁州】他为你梦里成双觉后单，废寝忘餐。罗衣不奈五更寒，愁无限，寂寞泪阑干。

【幺篇】似这等辰勾空把佳期盼，我将这角门儿世不曾牢拴，则愿你做夫妻无危难。我向这筵席头上整扮，做一个缝了口的撮合山。

（红云）我若不去来，道我违拗他，那生又等我回报，我须索走一遭。（下）（末上云）那书倩红娘将去，未见回话。我这封书去，必定成事，这早晚敢待来也。（红上云）须索回张生话去。小姐，你性儿忒惯得娇了！有前日的心，那得今日的心来？

【石榴花】当日个晚妆楼上杏花残，犹自怯衣单；那一片听琴心清露月明间。昨日个向晚，不怕春寒，几乎险被先生馔，那其间岂不胡颜？为一个不酸不醋风魔汉，隔墙儿险化做了望夫山。

【斗鹌鹑】你用心儿拨雨撩云，我好意儿传书寄简。不肯搜自己狂为，则待要觅别人破绽。受艾焙权时忍这番，畅好是奸。

"张生是兄妹之礼，焉敢如此！"

对人前巧语花言；

没人处便想张生，

背地里愁眉泪眼。

（红见末科）（末云）小娘子来了，擎天柱，大事如何了也？（红云）不济事了，先生休傻。（末云）小生简帖儿，是一道会亲的符箓，则是小娘子不用心，故意如此。（红云）我不用心？有天哩！你那简帖儿好听！

【上小楼】这的是先生命悭，须不是红娘违慢。那简帖儿到做了你的招状，他的勾头，我的公案。若不是觑面颜，厮顾盼，担饶轻慢。

先生受罪，礼之当然。贱妾何辜？

争些儿把你娘拖犯！

【幺篇】从今后相会少，见面难。月暗西厢，凤去秦楼，云敛巫山。你也赸，我也赸；请先生休讪，早寻个酒阑人散。

（红云）只此再不必申诉足下肺腑，怕夫人寻，我回去也。（末云）小娘子此一遭去，再著谁与小生分剖？必索做一个道理，方可救得小生一命。（末跪下揪住红科）（红云）张先生是读书人，岂不知此意，其事可知矣。

【满庭芳】你休要呆里撒奸。你待要恩情美满，却教我骨肉摧残。老夫人手执着棍儿摩娑看，粗麻线怎透得针关？直待我拄著拐帮闲钻懒，缝合唇送暖偷寒。

待去呵，小姐性儿撮盐入火，

消息儿踏着泛；

待不去呵，（末跪哭云）小生这一个性命，都在小娘子身上。

（红唱）

禁不得你甜话儿热趱。好著我两下里做人难。

我没来由分说，小姐回与你的书，你自看者。（末接科，开读科）呀，有这场喜事！撮土焚香，三拜礼毕。早知小姐简至，理合远接；接待不及，勿令见罪。小娘子，和你也欢喜。（红云）怎么？（末云）小姐骂我都是假，书中之意，著我今夜花园里来，和他"哩也波，哩也啰"哩！（红云）你读书我听。（末云）"待月西厢下，迎风户半开。隔墙花影动，疑是玉人来。"（红云）怎见得他著你来？你解与我听咱。（末云）"待月西厢下"，著我月上来；"迎风户半开"，他开门待我；"隔墙花影动，疑是玉人来"，著我跳过墙来。（红笑云）他著你跳过墙来，你做下来。端的有此说么？（末云）俺是个猜诗谜的社家，风流隋何，浪子陆贾。我那里有差的勾当？（红云）你看我姐姐，在我行也使这般道儿。

【耍孩儿】几曾见寄书的颠倒瞒着鱼雁，小则小心肠儿转关。写著道西厢待月等得更阑，著你跳东墙"女"字边"干"。元来那诗句儿里包笼着三更枣，简帖儿里埋伏着九里山。他著紧处将人慢。恁会云雨闹中取静，我寄音书忙里偷闲。

【四煞】纸光明玉板，字香喷麝兰，行儿边涅透非春汗？一缄情泪红犹湿，满纸春愁墨未干。从今后休疑难，放心波玉堂学士，稳情取金雀鸦鬟。

【三煞】他人行别样的亲，俺根前取次看，更做道孟光接了梁鸿案。别人行甜言美语三冬暖，我根前恶语伤人六月寒。我为头儿：看你个离魂倩女，怎发付掷果潘安。

（末云）小生读书人，怎跳得那花园过也。（红唱）

【二煞】隔墙花又低，迎风户半拴，偷香手段今番按。怕墙高怎把龙门跳？嫌花密难将仙桂攀。放心去，休辞惮。你若不去呵，望穿他盈盈秋水，蹙损了淡淡春山。

（末云）小生曾到那花园里，已经两遭，不见那好处。这一遭，知他又怎么？（红云）如今不比往常。

【煞尾】你虽是去了两遭，我敢道不如这番。你那隔墙酬和都胡侃，证果的是今番这一简。（红下）

（末云）万事自有分定，谁想小姐有此一场好处。小生是猜诗谜的社家，风流隋何，浪子陆贾，到那里扢扎帮便倒地。今日颓天百般的难得晚。天，你有万物于人，何故争此一日？疾下去波！读书继暮怕黄昏，不觉西沉强掩门。欲赴海棠花下约，太阳何苦又生根？（看天云）呀，才晌午也，再等一等。（又看科）今日万般的难得下去也呵！碧天万里无云，空劳倦客身心。恨杀鲁阳贪战，不教红日西沉。呀，却早倒西也，再等一等咱。无端三足乌，团团光烁烁。安得后羿弓，射此一轮落！谢天地，却早日下去也。呀，却早发擂也！呀，却早撞钟也！拽上书房门，到得那里，手挽着垂杨，滴流扑跳过墙去。（下）

（选自"中国古典四大名剧"《西厢记》（插图版），王实甫著，张燕瑾校注，人民文学出版社，1995年版。）选文标题为编者所加。

京剧《西厢记》

○ 思考题

1. 在"闹简"一节中，崔莺莺的言行体现了她怎样的角色特点？
2. 崔莺莺和红娘的语言有什么不同？

（景虹梅　选文）

［明］汤显祖　牡丹亭（节选）

汤显祖，字义仍，号海若、若士，明代著名戏曲家、文学家，江西临川人，著有戏剧作品《牡丹亭》、专著《宜黄县戏神清源师庙记》、诗作《玉茗堂全集》等。

《牡丹亭》是汤显祖的代表作之一，与《紫钗记》《南柯记》《邯郸记》合称"临川四梦"。该剧讲述了太守之女杜丽娘爱慕梦中书生柳梦梅，一病不起，伤情而死，后又起死回生，与柳梦梅相爱。全剧共55出，表达了追求个人幸福，反对封建制度的浪漫主义理想。《惊梦》是《牡丹亭》中的经典片段，生动描写了杜丽娘、柳梦梅梦中相见的场景，曲词优美，精妙婉转，具有极高的欣赏价值。

惊梦（第十出）

【绕池游】（旦上）梦回莺啭，乱煞年光遍。人立小庭深院。（贴）炷尽沉烟，抛残绣线，恁今春关情似去年？〔乌夜啼〕"（旦）晓来望断梅关，宿妆残。（贴）你侧著宜春髻子恰凭阑。（旦）剪不断，理还乱，闷无端。（贴）已分付催花莺燕借春看。"（旦）春香，可曾叫人扫除花径？（贴）分付了。（旦）取镜台衣服来。（贴取镜台衣服上）"云髻罢梳还对镜，罗衣欲换更添香。"镜台衣服在此。

【步步娇】（旦）袅晴丝吹来闲庭院，摇漾春如线。停半晌、整花钿。没揣菱花，偷人半面，迤逗的彩云偏。（行介）步香闺怎便把全身现！（贴）今日穿插的好。

【醉扶归】（旦）你道翠生生出落的裙衫儿茜，艳晶晶花簪八宝填，可知我常一生儿爱好是天然。恰三春好处无人见。不堤防沉鱼落雁鸟惊喧，则怕的羞花闭月花愁颤。（贴）早茶时了，请行。（行介）你看："画廊金粉半零星，池馆苍苔一片青。踏草怕泥新绣袜，惜花疼煞小金铃。"（旦）不到园林，怎知春色如许！

【皂罗袍】原来姹紫嫣红开遍，似这般都付与断井颓垣。良辰美景奈何天，赏心乐事谁家院！恁般景致，我老爷和奶奶再不提起。（合）朝飞暮卷，云霞翠轩；雨丝风片，烟波画船——锦屏人忒看的这韶光贱！（贴）是花都放了，那牡丹还早。

【好姐姐】（旦）遍青山啼红了杜鹃，茶蘼外烟丝醉软。春香啊，牡丹虽好，他春归怎占的先！（贴）成对儿莺燕啊。（合）闲凝眄，生生燕语明如翦，呖呖莺歌溜的圆。（旦）去罢。（贴）这园子委是观之不足也。（旦）提他怎的！（行介）

【隔尾】观之不足由他缱，便赏遍了十二亭台是枉然。到不如兴尽回家闲过遣。（作到介）（贴）"开我西阁门，展我东阁床。瓶插映山紫，炉添沉水香。"小姐，你歇息片时，俺瞧老夫人去也。（下）（旦叹介）"默地游春转，小试宜春面。"春啊，得和你两留连，春去如何遣？咳，恁般天气，好困人也。春香那里？（作左右瞧介）（又低首沉吟介）天呵，春色恼人，信有之乎！常观诗词乐府，古之女子，因春感情，遇秋成恨，诚不谬矣。吾今年已二八，未逢折桂之夫；忽慕春情，怎得蟾宫之客？昔日韩夫人得遇于郎，张生偶逢崔氏，曾有《题红记》、《崔徽传》二书。此佳人才子，前以密约偷期，后皆得成秦晋。（长叹介）吾生于宦族，长在名门。年已及笄，不得早成佳配，诚为虚度青春。光阴如过隙耳。（泪介）可惜妾身颜色如花，岂料命如一叶乎！

【山坡羊】没乱里春情难遣，蓦地里怀人幽怨。则为俺生小婵娟，拣名门一例、一例里神仙眷。甚良缘，把青春抛的远！俺的睡情谁见？则索因循腼腆。想幽梦谁边，和春光暗流转？迁延，这衷怀那处言！淹煎，泼残生，除问天！身子困乏了，且自隐几而眠。（睡介）（梦生介）（生持柳枝上）"莺逢日暖歌声滑，人遇风情笑口开。一径落花随水入，今朝阮肇到天台。"小生顺路儿跟着杜小姐回来，怎生不见？（回看介）呀，小姐，小姐！（旦作惊起介）（相见介）（生）小生那一处不寻访小姐来，却在这里！（旦作斜视不语介）（生）恰好花园内，折取垂柳半枝。姐姐，你既淹通书史，可作诗以赏此柳枝乎？（旦作惊喜，欲言又止介）（背想）这生素昧平生，何因到此？（生笑介）小姐，咱爱杀你哩！

【山桃红】则为你如花美眷，似水流年，是答儿闲寻遍。在幽闺自怜。小姐，和你那答儿讲话去。（旦作含笑不行）（生作牵衣介）（旦低问）那边去？（生）转过这芍药栏前，紧靠着湖山石边。（旦低问）秀才，去怎的？（生低答）和你把领扣松，衣带宽，袖梢儿揾着牙儿苫也，则待你忍耐温存一晌眠。（旦作羞）（生前抱）（旦推介）（合）是那处曾相见，相看俨然，早难道这好处相逢无一言？（生强抱旦下）（末扮花神束发冠，红衣插花上）"催花御史惜花天，检点春工又一年。蘸客伤心红雨下，勾人悬梦采云边。"吾乃掌管南安府后花园花神是也。因杜知府小姐丽娘，与柳梦梅秀才，后日有姻缘之分。杜小姐游春感伤，致使柳秀才入梦。咱花神专掌惜玉怜香，竟来保护他，要他云雨十分欢幸也。

【鲍老催】（末）单则是混阳蒸变，看他似虫儿般蠢动把风情搧。一般儿娇凝翠绽魂儿颤。这是景上缘，想内成，因中见。呀，淫邪展污了花台殿。咱待拈片落花儿惊醒他。（向鬼门丢花介）他梦酣春透了怎留连？拈花闪碎的红如片。秀才才到的半梦儿；梦毕之时，好送杜小姐仍归香阁。吾神去也。（下）

【山桃红】（生、旦携手上）（生）这一霎天留人便，草借花眠。小姐可好？（旦低头介）（生）则把云鬟点，红松翠偏。小姐休忘了呵，见了你紧相偎，慢厮连，恨不得肉儿般团成片也，逗的个日下胭脂雨上鲜。（旦）秀才，你可去呵？（合）是那处曾相见，相看俨然，早难道这好处相逢无一言？（生）姐姐，你身子乏了，将息，将息。（送旦依前作睡介）（轻拍旦介）姐姐，俺去了。（作回顾介）姐姐，你可十分将息，我再来瞧你那。"行来春色三分雨，睡去巫山一片云。"（下）（旦作惊醒，低叫介）秀才，秀才，你去了也？（又作痴睡介）（老旦上）"夫婿坐黄堂，娇娃立绣窗。怪他裙衩上，花鸟绣双双。"孩儿，孩儿，你为甚瞌睡在此？（旦作醒，叫秀才介）咳也。（老旦）孩儿怎的来？（旦作惊起介）奶奶到此！（老旦）我儿，何不做些针指，或观玩书史，舒展情怀？因何昼寝于此？（旦）孩儿适花园中闲玩，忽值春暄恼人，故此回房。无可消遣，不觉困倦少息。有失迎接，望母亲恕儿之罪。（老旦）孩儿，这后花园中冷静，少去闲行。（旦）领母亲严命。（老旦）孩儿，学堂看书去。（旦）先生不在，且自消停。（老旦叹介）女孩儿长成，自有许多情态，且自由他。正是："宛转随儿女，辛勤做老娘。"（下）（旦长叹介）（看老旦下介）哎也，天那，今日杜丽娘有些侥幸也。偶到后花园中，百花开遍，睹景伤情。没兴而回，昼眠香阁。忽见一生，年可弱冠，丰姿俊妍。于园中折得柳丝一枝，笑对奴家说："姐姐既淹通书史，何不将柳枝题赏一篇？"那时待要应他一声，心中自忖，素昧平生，不知名姓，何得轻与交言。正如此想间，只见那生向前说了几句伤心话儿，将奴搂抱去牡丹亭畔，芍药阑边，共成云雨之欢。两情和合，真个是千般爱惜，万种温存。欢毕之时，又送我睡眠，几声"将息"。正待自送那生出门，忽值母亲来到，唤醒将来。我一身冷汗，乃是南柯一梦。忙身参礼母亲，又被母亲絮了许多闲话。奴家口虽无言答应，心内思想梦中之事，何曾放怀。行坐不宁，自觉如有所失。娘呵，你教我学堂看书去，知他看那一种书消闷也。（作掩泪介）

【绵搭絮】雨香云片，才到梦儿边。无奈高堂，唤醒纱窗睡不便。泼新鲜冷汗粘煎，闪的俺心悠步嚲，意软鬟偏。不争多费尽神情，坐起谁忺？则待去眠。（贴上）"晚妆销粉印，春润费香篝。"小姐，薰了被窝睡罢。

【尾声】（旦）困春心游赏倦，也不索香薰绣被眠。天呵，有心情那梦儿还去不远。

春望逍遥出画堂，（张说）间梅遮柳不胜芳。（罗隐）

可知刘阮逢人处？（许浑）回首东风一断肠。（罗隐）

（选自"中国古典四大名剧"《牡丹亭》（插图版），汤显祖著，徐朔方、杨笑梅校注，人民文学出版社，1963年版。）选文标题为编者所加。

思考题

1.【绕池游】一节中说"翦不断，理还乱，闷无端"，杜丽娘的苦闷由何而来？
2. 思考杜丽娘和柳梦梅相见的情节是如何建构的，场景又是如何转换的。

（景虹梅　选文）

昆曲《牡丹亭》

京剧剧本·贵妃醉酒（存目）

曹禺　雷雨（节选）

　　曹禺，原名万家宝，字小石，小名添甲，祖籍湖北潜江。中国现代戏剧大师，被誉为"东方的莎士比亚"。代表作品有《雷雨》《日出》《原野》《北京人》等。

　　曹禺的话剧处女作《雷雨》发表于1934年，被公认为是中国现代话剧成熟的标志。该剧以1925年前后的中国社会为背景，围绕周、鲁两家三十年的爱恨纠葛，讲述了一个发生在带有浓厚封建色彩的资产阶级家庭的悲剧。第四幕是全剧矛盾冲突最为强烈的部分，在跌宕起伏的情节、错综复杂的关系中，将悲剧推向高潮。人物刻画深刻，情节节奏紧张，有力地揭示了资产阶级的罪恶，具有强烈的艺术感染力。

第四幕（节选）

　　景：周宅客厅内——半夜两点钟的光景。

　　……

　　〔两点钟内鲁妈的样子另变了一个人。声音因为在雨里叫喊哭号已经暗哑，眼皮失望地向下垂，前额的皱纹很深地刻在上面，过度的刺激使着她变成了呆滞，整个激成刻板的痛苦的模型。〕她的衣服像是已烘干了一部，头发还有些湿，鬓角凌乱地贴着湿的头发。她的手在颤，很小心地走进来。

鲁四凤　（惊惧）妈！（畏缩）

　　〔略顿，鲁妈哀怜地望着四凤。〕

鲁侍萍　（伸出手向四凤，哀痛地）凤儿，来！

　　〔四凤跑至母亲面前，跪下抽咽。〕

鲁四凤　妈！（抱着母亲的膝）

鲁侍萍　（抚摸四凤的头顶，痛惜地）孩子，我的可怜的孩子。

鲁四凤　（泣不成声地）妈，饶了我吧，饶了我吧，我忘了您的话了。

鲁侍萍　（扶起四凤）你为什么早不告诉我？

鲁四凤　（低头）我疼您，妈，我怕，我不愿意有一点叫您不喜欢我，看不起我，我不敢告诉您。

鲁侍萍　（沉痛地）这还是你的妈太糊涂了，我早该想到的。（酸苦地）然而，这谁又料得到，天底下会有这种事，偏偏又叫我的孩子们遇着呢？哦，你们妈的命太苦，我们的命也太苦了。

鲁大海　（冷淡地）妈，我们走吧，四凤先跟我们回去。我已经跟他（指萍）商量好了，他先走，以后他再接四凤。

鲁侍萍　（迷惑地）谁说的？谁说的？

鲁大海　（冷冷地望着母亲）妈，我知道您的意思，自然是只有这么办。所以，周家的事我以后也不提了，让他们去吧。

鲁侍萍　（迷惑，坐下）什么？让他们去？

周　萍　（嗫嚅）鲁奶奶，请您相信我，我一定好好地待她，我们现在决定就走。

鲁侍萍　（拉着四凤的手，颤抖地）凤，你，你要跟他走？

鲁四凤　（低头，不得已紧握着鲁妈的手）妈，我只好先离开您了。

鲁侍萍　（忍不住）你们不能够在一块儿！

鲁大海　（奇怪地）妈，您怎么？

鲁侍萍　（站起）不，不成！

鲁四凤　（着急）妈！

鲁侍萍　（不顾她，拉着她的手）我们走吧。（向大海）你出去叫一辆洋车，四凤大概走不动了。我们走，赶快走。

鲁四凤　（死命地退缩）妈，您不能这样做。

鲁侍萍　不，不成！（呆滞地，单调地）走，走。

鲁四凤　（哀求）妈，您愿看见您的女儿急得要死在您的眼前么？

周　萍　（走向鲁妈前）鲁奶奶，我知道我对不起您。不过我能尽我的力量补我的错，现在事情已经做到这一步，您——

鲁大海　妈，（不懂地）您这一次，我可不明白了！

鲁侍萍　（不得已，严厉地）你先去雇车去！（向四凤）凤儿，你听着，我情愿你没有，我不能叫你跟他在一块儿。——走吧！

〔大海刚至门口，四凤喊一声。〕

鲁四凤　（喊）啊，妈妈！（晕倒在母亲怀里）

鲁侍萍　（抱着四凤）我的孩子，你——

周　萍　（急）她晕过去了。

〔鲁妈按着她的前额，低声唤"四凤"忍不住地泣下。〕

〔萍向饭厅跑。〕

鲁大海　不用去——不要紧，一点凉水就好。她小时就这样。

〔周萍拿凉水洒在她面上，四凤渐醒，面呈死白色。〕

鲁侍萍　（拿凉水灌四凤）凤儿，好孩子。你回来，你回来。——我的苦命的孩子。

鲁四凤　（口渐张眼睁开，喘出一口气）啊，妈！

鲁侍萍　（安慰地）孩子，你不要怪妈心狠，妈的苦说不出。

鲁四凤　（叹出一口气）妈！

鲁侍萍　什么？凤儿。

鲁四凤　我，我不能不告诉你，萍！

周　萍　凤，你好点了没有？

鲁四凤　萍，我，总是瞒着你；也不肯告诉您（乞怜地望着鲁妈）妈，您——

鲁侍萍　什么，孩子，快说。

鲁四凤　（抽咽）我，我——（放胆）我跟他现在已经有……（大哭）

鲁侍萍　（切迫地）怎样，你说你有——（过受打击，不动）

周　萍　（拉起四凤的手）四凤！怎么，真的，你——

鲁四凤　（哭）嗯。

周　萍　（悲喜交集）什么时候？什么时候？

鲁四凤　（低头）大概已经三个月。

周　萍　（快慰地）哦，四凤，你为什么不告诉我，我，我的——

鲁侍萍　（低声）天哪！

周　萍　（走向鲁）鲁奶奶，您无论如何不要再固执哪，都是我错了，求您！（跪下）我求您放了她吧。我敢保我以后对得起她，对得起您。

鲁四凤　（立起在母亲面前跪下）妈，您可怜可怜我们，答应我们，让我们走吧。

鲁侍萍　（不做声，坐着，发痴）我是在做梦。我的儿女，我自己生的儿女，三十年工夫——哦，天哪，（掩面哭，挥手）你们走吧，我不认得你们。（转过头去）

周　萍　谢谢您！（立起）我们走吧。凤！（四凤起）

鲁侍萍　（回头，不自主地）不，不能够！

〔四凤又跪下。〕

鲁四凤　（哀求）妈，您，您是怎么？我的心定了。不管他是富，是穷，不管他是谁，我是他的了。我心里第一个许了他，我看见的只有他，妈，我不知道他是谁，姓什么，叫什么，我现在到了这一步，他到哪儿我也到哪儿；他是什么，我也跟他是什么。妈，您难道不明白，我——

鲁侍萍　（指令她不要向下说，苦痛地）孩子。

鲁大海　妈，妹妹既然是闹到这样，让她去了也好。

周　萍　（阴沉地）鲁奶奶，您心里要是一定不放她，我们只好不顺从您的话，自己走了。凤！

鲁四凤　（摇头）萍！（还望着鲁妈）妈！

鲁侍萍　（沉重的悲伤，低声）啊，天知道谁犯了罪，谁造的这种孽！——他们都是可怜的孩子，不知道自己做的是什么。天哪！如果要罚，也罚在我一个人身上；我一个人有罪，我先走错了一步。（伤心地）如今我明白了，我明白了，事情已经做了的，不必再怨这不公平的天；人犯了一次罪过，第二次也就自然地跟着来。——（摸着四凤的头）他们是我的干净孩子，他们应当好好地活着，享着福。冤孽是在我心里头，苦也应当我一个人尝。他们快活谁晓得就是罪过？他们年轻，他们自己并没有成心做了什么错。（立起，望着天）今天晚上，是我让他们一块儿走，这罪过我知道，可是罪过我现在替他们犯了。所以，天哪，所有的罪孽都是我一个人惹的，我的儿女们都是好孩子，心地干净的，那么，天，真有了什么，也就让我一个人担待吧。（回过头）凤儿，——

鲁四凤　（不安地）妈，您心里难过，——我不明白您说的什么。

鲁侍萍　（回转头。和蔼地）没有什么。（微笑）你起来，凤儿，你们一块儿走吧。

鲁四凤　（立起，感动地，抱着她的母亲）妈！

周　萍　（看表）不早了，还只有二十五分钟，叫他们把汽车开出来，走吧。

鲁侍萍　（沉静地）不，你们这次走，是在黑地里走，不要惊动旁人。（向大海）大海，你出去叫车去，我要回去，你送他们到车站。

鲁大海　嗯。

〔大海由中门下。〕

鲁侍萍　（向四凤哀婉地）过来，我的孩子，让我好好地亲一亲。（四凤过来，吻母；鲁妈向萍）你也来，让我也看你一下。（萍至前，低头，鲁望他，擦眼泪）好，你们走了！——我要你们两个在未走以前答应我一件事。

周　萍　您说吧。

鲁侍萍　你们不答应，我还是不要四凤走的。

鲁四凤　妈，您说吧，我答应。

鲁侍萍　（看他们两人）你们这次走，最好越走越远，不要回头。今天离开，你们无论生死，永远也不许见我。

鲁四凤　（难过）妈，那不——

周　萍　（眼色，低声）她现在很难过才说这样的话，过后，她就会好了的。

鲁四凤　嗯，也好，——妈，那我们走吧。

〔四凤跪下，向鲁妈叩头，四凤落泪，鲁妈竭力忍着。〕

鲁侍萍　（挥手）走吧！

周　萍　我们从饭厅里出去吧，饭厅里还放着我几件东西。

（选自《曹禺代表作（上）·雷雨》，中国现代文学馆编，
沐定胜编选，华夏出版社，2010 年版。）

话剧《雷雨》　　　　　　　细读《雷雨》

○ 思考题

1. 曹禺的剧作以紧张激烈的戏剧冲突见长，请结合《雷雨》第四幕谈谈你对这点的认识。
2. 简要分析鲁妈在此段落中的心理状态。

（景虹梅　选文）

老舍　茶馆（节选）

《茶馆》是老舍1956年创作的话剧，曾在国内外多次演出，赢得了较高的评价，是中国当代戏剧创作的经典作品。该剧展示了戊戌变法、军阀混战和中华人民共和国成立前夕三个时代近半个世纪的社会风云变化。结构上分三幕，每一幕写一个时代。以下节选的第一幕主要讲述的是1898年戊戌变法失败后，在表面看似生意兴隆的裕泰大茶馆里，却笼罩着一种凄惨、冷酷的气氛，展现出随着帝国主义侵略势力的扩大，各阶层人民不同的生活状态。出场人物众多，但个性鲜明，台词口语化，同时又贴合人物身份、性格，富有丰富的韵味和潜台词。

第一幕

人物　王利发、刘麻子、庞太监、唐铁嘴、康六、小牛儿、松二爷、黄胖子、宋恩子、
　　　常四爷、秦仲义、吴祥子、李三、老人、康顺子、二德子、乡妇、茶客甲、乙、
　　　丙、丁、马五爷、小妞、茶房一、二人

时间　一八九八年（戊戌）初秋，康梁等的维新运动失败了。早半天。

地点　北京，裕泰大茶馆

幕启：这种大茶馆现在已经不见了。在几十年前，每城都起码有一处。这里卖茶，也卖简单的点心与菜饭。玩鸟的人们，每天在遛够了画眉、黄鸟等之后，要到这里歇歇腿，喝喝茶，并使鸟儿表演歌唱。商议事情的，说媒拉纤的，也到这里来。那年月，时常有打群架的，但是总会有朋友出头给双方调解；三五十口子打手，经调人东说西说，便都喝碗茶，吃碗烂肉面（大茶馆特殊的食品，价钱便宜，做起来快当），就可以化干戈为玉帛了。总之，这是当日非常重要的地方，有事无事都可以来坐半天。

在这里，可以听到最荒唐的新闻，如某处的大蜘蛛怎么成了精，受到雷击。奇怪的意

见也在这里可以听到，像把海边上都修上大墙，就足以挡住洋兵上岸。这里还可以听到某京戏演员新近创造了什么腔儿，和煎熬鸦片烟的最好的方法。这里也可以看到某人新得到的奇珍——一个出土的玉扇坠儿，或三彩的鼻烟壶。这真是个重要的地方，简直可以算作文化交流的所在。

我们现在就要看见这样的一座茶馆。

一进门是柜台与炉灶——为省点事，我们的舞台上可以不要炉灶；后面有些锅勺的响声也就够了。屋子非常高大，摆着长桌与方桌，长凳与小凳，都是茶座儿。隔窗可见后院，高搭着凉棚，棚下也有茶座儿。屋里和凉棚下都有挂鸟笼的地方。各处都贴着"莫谈国事"的纸条。

有两位茶客，不知姓名，正眯着眼，摇着头，拍板低唱。有两三位茶客，也不知姓名，正入神地欣赏瓦罐里的蟋蟀。两位穿灰色大衫的——宋恩子与吴祥子，正低声地谈话，看样子他们是北衙门的办案的（侦缉）。

今天又有一起打群架的，据说是为了争一只家鸽，惹起非用武力解决不可的纠纷。假若真打起来，非出人命不可，因为被约的打手中包括着善扑营的哥儿们和库兵，身手都十分厉害。好在，不能真打起来，因为在双方还没把打手约齐，已有人出面调停了——现在双方在这里会面。三三两两的打手，都横眉立目，短打扮，随时进来，往后院去。

马五爷在不惹人注意的角落，独自坐着喝茶。

王利发高高地坐在柜台里。

唐铁嘴踏拉着鞋，身穿一件极长极脏的大布衫，耳上夹着几张小纸片，进来。

王利发　唐先生，你外边蹓蹓吧！

唐铁嘴　（惨笑）王掌柜，捧捧唐铁嘴吧！送给我碗茶喝，我就先给您相相面吧！手相奉送，不取分文！（不容分说，拉过王利发的手来）今年是光绪二十四年，戊戌。您贵庚是……

王利发　（夺回手去）算了吧，我送你一碗茶喝，你就甭卖那套生意口啦！用不着相面，咱们既在江湖内，都是苦命人！（由柜台内走出，让唐铁嘴坐下）坐下！我告诉你，你要是不戒了大烟，就永远交不了好运！这是我的相法，比你的更灵验！

松二爷和常四爷都提着鸟笼进来，王利发向他们打招呼。他们先把鸟笼子挂好，找地方坐下。松二爷文绉绉的，提着小黄鸟笼；常四爷雄赳赳的，提着大而高的画眉笼。茶房李三赶紧过来，沏上盖碗茶。他们自带茶叶。茶沏好，松二爷、常四爷向临近的茶座让了让。

松二爷　
常四爷　您喝这个！（然后，往后院看了看）

松二爷　好像又有事儿？

常四爷　反正打不起来！要真打的话，早到城外头去啦，到茶馆来干吗？

二德子，一位打手，恰好进来，听见了常四爷的话。

二德子　（凑过去）你这是对谁甩闲话呢？

常四爷　（不肯示弱）你问我哪？花钱喝茶，难道还教谁管着吗？

松二爷　（打量了二德子一番）我说这位爷，您是营里当差的吧？来，坐下喝一碗，我们也都是外场人。

二德子　你管我当差不当差呢！

常四爷　要抖威风，跟洋人干去，洋人厉害！英法联军烧了圆明园，尊家吃着官饷，可没见您去冲锋打仗！

二德子　甭说打洋人不打，我先管教管教你！（要动手）

别的茶客依旧进行他们自己的事。王利发急忙跑过来。

王利发　哥儿们，都是街面上的朋友，有话好说。德爷，您后边坐！

二德子不听王利发的话，一下子把一个盖碗搂下桌去，摔碎。翻手要抓常四爷的脖领。

常四爷　（闪过）你要怎么着？

二德子　怎么着？我碰不了洋人，还碰不了你吗？

马五爷　（并未立起）二德子，你威风啊！

二德子　（四下扫视，看到马五爷）喝，马五爷，您在这儿哪？我可眼拙，没看见您！（过去请安）

马五爷　有什么事好好地说，干吗动不动地就讲打？

二德子　嗻！您说得对！我到后头坐坐去。李三，这儿的茶钱我候啦！（往后面走去）

常四爷　（凑过来，要对马五爷发牢骚）这位爷，您圣明，您给评评理！

马五爷　（立起来）我还有事，再见！（走出去）

常四爷　（对王利发）邪！这倒是个怪人！

王利发　您不知道这是马五爷呀！怪不得您也得罪了他！

常四爷　我也得罪了他？我今天出门没挑好日子！

王利发　（低声地）刚才您说洋人怎样，他就是吃洋饭的。信洋教，说洋话，有事情可以一直地找宛平县的县太爷去，要不怎么连官面上都不惹他呢！

常四爷　（往原处走）哼，我就不佩服吃洋饭的！

王利发　（向宋恩子、吴祥子那边稍一歪头，低声地）说话请留点神！（大声地）李三，再给这儿沏一碗来！（拾起地上的碎瓷片）

松二爷　盖碗多少钱？我赔！外场人不做老娘们事！

王利发　不忙，待会儿再算吧！（走开）

纤手刘麻子领着康六进来。刘麻子先向松二爷、常四爷打招呼。

刘麻子　您二位真早班儿！（掏出鼻烟壶，倒烟）您试试这个！刚装来的，地道英国造，又细又纯！

常四爷　唉！连鼻烟也得从外洋来！这得往外流多少银子啊！

刘麻子　咱们大清国有的是金山银山，永远花不完！您坐着，我办点小事！（领康六找了个座儿）

李三拿过一碗茶来。

刘麻子　说说吧，十两银子行不行？你说干脆的！我忙，没工夫专伺候你！

康　六　刘爷！十五岁的大姑娘，就值十两银子吗？

刘麻子　卖到窑子去，也许多拿一两八钱的，可是你又不肯！

康　六　那是我的亲女儿！我能够……

刘麻子　有女儿，你可养活不起，这怪谁呢？

康　六　那不是因为乡下种地的都没法子混了吗？一家大小要是一天能吃上一顿粥，我要还想卖女儿，我就不是人！

刘麻子　那是你们乡下的事，我管不着。我受你之托，教你不吃亏，又教你女儿有个吃饱饭的地方，这还不好吗？

康　六　到底给谁呢？

刘麻子　我一说，你必定从心眼里乐意！一位在宫里当差的！

康　六　宫里当差的谁要个乡下丫头呢？

刘麻子　那不是你女儿的命好吗？

康　六　谁呢？

刘麻子　庞总管！你也听说过庞总管吧？伺候着太后，红的不得了，连家里打醋的瓶子都是玛瑙做的！

康　六　刘大爷，把女儿给太监做老婆，我怎么对得起人呢？

刘麻子　卖女儿，无论怎么卖，也对不起女儿！你糊涂！你看，姑娘一过门，吃的是珍馐美味，穿的是绫罗绸缎，这不是造化吗？怎样，摇头不算点头算，来个干脆的！

康　六　自古以来，哪有……他就给十两银子？

刘麻子　找遍了你们全村儿，找得出十两银子找不出？在乡下，五斤白面就换个孩子，你不是不知道！

康　六　我，唉！我得跟姑娘商量一下！

刘麻子　告诉你，过了这个村可没有这个店，耽误了事别怨我！快去快来！

康　六　唉！我一会儿就回来！

刘麻子　我在这儿等着你！

康　六　（慢慢地走出去）

刘麻子　（凑到松二爷、常四爷这边来）乡下人真难办事，永远没个痛痛快快！

松二爷　这号生意又不小吧？

刘麻子　也甜不到哪儿去，弄好了，赚个元宝！

常四爷　乡下是怎么了？会弄得这么卖儿卖女的！

刘麻子　谁知道！要不怎么说，就是一条狗也得托生在北京城里嘛！

常四爷　刘爷，您可真有个狠劲儿，给拉拢这路事！

刘麻子　我要不分心，他们还许找不到买主呢！（忙岔话）松二爷（掏出个小时表来），您看这个！

松二爷　　（接表）好体面的小表！

刘麻子　　您听听，嘎登嘎登地响！

松二爷　　（听）这得多少钱？

刘麻子　　您爱吗？就让给您！一句话，五两银子！您玩够了，不爱再要了，我还照
　　　　　数退钱！东西真地道，传家的玩艺！

常四爷　　我这儿正哑摸这个味儿：咱们一个人身上有多少洋玩艺儿啊！老刘，就看
　　　　　你身上吧：洋鼻烟，洋表，洋缎大衫，洋布裤褂……

刘麻子　　洋东西可是真漂亮呢！我要是穿一身土布，像个乡下脑壳，谁还理我呀！

常四爷　　我老觉乎着咱们的大缎子，川绸，更体面！

刘麻子　　松二爷，留下这个表吧，这年月，戴着这么好的洋表，会教人另眼看待！
　　　　　是不是这么说，您哪？

松二爷　　（真爱表，但又嫌贵）我……

刘麻子　　您先戴几天，改日再给钱！

黄胖子进来。

黄胖子　　（严重的砂眼，看不清楚，进门就请安）哥儿们，都瞧我啦！我请安了！
　　　　　都是自己兄弟，别伤了和气呀！

王利发　　这不是他们，他们在后院哪！

黄胖子　　我看不大清楚啊！掌柜的，预备烂肉面，有我黄胖子，谁也打不起来！（往
　　　　　里走）

二德子　　（出来迎接）两边已经见了面，您快来吧！

二德子同黄胖子入内。

茶房们一趟又一趟地往后面送茶水。老人进来，拿着些牙签、胡梳、耳挖勺之类的小
东西，低着头慢慢地挨着茶座儿走；没人买他的东西。他要往后院去，被李三截住。

李　三　　老大爷，您外边蹓蹓吧！后院里，人家正说和事呢，没人买您的东西！（顺
　　　　　手儿把剩茶递给老人一碗）

松二爷　　（低声地）李三！（指后院）他们到底为了什么事，要这么拿刀动杖的？

李　三　　（低声地）听说是为一只鸽子。张宅的鸽子飞到了李宅去，李宅不肯交还……
　　　　　唉，咱们还是少说话好，（问老人）老大爷您高寿啦？

老　人　　（喝了茶）多谢！八十二了，没人管！这年月呀，人还不如一只鸽子呢！唉！
　　　　　（慢慢走出去）

秦仲义，穿得很讲究，满面春风，走进来。

王利发　　哎哟！秦二爷，您怎么这样闲在，会想起下茶馆来了？也没带个底下人？

秦仲义　　来看看，看看你这年轻小伙子会做生意不会！

王利发　　唉，一边做一边学吧，指着这个吃饭嘛。谁叫我爸爸死的早，我不干不行
　　　　　啊！好在照顾主儿都是我父亲的老朋友，我有不周到的地方，都肯包涵，
　　　　　闭闭眼就过去了。在街面上混饭吃，人缘儿顶要紧。我按着我父亲遗留下

的老办法，多说好话，多请安，讨人人的喜欢，就不会出大岔子！您坐下，我给您沏碗小叶茶去！

秦仲义　我不喝！也不坐着！

王利发　坐一坐！有您在我这儿坐坐，我脸上有光！

秦仲义　也好吧！（坐）可是，用不着奉承我！

王利发　李三，沏一碗高的来！二爷，府上都好？您的事情都顺心吧？

秦仲义　不怎么太好！

王利发　您怕什么呢？那么多的买卖，您的小手指头都比我的腰还粗！

唐铁嘴　（凑过来）这位爷好相貌，真是天庭饱满，地阁方圆，虽无宰相之权，而有陶朱之富！

秦仲义　躲开我！去！

王利发　先生，你喝够了茶，该外边活动活动去！（把唐铁嘴轻轻推开）

唐铁嘴　唉！（垂头走出去）

秦仲义　小王，这儿的房租是不是得往上提那么一提呢？当年你爸爸给我的那点租钱，还不够我喝茶用的呢！

王利发　二爷，您说的对，太对了！可是，这点小事用不着您分心，您派管事的来一趟，我跟他商量，该长多少租钱，我一定照办。是！嘛！

秦仲义　你这小子，比你爸爸还滑！哼，等着吧，早晚我把房子收回去！

王利发　您甭吓唬着我玩，我知道您多么照应我，心疼我，决不会叫我挑着大茶壶，到街上卖热茶去！

秦仲义　你等着瞧吧！

乡妇拉着个十来岁的小妞进来。小妞的头上插着一根草标。李三本想不许她们往前走，可是心中一难过，没管。她们俩慢慢地往里走。茶客们忽然都停止说笑，看着她们。

小　妞　（走到屋子中间，立住）妈，我饿！我饿！

乡妇呆视着小妞，忽然腿一软，坐在地上，掩面低泣。

秦仲义　（对王利发）轰出去！

王利发　是！出去吧，这里坐不住！

乡　妇　哪位行行好？要这个孩子，二两银子！

常四爷　李三，要两个烂肉面，带她们到门外吃去！

李　三　是啦！（过去对乡妇）起来，门口等着去，我给你们端面来！

乡　妇　（立起，抹泪往外走，好像忘了孩子；走了两步，又转回身来，搂住小妞吻她）宝贝！宝贝！

王利发　快着点吧！

乡妇、小妞走出去。李三随后端出两碗面去。

王利发　（过来）常四爷，您是积德行好，赏给她们面吃！可是，我告诉您：这路事儿太多了，太多了！谁也管不了！（对秦仲义）二爷，您看我说的对不对？

常四爷　　（对松二爷）二爷，我看哪，大清国要完！

秦仲义　　（老气横秋地）完不完，并不在乎有人给穷人们一碗面吃没有。小王，说真的，我真想收回这里的房子！

王利发　　您别那么办哪，二爷！

秦仲义　　我不但收回房子，而且把乡下的地，城里的买卖也都卖了！

王利发　　那为什么呢？

秦仲义　　把本钱拢在一块儿，开工厂！

王利发　　开工厂？

秦仲义　　嗯，顶大顶大的工厂！那才救得了穷人，那才能抵制外货，那才能救国！（对王利发说而眼看着常四爷）唉，我跟你说这些干什么，你不懂！

王利发　　您就专为别人，把财产都出手，不顾自己了吗？

秦仲义　　你不懂！只有那么办，国家才能富强！好啦，我该走啦。我亲眼看见了，你的生意不错，你甭再耍无赖，不长房钱！

王利发　　您等等，我给您叫车去！

秦仲义　　用不着，我愿意蹓跶蹓跶！

秦仲义往外走，王利发送。

小牛儿搀着庞太监走进来。小牛儿提着水烟袋。

庞太监　　哟！秦二爷！

秦仲义　　庞老爷！这两天您心里安顿了吧？

庞太监　　那还用说吗？天下太平了：圣旨下来，谭嗣同问斩！告诉您，谁敢改祖宗的章程，谁就掉脑袋！

秦仲义　　我早就知道！

茶客们忽然全静寂起来，几乎是闭住呼吸地听着。

庞太监　　您聪明，二爷，要不然您怎么发财呢！

秦仲义　　我那点财产，不值一提！

庞太监　　太客气了吧？您看，全北京城谁不知道秦二爷！您比做官的还厉害呢！听说呀，好些财主都讲维新！

秦仲义　　不能这么说，我那点威风在您的面前可就施展不出来了！哈哈哈！

庞太监　　说得好，咱们就八仙过海，各显其能吧！哈哈哈！

秦仲义　　改天过去给您请安，再见！（下）

庞太监　　（自言自语）哼，凭这么个小财主也敢跟我逗嘴皮子，年头真是改了！（问王利发）刘麻子在这儿哪？

王利发　　总管，您里边歇着吧！

刘麻子早已看见庞太监，但不敢靠近，怕打搅了庞太监、秦仲义的谈话。

刘麻子　　喝，我的老爷子！您吉祥！我等了您好大半天了！（搀庞太监往里面走）

宋恩子、吴祥子过来请安，庞太监对他们耳语。

众茶客静默了一阵之后，开始议论纷纷。

茶客甲　谭嗣同是谁？

茶客乙　好像听说过！反正犯了大罪，要不，怎么会问斩呀！

茶客丙　这两三个月了，有些做官的，念书的，乱折腾乱闹，咱们怎能知道他们搞的什么鬼呀！

茶客丁　得！不管怎么说，我的铁杆庄稼又保住了！姓谭的，还有那个康有为，不是说叫旗兵不关钱粮，去自谋生计吗？心眼多毒！

茶客丙　一份钱粮倒叫上头克扣去一大半，咱们也不好过！

茶客丁　那总比没有强啊！好死不如赖活着，叫我去自己谋生，非死不可！

王利发　诸位主顾，咱们还是莫谈国事吧！

大家安静下来，都又各谈各的事。

庞太监　（已坐下）怎么说？一个乡下丫头，要二百银子？

刘麻子　（侍立）乡下人，可长得俊呀！带进城来，好好地一打扮、调教，准保是又好看，又有规矩！我给您办事，比给我亲爸爸做事都更尽心，一丝一毫不能马虎！

唐铁嘴又回来了。

王利发　铁嘴，你怎么又回来了？

唐铁嘴　街上兵荒马乱的，不知道是怎么回事！

庞太监　还能不搜查搜查谭嗣同的余党吗？唐铁嘴，你放心，没人抓你！

唐铁嘴　嗻，总管，您要能赏给我几个烟泡儿，我可就更有出息了！

有几个茶客好像预感到什么灾祸，一个个往外溜。

松二爷　咱们也该走啦吧！天不早啦！

常四爷　嗻！走吧！

二灰衣人——宋恩子和吴祥子走过来。

宋恩子　等等！

常四爷　怎么啦？

宋恩子　刚才你说"大清国要完"？

常四爷　我，我爱大清国，怕它完了！

吴祥子　（对松二爷）你听见了？他是这么说的吗？

松二爷　哥儿们，我们天天在这儿喝茶。王掌柜知道：我们都是地道老好人！

吴祥子　问你听见了没有？

松二爷　那，有话好说，二位请坐！

宋恩子　你不说，连你也锁了走！他说"大清国要完"，就是跟谭嗣同一党！

松二爷　我，我听见了，他是说……

宋恩子　（对常四爷）走！

常四爷　上哪儿？事情要交代明白了啊！

宋恩子　你还想拒捕吗？我这儿可带着"王法"呢！（掏出腰中带着的铁链子）

常四爷　告诉你们，我可是旗人！

吴祥子　旗人当汉奸，罪加一等！锁上他！

常四爷　甭锁，我跑不了！

宋恩子　量你也跑不了！（对松二爷）你也走一趟，到堂上实话实说，没你的事！

黄胖子同三五个人由后院过来。

黄胖子　得啦，一天云雾散，算我没白跑腿！

松二爷　黄爷！黄爷！

黄胖子　（揉揉眼）谁呀？

松二爷　我！松二！您过来，给说句好话！

黄胖子　（看清）哟，宋爷，吴爷，二位爷办案哪？请吧！

松二爷　黄爷，帮帮忙，给美言两句！

黄胖子　官厅儿管不了的事，我管！官厅儿能管的事呀，我不便多嘴！（问大家）是不是？

众　　　喠！对！

宋恩子、吴祥子带着常四爷、松二爷往外走。

松二爷　（对王利发）看着点我们的鸟笼子！

王利发　您放心，我给送到家里去！

常四爷、松二爷、宋恩子、吴祥子同下。

黄胖子　（唐铁嘴告以庞太监在此）哟，老爷在这儿哪？听说要安份儿家，我先给您道喜！

庞太监　等吃喜酒吧！

黄胖子　您赏脸！您赏脸！（下）

乡妇端着空碗进来，往柜上放。小妞跟进来。

小　妞　妈！我还饿！

王利发　唉！出去吧！

乡　妇　走吧，乖！

小　妞　不卖姐姐啦？妈！不卖了？妈！

乡　妇　乖！（哭着，携小妞下）

康六带着康顺子进来，立在柜台前。

康　六　姑娘！顺子！爸爸不是人，是畜生！可你叫我怎办呢？你不找个吃饭的地方，你饿死！我弄不到手几两银子，就得叫东家活活地打死！你呀，顺子，认命吧，积德吧！

康顺子　我，我……（说不出话来）

刘麻子　（跑过来）你们回来啦？点头啦？好！来见见总管！给总管磕头！

康顺子　我……（要晕倒）

康　六　（扶住女儿）顺子！顺子！

刘麻子　　怎么啦？

康　六　　又饿又气，昏过去了！顺子！顺子！

庞太监　　我要活的，可不要死的！

静场。

茶客甲　　（正与茶客乙下象棋）将！你完啦！

——幕落

（选自《茶馆》，老舍著，人民文学出版社，1994 年版。）

话剧《茶馆》

老舍答复有关《茶馆》的几个问题

导演的构思·排演《茶馆》谈话录之一

○ 思考题

1. 对于裕泰大茶馆的掌柜王利发，有人评价他"精明而心眼不坏"，请结合文本简要分析。

2. 精彩的潜台词是老舍戏剧语言的一大特点，请说说结尾"将！你完啦！"这句话的潜台词是什么？

（景虹梅　选文）

赖声川　暗恋桃花源（存目）

［英］莎士比亚　哈姆莱特（节选）

威廉·莎士比亚，欧洲文艺复兴时期著名的剧作家、诗人，马克思称其为"最伟大的戏剧天才"。他的戏剧作品包括悲剧（如《哈姆莱特》《奥赛罗》《李尔王》《麦克白》《罗密欧与朱丽叶》）、喜剧（如《仲夏夜之梦》《威尼斯商人》《第十二夜》《皆大欢喜》）及一些历史剧和传奇剧等。《哈姆莱特》是其所有戏剧中篇幅最长的一部，也是莎士比亚最负盛名的剧作。

《哈姆莱特》讲述了丹麦王子哈姆莱特的父亲突然暴毙，叔叔克劳狄斯继位娶嫂，哈姆莱特获悉叔父是凶手的真相后为父复仇的故事。其中，复杂的人物性格塑造和强有力的悲剧艺术手法代表着整个西方文艺复兴时期文学的最高成就。

第三幕

第一场 城堡中一室

国王、王后、波洛涅斯、奥菲利娅、罗森格兰兹及吉尔登斯吞上。

国　王	你们不能用迂回婉转的方法，探出他为什么这样神魂颠倒，让紊乱而危险的疯狂困扰他的安静的生活吗？
罗森格兰兹	他承认他自己有些神经迷惘，可是决口不肯说为了什么缘故。
吉尔登斯吞	他也不肯虚心接受我们的探问；当我们想要引导他吐露他自己的一些真相的时候，他总是用假作痴呆的神气故意回避。
王　后	他对待你们还客气吗？
罗森格兰兹	很有礼貌。
吉尔登斯吞	可是不大自然。
罗森格兰兹	他很吝惜自己的话，可是我们问他话的时候，他回答起来却是毫无拘束。
王　后	你们有没有劝诱他找些什么消遣？
罗森格兰兹	娘娘，我们来的时候，刚巧有一班戏子也要到这儿来，给我们赶过了；我们把这消息告诉了他，他听了好像很高兴。现在他们已经到了宫里，我想他已经吩咐他们今晚为他演出了。
波洛涅斯	一点不错；他还叫我来请两位陛下同去看看他们演得怎样哩。
国　王	那好极了；我非常高兴听见他在这方面感兴趣。请你们两位还要更进一步鼓起他的兴味，把他的心思移转到这种娱乐上面。
罗森格兰兹	是，陛下。（罗森格兰兹、吉尔登斯吞同下。）
国　王	亲爱的乔特鲁德，你也暂时离开我们；因为我们已经暗中差人去唤哈姆莱特到这儿来，让他和奥菲利娅见见面，就像他们偶然相遇一般。她的父亲跟我两人将要权充一下密探，躲在可以看见他们，却不能被他们看见的地方，注意他们会面的情形，从他的行为上判断他的疯病究竟是不是因为恋爱上的苦闷。
王　后	我愿意服从您的意旨。奥菲利娅，但愿你的美貌果然是哈姆莱特疯狂的原因；更愿你的美德能够帮助他恢复原状，使你们两人都能安享尊荣。
奥菲利娅	娘娘，但愿如此。（王后下。）
波洛涅斯	奥菲利娅，你在这儿走走。陛下，我们就去躲起来吧。（向奥菲利娅）你拿这本书去读，他看见你这样用功，就不会疑心你为什么一个人在这儿了。人们往往用至诚的外表和虔诚的行动，掩饰一颗魔鬼般的内心，这样的例子是太多了。
国　王	（旁白）啊，这句话是太真实了！它在我的良心上抽了多么重的一鞭！涂脂抹粉的娼妇的脸，还不及掩藏在虚伪的言辞后面的我的行为更丑恶。难堪的重负呀！
波洛涅斯	我听见他来了；我们退下去吧，陛下。（国王及波洛涅斯下。）

哈姆莱特	生存还是毁灭，这是一个值得考虑的问题；默然忍受命运的暴虐的毒箭，或是挺身反抗人世的无涯的苦难，通过斗争把它们扫清，这两种行为，哪一种更高贵？死了；睡着了；什么都完了；要是在这一种睡眠之中，我们心头的创痛，以及其他无数血肉之躯所不能避免的打击，都可以从此消失，那正是我们求之不得的结局。死了；睡着了；睡着了也许还会做梦；嗯，阻碍就在这儿：因为当我们摆脱了这一具朽腐的皮囊以后，在那死的睡眠里，究竟将要做些什么梦，那不能不使我们踌躇顾虑。人们甘心久困于患难之中，也就是为了这个缘故；谁愿意忍受人世的鞭挞和讥嘲、压迫者的凌辱、傲慢者的冷眼、被轻蔑的爱情的惨痛、法律的迁延、官吏的横暴和费尽辛勤所换来的小人的鄙视，要是他只要用一柄小小的刀子，就可以清算他自己的一生？谁愿意负着这样的重担，在烦劳的生命的压迫下呻吟流汗，倘不是因为惧怕不可知的死后，惧怕那从来不曾有一个旅人回来过的神秘之国，是它迷惑了我们的意志，使我们宁愿忍受目前的磨折，不敢向我们所不知道的痛苦飞去？这样，重重的顾虑使我们全变成了懦夫，决心的赤热的光彩，被审慎的思维盖上了一层灰色，伟大的事业在这一种考虑之下，也会逆流而退，失去了行动的意义。且慢！美丽的奥菲利娅！——女神，在你的祈祷之中，不要忘记替我忏悔我的罪孽。
奥菲利娅	我的好殿下，您这许多天来贵体安好吗？
哈姆莱特	谢谢你，很好，很好，很好。
奥菲利娅	殿下，我有几件您送给我的纪念品，我早就想把它们还给您；请您现在收回去吧。
哈姆莱特	不，我不要；我从来没有给你什么东西。
奥菲利娅	殿下，我记得很清楚您把它们送给了我，那时候您还向我说了许多甜言蜜语，使这些东西格外显得贵重；现在它们的芳香已经消散，请您拿回去吧，因为在有骨气的人看来，送礼的人要是变了心，礼物虽贵，也会失去了价值。拿去吧，殿下。
哈姆莱特	哈哈！你贞洁吗？
奥菲利娅	殿下！
哈姆莱特	你美丽吗？
奥菲利娅	殿下是什么意思？
哈姆莱特	要是你既贞洁又美丽，那么你的贞洁应该断绝跟你的美丽来往。
奥菲利娅	殿下，难道美丽除了贞洁以外，还有什么更好的伴侣吗？
哈姆莱特	嗯，真的；因为美丽可以使贞洁变成淫荡，贞洁却未必能使美丽受它自己的感化；这句话从前像是怪诞之谈，可是现在时间已经把它证实了。我的确曾经爱过你。

奥菲利娅	真的，殿下，您曾经使我相信您爱我。
哈姆莱特	你当初就不应该相信我，因为美德不能熏陶我们罪恶的本性；我没有爱过你。
奥菲利娅	那么我真是受了骗了。
哈姆莱特	进尼姑庵去吧；为什么你要生一群罪人出来呢？我自己还不算是一个顶坏的人；可是我可以指出我的许多过失，一个人有了那些过失，他的母亲还是不要生下他来的好。我很骄傲，有仇必报，富于野心，我的罪恶是那么多，连我的思想也容纳不下，我的想象也不能给它们形象，甚至于我都没有充分的时间可以把它们实行出来。像我这样的家伙，匍匐于天地之间，有什么用处呢？我们都是些十足的坏人；一个也不要相信我们。进尼姑庵去吧。你的父亲呢？
奥菲利娅	在家里，殿下。
哈姆莱特	把他关起来，让他只好在家里发发傻劲。再会！
奥菲利娅	唉哟，天哪！救救他！
哈姆莱特	要是你一定要嫁人，我就把这一个咒诅送给你做嫁奁：尽管你像冰一样坚贞，像雪一样纯洁，你还是逃不过谗人的诽谤。进尼姑庵去吧，去；再会！或者要是你必须嫁人的话，就嫁给一个傻瓜吧；因为聪明人都明白你们会叫他们变成怎样的怪物。进尼姑庵去，去；越快越好。再会！
奥菲利娅	天上的神明啊，让他清醒过来吧！
哈姆莱特	我也知道你们会怎样涂脂抹粉；上帝给了你们一张脸，你们又替自己另外造了一张。你们烟视媚行，淫声浪气，替上帝造下的生物乱取名字，卖弄你们不懂事的风骚。算了吧，我再也不敢领教了；它已经使我发了狂。我说，我们以后再不要结什么婚；已经结过婚的，除了一个人以外，都可以让他们活下去；没有结婚的不准再结婚，进尼姑庵去吧，去。（下。）
奥菲利娅	啊，一颗多么高贵的心是这样陨落了！朝臣的眼睛、学者的辩舌、军人的利剑、国家所瞩望的一朵娇花；时流的明镜、人伦的雅范、举世瞩目的中心，这样无可挽回地陨落了！我是一切妇女中间最伤心而不幸的，我曾经从他音乐一般的盟誓中吮吸芬芳的甘蜜，现在却眼看着他的高贵无上的理智，像一串美妙的银铃失去了谐和的音调，无比的青春美貌，在疯狂中凋谢！啊！我好苦，谁料过去的繁华，变作今朝的泥土！

国王及波洛涅斯重上。

| 国　王 | 恋爱！他的精神错乱不像是为了恋爱；他说的话虽然有些颠倒，也不像是疯狂。他有些什么心事盘踞在他的灵魂里，我怕它也许会产生危险的结果。为了防止万一，我已经当机立断，决定了一个办法：他必 |

须立刻到英国去，向他们追索延宕未纳的贡物；也许他到海外各国游历一遍以后，时时变换的环境，可以替他排解去这一桩使他神思恍惚的心事。你看怎么样？

波洛涅斯　那很好；可是我相信他的烦闷的根本原因，还是为了恋爱上的失意。啊，奥菲利娅！你不用告诉我们哈姆莱特殿下说些什么话；我们全都听见了。陛下，照您的意思办吧；可是您要是认为可以的话，不妨在戏剧终场以后，让他的母后独自一人跟他在一起，恳求他向她吐露他的心事；她必须很坦白地跟他谈谈，我就找一个所在听他们说些什么。要是她也探听不出他的秘密来，您就叫他到英国去，或者凭着您的高见，把他关禁在一个适当的地方。

国　王　就这样吧；大人物的疯狂是不能听其自然的。

（同下。）

（选自《莎士比亚悲剧五种》，威廉·莎士比亚著，朱生豪译，人民文学出版社，2016 年版。）

话剧《哈姆莱特》

思考题

1. 这场戏作为展示哈姆莱特性格的重要场次，体现出哈姆莱特怎样的性格特征？
2. 品味哈姆莱特的语言，分析对白中人物的内心世界。

（景虹梅　选文）

［法］莫里哀　伪君子（节选）

莫里哀，本名让·巴蒂斯特·波克兰，法国喜剧作家、演员、戏剧活动家，法国芭蕾舞喜剧的创始人。莫里哀是他的艺名，法语意为常春藤。代表作品有《无病呻吟》《伪君子》《悭吝人》等。

《伪君子》讲述伪装圣洁的教会骗子答尔丢夫混进富商奥尔恭家中，企图勾引其妻子，夺取其家财，最后真相败露，答尔丢夫锒铛入狱，奥尔恭幡然醒悟，一家人皆大欢喜的故事。《伪君子》不仅是戏剧史上的巅峰之作，也开启了莫里哀以手中之笔批判社会现实问题、反封建反宗教统治的全盛时期。

第四幕（节选）
第四场
出场人：欧米尔，奥尔恭。

欧米尔　　咱们把这张桌子抬过来，你钻到下面去。

奥尔恭　　怎么回事？

欧米尔　　你得好好藏起来，这是必要的。

奥尔恭　　为什么要藏在这张桌子底下？

欧米尔　　唉，天呀，你就不用管了。我自有安排，你等一会看好了。你就进去吧；蹲在底下之后，你可留神别让人看见你，也别让人听见你。

奥尔恭　　老实说，这种地方真得承认我实在透着和气，不过要紧的是看看你究竟怎样办好这件事。

欧米尔　　我想你会无言答对我的，（向藏在桌下的丈夫）至少是我这就要干出一桩稀奇古怪的事了。无论如何你可别动火。回头不管我说什么，都不许拦挡我；为了让你心服口服，我既然是这样答应了你，我就要用柔情，因为不如此不行，用柔情使这个伪善心灵摘下他的假面具，我要迎合他的爱情种种无耻的欲望，听凭他那种胆大妄为的心情任意张狂。这是为了你一个人，并且是为了使他格外狼狈不堪，我的心才装作迎合他的希望，所以只要你一认输，我马上就可以停止前进，事情只进展到你所要达到的程度就不再进展。等到你觉得这件事情已进展得够远的时候，你可得出来阻止他那疯狂的热情，来顾全你的妻子，让我来冒险可只能冒到够使你觉悟的程度为止；这与你的利益攸关，你应该自己做主，并且……有人来了。好好蹲着，别让人看见。

第五场
出场人物：答尔丢夫，欧米尔，奥尔恭。

答尔丢夫　有人告诉我说您愿意在这儿跟我谈几句话。

欧米尔　　是的，有几句私话要和您谈谈。不过未说以前您先关上这扇门，先到处去看一看，不要被人捉住。像刚才发生的那种事，这儿可不能再重演一次了。从来也没见过这样被人当场捉住的，达米斯那样做法真让我替您捏了好大的一把汗，您总算看明白了吧，我曾尽力劝他不要那样做，叫他压住他的暴脾气。可是说真的，当时我也真吓糊涂了，会一点没想起反驳他的话，不过靠天保佑，一切反倒因此更好了，倒更觉得安全了。我的丈夫对您的敬仰把这场风暴全给吹散了。他对您不但并没有起疑，并且为了更好地来斗一斗那些不怀好意的种种议论，他偏要咱们时时刻刻老在一起；因此我可以不用害怕受指责，和您关着门一起在这儿待着，也就是仗着这个，我可以对您谈一谈心事，来接受您的热爱，这样说也许有点言之过早吧。

答尔丢夫　这番话真有点令人不容易明白，太太，您方才说话可不是这个语气啊。

欧米尔　唉！如果刚才那样的拒绝竟会使您恼怒，那么您真可算是不懂一个妇人的心了！您会看不出这颗心的言外之音吗？您没觉得当时抵拒您的时候是那样微弱无力吗？在那种时候，我们的贞操观念老是和人们给我们的温情作斗争的。无论我们觉得那个控制我们的爱情是有多大的理由，可是由嘴里坦白承认这个爱情，总还觉得有点害羞；所以最初总是先加抵拒；不过从当时抵拒的神气来看，就已足够让人知道我们的心已是被征服的了；为了面子关系我们的嘴还在违背着我们的心愿说话，可是那样的拒绝早已等于把一切都答应了。我对您说的这番话无疑是一种过于放肆的自白，从我们女人的贞操方面来看，未免有点太不给自己留余地。不过话已经是冲口说出了，爽性说个明白吧。如果对于您贡献给我的心，我没有一点意思，我又怎能那样关切地去劝阻达米斯呢？我又怎能那样和颜悦色地从头到尾听完了您的情话？我又怎能像大家所看见的那样对待这件事呢？并且当我亲自强逼您拒绝他们所提的那门亲事的时候，您心里还不明白我那种要求究竟是什么意思吗？那不就是表示了我对您的关怀和因此可能受到的苦恼吗？因为那门亲事如果成功，我原想整个儿得到的那颗心就得与别人平分享受了。

答尔丢夫　太太，我能够听见从我所爱的嘴里说出这番话来，当然是一桩极端甜美的事。您这几句甜蜜蜜的话把我从来没有尝过的一种芳香川流不息地输进了我的全身毛孔里面；能够得到您的欢心，原是我一向所寻求的幸福；现在居然蒙您这般垂爱，我的心实在满足万分了，不过这颗心，请您准许它胆敢对于这种幸福还有点怀疑，因为我很可以把这些话当做是一种手段：无非是要我来打破正在进行中的那个婚姻。跟您痛快说吧，如果不给我一点实惠、我一向所希望的实惠，来替这话作担保，使我的心能够永久相信您对我的好情好意，我是绝不能听信这么甜美的话的。

欧米尔　（咳嗽一声，为关照她的丈夫）怎么？您竟这样性急，一下手就要挤干一颗心的柔情？人家正在向您倾诉最甜蜜的情意，可是在您看来还觉得不够，总得逼得我把最后的甜头也拿给您，才能让您心满意足！

答尔丢夫　一种好处，我们越自问不配得到手，就越不敢希望它。我们的希望光凭一套空话是很难安然放心的。这样一种充满了光荣的好运气真有点叫人难以置信，所以我们必须在实际享受之后，才能深信不疑；我相信，我是不配得到您的慈悲的，因此我很怀疑我的胆大妄为竟会真的达到了幸福的目的；太太，您若不弄出点真实的东西让我的爱情火焰心服口服，我是任什么也不能相信的。

欧米尔	天呀！您的爱情行出事来可真像个暴虐君王，把我的精神已经弄得颠颠倒倒了，它又多么疯狂地辖制着我的心！它又多么狂暴地要求满足它的欲望！怎么？您已经把我逼迫得无法躲避，您可连一点喘气的工夫都不给人家留下，您竟这样丝毫不放松，要什么就得马上到手，一刻也不准迟缓；您知道人家已爱上了您，您就利用这个弱点加劲地来逼人，您想想这样合适吗？
答尔丢夫	如果您真是用慈悲的眼光来看我对您这份爱慕的意思，那您为什么还不肯给我那种确实的保证呢？
欧米尔	不过真的答应了您所要求的那件事，又怎能不同时得罪了您总不离口的上帝呢？
答尔丢夫	如果您只抬出上帝来反对我的愿望，那末索性拔去这样一个障碍吧，这在我是算不了一回事的，不应该再让这个来管住您的心。
欧米尔	不过上帝的御旨是让人家说得那样的可怕。
答尔丢夫	我可以替您除掉这些可笑的恐惧，太太，并且我有消灭这些顾虑的巧妙方法。不错，对于某些欲望的满足，上帝是加以禁止的，不过我们还可以和上帝商量出一些妥协的办法。有一种学问，它能按照各种不同的需要来减少良心的束缚，它可以用动机的纯洁来补救行为上的恶劣。这里面的诀窍，太太，我可以慢慢教给您；只要您肯随着我的指示去做就成了。您尽管满足我的希望吧！一点用不着害怕，一切都由我替您负责，有什么罪过全归我承担好了。您咳嗽得很厉害，太太。
欧米尔	是的，我难受极了。
答尔丢夫	这儿有甘草糖，您要吃一块吗？
欧米尔	我的伤风无疑地是一种顽固的恶伤风；我知道世界上任何什么药也治不好我的病。
答尔丢夫	这当然是很讨厌的。
欧米尔	是的，简直没法儿说。
答尔丢夫	说到最后，您的顾虑是容易打消的。您可以放心，这儿的事是绝对秘密的。一件坏事只是被人嚷嚷得满城风雨的时候才成其为坏事；所以叫人不痛快，只是因为要挨大众的指摘，如果一声不响地犯个把过失是不算犯过失的。
欧米尔	（又咳嗽）说了半天，我看出来我不答应是不行的了。必须把我的一切都给了您，如果不这么办，我就别想让您心满意足，别想让您心服口服。当然，逼得非走这一步不可，是很讨厌的；我跨过这一关，实在是身不由己；但是，既然有人一定要逼着我这么办，既然我不管说什么他也不肯信，非得要更确凿的证据不可，那末我只好下了决心听人去摆布了，如果答应这样办，本身会有什么害处，那就是逼着我这么办的人，他自己活该倒霉，有什么错处当然不能派在我身上。

答尔丢夫　是的，太太，有人负责的，这个事本来就……

欧米尔　　您把门打开一点儿，请您看看我的丈夫是不是在走廊里。

答尔丢夫　您又何必对他操这份心呢？咱们俩说句私话，他是一个可以牵了鼻子拉来拉去的人，咱们这儿谈的这些话，他还认为是给他增光露脸呢，再说，我已经把他收拾得能够见什么都不信了。

欧米尔　　不管怎么样，还是请您出去一会，在外面到处去仔细看一看。

第六场

出场人物：奥尔恭，欧米尔。

奥尔恭　　（从桌下出来）这真是一个万恶的坏人，我承认了。我真没想到，这简直是要我的命。

欧米尔　　怎么？你这么早就出来了？你这不是拿人开心吗！赶快回到桌毯底下去，还没到时候呢；你应该等候到底，索性把事情看个水落石出，不要单单凭信那些揣测之词。

奥尔恭　　不用了，地狱里跑出来的魔鬼也没有他这么凶恶。

欧米尔　　天啊！你不应该太随便轻信一宗事。你把证据看清楚了再认输，你可别心急，免得把事情看错。（她把丈夫拉在身后）

第七场

出场人物：答尔丢夫，欧米尔，奥尔恭。

答尔丢夫　太太，一切都帮着我来满足我的希望；我亲眼把这一部分房子全看过了；一个人也没有；我真快活死了……

奥尔恭　　（拦住他）慢来，你太听从你的情欲了，你先别这么冲动。哎哟！好一个善人，你真想骗我！你的心灵竟这么经不住诱惑！你又打算娶我的女儿，又来勾引我的妻子，我一向本是不相信别人说的话是真实的，并且我总以为早晚他们会改变他们的说法；可是现在不必再往下追求证据了，这就够了，我用不着更多的证据了。

欧米尔　　（向答尔丢夫）依我的脾气，我是不愿意这么办的，不过他们要我这样对待你。

答尔丢夫　什么？你以为……

奥尔恭　　算了吧！用不着嚷嚷。马上给我滚蛋，别让我费事。

答尔丢夫　我的计划是……

奥尔恭　　你那一套一套的议论全都过了时啦，你马上给我离开这儿。

答尔丢夫　别看你像主人似的发号施令，可是应该离开这儿的却是你；因为这个家是我的家，我回头就叫你知道，要叫你看看用这些无耻的诡计来跟我捣蛋，那叫瞎费心力；未侮辱我以前你倒是先想一想有这份本事没有呀？我有的是法子来戳破你们这条奸计，来惩罚你们这些人，并且要替被侮辱的上帝复仇，叫那个要撵我出去的人后悔都来不及。

第八场

出场人物：欧米尔，奥尔恭。

欧米尔 　这是什么话？他这是什么意思？

奥尔恭 　说真的，我真没办法了，这可不是闹着玩的事。

欧米尔 　怎么了？

奥尔恭 　我看出我错就错在他说的这番话上，赠送产业的事让我为了难。

欧米尔 　赠送产业？

奥尔恭 　是的，这是一件无可挽回的事了。不过我还有别的事更让我不放心呢。

欧米尔 　什么事？

奥尔恭 　你将来全会知道的。不过现在咱们先得去看看有一个小首饰箱是否还在楼上。

（选自《伪君子》，莫里哀著，赵少侯译，人民文学出版社，2002年版。）

○ **思考题**

1.分析这段节选中通过怎样的设计撕开了答尔丢夫的伪善面目。

2.分析这段节选之于全剧的叙事结构与主题表达的作用是什么。

（景虹梅　选文）

电影剧本　霸王别姬（节选）

本片导演陈凯歌是中国第五代电影人的杰出代表之一，另有电影代表作《黄土地》《孩子王》等。

电影《霸王别姬》曾在1993年获得法国戛纳国际电影节金棕榈奖，成为首部获此殊荣的中国影片。影片改编自李碧华的同名小说，主要内容是：段小楼和程蝶衣从小在戏班一起长大，两人以一出《霸王别姬》名满京城。饰演"虞姬"的程蝶衣对"霸王"段小楼感情至深，台上台下，程蝶衣痴迷到人戏不分。后段小楼迎娶名妓菊仙为妻，被程蝶衣认定为背叛。三人长达几十年的纠葛在时代风云的巨变之下以菊仙的自尽结束，程蝶衣在与段小楼重演一场《霸王别姬》后幡然醒悟，最终以剑刎颈。

小癞子之死

20. 关家科班门口胡同　春、日、外。

晴朗明媚的春日中午。

天空澄兰碧透，阳光和熙。几只风筝在高空的远处悠荡着。

孩子们慵慵欲眠，话音儿也像是在说梦话。

他们三个一堆五个一群在晒太阳，有的捉虱子搔背，有的抓羊拐儿，有的叽叽喳喳地聊大天。小石头坐在一只板凳上监守门口，给小豆子夹袄挤虮子，小豆子光着脊梁晒太阳，眼迷成一条缝儿。

群鸽飞翔而过，带来阵阵悦耳的鸽哨声。孩子们的头随着鸽子转动，看着它们消失在天边。

胡同传来清亮悠长的吆喝声："小枣儿混糖儿的豌豆黄嘞哎。"

几个学徒挑逗小癞子："小癞子，你吃过豌豆黄吗？"

小癞子（不屑）："豌豆黄算个屁！"

孩子："吃过驴儿打滚么？盆儿糕么？"

小癞子："天下最好吃的，冰糖葫芦数第一，我要是成了角儿，天天拿冰糖葫芦当饭吃！"

外面传来小贩的卖声："葫芦冰糖的，蜜嘞糖葫芦嘞哎！"

声音在回荡着，似乎近了。孩子们不吱声，定定地瞅着小癞子。

小癞子："甭这么瞧着我，朕又不是冰糖葫芦。"

一小孩："小癞子，你流哈拉子了。"

小癞子擦去涎水一看："那是朕的龙涎！"

小癞子起身扒着门缝向外张望，被小石头揪了回来。

小癞子兴奋地用手比划着："嘿哟，这么大个儿的风筝，一堆呐！"

孩子们一窝蜂地涌向门口，争先恐后地扒着门缝向外瞧，看不上的就央求小石头："大师哥，师傅又不在，您就开开门让我们瞧瞧吧，求求您啦！就开一下！"

小石头两眼一翻，做掠发髯动作，用花脸声腔道："只此一回么？"

众孩子："一回，就瞅一眼！"

小石头卖关子："你们何不跪下，三呼万岁，待孤细细思量。"

孩子们齐齐跪下，效仿戏台用韵白呼道："大王万岁万万岁！"

小石头长叹一声道："唉，念天下苍生可怜，也罢，让你们得些快活便是了。"

小石头打开大门，孩子们哗地挤满门口引颈翘首往外张望。

胡同巷里，七八个小学生举着大风筝相互追逐，欢叫着奔跑过来。

阳光照耀下的风筝斑斓多彩，大沙雁、大蝴蝶、黄鹤子纷展艳丽。

小癞子蔫不溜出像条泥鳅般溜出大门，跟着小学生屁股后就跑。

他突然喊道："小豆子，快跑！"

胸腹光裸着的小豆子片刻一愣，懵然未醒地跑出门，先往左，又往右跑去。

小石头跳过门坎关紧门，追了过来，厉声叫喊着："回来！给我回来！"

小石头和小豆子距离数丈突然都站住了，直面相对。

小癞子："小豆子跑呀！"

小豆子凄然一笑："师哥，枕席下那三个大子儿，你别忘了！"

小石头如嚼五味，万般无奈地看着小豆子，顿了一下脚，把手中的夹袄扔过去。

小石头："你废了，滚吧！"

小豆子拾起夹袄和小癞子狂奔而去，一溜烟地消失在胡同口。

21. 戏园子大街　春、日、外。

小豆子和小癞子的脸在五彩缤纷中出没，随着风筝飘到大街上。

两张小脸离开了风筝，自寻快活。

春天的街摊繁华似锦，生机盎然。

两张孩子的小脸像游鱼般出没在琳琅满目的货品其间，他们游荡着、盼顾着。

玻璃瓶里的各色蜜饯果脯；红艳艳的京糕；旋转着的彩色风车；兔儿爷布娃娃；手捏面人儿；糖稀动物；驴皮影人儿；木制刀枪兵器；纸扎的仙神道；着装的木偶人儿……

小豆子在绣货摊前流连盼顾，小癞子过来对他神秘地一笑，从袖筒里掏出一支冰糖葫芦来。小豆子伸手要接，小癞子又藏回袖里，念白说："这叫有志者事竟成，呼哈哈哈，遂了朕的心愿！"

小豆子："哪来的？"

小癞子（得意地）："买的，你那三个大子呀，小石头甭想花了，让朕受用吧。"

小豆子犯傻，小癞子拉他前去，说："一串十个，我给你俩，怎么了您？"

小豆子："我……我憋了一泡尿。"

小癞子："大街上可不兴撒尿，往裤挡里尿吧。"只听鞭声僻叭，几辆盖顶包厢玻璃窗的骡车驶来，磷磷作声地轧过路面向戏园子驶去，车厢后尾架着描金朱漆戏箱，跟包的一路小跑。俩孩子闪身躲开。

车里人被认出来的："嗬，王老板今儿出台子来啦？"

闻讯人群犹如炸窝，街面一时大乱，店铺里的人纷纷出来瞻仰名角，围着骡车涌向戏园子，俩孩子也尾随而去。

"听戏去！今儿死到戏园子里也值当了！"

"走走走，宁停生意三天，不误赏戏一时，大名角儿呀！"

戏园老板那爷一脸喜气，领着手下迎出来。他笑成了弥勒佛，转身挽扶着名角儿下车。

那爷："您老今可是星宿下凡了。您老一声喷嚏，敝园就是满堂生辉。今儿不挤出人命来就是上上大吉！（吩咐）去！挂王老板的头牌去。"

两孩子看见在显赫的场面中披着青缎斗蓬的名角儿被前呼后拥地迎进后门。

人们潮水般涌进戏园子，俩孩子身不由己地被席裹进去。

22.戏园子　春、日、内

小豆子和小癞子瞠目结舌，仿佛突然进入了缤纷梦境。

金色的阳光从天窗倾泻下来，戏园沉浸在一种奇异的气氛里：丹楹刻楠，雕梁画栋，花栏兽柱，芸芸戏众，一时间都变得雾里看花般朦胧。

唢呐声高亢入云，小豆子朝戏台望去。

戏台的半边被笼罩在阳光中，只见台帐门帘上的龙舞鱼曼、蜀锦吴绫上的奇花异卉，在金色的光尘里变得迷离深远。

（方形的戏台两侧台柱上楹联——

左书：学君臣学父子学夫妇学朋友汇千古忠孝节义重重演出漫道逢场作戏；

右书：或富贵或贫贱或喜怒或哀乐将一时离合悲欢细细看来管教拍案惊奇。

台上横匾是四个大字：盛世元音）

在"急急风"的紧锣密鼓中，马童翻飞出来，一连十几个轻巧如燕的筋斗后站定。一声长啸，楚霸王背身出场亮相。

台下喝彩声骤起。

霸王身着黑金蟒靠，背缚四面靠旗，凛凛雄态如神傲立。

小豆子眼睛瞪圆，看呆了。

九里山大战开场，汉军八员上将成环形困住霸王团团旋转，旌旗飞舞，满台绚熳。

小癞子被人遮挡，急得抓耳挠腮，末了不由分说地扒上小豆子肩上，说："驮着我，待会儿我驮你！"

舞台上羽饰盔缨闪现，靠甲袍铠出没，金绣银织忽隐忽现。

观众叫好鼓掌声一波未平一波又起。小癞子在小豆子肩上忽然哭起来，抽泣得坐立不稳竟跌失下来。他断断续续地悲号着："呜……他们怎么成得角儿啊？呜……挨多少打呀？呜……得挨多少打呀？呜……"

楼下已无孩子的立锥之地，俩人手牵着手又钻到楼上的包厢里，这里也是满谷满坑的人。小豆子趴到小癞子肩上朝下看去，霎时触目惊心。

八般武器压在霸王的大枪之上，八张花脸逼视着霸王，或蝶翅燕翼，或云雷火焰，霸王金眼环动，一声爆喝挺腰奋臂，八员上将力不能支，被霸王逐个"打枪背"凌空击倒，落荒而逃。

观众们疯了，炸了窝似的喝彩。小豆子泪水莹莹地凝视着楚霸王，那是永生不渝的一瞥。小癞子的脸上水流如溪，他困惑地擦擦脸，问小豆子："唉，怎么个意思？"

小豆子仍在醉痴之中，抹了一下鼻涕。

小癞子颠着小豆子："你干嘛尿我一脸？！"

小豆子突然如似晕厥，从小癞子肩上栽了下来，五光十色的舞台，整个世界都在他面前旋转着翻了个儿。

小豆子睁开眼，拉起小癞子就跑。

23. 戏园子大街　春、黄昏、外。

小豆子还沉醉在戏中，仿佛身不由己地向前走着。小癞子在后边追着他，说："小豆子咱这是哪儿去啊？你怎么啦？想小石头了吧？"

小豆子忽然像脱缰之马撒丫子就跑，小癞子只得跟着他跑去。

24. 关家科班大门胡同　春、黄昏、外。

俩孩子拐进了胡同，脚步放慢了。

小癞子在小豆子后面唠唠叨叨："我就知道你要回来，离了小石头你就活不了了……回去你又得挨刀胚子，……我反正不怕，我早挨皮实了，师傅打我跟挠痒痒似的，……我把冰糖葫芦一吃准开窍，开了窍就是角儿！我怕谁呀！……你怎么办？……"

俩人站在科班大门口，心虚了，院里传来一阵读诵班规声，门缝里忽然伸出一个脑袋：是把式爷。

小癞子掉头就跑，撞在了回来的老师爷身上。

老师爷一声惊叫："好你们两个，吃了豹子胆啦！"

25. 关家科班　春、黄昏、外。

科班院内气氛肃杀。

满院里放了几十条板凳，每条板凳旁跪着一个孩子，众学徒神色恐惧地听着把式爷念班规："在班结党者，罚；背班逃走者，罚！"大家都退下裤子趴在板凳上，关师傅轮流抽打屁股，挨过打的都尖叫一句"打得好"，只听集体背班规、挨打的尖声此起彼伏，连成一片。

小豆子和小癞子被拎捉到墙下，小豆子看见小石头提着一只水桶放到关师傅面前，里面放着七、八把刀胚子，小石头退下裤子趴在板凳上。

关师傅神情冷峻，从水桶里拔出一柄刀胚子，憋足了气抽下去，小石头猛然一颤，刀胚子上水花四溅。

关师傅紧绷着脸抽打着，小石头每挨一下都应一声："打得好！"关师傅的脸变紫胀，突然开口："你反了你！你反了你！我让你放人跑！我让你放人跑！"关师傅越打越气，不觉抽打已失去分寸："你开门放人，还把袄儿递过去，你反了你！你挖台子塌到我头上来了！"

小石头疼得目眦俱裂，连连告饶："再不敢了，师傅再不敢了，饶了我吧，饶了我吧，师傅，师傅，打死我也不敢放人了！"小石头突然像一只被逼急了的兔子凌空落滚翻地，提起裤子就跑。

关师傅穷追不舍，在长廊尽头把他堵住，顺手操起练功架上的一柄大斧："今儿不治死你，这科班就得让你搅散了摊！"关师傅举起大斧，看见小豆子站在了小石头前面。

小豆子怯怯地盯着高悬在顶的大斧，悄声儿说："……师傅……是我自个儿跑的，……师哥没放我……"

关师傅怒吼："你……滚开！"

小豆子往后退了两步，说："……是我自个儿跑的……师哥没放我……"

关师傅："还串供包庇！你就是祸根子！"

关师傅扔掉大斧，一把将小豆子挟起便走，按倒在板凳上，撕掉他的裤子，从桶里操起一把刀胚子重重抽打。

水沫飞溅，只三四下刀胚子就一断为二节，关师傅又拔出一把刀胚子狠狠打下去。

小豆子用牙齿咬住了板凳边儿，死不吭声，关师傅被他的沉默激得火上浇油，刀胚子抡得更加凶狠。

孩子们人人自危，惴惴恐惧，垂下头去莫敢正视。把式爷和老师爷也惊得目瞪口呆。

关师傅："今儿要么你死！要么科班散伙！"

抽打声使人心悸肉颤。小癞子偷偷地溜进了练功棚。他神情古怪地掏出冰糖葫芦，一口一个放进嘴里，使劲咬嚼，吃相果决蛮横，连果核一起吞下，边吃边向活动板下走去。

小石头噗通一声向关师傅跪下，对着小豆子大喊："小豆子你给师傅认个错，说打得好呀！说呀，打得好！"

小豆子双目紧闭，仍不开口。

小石头哀求他："小豆子你开口呀！说打的好呀！"

刀胚子又断了，小豆子的沉默使关师傅也断了退路，他又抽出一把刀胚子。

关师傅只反复地吐念着一句话："今儿要么你死要么科班散伙！"

飞舞着的刀胚子上沾满鲜血，溅到小石头的脸上。小豆子如似一具死尸，没有反应。

小石头疯叫着拦住关师傅："小豆子让你打死了！"

关师傅回手抽了小石头一刀胚。一股鲜血从小石头的眉毛处渗出来，倾坠而下。

小石头一头向关师傅撞过去。关师傅岿然不动，小石头打了一个滚从水桶里操起两把刀胚子，朝关师傅头上掷去。他又操起一块砖头，口吐白沫儿嗷嗷叫着要与关师傅拼命，被把式爷按住。

老师爷颤颤巍巍地拦住盛怒中的关师傅，他神色怪异，手指着练功棚，口齿磕磕绊绊。

老师爷："……关爷关爷打不得了，……关爷关爷出事了，咳，出事了，……出大事了！咳！"

关师傅气喘如牛，余恨未消地跟老师爷向练功棚走去。

孩子们纷纷向练功棚张望，霎时万籁无声。

小石头抹了一把脸上的血，突然起身狂奔，向练功棚跑去。

孩子们如群鸟惊起，"哗"地尾随小石头而去。

"同光十三绝"像下的练功板上，小癞子直条条地吊死在绳索中，他张着蛤蟆嘴对天嬉笑，手里还紧紧攥着冰糖葫芦的竹签儿。

吊绳在渐渐下坠，小癞子手中的竹签儿掉到地上，两颗艳红的糖葫芦滚开，"砰"的一声震响，练功板轰然倒地。

26. 关家科班练功棚、胡同　春、日、外。

几个杠夫把一口薄坯棺材抬上一辆小驴车。

孩子们站在花门里，怔怔看着小驴车驶出院去。

小石头从宿舍里跑出来，他眉心中贴着膏药，抱着小癞子的被子追出院门。小豆子也追了上去，在大门口站住，他看见小石头把被子盖到棺材上面。

被子滑落下来，小石头又跑了几步把被子铺盖妥当。

驴车远去，小石头趴在地上，对着驴车拜了几拜。

喊嗓声从远处悠然飘来。

27. 陶然亭　春、晨、外。

飞雪如絮。

喊嗓声起伏飘荡，如泣如诉，如同哀歌。

旷野上，孩子们练功的身影渺如蝼蚁。

（根据网络剧本资源和影片整理。）选文标题为编者所加。

京剧·梅兰芳
《霸王别姬》

◯ 思考题

1. 结合小癞子的人物形象思考他明明声称不怕挨打，又为什么会自尽。

2. 小豆子明明可以离开关师傅的戏班，为什么又突然决定回去了？

（景虹梅　选文）

［伊朗］电影剧本·小鞋子（节选）

本片导演马基德·马基迪是伊朗著名导演、编剧、制片人，另有电影代表作《天堂的颜色》《巴伦》等。

电影《小鞋子》讲述了穷人家的小孩儿阿里不慎弄丢了妹妹唯一的鞋子，为了避免父亲的责罚，阿里央求妹妹为他保密，并答应一定找回她的鞋子或给她一双新鞋。兄妹俩于是每天替换着穿阿里的鞋子去上学。阿里偶然得知全市长跑比赛的第三名可以拥有一双新运动鞋后，苦苦哀求体育老师让他参加比赛并保证能够获奖。只想得季军的阿里却阴差阳错地在比赛中获得了冠军。以下选文是全片的高潮部分，展现了阿里从想方设法参赛到比赛过程中紧张激烈的身体运动和心理活动，结尾处意外的结果和反差对比给影片留下了回味无穷的思考。

冠军的眼泪

傍晚·内景·男校大厅

下课铃响了，男生们一窝蜂地涌下楼梯，阿里也在其中。

大厅里，体育老师正在往墙上贴布告，学生们围拢在他身后看着。

一学生："老师，上面没有我的名字。我没通过吗？我表现得很好呀。"

另一学生接茬儿道："我也没有被选上。"

体育老师转过身来："有什么可抗议的？总不能全都选上吧。每个学校只有五六个名额。下次好好努力吧。"说完，扒拉开学生向外走，"来，让我过去"。

学生们对着布告大发议论。

一男孩："他们可真好，可以到蓝萨玩两周，真好。"

另一男孩："泰奇·萨达也入选了，你看。"

一直在后面看热闹的阿里这时也挤到前排看起来。只见布告上写着——头奖：两星期度假营、运动服一套；二等奖：两星期度假营、文具用品；三等奖：一星期度假营、球鞋一双。

"球鞋一双……"阿里在心里默默叨念着。

白天·内景·教师办公室

阿里敲门进来，站在门口举起手："报告！"

"进来吧。"体育老师站在桌前，正往本子上记着什么，"什么事？"

阿里走到他跟前："我想参加赛跑。"

体育老师："真的？你来得可真早。"他合上本子，将它放进身后的铁皮柜里，"你早干吗去了？睡过头啦？"

阿里："我忘了，老师。"

体育老师摘下哨子放进小柜里："你的机会没了，下次别再忘了。"

阿里："老师，我想参加这次比赛。"

体育老师："不行。"

阿里："拜托了。"

体育老师："不行。"快要下班了，他开始收拾教具。

阿里："我好想参加这次比赛。"

体育老师毫不通融："这不是你能决定的。你错过了选拔，报名截止了。"

阿里："拜托，让我参加好不好？"

体育老师将足球放进柜子，烦躁地挥挥手："你烦不烦？我说不行就不行！你走吧！"说罢，转过身去关柜门。

突然，身后传来阿里带着哭腔的声音："求求你了，老师，我保证一定赢。"老师掉过头，见阿里眼里噙满泪花，不觉动了恻隐之心。

阿里顿了顿，又央求道："拜托啦，老师，帮我报名吧。我跑得很快，一定可以打败所有的人。拜托帮我报名好不好？"说话间，眼泪已止不住"哗哗"地流了下来。

白天·外景·学校操场

阿里飞快地在操场上跑着，几圈之后，体育老师按下了秒表，脸上流露出欣喜之色。他在本子上记录下阿里的成绩。

白天·外景·阿里家外

阿里轻快地跳下家门前的高槛，冲进院子。

白天·外景·阿里家院内

阿里跑到妹妹跟前，喜悦之情溢于言表："莎拉，好消息！"

莎拉正在水龙头边刷木桶："什么？"

阿里喘着粗气坐在水池边："我被选上参加赛跑了。"

莎拉也坐下："什么赛跑？"

阿里："长跑。第三名可以得到一双新球鞋。"

莎拉："为什么是第三名？"

阿里："第一、二名有别的奖品。"他停顿了一下，发自内心地笑起来，"假如我跑第三名，球鞋就送给你"。

莎拉："可那是男生的鞋。"

阿里："我再拿去换成女鞋不就行了。"

莎拉还是有些担心："要是你没拿到第三名呢？"

阿里："放心吧，我有把握。"莎拉也被哥哥的兴奋感染着，高兴地笑起来。

白天·外景·长跑赛场

参加长跑比赛的各校男生在空地内做着准备活动。

一辆蓝绿色的厢型车开进来，阿里所在学校的校长及体育老师从驾驶室出来。

"叫男生准备，快来不及了！"校长边喊，边向会场跑去。

"快点下车。快，快点！"体育老师催促着站在后车厢上的六位学生，同时将比赛服发给他们，"把衣服脱掉，动作要快。"

阿里大概是头一次参加这种比赛，他一下车便愣愣地打量着空地上的人群。参赛的选手有不少是由家长陪同来的，而且从他们的衣着打扮上看得出家境大都不错。母亲们有的在帮孩子做准备活动，有的在给孩子拍照留影，还有的在帮孩子系裤带……体育老师走过来拍拍阿里的肩膀，将运动服递给他，并敦促道："快点。"

家长们还在为孩子们忙活着，一位父亲甚至蹲在地上为儿子系鞋带。

阿里换好运动服，猫腰将鞋带系紧了一些。

比赛就要开始了。选手们聚集在起点，约摸有千八百人。

裁判举着喇叭在前面喊话："各位同学请注意，赛程有4公里，终点线在湖对岸。不要推挤别的选手，胜败并不重要，重要的是运动精神。祝你们一切顺利。各就各位，一、二、三……"他打响了信号枪，选手们蜂拥着冲了出去。

他们沿着蜿蜒的盘山道奔跑起来……渐渐地，距离拉开了。

湖边，波光粼粼，绿树葱葱。孩子们沿着岸边奔跑。

阿里的脑海里时时浮现出莎拉上气不接下气奔跑在街头的情景。这时，几名选手从他身边跑过，阿里咬牙坚持着，耳边响起与妹妹的对话。

阿里："为什么迟到？"

莎拉："哪有？我跑回来的。"

阿里："鞋子给我，我要迟到了。"

莎拉："球鞋好脏，好丢脸，我不要穿。我再也不穿这双鞋了！都是你，把我的鞋弄丢了。你要找回来，不然我去告诉爸！"

阿里："假如我跑第三名，球鞋就送你。"

阿里："放心吧，我有把握。"

他这样想着，脚底下不由自主加快了速度，超过一个个选手，处于领先地位。

莎拉的声音再次响起："要是你没拿到第三名呢？"

阿里回过头看了一眼，又把脚步放慢了一些，让后面两名选手超过自己，跟在他们后面跑。后面一个男孩极力想超过他，阿里跟他叫着劲儿，就是不让他超过去。男孩气急败坏地拽了阿里一下，他"扑通"一声重重地摔倒在地。阿里顾不得疼痛，立即毫不迟疑地爬起来，拼尽全身气力向前猛冲……到最后的冲刺阶段了，距离终点还有70公尺！50公尺！30公尺！在此等候的观众们沸腾了。

欢呼声、口哨声交织在一起。阿里学校的体育老师和校长也在一旁跑着，为他加油。几位选手的速度不相上下……最后，阿里凭着一股子牛劲率先冲破了终点线。

他一下子瘫倒在地上，后面几位也陆续躺倒在地。

校长一反平时不苟言笑的模样，激动地跑上前来拥抱阿里，亲吻他的额头，语无伦次地说着："万岁，阿里，好棒啊！"

阿里："我是不是第三名？"

校长："什么第三名？你跑了第一。胜利，你是冠军！"他说着，帮体育老师把阿里架到肩膀上。

观众们鼓掌欢呼着，几架摄像机也同时将镜头对准了阿里。

阿里大口喘着气，居高临下看着下方。

家长们有的为孩子脱下鞋子揉脚，有的为孩子送上鲜花……给阿里下绊的那个男孩沮丧地坐在地上，将头埋进双腿。母亲在一旁安慰道："你下次一定会赢。"

阿里将目光转向临时领奖台，一眼便看到那双作为奖品的运动鞋。

"冠军，阿里！"裁判叫着他的名字，体育老师连忙将他放下来。阿里走上前去，盯着那双运动鞋看了几眼，难过地低下了头。

大会主席将奖牌戴在他胸前，正当他从裁判手里接过奖杯准备颁发给阿里时，校长抢先抱了过去。

摄影师在前面喊着："各位，看这边。看这里。"

阿里始终耷拉着脑袋，一点也高兴不起来。相反，怀抱奖杯的校长却显得异常兴奋。

"还有谁要合照？"摄影师问道。

体育老师接过奖杯站在阿里身边。其后，校长又凑过来照了一张。

摄影师："麻烦大家让一让，给他来张独照。"大家闪开，留下阿里一人。他依旧低垂着头。

摄影师："抬头啊，冠军，抬起头。"阿里慢慢抬起头，伤心的泪水再也抑制不住，顺着眼角滑落下来。

摄影师喊道："再来一张。"

白天·外景·街上

阿里的父亲买了一包面粉，从店里走出来。他的自行车就停在外面，车的后架上驮满许多样物品，有蔬菜、日用品……最下面是两双崭新的鞋子。一双玫红色的女童鞋和一双白色的球鞋。

他装好面粉，推起车沿街走去。

白天·外景·阿里家院内

莎拉在水管旁冲洗奶瓶，只听院门"哐啷"一声开了，她循声望去。过了片刻后，阿里才慢吞吞地走出门洞，无精打采地靠在墙上。莎拉满心欢喜地笑了，起身期待着哥哥给她的惊喜。

阿里的裤子被磨破了几个洞，他颓丧地走近妹妹。莎拉看着哥哥灰头土脑的样子，脸上的笑容也随之消失了。她垂下眼帘看了看阿里脚上的脏球鞋，然后抬起头无言地注视着他。阿里面带歉意，深深地叹了口气。

这时，屋里传出弟弟的啼哭声，莎拉连忙抓起奶瓶冲进屋子。

阿里这才如释重负，弯腰对着水管喝了几口水，接着坐在池边将球鞋脱下扔在地上，球鞋的底儿已经被磨烂，无法再穿了。

阿里的脚上磨起了大大小小的水泡，并且已经溃烂。他咬紧牙关强忍住一股股钻心的疼痛，褪去袜子。

阿里把脚泡进水池里，希望以此来暂时缓解一些疼痛。

水中的金鱼渐渐围拢在他的双脚周围，似乎在抚慰着他的伤痛……

（根据网络剧本资源和影片整理。）选文标题为编者所加。

电影《小鞋子》

思考题

1.剧本中对阿里比赛过程的描写突出体现了电影剧本写作的哪些特点？
2.如何理解剧本以最后两小节结尾的用意？

（景虹梅　选文）

［美］电影剧本　乱世佳人（存目）

［美］电影剧本　教父（存目）

［美］电影剧本　阿甘正传（存目）

［中／美］电影剧本　卧虎藏龙（存目）

第五节　经典文艺理论

概述

　　文艺学，是对文学这一艺术形式规律的研究，意在把握文学艺术活动规律及其特性，它包括文艺理论、文艺批评和文艺史三个部分。其中，文艺理论是对作为普遍精神活动的文艺活动本身的研究，它从具体文艺现象中概括出具有普遍性意义的认识，而文艺批评和文艺史则是对具体文艺作品的研究，前者面对具体文艺现象时运用特定的知识作出评价，后者以翔实的史料去阐明某种文艺历史现象的规律和特性。这三个部分互相包容，其中文艺理论以文艺史的素材和文艺批评的成果为基础，而文艺史和文艺批评又离不开文艺理论普遍原理的指导。

文学艺术作为人的本质力量的对象化活动，包括世界、作家、作品、读者四个核心要素。围绕着这四个要素，人们对文艺进行的理论探究主要涉及文艺发展论、文艺本质论、文艺创作论、文艺作品论、文艺接受论。其中，文艺发展论探讨文艺活动的历史发生、发展过程及其规律、特性；文艺本质论探讨文艺之为文艺、以区别于人类其他精神活动的独特本性；文艺创作论探讨作家如何根据生活进行文艺创作的过程和规律；文艺作品论探讨文艺的体裁、题材、形象、语言、结构、风格及手法等构成要素及其相互关系；文艺接受论探讨读者对文艺作品的阅读、鉴赏、批评等接受活动的过程和规律。

文艺活动具有双重的意向：一方面，文艺是人类的一种精神性活动，它是以文艺作品为载体，在作家与世界、作家与读者、读者与世界之间通过语言符号所实现的心理转换与信息传递；换言之，文艺作品是对世界的形象化，作者和读者通过文艺形象建立起与世界普遍的精神联系。这一意向过程最终表现为"文艺创作—文艺作品—文艺接受"这一流动系统，从这一意向过程所展开的文艺研究的理论形态表现为文艺哲学、文艺心理学、文艺符号学以及文艺信息学等。另一方面，文艺又是人类的一种物质性活动，文艺是作家对文艺作品的生产活动，是读者对文艺作品的消费活动。文艺具有对人而言的各种价值效用，其生产和消费的内容是文艺作品所具有的社会价值、艺术价值以及广义而言的文化价值。这一意向过程最终表现为"文艺生产—作品价值—文艺消费"这一流动系统。从这一意向过程所展开的文艺研究的理论形态表现为文艺社会学、文艺价值学、文艺文化学等。

文艺活动的双重意向其实是对文艺双重价值的反映。文学作为一种艺术形式，首先具有内在的存在价值。宗炳倡导的"畅神而已"观念，可谓得其精髓。尼采对身体主体性的高扬，表明文艺创作必须是感发自身体的强力意志，而萨特把存在置于本质之前，使得文艺创作成为人之存在的意义创造行为。在王国维看来，能够真诚地面对自身、真诚地面对世界，才能称之为有境界；有境界才会有好作品。如此的观念、意志、意义和境界等，沉淀在作者这里就构成了所谓的才气。正如曹丕所说，"文以气为主"。作者本人的禀性气度、情感气质、德操志趣直接决定着文艺作品的气韵流动。作者与世界的这种无遮蔽的共在状态落实在文艺创作中，谓之神思。"盖文章，经国之大业"，文学艺术还有着外在的社会功用，这种功用在中国传统语境中被称为"道"。虽然"文自有理"（章学诚），但文与道确乎不可分离，正所谓"文与道俱"（欧阳修）。"成教化，助人伦"，确实是文学艺术必然要承担的社会功用。毛泽东指出，"文学家艺术家，必须到群众中去"，这才是文艺创作"最广大最丰富的源泉"。我们固然要谨防轻视文艺内在价值的"文以载道"（周敦颐）理念——类似柏拉图基于理想城邦构建而对文艺进行全面审查的举动已有过激之嫌，但我们必须要始终秉承"文以明道"（韩愈）的理念，积极发挥文艺的正向社会价值。

从事文艺理论的学习与研究，需要把握马克思主义文艺理论、中华传统优秀文艺理论和国外文艺理论等思想资源。

马克思主义文艺理论既是文艺理论的指导思想，也是文艺理论中最为宝贵的思想资源，包括马克思主义经典作家文艺思想、马克思主义文艺理论中国化的成果，特别是习近平新时代中国特色社会主义思想中关于文艺的重要论述，这是当前文艺理论的主体内容。

中华传统优秀文艺理论源远流长，形成了独特的思维方式、范畴体系、方法论架构和表述文体等，其中所蕴含着的中华美学精神和民族气质、民族精神可以为当前文艺理论的探索提供源源不断的智慧之源。特别是近代以来，一大批文艺家对文艺理论的探索在继承前人的基础上开拓创新，以充满现代精神和民族精神的作品奠定了新的文艺理论传统，这是中国对世界文艺理论发展作出的独特而又重要的贡献。

国外文艺理论历史悠久，从古希腊罗马时期的文艺理论、中世纪及文艺复兴时期的文艺理论、新古典主义文艺理论到近代以来的启蒙主义文艺理论、浪漫主义文艺理论、现实主义文艺理论、自然主义文艺理论，再到20世纪之后的各种现代主义文艺理论、后现代主义文艺理论等，理论形态流派纷呈。这些国外文艺理论植根于它们的民族文化土壤之中，不乏积极成果，我们要能够加以科学分析、批判和鉴别，汲取其中的精华。

在马克思主义的理论指导下，对文学这一艺术形式进行理论研究强调实践性。文艺理论是随着文艺实践的发展而发展的。一方面，它是对文艺实践的总结，从文艺现象中抽象出具有普遍性或共同性的特征，形成对文艺活动的规律性认识；另一方面，它要回到文艺实践中接受检验，对新的文艺活动发挥特定的规范或引导作用。我们既要坚持从文艺实践中总结而来并被实践证明了的文艺基本原理，又要能够适时地根据文艺实践的变化而不断地更新和完善文艺的理论。作为意识形态的一种表现方式，文艺理论有着鲜明的价值取向，它以广大人民的审美趣味和审美理想为旨归，符合科学的研究范式，回应现代性的时代诉求。新时代文艺理论需要在马克思主义的指导下，坚持"古为今用、洋为中用"，通过对各种思想资源的融通，服务于新时代中国特色社会主义文艺理论的学科体系、学术体系和话语体系的构建。

参考文献

［1］本书编写组.西方文学理论［M］.2版.北京：高等教育出版社，2018.

［2］童庆炳.文学理论教程［M］.5版.北京：高等教育出版社，2015.

［3］董学文.西方文学理论史［M］.北京：北京大学出版社，2002.

思考题

1.请简述文学活动的双重意向。

2.毛泽东文艺理论是毛泽东思想的重要组成部分，是马克思主义有关文艺理论在中国的新发展，请参考《在延安文艺座谈会上的讲话》一文，简述毛泽东文艺理论都包括哪些内容，并谈谈新时代的文艺理论发展路线。

3. 结合本书中关于中国古代文艺理论的相关文本，谈谈文学创作的基本过程。

4. 结合《画山水序》，试思考山水画的出现在我国古代艺术史上具有什么意义？

5. 柏拉图如何看待音乐教育与体操教育的关系？为什么要先进行音乐教育，然后再进行体操教育？

（蒋小杰　撰写）

［三国　魏］曹丕　典论·论文

曹丕（187—226），字子桓，三国时期政治家、文学家。《典论》一书是曹丕的得意之著，裴松之《三国志》注引胡冲《吴历》云："帝（曹丕）以素书所著《典论》及诗赋饷孙权，又以纸写一通与张昭。"魏明帝太和四年（230年），曾将《典论》刻石六碑。全书原有20篇，约在宋代亡佚，《论文》一篇因被萧统选入《文选》得以保留。《论文》是中国文学史上第一篇严格意义上的文学批评论文，是六朝文学理论的发轫作品之一。《论文》的中心是讨论作家的才能与个性，它的一大贡献是提出文气说，"文以气为主"，强调作者的才气对于文章创作的关键作用；肯定文章的政治功用和实践价值："盖文章，经国之大业，不朽之盛事。"此外，曹丕还归纳了四类八种文体的风格："奏议宜雅，书论宜理，铭诔尚实，诗赋欲丽。"

文人相轻，自古而然。傅毅之于班固[1]，伯仲之间[2]耳，而固小之，与弟超[3]书曰："武仲以能属文，为兰台令史[4]，下笔不能自休[5]。"夫人善于自见，而文非一体，鲜能备善，是以各以所长，相轻所短。里语[6]曰："家有弊帚，享之千金。"斯不自见之患也。

今之文人，鲁国孔融[7]文举、广陵陈琳孔璋[8]、山阳王粲仲宣[9]、北海徐幹伟长[10]、陈留阮瑀元瑜[11]、汝南应玚德琏[12]、东平刘桢公干[13]，斯七子者，于学无所遗，于辞无所假[14]，咸以自骋骥騄[15]于千里，仰齐足而并驰。以此相服，亦良难矣！盖君子审己以度人，故能免于斯累[16]，而作论文。

王粲长于辞赋，徐幹时有齐气[17]，然粲之匹也。如粲之《初征》《登楼》《槐赋》《征思》，幹之《玄猿》《漏卮》《圆扇》《橘赋》，虽张、蔡[18]不过也，然于他文，未能称是。琳、瑀之章、表、书、记，今之隽也。应玚和而不壮，刘桢壮而不密。[19]孔融体气高妙[20]，有过人者，然不能持论，理不胜辞，至于杂以嘲戏。及其所善，扬、班俦也。[21]

常人贵远贱近，向声背实[22]，又患暗于自见[23]，谓己为贤。夫文，本同而末异。[24]盖奏议宜雅[25]，书论宜理[26]，铭诔尚实[27]，诗赋欲丽。[28]此四科不同，故能之者偏也；唯通才能备其体[29]。文以气为主[30]，气之清浊有体，不可力强而致。譬诸音乐，曲度虽均，节奏同检[31]，至于引气不齐[32]，巧拙有素[33]，虽在父兄，不能以移[34]子弟。

盖文章，经国之大业，不朽之盛事。[35]年寿有时而尽，荣乐止乎其身，二者必至之常期，未若文章之无穷。是以古之作者，寄身于翰墨[36]，见意于篇籍，不假良史之辞，不托飞驰之势[37]，而声名自传于后。故西伯[38]幽而演《易》，周旦显而制礼[39]，不以隐约而弗务[40]，不以康乐而加思。[41]夫然则古人贱尺璧而重寸阴，惧乎时之过已。而人多不强力，贫贱则慑于饥寒，富贵则流于逸乐，遂营目前之务，而遗千载之功。日月逝于上，体貌衰于下，忽然与万物迁化，斯志士之大痛也！融等已逝[42]，唯幹著论[43]，成一家言。

（选自《文选》，萧统编，李善注，中华书局，1977年版。）

注释

[1] 傅毅：字武仲，东汉文学家，擅长辞赋，著有《舞赋》等。班固：字孟坚，东汉史学家、文学家，著有《汉书》《两都赋》等。

[2] 伯仲之间：中国古代以伯、仲、叔、季表示兄弟之间的顺序，借此表示傅毅、班固两人的文学水平相当。

[3] 超：指班固的弟弟班超，字令升，东汉军事家、外交家。

[4] 兰台令史：兰台是东汉皇宫中的藏书室，由兰台令史管理。

[5] 休：停止。这里指傅毅写文章堆砌辞藻，文字汗漫，该结尾的时候不知停止。

[6] 里语：指乡里的俗语俚词。

[7] 孔融：字文举，东汉文学家，"建安七子"之一，好抨议时政，言辞激烈，因触怒曹操被杀。

[8] 陈琳：字孔璋，东汉文学家，"建安七子"之一，擅写章表书檄，代表作有《为袁绍檄豫州文》等。

[9] 王粲：字仲宣，东汉文学家，"建安七子"之一，与曹植并称"曹王"。曹丕《与吴质书》："仲宣独自善于词赋，惜其体弱，不足起其文。"

[10] 徐幹：字伟长，东汉文学家，"建安七子"之一，以诗、辞赋、政论著称，代表作有《中论》等。

[11] 阮瑀：字元瑜，东汉文学家，"建安七子"之一，擅长书檄文字，代表作有《为曹公作书与孙权》等。阮瑀的儿子阮籍，孙子阮咸也有文名，位列"竹林七贤"。

[12] 应玚：字德琏，东汉文学家，"建安七子"之一，擅长作赋、诗歌，建安二十二年（217年）与徐幹、陈琳、刘桢同卒于疫疾。

[13] 刘桢，字公干，东汉文学家，"建安七子"之一，擅长五言诗创作，著有《斗鸡诗》《射鸢诗》等。

[14] 于辞无所假：能自创新词，不蹈袭前人。假，借。

[15] 骥騄：良马，比喻有才能的贤士。

[16] 斯累：与上段的班固相比，建安七子能够审查自己的不足，看见旁人的长处，故能免于文人相轻之病累。

[17] 齐气：齐，今山东省东北部。这里指齐地作家的文学风格，李善《文选注》："言齐俗文体舒缓，而徐幹亦有斯累。"

[18] 张、蔡：指汉代作家家张衡、蔡邕。

〔19〕和而不壮：应场的作品风格过于和气，缺乏雄壮之气。壮而不密：刘桢的作品风格过于雄壮，缺乏缜密的文学雕琢。

〔20〕体气高妙：孔融先天禀气高绝，在文学创作方面拥有高于常人的天才，但缺乏理论反思，以致作品的华辞胜于内容。

〔21〕扬、班俦也：与扬雄、班固为伴。扬雄《解嘲》、班固《答宾戏》，与孔融嘲讽戏弄他人的趣好相似。

〔22〕向声背实：听信虚名浮誉而不重真才实情。

〔23〕暗于自见：看不到自身的不足之处。

〔24〕本同而末异：本，文学的普遍性；末，文体的特殊性。

〔25〕奏议宜雅：奏议类文体以雅正为得体。刘勰《文心雕龙·定势》："章表奏议，准的乎典雅。"

〔26〕书论宜理：书论类文体以说理为得体。萧统《文选序》："论则析理精微。"

〔27〕铭诔尚实：铭诔类文体要能反映事实。

〔28〕诗赋欲丽：诗赋类文体崇尚华丽的文采。刘勰《文心雕龙·定势》："赋诵歌诗，则羽仪乎清丽。"

〔29〕通才能备其体：通才掌握了文学的普遍性，四类文体皆能创作。通才，全才，与偏才相对。备，完备。

〔30〕文以气为主：气的概念由管子、孟子等先秦思想家提出，有血气、精气、浩然之气等，是中华传统文化的基础概念。曹丕首次将气与文学结合起来，提出了文气的范畴。郭绍虞《文气的辨析》："文气之说，不过指行文之气势言耳。"

〔31〕节：音调缓急。奏：音韵的变更。检：演奏音乐遵循的法度、乐理。

〔32〕引气不齐：演奏音乐时气息的长短、强弱不同，由此达到不同韵律的搭配、协调。

〔33〕巧拙有素：每个人创作文学的天赋各有不同。巧，聪颖；拙，驽钝。

〔34〕移：每个人的文气有别，即使父子兄弟之间，也无法互相改变、替换。

〔35〕经国：治理国家。不朽：写作立言是中国古代的"三不朽"之一。《春秋左传·襄公二十四年》："太上有立德，其次有立功，其次有立言，虽久不废，此之谓不朽。"

〔36〕翰墨：笔和墨，指文章书画。

〔37〕飞驰之势：凭借权贵的显赫之势来使自己发达。

〔38〕西伯：周文王姬昌。《史记·太史公自序》："昔西伯拘羑里，演《周易》。"

〔39〕周旦：周公姬旦。显：显达。制礼：制作礼经。西周初，周文、武王相继驾崩，继位的周成王年幼。在政治动荡的关头，周公旦忠心辅佐成王期执政七年，平定叛乱，营造洛邑，制礼作乐，奠定了中华礼乐文明的基础。

〔40〕隐约：遭遇穷困潦倒的处境。弗务：不努力。

〔41〕加思：改变著述的志向。加，改变，转移。

〔42〕融等已逝：孔融等人在曹丕写作《论文》的时候已经去世，并且这些人缺乏文学理论的反思，其文学影响力也将慢慢消逝。

［43］幹：徐幹。徐幹著《中论》二十卷，成一家之言，属于传统的"三不朽"之一。

（注释为本书编者添加）

（陈石军　选文）

［南朝　宋］宗炳　画山水序

宗炳（375—443），字少文，南阳涅阳（今河南镇平）人。曾隐居庐山、衡山，晚岁回到江陵（今湖北荆州），"叹曰，老疾俱至，名山恐难遍睹，唯当澄怀观道，卧以游之。凡所游履，皆图之于室"（沈约《宋书》）。在宗炳之前，山水主要出现在人物画的背景中，还不是独立的艺术门类。宗炳提倡的"畅神而已""卧以游之"等观念，拓展了绘画"成教化，助人伦"（张彦远《历代名画记》）的功能，不啻于近世陈寅恪所提倡的"独立之精神，自由之思想"，因此在中国艺术史上具有重要的价值。

圣人含道暎物［1］，贤者澄怀味象。至于山水，质有而趣灵［2］，是以轩辕［3］、尧［4］、孔［5］、广成［6］、大隗［7］、许由［8］、孤竹［9］之流，必有崆峒［10］、具茨［11］、藐姑［12］、箕首［13］、大蒙［14］之游焉。又称仁智之乐焉。夫圣人以神法道而贤者通，山水以形媚道而仁者乐，不亦几［15］乎？余眷恋庐、衡，契阔荆、巫，不知老之将至。愧不能凝气怡身，伤跕［16］石门之流，于是画象布色，构兹云岭。

夫理绝于中古之上者，可意求于千载之下；旨微于言象之外者，可心取于书策［17］之内。况乎身所盘桓［18］，目所绸缪［19］，以形写形，以色貌色也。

且夫昆仑山之大，瞳子之小，迫目以寸，则其形莫睹。迥以数里，则可围于寸眸。诚由去之稍阔，则其见弥小。今张绡素以远暎［20］，则昆阆之形［21］，可围于方寸之内。竖画三寸，当千仞之高。横墨数尺，体百里之迥。是以观画图者，徒患类之不巧，不以制［22］小而累其似，此自然之势。如是，则嵩华之秀，玄牝之灵［23］，皆可得之于一图矣。

夫以应目会心为理者，类之成巧，则目亦同应，心亦俱会。应会感神，神超理得，虽复虚求幽岩，何以加焉？又神本亡端［24］，栖形感类，理入影迹，诚能妙写，亦诚尽矣。

于是闲居理气，拂觞鸣琴，披图幽对，坐究四荒。［25］不违天励之藂［26］，独应无人之野。峰岫峣嶷［27］，云林森眇［28］，圣贤暎于绝代，万趣融其神思，余复何为哉？畅神而已。神之所畅，孰有先焉。

（选自《中国古代画论类编》（上册），俞剑华编著，
人民美术出版社，1998年版。）

注释

[1] 暎：同"映"，反映。或作"应"。

[2] 趣：或作"趋"。

[3] 轩辕：黄帝。传说黄帝居轩辕之丘，故称。

[4] 尧：儒家理想的圣王。

[5] 孔：孔子。

[6] 广成：广成子，《庄子》中的寓言人物。《庄子·在宥》："黄帝立为天子十九年，令行天下，闻广成子在于空同之山，故往见之。"

[7] 大隗：即大道，《庄子》中托为人名。《庄子·徐无鬼》："黄帝将见大隗乎具茨之山"。

[8] 许由：《庄子·逍遥游》："尧让天下于许由。"《史记·伯夷列传》，"太史公曰：余登箕山，其上盖有许由冢云"。

[9] 孤竹：《史记·伯夷列传》："伯夷、叔齐，孤竹君之二子也。"

[10] 崆峒：《庄子》中的空同之山，杜撰的山名。

[11] 具茨：在今河南新郑，今名始祖山。

[12] 藐姑：《庄子·逍遥游》："藐姑射之山，有神人居焉。"藐，遥远。姑射（yè）之山：传说中的神山。

[13] 箕首：箕山，在今河南登封。曹丕《与吴质书》："怀文抱质，恬淡寡欲，有箕山之志，可谓彬彬君子者也。"

[14] 大蒙：蒙山，古称龟蒙、东山，在今山东临沂。《诗经·鲁颂》："奄有龟蒙，遂荒大东。"《孟子·尽心上》："孔子登东山而小鲁。"

[15] 几：接近。

[16] 跕（diē）：坠落。

[17] 书策：书籍文献。

[18] 盘桓：徘徊，来回。

[19] 绸缪：准备、构画。

[20] 绡（xiāo）：《说文》，"绡，生丝也"。

[21] 昆阆：昆仑山上的阆苑，神仙所居。（南朝宋）鲍照《舞鹤赋》："指蓬壶而翻翰，望昆阆以扬音。"

[22] 制：形制。

[23] 玄：深奥，玄妙。牝（pìn）：母性、雌性。《大戴礼记·易本命》："丘陵为牡，谿谷为牝。"

[24] 亡（wú）：通"无"。

[25] 四荒：《离骚》："将往观乎四荒。"朱熹注："四方绝远之国。"《尔雅·释地》："觚竹、北户、西王母、日下，谓之四荒。"（觚竹，即孤竹国。）

［26］藂（cóng）：同"丛"，聚集。

［27］峣嶷（yáo yí）：高峻。

［28］眇：同"渺"，远，高。

（注释为本书编者添加）

（衣雪峰　选文）

［南朝　梁］刘勰　文心雕龙·神思

刘勰，字彦和，东莞莒人（今山东省莒县），世居京口（今江苏镇江），约生于南朝宋明帝泰始元年（465年），约卒于梁武帝萧衍普通初年（520年）或稍后。刘勰的《文心雕龙》约写于南齐末年（499—502），全书共50篇，约37000字，是中国古代文学理论的主要代表作，反映了中国古人对于文学理论批评的深刻认识，被清代学者章学诚评价为"体大而虑周"。第一篇《原道》到第四篇《正纬》是全书的总论，提出"文原于道"的原则；第五篇《辨骚》到第二十五篇《书记》属于文体论，分析了骚、诗、乐府、赋等三十五种文体的特征、源流，评论以往的作家、作品；第二十六篇《神思》到第四十九篇《程器》是全书最主要的部分，主要讨论文学创作和文学批评的理论问题。《神思》是刘勰关于文章创作的总纲，神思即艺术构思，该篇集中探讨了作家在文学创作时的构思过程。

古人云："形在江海之上，心存魏阙之下。"[1]神思之谓也。文之思也，其神远矣。故寂然凝虑，思接千载[2]；悄焉动容，视通万里[3]；吟咏之间，吐纳珠玉之声[4]；眉睫之前，卷舒风云之色；其思理之致乎！故思理为妙，神与物游。神居胸臆，而志气统其关键；物沿耳目，而辞令管其枢机。枢机方通，则物无隐貌；关键将塞，则神有遁心。[5]是以陶钧文思，贵在虚静，疏瀹五藏，澡雪精神。[6]积学以储宝，酌理以富才，研阅以穷照，驯致以绎辞，然后使玄解之宰[7]，寻声律而定墨；独照之匠，窥意象而运斤。[8]此盖驭文之首术，谋篇之大端。

夫神思方运，万涂竞萌[9]，规矩虚位[10]，刻镂无形。登山则情满于山，观海则意溢于海，我才之多少，将与风云而并驱矣。方其搦翰[11]，气倍辞前[12]，暨乎篇成，半折心始。[13]何则？意翻空而易奇，言征实而难巧也。[14]是以意授于思，言授于意，密则无际，疏则千里。[15]或理在方寸，而求之域表[16]；或义在咫尺，而思隔山河。[17]是以秉心养术，无务苦虑[18]；含章司契，不必劳情也。[19]

（节选自《文心雕龙校笺》，王利器，上海古籍出版社，1980年版。）。

注释

［1］形：身体。魏阙：宫殿前高大的建筑物，代指朝廷。该句本出《庄子·让王》：

"中山公子牟谓瞻子曰：'身在江海之上，心居魏阙之下，奈何？'"此处引用意指文学创作时的精神活动不受物理空间的限制。

［2］寂然凝虑，思接千载：在文学构思的过程中静静地凝神思索，思维可以接续千载之上的事物。

［3］悄焉动容，视通万里：在文学构思的时候不自觉悄悄地改变了表情，是由于精神已经看见了万里之外的事物。

［4］吐纳珠玉之声：在文学构思的过程中吟诵咏唱，不自觉发出珠圆玉润一般的声音。

［5］枢机：指文学创作中的重要环节。关键：原指门闩，此处指文学创作中起决定作用的因素。枢，门的转轴；机，弩括的发动机关。塞，构思堵塞，缺乏文学创作的灵感。遁，隐去。

［6］疏瀹：疏通堵塞灵感的要素。澡雪：洗净思维中迟滞的部分。

［7］玄解之宰：深得玄妙道理的心灵，指在文学创作的构思过程中获得灵感的创作者主体。玄，中国哲学的基本概念之一，形容道的深邃神秘，出自老子《道德经》第一章："玄之又玄，众妙之门。"魏晋南北朝时期以《周易》《道德经》《庄子》为"三玄"。宰，主宰，即人的意识和心灵。

［8］独照之匠：独具匠心的作者，指在构思中获得独到见解的文学家。斤，斧头。运斤，用工匠挥动斧头伐木的过程，喻指文学家在构思之后用笔作文。

［9］万涂竞萌：在文学构思的开始，千万种想法一起萌生。涂，通"途"，指头绪。

［10］规矩虚位：指写作文章的具体技巧还在酝酿，未成定格。

［11］搦（nuò）翰：手持毛笔。

［12］气倍辞前：在遣辞造句之前，灵思运转，才气倍盛。

［13］半折心始：指文章写成之后，效果只有心中预期的一半。

［14］意翻空而易奇，言征实而难巧：由于灵感凭空构思，容易呈现奇妙万千的气象；文章依赖具体的文字语言来表达，因此不易达成华丽的文采。

［15］密则无际，疏则千里：神思、文意、语言三者既可以紧密结合，也可能相差千里，这是写作文章的关键。

［16］方寸：近在眼前，指心。域表：边境之外，指极远处。这两句是说有时道理就在心中，却去极远处寻求。

［17］咫尺：喻指近处。思隔山河：灵感与文义相去很远。这两句是说有时意思仿佛近在眼前，而灵感却为山河所阻隔。

［18］秉心养术，无务苦虑：控制自己的思维，掌握文学创作的基本方法，不要一味苦苦构思。

［19］含章司契，不必劳情：按照文学创作的基本规则，自然能够表现美好的事物，不必枉费心思。含章，语出《周易·坤》："六三，含章可贞，或从王事，无成有终。"

此处指通过文章写作表达美好事物。

（注释为本书编者添加）

（陈石军　选文）

王国维　人间词话

王国维（1877—1927），字静安，号观堂，浙江海宁人。词话约产生于北宋中晚期，主要内容是漫谈词坛轶事，记载文学掌故，研讨作词的技巧与方法，总结文学创作的规律，它与诗话一起构成了宋元以后中国文学批评的主要形态。王国维的《人间词话》用传统的词话形式，在中国传统文学的概念、术语和思维背景下融入了西方传入的现代文学新观念，回应了中国古代文学如何走向现代的理论问题。"境界"说是传统文学批评的重要术语，也是《人间词话》的理论核心。什么是境界呢？唐代开始用"境"或"境界"论诗，如王昌龄《诗格》云"诗有三境"，即"物境""情境""意境"。明清时期，"境界""意境"成为文学普遍使用的术语。王国维的回答是："能写真景物、真感情者，谓之有境界。"王国维用"境界"二字来建立自己的评词理论体系，"词以境界为上，有境界则自成高格，自有名句"。《人间词话》初版共64则，刊登于1908年10月—1909年1月的《国粹学报》，此后学界根据王国维手稿递有增补，本次节选10则，其中前9则是全书理论总纲；境界与修养相对，选入的第26则是王国维对传统修养论的总结。

1. 词以境界为最上。有境界则自成高格，自有名句。五代、北宋之词所以独绝者在此。

2. 有造境，有写境，此理想与写实二派之所由分。然二者颇难分别。因大诗人所造之境，必合乎自然，所写之境，亦必邻于理想故也。

3. 有有我之境，有无我之境。"泪眼问花花不语，乱红飞过秋千去""可堪孤馆闭春寒，杜鹃声里斜阳暮"，有我之境也。"采菊东篱下，悠然见南山""寒波澹澹起，白鸟悠悠下"，无我之境也。有我之境，以我观物，故物皆著我之色彩。无我之境，以物观物，故不知何者为我，何者为物。古人为词，写有我之境者为多，然未始不能写无我之境，此在豪杰之士能自树立耳。

4. 无我之境，人惟于静中得之。有我之境，于由动之静时得之。故一优美，一宏壮也。

5. 自然中之物，互相关系，互相限制。然其写之于文学及美术中也，必遗其关系、限制之处。故虽写实家，亦理想家也。又虽如何虚构之境，其材料必求之于自然，而其构造，亦必从自然之法则。故虽理想家，亦写实家也。

6. 境非独谓景物也。喜怒哀乐，亦人心中之一境界。故能写真境物、真感情者，谓之有境界；否则谓之无境界。

7. "红杏枝头春意闹"，著一"闹"字，而境界全出。"云破月来花弄影"，著一"弄"字，而境界全出矣。

8. 境界有大小，不以是而分优劣。"细雨鱼儿出，微风燕子斜"，何遽不若"落日照大旗，马鸣风萧萧"。"宝帘闲挂小银钩"，何遽不若"雾失楼台，月迷津渡"也。

9. 严沧浪《诗话》谓："盛唐诸公，唯在兴趣。羚羊挂角，无迹可求。故其妙处，透彻玲珑，不可凑拍（泊）。如空中之音、相中之色、水中之影、镜中之象，言有尽而意无穷。"余谓北宋以前之词，亦复如是。然沧浪所谓兴趣，阮亭所谓神韵，犹不过道其面目，不若鄙人拈出"境界"二字，为探其本也。

……

26. 古今之成大事业、大学问者，必经过三种之境界，"昨夜西风凋碧树。独上高楼，望尽天涯路"，此第一境也。"衣带渐宽终不悔，为伊消得人憔悴"，此第二境也。"众里寻他千百度，回头蓦见，那人正在灯火阑珊处"，此第三境也。此等语皆非大词人不能道。然遽以此意解释诸词，恐为晏、欧诸公所不许也。

（选自《人间词话》，王国维撰，上海古籍出版社，2019 年版。）

（陈石军 选文）

在延安文艺座谈会上的讲话（节选）

毛泽东（1893—1976），字润之，笔名子任，湖南湘潭人。遵义会议后，反对党八股以整顿文风是中国共产党普遍的马克思主义思想教育运动和整风运动的重要任务之一。1942 年 5 月，毛泽东主持召开了延安文艺座谈会，并发表了两次重要讲话，会后整理为《在延安文艺座谈会上的讲话》一文。《在延安文艺座谈会上的讲话》明确指出文艺是为人民大众服务的，广大文艺工作者在《在延安文艺座谈会上的讲话》精神指引下切实关心百姓的生活和思想，创作出了《白毛女》《逼上梁山》《兄妹开荒》等一系列反映现实生活的优秀文艺作品。本次节选《在延安文艺座谈会上的讲话》中毛泽东对文学艺术源泉从何而来的重要阐释。

一切种类的文学艺术的源泉究竟是从何而来的呢？作为观念形态的文艺作品，都是一定的社会生活在人类头脑中的反映的产物。革命的文艺，则是人民生活在革命作家头脑中的反映的产物。人民生活中本来存在着文学艺术原料的矿藏，这是自然形态的东西，是粗糙的东西，但也是最生动、最丰富、最基本的东西；在这点上说，它们使一切文学艺术相形见绌，它们是一切文学艺术的取之不尽、用之不竭的唯一的源泉。这是唯一的源泉，因为只能有这样的源泉，此外不能有第二个源泉。有人说，书本上的文艺作品，古代的和外国的文艺作品，不也是源泉吗？实际上，过去的文艺作品不是源而是流，是古人和外国人根据他们彼时彼地所得到的人民生活中的文学艺术原料创造出来的东西。我们必须继承一切优秀的文学艺术遗产，批判地吸收其中一切有益的东西，作为我们从此时此地的人民生活中的文学艺术原料创造作品时候的借鉴。有这个借鉴和没有这个借鉴是不同的，这里有文野之分，粗细之分，高低之分，快慢之分。所以我们决不可拒绝继承和借鉴古人和外国人，哪怕是封建阶级和资产阶级的东西。但是继承和借鉴决不可以变成替代自己的创造，这是决不能替代的。文学艺术中对于古人和外国人的毫无批判的硬搬和模仿，乃是最没有出息的最害人的文学教条主义和艺术教条主义。中国的革命的文学家艺术家，有出息的文学家艺术家，必须到群众中去，必须长期地无条件地全心全意地到工农兵群众中去，到火热的斗争中去，到唯一的最广大最丰富的源泉中去，观察、体验、研究、分析一切人，一切阶级，一切群众，一切生动的生活形式和斗争形式，一切文学和艺术的原始材料，然后才有可能进入创作过程。否则你的劳动就没有对象，你就只能做鲁迅在他的遗嘱里所谆谆嘱咐他的儿子万不可做的那种空头文学家，或空头艺术家。

人类的社会生活虽是文学艺术的唯一源泉，虽是较之后者有不可比拟的生动丰富的内容，但是人民还是不满足于前者而要求后者。这是为什么呢？因为虽然两者都是美，但是文艺作品中反映出来的生活却可以而且应该比普通的实际生活更高，更强烈，更有集中性，更典型，更理想，因此就更带普遍性。革命的文艺，应当根据实际生活创造出各种各样的人物来，帮助群众推动历史的前进。例如一方面是人们受饿、受冻、受压迫，一方面是人剥削人、人压迫人，这个事实到处存在着，人们也看得很平淡；文艺就把这种日常的现象集中起来，把其中的矛盾和斗争典型化，造成文学作品或艺术作品，就能使人民群众惊醒起来，感奋起来，推动人民群众走向团结和斗争，实行改造自己的环境。如果没有这样的文艺，那末这个任务就不能完成，或者不能有力地迅速地完成。

（选自《建党以来重要文献选编（1921—1949）》第十九册，
中共中央文献研究室、中央档案馆编，中央文献出版社，2011年版。）

○ **思考题**

1. 毛泽东在文中谈到，文艺创作决不可拒绝继承和借鉴，请结合选文，分析在文艺创作中应该如何正确地继承和借鉴，并分析继承借鉴与自我创造的关系。

2. 毛泽东在文中谈到，人类的社会生活虽是文学艺术的唯一源泉，但后者有更加生动丰富的内容，请结合自己的生活经历，简要阐述现实生活与文艺创作的关系。

3. 毛泽东在《延安文艺座谈会上的讲话》中还阐述了文艺工作者的"立场、态度、工作对象、工作和学习"五大问题，请查阅这部分内容，谈谈你对这五大问题的理解。

（原婕菲　选文）

高举中国特色社会主义伟大旗帜　为全面建设社会主义现代化国家而团结奋斗

——在中国共产党第二十次全国代表大会上的报告（节选）

全面建设社会主义现代化国家，必须坚持中国特色社会主义文化发展道路，增强文化自信，围绕举旗帜、聚民心、育新人、兴文化、展形象建设社会主义文化强国，发展面向现代化、面向世界、面向未来的，民族的科学的大众的社会主义文化，激发全民族文化创新创造活力，增强实现中华民族伟大复兴的精神力量。

我们要坚持马克思主义在意识形态领域指导地位的根本制度，坚持为人民服务、为社会主义服务，坚持百花齐放、百家争鸣，坚持创造性转化、创新性发展，以社会主义核心价值观为引领，发展社会主义先进文化，弘扬革命文化，传承中华优秀传统文化，满足人民日益增长的精神文化需求，巩固全党全国各族人民团结奋斗的共同思想基础，不断提升国家文化软实力和中华文化影响力。

（一）建设具有强大凝聚力和引领力的社会主义意识形态。意识形态工作是为国家立心、为民族立魂的工作。牢牢掌握党对意识形态工作领导权，全面落实意识形态工作责任制，巩固壮大奋进新时代的主流思想舆论。健全用党的创新理论武装全党、教育人民、指导实践工作体系。深入实施马克思主义理论研究和建设工程，加快构建中国特色哲学社会科学学科体系、学术体系、话语体系，培育壮大哲学社会科学人才队伍。加强全媒体传播体系建设，塑造主流舆论新格局。健全网络综合治理体系，推动形成良好网络生态。

（二）广泛践行社会主义核心价值观。社会主义核心价值观是凝聚人心、汇聚民力的强大力量。弘扬以伟大建党精神为源头的中国共产党人精神谱系，用好红色资源，深入开展社会主义核心价值观宣传教育，深化爱国主义、集体主义、社会主义教育，着力培养担当民族复兴大任的时代新人。推动理想信念教育常态化制度化，持续抓好党史、新中国史、改革开放史、社会主义发展史宣传教育，引导人民知史爱党、知史爱国，不断坚定中国特色社会主义共同理想。用社会主义核心价值观铸魂育人，完善思想政治工作体系，推进大中小学思想政治教育一体化建设。坚持依法治国和以德治国相结合，把社会主义核心价值观融入法治建设、融入社会发展、融入日常生活。

（三）提高全社会文明程度。实施公民道德建设工程，弘扬中华传统美德，加强家庭家教家风建设，加强和改进未成年人思想道德建设，推动明大德、守公德、严私德，提高人民道德水准和文明素养。统筹推动文明培育、文明实践、文明创建，推进城乡精神文明建设融合发展，在全社会弘扬劳动精神、奋斗精神、奉献精神、创造精神、勤俭节约精神，培育时代新风新貌。加强国家科普能力建设，深化全民阅读活动。完善志愿服务制度和工作体系。弘扬诚信文化，健全诚信建设长效机制。发挥党和国家功勋荣誉表彰的精神引领、典型示范作用，推动全社会见贤思齐、崇尚英雄、争做先锋。

（四）繁荣发展文化事业和文化产业。坚持以人民为中心的创作导向，推出更多增强人民精神力量的优秀作品，培育造就大批德艺双馨的文学艺术家和规模宏大的文化文艺人才队伍。坚持把社会效益放在首位、社会效益和经济效益相统一，深化文化体制改革，完善文化经济政策。实施国家文化数字化战略，健全现代公共文化服务体系，创新实施文化惠民工程。健全现代文化产业体系和市场体系，实施重大文化产业项目带动战略。加大文物和文化遗产保护力度，加强城乡建设中历史文化保护传承，建好用好国家文化公园。坚持以文塑旅、以旅彰文，推进文化和旅游深度融合发展。广泛开展全民健身活动，加强青少年体育工作，促进群众体育和竞技体育全面发展，加快建设体育强国。

（五）增强中华文明传播力影响力。坚守中华文化立场，提炼展示中华文明的精神标识和文化精髓，加快构建中国话语和中国叙事体系，讲好中国故事、传播好中国声音，展现可信、可爱、可敬的中国形象。加强国际传播能力建设，全面提升国际传播效能，形成同我国综合国力和国际地位相匹配的国际话语权。深化文明交流互鉴，推动中华文化更好走向世界。

（选自《高举中国特色社会主义伟大旗帜　为全面建设社会主义现代化国家而团结奋斗——在中国共产党第二十次全国代表大会上的报告》，习近平，人民出版社，2022 年版。）

○ 思考题

1. 党的二十大报告在第八部分"推进文化自信自强，铸就社会主义文化新辉煌"中指出："促进群众体育和竞技体育全面发展，加快建设体育强国"，请思考和分析建设体育强国和推进文化自信自强的关系。

2. 同学们都知道学习语文十分重要，在大学阶段，继续学习文学和写作应该遵循什么原则？应该达到什么目标？请结合选文，阐述学习本课程的应然使命和实然要求。

（原婕菲　选文）

［古希腊］柏拉图　理想国·论文艺和体操

柏拉图（Plato，前 427—前 347），古希腊哲学家、思想家。他与苏格拉底、亚里士多德一道被普遍认为是西方理性主义传统的奠基者。他先后写就以苏格拉底为主要角色的对话录数十篇，包括《苏格拉底的申辩》《会饮篇》《理想国》《法律篇》等。本文选自《理想国》第二卷至第三卷，为了心灵中爱智和激情这两部分张弛得宜，配合适当，达到和谐，柏拉图主张先实施文艺教育（音乐教育），再实施体操教育。实施体操教育，其目的不仅仅是增加体力、保持健康，更是锻炼心灵的激情部分，使人摆脱天性的野蛮，培育节制和勇敢的美德。

苏：那么，让我们来讨论怎么教育这些护卫者的问题吧。我们不妨像讲故事那样从容不迫地来谈。

阿：我们是该这样做。

苏：那么，这个教育究竟是什么呢？似乎确实很难找到比我们早已发现的那种教育更好的了。这种教育就是用体操来训练身体，用音乐[1]来陶冶心灵。

阿：是的。

苏：我们开始教育，要不要先教音乐后教体操？

阿：是的。

苏：你把故事包括在音乐里，对吗？

阿：对。

苏：故事有两种，一种是真的，一种是假的，是吧？

阿：是的。

苏：我们在教育中应该两种都用，先用假的，是吗？

阿：我不理解你的意思。

苏：你不懂吗？我们对儿童先讲故事——故事从整体看是假的，但是其中也有真实。在教体操之前，我们先用故事教育孩子们。

阿：这是真的。

苏：这就是我所说的，在教体操之前先教音乐的意思。

阿：非常正确。

苏：你知道，凡事开头最重要。特别是生物。在幼小柔嫩的阶段，最容易接受陶冶，你要把它塑成什么型式，就能塑成什么型式。

阿：一点儿不错。

苏：那么，我们是否应该放任地让儿童听不相干的人讲不相干的故事，让他们的心灵接受许多我们认为他们在成年之后不应该有的那些见解呢？

阿：绝对不应该。

苏：那么看来，我们首先要审查故事的编者，接受他们编得好的故事，而拒绝那些编得坏的故事。我们鼓励母亲和保姆给孩子们讲那些已经审定的故事，用这些故事铸造他们的心灵，比用手去塑造他们的身体[2]还要仔细。他们现在所讲的故事大多数我们必须抛弃。

……

阿：是的，很有道理。但是如果人家要我们明确说出这些故事指的哪些？我们该举出哪些来呢？

苏：我亲爱的阿得曼托斯啊！你我都不是作为诗人而是作为城邦的缔造者在这里发言的。缔造者应当知道，诗人应该按照什么路子写作他们的故事，不许他写出不合规范的东西，但不要求自己动手写作。

阿：很对。但，就是这个东西——故事里描写诸神的正确的路子或标准应该是什么样的呢？

苏：大致是这样的，应该写出神之所以为神，即神的本质来。无论在史诗、抒情诗，或悲剧诗里，都应该这样描写。

阿：是的，应该这样描写。

……

苏：因此，神既然是善者，它也就不会是一切事物的原因——像许多人所说的那样。对人类来说，神只是少数几种事物的原因，而不是多数事物的原因。我们人世上好的事物比坏的事物少得多，而好事物的原因只能是神。至于坏事物的原因，我们必须到别处去找，不能在神那里找。

……

阿：我跟你一道投票赞成这条法律。我很喜欢它。

苏：很好。这将成为我们关于诸神的法律之一，若干标准之一。故事要在这个标准下说，诗要在这个标准下写——神是善的原因，而不是一切事物之因。

阿：这样说算是说到家了。

……

苏：那么，一个神想要改变他自己，看来是连这样一种愿望也不可能有的了。看来还是：神和人都尽善尽美，永远停留在自己单一的既定形式之中。

阿：我认为这是一个必然的结论。

……

苏：因此，神在言行方面都是单一的、真实的，他是不会改变自己，也不会白日送兆，夜间入梦，玩这些把戏来欺骗世人的。

阿：听你讲了以后，我自己也这样认为。

苏：那么你同意不同意这第二个标准——讲故事、写诗歌谈到神的时候，应当不把他们描写成随时变形的魔术师，在言行方面，他们不是那种用谎言引导我们走上歧途去的角色？

阿：我同意。

苏：……任何诗人说这种话诽谤诸神，我们都将生气，不让他们组织歌舞队演出，也不让学校教师用他们的诗来教育年轻人，如果要使未来的城邦护卫者在人性许可的范围内，成为敬畏神明的人的话。

阿：无论如何要这样。我同意你这两个标准，我愿意把它们当作法律。

……

苏：亲爱的格劳孔啊！也就是因为这个缘故，所以儿童阶段文艺教育最关紧要。一个儿童从小受了好的教育，节奏与和谐浸入了他的心灵深处，在那里牢牢地生了根，他就会变得温文有礼；如果受了坏的教育，结果就会相反。再者，一个受过适当教育的儿童，对于人工作品或自然物的缺点也最敏感，因而对丑恶的东西会非常反感，对优美的东西会非常赞赏，感受其鼓舞，并从中吸取营养，使自己的心灵成长得既美且善。对任何丑恶的东西，他能如嫌恶臭不自觉地加以谴责，虽然他还年幼，还知其然而不知其所以然。等到长大成人，理智来临，他会似曾相识，向前欢迎，因为他所受的教养，使他同气相求，这是很自然的嘛。

格：至少在我看来，这是幼年时期为什么要注重音乐文艺教育的理由。

……

苏：那么，你也同意我们关于音乐教育的讨论可以到此结束了吧？据我看来，这样结束是很恰当的。音乐教育的最后目的在于达到对美的爱。

格：我同意。

苏：音乐教育之后，年轻人应该接受体育锻炼。

格：当然。

苏：体育方面，我们的护卫者也必须从童年起就接受严格的训练以至一生。我所见如此，不知你以为怎样？因为我觉得凭一个好的身体，不一定就能造就好的心灵好的品格。相反，有了好的心灵和品格就能使天赋的体质达到最好，你说对不对？

格：我的想法同你完全一样。

苏：倘使我们对于心灵充分加以训练，然后将保养身体的细节交它负责，我们仅仅指出标准，不啰唆，你看这样行不行？

格：行。

……

苏：那么，最好的体育与我们刚才所描叙的音乐文艺教育难道不是很相近相合吗？

格：你指的什么意思？

苏：这是指一种简单而灵活的体育，尤其是指为了备战而进行的那种体育锻炼。

……

苏：复杂的音乐产生放纵；复杂的食品产生疾病。至于朴质的音乐文艺教育则能产生心灵方面的节制，朴质的体育锻炼产生身体的健康。

……

格：的确，在体育锻炼之外再过分当心身体[3]，对这方面是一个最大的妨碍。

苏：这样对于家务管理、军事服役、上班办公都造成了不少累赘。最坏的是使任何学习、思考或沉思冥想都变得困难。自朝至暮老是疑心着头痛目眩、神经紧张，而且把这些都委过于哲学研究，说它是总的起因。这样便使人老觉得身上有这种那种的不舒服，老是烦恼。这对于学习、沉思这类的道德实践和锻炼简直是一种绊脚石。

……

苏：这种受过音乐教育的青年，运用体育锻炼（如果他愿意的话），通过同样苦练的过程，他会变得根本不需要什么医术，除非万不得已。

格：我也这样想。

苏：再说，在不畏艰辛苦练身体的过程中，他的目的主要在锻炼他心灵的激情部分，不是仅仅为了增加体力，他同一般运动员不一样，一般运动员只注意进规定的饮食，使他们力气大臂膀粗而已。

格：你说得对极了。

苏：因此，把我们的教育建立在音乐和体育上的那些立法家，其目的并不像有些人所想象的那样，在于用音乐照顾心灵，用体育照顾身体。格劳孔，我可以这样说吗？

格：为什么不可以？

苏：他们规定要教音乐和体育主要是为了心灵。

格：怎么会的？

苏：你有没有注意到一生专搞体育运动而忽略音乐文艺教育对于心灵的影响是怎样的？反之，专搞音乐文艺而忽略体育运动的影响又是怎样的？

格：你指的是什么？

苏：我指的一方面是野蛮与残暴，另一方面是软弱与柔顺。

格：啊，很对。我注意到那些专搞体育锻炼的人往往变得过度粗暴，那些专搞音乐文艺的人又不免变得过度软弱。

苏：天性中的激情部分的确会产生野蛮；如果加以适当训练就可能成为勇敢，如果搞得过了头，就会变成严酷粗暴。

格：我也这样看。

苏：再说，温文是不是人性中爱智部分的一种性质？是不是这种性质过度发展便会变为过分软弱，如培养适当就能变得温文而秩序井然？是不是这样？

格：确是这样。

苏：但是我们说我们的护卫者需要两种品质兼而有之。

格：他们应该这样。

苏：那么这两种品质要彼此和谐吗？

格：当然要。

苏：有这种品质和谐存在的人，他的心灵便既温文而又勇敢。

格：诚然。

苏：没有这种和谐存在的人便既怯懦而又粗野。

格：的确这样。

苏：好。假定一个人纵情乐曲，让各种曲调唱腔，甜的、软的、哭哭啼啼的（像我们刚才所讲过的那些），醍醐灌顶似的，把耳朵当作漏斗，注入心灵深处，假使他全部时间都沉溺于丝弦杂奏歌声宛转之间，初则激情部分（如果有的话），像铁似的由粗硬变得柔软，可以制成有用的器具。倘若他这样继续下去，像着了魔似的，不能适可而止，他就开始融化了，液化了，分解了。结果就会激情烟消云散，使他萎靡不振，成为一个"软弱的战士"。[4]

格：极是。

苏：如果他一开始就不是一个天性刚强的人，这种萎靡不振的恶果很快就会出现。如果[5]他原来是一个刚强的人，经过刺激情绪就会变得不稳定，容易生气，也容易平静。

结果便成了一个爱同人吵架爱发脾气的喜怒无常性情乖张的人。

格：确实如此。

苏：再说，如果一个人全副精神致力于身体的锻炼，胃口好食量大，又从来不学文艺和哲学，起初他会变得身强力壮，心灵充满自信，整个人变得比原来更勇敢。你看他会这样吗？

格：他真会这个样子的。

苏：不过，要是他除了搞体操训练外，别无用心，怕见文艺之神，结果会怎么样呢？对于学习科研从来没有尝过一点滋味，对于辩证推理更是一窍不通，他心灵深处可能存在的爱智之火光难道不会变得暗淡微弱吗？由于心灵没有得到启发和培育，感觉接受能力没有得到磨练，他会变得耳不聪目不明。不是吗？

格：诚然。

苏：结果，我以为这种人会成为一个厌恶理论不知文艺的人，他不用论证说服别人，而是象一只野兽般地用暴力与蛮干达到自己的一切目的。在粗野无知中过一种不和谐的无礼貌的生活。

格：完全是这样。

苏：为这两者，似乎有两种技术——音乐和体育（我要说这是某一位神赐给我们人类的）——服务于人的两个部分——爱智部分和激情部分。这不是为了心灵和身体（虽然顺便附带也为了心灵和身体），而是为了使爱智和激情这两部分张弛得宜配合适当，达到和谐。

格：看来如此。

苏：因此，那种能把音乐和体育配合得最好，能最为比例适当地把两者应用到心灵上的人，我们称他们为最完美最和谐的音乐家应该是最适当的，远比称一般仅知和弦弹琴的人为音乐家更适当。

格：讲得有理，苏格拉底。

苏：那么，格劳孔，在这方面，是不是我们也需要一个常设的监护人呢，如果城邦的宪法要加以监护的话？

格：当然非常需要。

苏：关于教育和培养公民的原则纲要就是这些。——细述他们的跳舞、打猎、跑狗、竞技、赛马，试问有什么必要呢？细节必须符合纲要，大纲定了，细节就不难发现，这是一清二楚的事情。

格：也许就不困难了。

（选自《理想国》，柏拉图著，郭斌和、张竹明译，商务印书馆，1986 年版。）

注释：

［1］古希腊重要的文化生活是听民间艺人弹着竖琴演说史诗故事。故"音乐"一词包括音乐、文学等义，相当于现在的"文化"一词。关于音乐的讨论一直延伸到第三卷。（《理想国》像现在这样分为 10 卷是柏拉图数世纪后的事情。）

［2］当时托儿所里采用的一种按摩推拿之类的保育方法。

［3］在《高尔吉亚》篇（464b），医术被认为是体操。

［4］《伊利亚特》17卷，588。

［5］这两处"如果"都包括一个大前提：即全部时间只搞音乐文艺，不搞体育锻炼。

（注释为原书译者所加）

（蒋小杰　选文）

［德］尼采　查拉图斯特拉如是说：论身体与自身

尼采（Friedrich Wilhelm Nietzsche，1844—1900），德国哲学家、诗人和散文家，主要著作有《悲剧的诞生》《人性，太人性的》《查拉图斯特拉如是说》等。本文原题《查拉图斯特拉的演讲之四：身体的蔑视者》，尼采在文中对西方哲学自苏格拉底以来理性优先于身体的传统进行了颠覆。尼采认为，西方哲学中那些"身体的蔑视者"造成了人类自身意愿的没落，造就了人类精神的颓废软弱。尼采发出现代人的宣言：真正的主宰不是思想和感情，而是寓居于身体的自身，或者说就是那个身体本身；人应当听从作为主体性的身体的感召，勇敢地从自身出发创造自我，创造意义，创造精神！尼采本人的思想是通过他的散文呈现出来，他的哲学沉思本就是文艺创作。通常被视为难以兼容的为理性和感性表现形式的哲学与文学在尼采这里实现了高度的融合。尼采对身体主体性的高扬，对基于身体的强力意志以开辟生命的存在意义这一文艺创作路径进行了哲学的论证。

我要对身体的蔑视者讲句话。在我看来，他们不必改变自己的学和教，而只需向他们自己的身体告别——而且就这样变得默然无声。

"我是身体也是灵魂"——小孩子说。为什么人们不能像小孩子一样来说话呢？

但觉悟者、明智者却说：我完完全全地是肉体，此外什么也不是；而且，灵魂只不过是表示身体上某个东西的词语。

身体是一种伟大的理性，一种具有单一意义的杂多，一种战争和一种和平，一个牧群和一个牧人。

我的兄弟啊，甚至你的小小理性，你所谓的"精神"，也是你的身体的工具，你的伟大理性的一个小小工具和玩具。

你说"自我"，而且以此字眼为骄傲。但你不愿意相信的更伟大的东西，乃是你的身体及其伟大理性：它不是说自我，而是做自我。

感官所感受的东西，精神所认识的东西，就自身而言是从来没有终点的。但感官和精神想要说服你，使你相信它们是万物的终点：它们就是这样的自负。

感官和精神乃是工具和玩具：在它们背后还有自身。这个自身也以感官的眼睛寻找，也以精神的耳朵倾听。

这个自身总是倾听和寻找：它进行比较、强制、征服、摧毁。它统治着，也是自我的统治者。

我的兄弟啊，在你的思想和感情背后，站立着一个强大的主宰，一个不熟悉的智者——那就是自身。它寓居于你的身体中，它就是你的身体。

你身体里的理性比你的最高智慧里的理性更丰富。还有，究竟谁知道何以你的身体恰恰需要你的最高智慧呢？

你的自身嘲笑你的自我及其骄傲的跳跃。它自言自语道："思想的这种跳跃和飞翔对我来说是什么呢？达到我的目的的一条弯路而已。我是自我的襻带，以及自我概念的教唆者。"

自身对自我说："在这里感受痛苦吧！"于是自我便受苦了，并且思索自己如何不再受苦——它正应该为此而思考。

自身对自我说："在这里感受快乐吧！"于是自我便快乐起来，并且思索自己如何还常有快乐——它正应该为此而思考。

我要对身体的蔑视者讲一句话。他们蔑视，这一点构成他们的尊重。是什么创造了尊重、蔑视、价值和意志？

创造性的自身为自己创造了尊重和蔑视，为自己创造了快乐和痛苦。创造性的身体为自己创造了精神，作为其意志之手。

你们这些身体的蔑视者啊，即便在你们的愚蠢和蔑视中，你们也效力于你们的自身。

我告诉你们：你们的自身本身就意愿死去，背弃生命。

它不再能做自己最喜欢做的事——超出自身之外进行创造。这是它最喜欢做的事，这是它全部的热情。

但现在要他做到这一点，已经为时过晚了——所以你们的自身意愿没落，你们这些身体的蔑视者呵。

你们的自身意愿没落，而且因此你们就成了肉体的蔑视者！因为你们不再能超出自身进行创造。

而且因此，你们现在恼怒于生命和大地。在你们的蔑视的睥睨目光中，含着一种不自觉的妒忌。

你们这些身体的蔑视者呵，我不会走上你们的道路！在我，你们决不是一座通向超人的桥梁！

查拉图斯特拉如是说。

（选自《查拉图斯特拉如是说》，尼采著，孙周兴译，上海人民出版社，

2016年版。）标题为本书编者所拟。

（蒋小杰　选文）

［法］萨特　存在主义是一种人道主义（节选）

让－保罗·萨特（Jean-Paul Sartre，1905—1980），文学家、哲学家、社会活动家，法国无神论存在主义的主要代表人物。主要代表作有小说《墙》《恶心》《自由之路》等，戏剧《苍蝇》《禁闭》《肮脏的手》等，文论《什么是文学》等，哲学著作《自我的超越性》《存在与虚无》《辩证理性批判》等。萨特一生拒绝任何来自官方的荣誉，包括拒领 1964 年诺贝尔文学奖。萨特提倡"介入文学"，即文学要干预社会现实，作家应参与改造社会的各种活动，对社会问题和政治事件表达自己的立场和观点。《存在主义是一种人道主义》（ *Existentialism Is a Humanism* ）写于 1946 年，阐述了萨特对存在主义的理解，反驳了其《存在与虚无》发表以来遭受的各种非难。存在主义不是一种对本质主义的反抗，认为并非本质决定存在，而是"存在先于本质"，即人不具有本质规定性，人在不断的生成、变化之中。萨特由此进一步提出人的自由学说，以及人必须为自己的行动和选择负责。萨特的存在主义哲学显著地贯穿于其小说和戏剧之中，值得留意和深思。

本文的目的是针对几种对存在主义的责难进行辩护。

首先，存在主义曾被指责为鼓励人们对人生采取无所作为的绝望态度。因为解决的途径既然全部堵塞了，人们必然会认为任何行动都是完全无用的，而最终接受一种观望哲学。再者，由于观望是一种奢侈品，所以它只是另一种资产阶级哲学。共产党人特别指责这一点。

我们受到的另一方面责难是，我们强调了人类处境的阴暗一面，描绘卑鄙、肮脏、下流的事情，而忽视某些具有魅力和美并属于人性光明一面的事情：例如，在天主教批评家梅昔埃小姐看来，我们就忘掉了婴儿是怎样笑的。不论从左的方面或者右的方面，我们都被指责为抹杀了人类的一致性，而孤立地看待人类。其所以如此，共产党人说，是因为我们的理论是建立在纯粹主观性上——建立在笛卡儿的"我思"上：这就是孤立的人找到自己的时刻；在这样的处境，人是无法同存在于自我之外的他人取得一致的。这个我是无法通过我思接触到人的。

基督教方面则责备我们否认人类事业的真实性和严肃性。因为既然我们不承认上帝立下的那些戒条和一切规定的永恒价值，那么接下来的就只有自愿行动可言了。谁喜欢怎样做就可以怎样做，而且根据这种观点，我们将无法申斥任何人的观点或者行动。

今天我就是准备答复这些责难；也是为了这个缘故，我把这篇短文称为"存在主义是一种人道主义"。不少人看见我在这个问题上提到人道主义也许感到诧异，但是我们将试着说明我们是怎样理解人道主义的。不管怎样，我们首先可以这样说，存在主义，根据我们对这个名词的理解，是一种使人生成为可能的学说；这种学说还肯定任何真理和任何行动既包含客观环境，又包含人的主观性在内。人家加给我们的主要罪名当然是指我们过分强调了人生的恶的一面。最近有人告诉我，说有一位太太只要在神经紧张的时刻嘴里滑出一句下流话，就为自己开脱说，"我敢说我成了个存在主义者了"。所以，看来丑恶和存在主义被视为同一回事了。这就是为什么有些人说我们是"自然主义者"的缘故，但是果真如此的话，他们这样对我们大惊小怪又为着何来，因为目前人们对所谓真正的自然主义好像并不怎样害怕或者引以为耻。有些人完全吃得下一本左拉的小说，例如《大地》，然而一读到一本存在主义小说就感到恶心。有些人把希望寄托在人类的智慧上——那是一种悲惨的智慧——但是发现我们的智慧更加悲惨。然而还有什么比"施舍先及亲友"，或"提拔一个坏蛋，他要控诉你赔偿损失；打倒他，他反而奉承你"这类的格言更加使人丧气的呢？我们全都知道有许许多多类似这样的格言，它们全都是一个意思——就是对当权者切不可以反对、决不要反抗当权派、要安分，不要以下犯上；再不然就是这样：任何不符合某些传统的行为只是浪漫主义，或者任何没有为成功经验所证实的行为必然招致挫折，而且由于经验证明人类毫无例外地都倾向于作恶。因此一定要有严厉的法规来约束他们，否则，就会出现无政府主义。然而，就是这些人嘴里一直讲着这些丧气的格言，而且一听见人们谈到某些相当令人可恨的行为时，就说"人性都是一样的"——恰恰就是这些嘴里一直唠叨着现实主义的人，偏要埋怨存在主义对事物的看法太阴暗了。说实在话，他们的过分责难使我不得不怀疑，使他们恼火的很可能不是我们的悲观主义，而是我们的乐观主义。因为归根到底，我即将试图向你们阐明的这门学说，其所以令人感到恐慌——可不是吗——就是它为人类打开了选择的可能性。为了证明这一点，让我们把整个问题按照严格的哲学标准来论述一下。那么，我们谈论的这个存在主义究竟是什么呢？

多数使用这个名词的人，要他解释存在主义是什么意思时，都会弄得糊里糊涂。因为自从存在主义变得时髦以来，人们常常欣然宣称这个音乐家或那个画家是"存在主义者"。《光明》杂志的一位专栏作家就自己署名为"存在主义者"的确，这个名词目前被人们随便用来指许许多多事情，几乎弄得毫无意义可言了。看来，所有那些急切想在晚近最招摇的事情或者运动中插一手的人，由于缺乏诸如超现实主义之类的新奇学说，就抓着这个哲学不放了，但是从这里面他们是找不到合意的东西的。因为，说实在话，在所有的教导中，这是最不招摇，最最严肃的：它完全是为专业人员和哲学家们提出的。尽管如此，它还是很容易讲清楚。

问题之所以变得复杂，是因为有两种存在主义。一种是基督教的存在主义，这些人里面可以举雅斯贝斯和加布里埃尔·马塞尔，两个人都自称是天主教徒；另一种是存在主义的无神论者，这些人里面得包括海德格尔以及法国的那些存在主义者和我。他们的共同点只是认为存在先于本质——或者不妨说，哲学必须从主观开始。这话究竟是什么意思呢？

试拿一件工艺品——例如一本书或者一把裁纸刀来说，它是一个对此已有一个概念的匠人制造的；他对裁纸刀的概念，以及制造裁纸刀的此前已有的工艺（这也是概念的一部分，说到底，即一个公式）同样已心中有数。因此裁纸刀既是一件可以按照固定方式制造出来的物件，又是一个达到某一固定目的的东西，因为人们无法想象一个人会制造一把裁纸刀而不知道它派什么用场。所以我们说，裁纸刀的本质，也就是使它的制作和定义成为可能的许多公式和质地的总和，先于它的存在。这个样式的裁纸刀或者书籍就是靠这样在我眼前出现的。我们这样说是从技术角度来看世界，而且我们可以说制作先于存在。

当我们想到上帝是造物主时，我们在大部分时间里都把他想象为一个超凡的工匠。我们考虑哲学问题时，不管是笛卡儿那样的学说，或者莱布尼茨的学说，多少总含有这样的意思，就是意志跟在理性后面，至多是随理性一同出现，所以当上帝创造时，他完全明白自己在创造什么。由于这个缘故，人的概念在上帝的脑子里就和裁纸刀的概念在工匠的脑子里相似：上帝按照一定程序和一种概念造人，完全像工匠按照定义和公式制造裁纸刀一样。所以每一个人都是藏在神圣理性中的某种概念的体现。在18世纪的无神论哲学里，上帝的观念被禁止了，但是尽管如此，本质先于存在的思想仍然没有出现，这种思想到处都碰得见，在狄德罗的著作里，在伏尔泰的著作里，甚至在康德的著作里。人具有一种人性，这种"人性"，也即人的概念，是人身上都有的，它意味着每一个人都是这个普遍概念——人的概念的特殊例子。在康德的哲学里，这种普遍性被推向极端，以致森林中的野人、处于原始状态的人和资产阶级全都包括在同一定义里，并且具有同样的基本特征。在这里，人的本质又一次先于我们在经验中看见的人在历史上的出现。

无神论存在主义——我也是其代表人之一——则比较能自圆其说；它宣称如果上帝并不存在，那么至少总有一个东西先于其本质就已经存在了。首先要有这个东西的存在，然后才能用什么概念来说明它。这个东西就是人，或者按照海德格尔的说法，人的实在（human reality）。我们说存在先于本质的意思指什么呢？意思就是说首先有人，人碰上自己，在世界上涌现出来——然后才给自己下定义。如果人在存在主义者眼中是不能下定义的，那是因为在一开头人是什么都说不上的。他所以说得上是往后的事，那时候他就会是他认为的那种人了。所以，人性是没有的，因为没有上帝提供一个人的概念。人就是人。这不仅说他是自己认为的那样，而且也是他愿意成为的那样——是他（从无到有）从不存在到存在之后愿意成为的那样。人除了自己认为的那样以外，什么都不是。这就是存在主义的第一原则。而且这也就是人们称作它的"主观性"所在，他们用主观性这个字眼是为了责难我们。但是我们讲主观性的意思除了说人比一块石头或者一张桌子具有更大的尊严外，还能指什么呢？我们的意思是说，人首先是存在——人在谈得上别的一切之前，首先是一个把自己推向未来的东西，并且感觉到自己在这样做。人确实是一个拥有主观生命的规划，而不是一种苔藓或者一种真菌，或者一棵花椰菜。在把自己投向未来之前，什么都不存在；连理性的天堂里也没有他；人只是在企图成为什么时才取得存在。可并不是他想要成为的那样。因为我们一般理解的"想要"或者"意图"，往往是在我们使自己成为现在这样时所作的自觉决定。我可以想参加一次宴会，写一本书，或者结婚——但是碰到这种情形时，一般称为"我的意志"的，很可能体现了一个先前的而且更为自发的决定。不过，如果存在真是先于本质，人就要对自己是怎样的人负责。所以存在主义的第一个后果是使人人明白自己的本来面目，并且把自己存在的责任完全由自己担负起来。还有，当我们说人对自己负责时，我们并不是指他仅仅对自己的个性负责，而是对所有的人负责。"主观主义"这个词有双重意义，而我们的论敌只在其中一个意义上做文章。主观主义一方面指个人的自由，另一方面也指人越不出人的主观性。这后一层意义在存在主义哲学里是比较深奥的。当我们说人自己作选择时，我们的确指我们每一个人必须亲自作出选择，但是我们这样说也意味着，人在为自己作出选择时，也为所有的人作出选择。因为实际上，人为了把自己造成他愿意成为的那种人而可能采取的一切行动中，没有一个行动不是同时在创造一个他认为自己应当如此的人的形象。在这一形象或那一形象之间作出选择的同时，他也就肯定了所选择的形象的价值。因为我们不能选择更坏的。我们选择的总是更好的，而且对我们说来，如果不是对大家都是更好的，那还有什么是更好的呢？再者，如果存在先于本质，而且在模铸自己形象的同时我们要存在下去，那么这个形象就是对所有的人以及我们所处的整个时代都是适用的。我们的责任因此要比先前设想的重大得多，因为它牵涉到整个人类。举例说，如果我是个工人，我可以决定参加一个基督教的工会，而不参加共产党的工会。而如果我以一个会员的资格，宣称安分守己毕竟是最好的处世之道，因为人的王国不是在这个世界上，这就不仅仅是我一个人承担责任的问题。我要人人都安分守己，因此我的行动是代表全人类承担责任。再举一个比较属于个人的例子，我决定结婚并且生儿育女，尽管这一决定只是根据我的处境、我的情感或者欲望作出的，但这一来却不仅为我自己承担责任，而且号召全人类奉行一夫一妻制。所以我这样既对自己负责，也对所有的人负责，我在创造一种我希望人人都如此的人的形象。在模铸自己时，我模铸了人。

（选自《存在主义是一种人道主义》，萨特著，周煦良、汤永宽译，

上海译文出版社，2012年版。）

（田艳 选文）

第二章　体育文学

概述

　　古代的体育活动，作为一种身体行为，不同于生产劳动和艺术创作会留下各种产品、艺术品，使后人借助物质材料可以了解当时的状况。除了为数不多的有关体育的美术作品和体育活动所留下的器械，想要再寻找有关体育的记载，只能借助文字文献。在没有数字影像的时代，描写体育活动的文学作品成为了解古代体育活动的宝贵资料，为我们生动再现文字诞生以来几千年的体育活动状况。通过文献记载发现，越是文明发达早的地域，越是很早就产生了各种体育活动。

　　就人类的发展而言，经历了从蒙昧到觉醒的过程。人的觉醒的重要标志之一，是意识到生命存在的价值后，开始追求健康长寿，并自觉地从事追求健康长寿的活动。体育活动是这一进程中与丹药等同步发展的长寿方式之一，在历经实践检验之后，曾经风靡一时的炼丹术等退出历史舞台，体育成为促进健康长寿的最有效途径。这一过程反映出人类对生命、对身体的探索，也伴随着对人生终极问题的思考。

　　那么，文字记载中的体育活动是何样貌？

　　中国古代专门的体育著作有《汉书·艺文志》载《剑道》三十八篇，《手搏》六篇，与"射"相关的书八种五十一篇；《隋书·经籍志》载《马槊谱》一卷，《棋势》五种共四十二卷，《杂博戏》五卷，《投壶经》一卷，《太一博法》一卷，《皇博法》一卷，《象经》四种共六卷，《博塞经》一卷，《棋图势》十卷，《围棋品》一卷，《棋法》一卷，《养生要集》十卷，《引气图》一卷，《道引图》三卷，《养身经》一卷，《养生要术》一卷等；《新唐书》载《养生经》一卷，《气诀》一卷等；《宋史·艺文志》载调露子撰《角力记》

一卷等；《四库全书》载元代撰《丸经》二卷，堪称世界上最早的关于高尔夫的专著，明代郭鸿撰《壶史》三卷，清代黄百家撰《征南射法》一卷、《内家拳法》一卷等。

记载体育活动的文学作品从轴心时代到近代数以千计，星罗棋布地分散于浩如烟海的世界各国文学之中，就体裁而言，诗、词、曲、赋、小说等各类文体皆备。这些反映体育活动的作品表现角度和表现方式各有特色，为后人再现出当时体育项目的真实状况，如《诗经·齐风·猗嗟》描绘出英俊健硕的美男子形象和高超的射技；《冰床》《冰上蹴鞠》展现出欢腾驰逐的冰上运动场景；关汉卿的《斗鹌鹑·女校尉》中对踢球方法、花样、规则等进行了细致描述，今天读来，依然有身临其境之感。有些作品将体育活动与人生哲理相结合，如蒲松龄的《武技》，通过两次角斗表明骄兵必败，揭示天外有天、人外有人的道理；有些涉及体育活动的作品，大量运用形象思维、抽象思维以及批判性思维方式，在具体生动描写体育项目的同时，文以载道，如李尤《鞠城铭》写球场设施、规则后，又引申到理政；寇准《纸鸢》借纸鸢抒发对前途的感慨与期望；等等。

近现代体育文献方面，蔡元培《体育为修己之本》、毛泽东《体育之研究》、孙中山《精武本纪》等从多个方面谈修身之道。其中，毛泽东1917年在《新青年》杂志发表的《体育之研究》立足于近代中国现实，以科学的眼光探讨了体育的概念、目的、作用和体育与德育、智育的关系，针对体育锻炼的原则和方法等问题做了详尽的论述，在中国体育文学史和近代体育史上具有重要意义。此外，老舍的《断魂枪》和阿城的《棋王》等，也是现代文学作品中涉及体育元素的佳作。

外国体育文献方面，从《伊利亚特》为帕特罗克洛斯举行葬礼和竞技开始，到"奥林匹克之父"顾拜旦在1912年斯德哥尔摩第五届奥林匹克运动会上发表《体育颂》，同样涌现出大量以体育为题材的作品，如海明威的《越野滑雪》运用细节描写手法对高超的滑雪技巧进行描述，令人印象深刻。

总的来说，以体育为题材的作品，或描述生龙活虎的运动场面，或展现健美的人物形象，或再现令人愉悦的竞赛场景，都显示出对健康的追求、对积极人生态度的赞赏。今天读这些作品，依然对于坚持健康生活方式、开阔视野胸襟、平和心情、提高境界具有重要作用。党的二十大报告指出，要"广泛开展全民健身活动""促进群众体育和竞技体育全面发展"。中华体育文化源远流长，在与世界体育文化的交融和互鉴中生生不息，文学中的体育书写作为体育文化的重要载体，记录了不同时代、不同民族、不同地域的体育活动，能让人通过文字感受古今中外不同体育活动的魅力和共同的健康向上精神。

因此，本书为使体育院校学生和普通高等院校体育专业学生及一般读者对体育活动与体育文化有更深入更直观的了解，特辟体育文学部分。

（王娜　撰写）

第一节 体育古诗文

一、射艺

"射"的历史非常悠久，最早源于原始社会的狩猎。根据考古发现，新石器时代仰韶文化时已经发明了弓箭。"断竹，续竹，飞土，逐宎"的弹歌生动地反映出上古时期人们削竹为弓、抟土为弹，射杀野兽的情景。商代甲骨卜辞最早出现以射为礼的记录。到周代，"射"成为君子六艺之一，形成了较为完备的礼仪制度，"射礼"由此产生。《礼记》中，射礼被分为大射、宾射、燕射和乡射。其中，乡射是每年春秋两季在州立学校举行的乡射礼，可以看作当时的小型运动会。大射到唐代被定为军礼之一。射被广泛应用于礼仪、军事和游戏活动中。

［先秦］诗经·齐风·猗嗟

诗经·齐风·猗嗟

猗嗟昌兮[1]，颀[2]而长兮。抑若扬兮[3]，美目扬兮。巧趋跄兮[4]，射则臧兮[5]。

猗嗟名兮[6]，美目清兮。仪既成兮[7]，终日射侯[8]，不出正兮[9]，展我甥兮[10]。

猗嗟娈兮，清扬婉兮。舞则选兮[11]，射则贯[12]兮，四矢反[13]兮，以御乱兮。

（选自《诗经注析》，程俊英、蒋见元，中华书局，2017年版。）

注释

[1]猗：赞美词。昌：盛。

[2]颀：身材高长貌。

[3]抑：通"懿"，美好。扬：额角丰满。

[4]趋跄：形容行走有节奏。趋，快步走。跄，快步走的姿态。

[5]则：法则。臧：好、熟练。

[6]名：即"明"，昌盛。

[7]仪：一说射仪，射手在射箭之前先表演射法的各种姿态。成：完备。

[8]侯：箭靶。

[9]正：箭靶中心。

[10]展：诚、确实。甥：外甥。

[11]舞则选兮：跳舞的步伐与音乐的节奏整齐合拍。选，整齐。

［12］贯：射中。

［13］反：反复。这里指将第一次射中的箭拔去再射，共射四次，每次都射中第一次射中的地方。

（注释为本书编者添加）

（王娜　选文）

［先秦］左传·养由基一箭中吕锜

癸巳,潘尪之党与养由基蹲甲而射之[1],彻七札焉[2]。以示王,曰:"君有二臣如此，何忧于战？"王怒曰:"大辱国[3]！诘朝[4]尔射，死艺[5]。"吕锜[6]梦射月，中之，退入于泥。占之，曰："姬姓，日也；异姓，月也[7]，必楚王也。射而中之，退入于泥，亦必死矣。"及战，射共王中目。王召养由基，与之两矢，使射吕锜，中项[8]，伏弢[9]。以一矢复命。（《左传·成公十六年》）

养由基一箭中吕锜

（选自《春秋左传注》，杨伯峻，中华书局，1981年版。）

注释

［1］潘尪（wāng）之党：潘尪之子潘党。父子二人皆为楚臣。养由基：楚国名将，善射。蹲甲：将革甲积叠起来。

［2］彻：穿透。七札：七层革甲。札，编织甲的皮革。

［3］大辱国：意为"丢人"，当为楚国习用语。

［4］诘（jié）朝：第二天早晨。

［5］死艺：只凭武艺，恐怕要死在武艺上。

［6］吕锜：即晋国的魏锜，封于吕，故又称吕锜。

［7］姬姓，日也；异姓，月也：古代以日比天子，以月比诸侯，周天子与晋侯均为姬姓，故云"日也"，楚王芈姓，为异姓诸侯，故云"月也"。

［8］中项：射中脖颈。

［9］弢：弓袋。

（注释为本书编者添加）

（王娜　选文）

［先秦］列子·纪昌学射

甘蝇，古之善射者，彀弓而兽伏鸟下[1]，弟子名飞卫，学射于甘蝇，而巧过其师。纪昌者，又学射于飞卫。飞卫曰："尔先学不瞬[2]，而后

纪昌学射

可言射矣。"纪昌归，偃卧[3]其妻之机下，以目承牵挺[4]。二年之后，虽锥末倒眥，而不瞬也[5]。以告飞卫。飞卫曰："未也；必学视而后可。视小如大，视微如著[6]，而后告我。"昌以氂悬虱于牖[7]，南面而望之[8]。旬日[9]之间，浸[10]大也；三年之后，如车轮焉。以睹余物，皆丘山也。乃以燕角之弧、朔蓬之簳射之[11]，贯虱之心，而悬不绝[12]。以告飞卫。飞卫高蹈拊膺曰[13]："汝得之矣！"

（选自《列子集释》，杨伯峻，中华书局，1979 年版。）

注释

[1] 彀（gòu）弓：把弓拉满。伏：指倒在地上。下：指跌落。

[2] 不瞬：不眨眼睛。

[3] 偃卧：仰面躺着。

[4] 承：承接，这里指两眼盯着。牵挺：织布机上牵经线的部件。

[5] 锥末：锥子的尖头。倒：指刺到。眥（zì）：眼眶。

[6] 微：细微，意为模糊不清。著：显著。

[7] 氂（máo）：同"牦"，指牦牛身上的长毛。牖（yǒu）：窗户。

[8] 南面：指面向南。

[9] 旬日：十天。

[10] 浸：逐渐。

[11] 燕（yān）角之弧、朔蓬之簳（gǎn）：燕地产的牛角作弓，北方产的蓬草作箭。弧，弓。朔蓬，北方的蓬草，细而硬。簳，箭杆，也指箭。

[12] 悬：指悬挂虱子的牦牛毛。绝：断。

[13] 蹈：顿足，踏地。拊：拍。膺：胸膛。

（注释为本书编者添加）

（王娜　选文）

［汉］礼记·射义

孔子射于矍相之圃[1]，盖观者如堵墙。射至于司马[2]，使子路执弓矢出延射[3]，曰："贲军[4]之将，亡国之大夫，与为人后者[5]，不入[6]。其余皆入。"盖去者半[7]，入者半。又使公罔之裘、序点扬觯而语[8]。公罔之裘扬觯而语曰："幼壮孝弟[9]，耆耋好礼[10]，不从流俗，修身以俟死[11]，者不[12]？在此位也。"盖去者半，处者半。序点又扬觯而语曰："好学不倦，好礼不变，旄期[13]称道不乱，者不？在此位也。"盖廑有存者[14]。

射之为言者[15]，绎也，或曰舍[16]也。绎者，各绎己之志也，故心平体正，持弓矢审固[17]；持弓矢审固，则射中矣。故曰："为人父者，以为父鹄[18]。为人子者，以为子鹄。为人君者，以为君鹄。为人臣者，以为臣鹄。"故射者各射己之鹄。

......

射者，仁之道也。射求正诸己[19]。已正而后发。发而不中，则不怨胜己者，反求诸己而已矣。孔子曰："君子无所争，必也射乎！揖让而升，下而饮，其争也君子。"

孔子曰："射者何以射？何以听？循声而发[20]，发而不失正鹄者，其唯贤者乎。若夫不肖之人[21]，则彼将安能以中？"

（选自《礼记正义》，〔清〕阮元校刻，中华书局，1980 年版。）

注释

［1］矍相：地名。圃：菜园，此处指射圃，射箭的场所。

［2］射至于司马：射礼到了确定司马的时候。司马，此处指主持射礼的人。

［3］延射：邀请想参加射礼的人。

［4］贲军：败军。贲，通"偾"，覆败。

［5］与为人后者：指本非人之后嗣而求做别人后嗣的人。与，预，求。

［6］不入：指不能进入射圃参加射礼。

［7］去者半：排除在外的人有一半。

［8］公罔之裘：公罔，复姓。裘，人名。序点：姓序，名点。扬觯（zhì）：举起酒杯。觯，古代饮酒器具。语：告诫。

［9］幼壮：青少年。孝弟：敬爱兄长。弟，通"悌"。

［10］耆耋（qí dié）：老年。好礼：崇尚礼仪。

［11］俟死：一直到死。俟，等待。

［12］者不（fǒu）：有这样的人吗？者，此处为指示代词，相当于"这"。不，语末助词，表询问。

［13］旄（mào）期：旄，通"耄"，八九十岁的年纪，泛指老年。

［14］盖廑（jǐn）有存者：够资格的，已经没有多少位了。廑，也作"仅"，指数量少。

［15］射之为言者：射的意思是……。

［16］舍：发射。

［17］持：拿。审：慎重，稳定。固：牢固。

［18］鹄：靶心。

［19］求正诸己：要求端正自己，意为做任何事都要自身端正。

［20］循声而发：依照音乐的节奏发射。循，依照。声，音乐。

［21］若夫：至于。不肖：无德无才。

（注释为本书编者添加）

（王娜 选文）

［唐］张祜　观徐州李司空猎

张祜（约785—约852），字承吉，清河（今河北省清河县）人。初寓姑苏，后至长安，献诗三百首，因性情孤傲，为人所抑，晚年隐居丹阳。因诗扬名，有《张处士诗集》。

晓出郡城[1]东，分围浅草中。

红旗[2]开向日，白马骤迎风。

背手抽金镞[3]，翻身控角弓[4]。

万人齐指处，一雁落寒空。

（选自《全唐诗》，［清］彭定求等主编，中华书局，1999年版。）

注释

［1］郡城：郡治所在地。此处指徐州城。

［2］红旗：古代用作军旗或用于仪仗队的红色旗。

［3］金镞：金属制成的箭头，代指箭。

［4］角弓：以兽角为饰的良弓。

（注释为本书编者添加）

（王娜　选文）

二、蹴鞠

蹴鞠，也称蹙鞠、踏鞠、蹋鞠、蹴球等。蹴有踩、踏、踢、追逐之义，鞠为结毛而成或用毛填充皮囊而成的球。《史记·苏秦列传》载："临淄甚富而实，其民无不吹竽鼓瑟，弹琴击筑，斗鸡走狗，六博蹋鞠者。"1973年，湖南长沙马王堆汉墓出土帛书载黄帝杀蚩尤后，充其胃以为鞠，使人执（踢）之。从这些史料记载看，蹴鞠起源于战国以前。2004年亚洲足联秘书长维拉潘在北京宣布：中国古代蹴鞠就是足球的起源，世界足球起源于中国的淄博临淄。

汉代，蹴鞠成为兵家练兵之法，蹴鞠运动蓬勃发展；隋唐时期，发明了充气蹴鞠，并改进了竞赛方式；宋辽金元时期，开始出现蹴鞠组织和专门的蹴鞠艺人，蹴鞠成为朝廷节庆的节目之一；明代，出现了专门制作鞠的手工业作坊；清代，出现了"冰上蹙鞠"，到了清末，随着西方足球的传入，中国传统的蹴鞠基本上被欧洲现代足球所代替。

［汉］李尤　鞠城铭

李尤，生于东汉光武帝建武二十年（44年），卒于顺帝永建元年（126年），字伯仁，广汉雒（今四川广汉市北）人。年少时以能文著称，曾撰《蜀记》。安帝时为谏议大夫，受诏共撰《东观汉记》，顺帝时迁乐安相。擅作"铭"体。

員鞠方墙，仿象阴阳[1]。

法月衡对，二六相当[2]。

建长立平，其例有常[3]。

不以亲疏，不有阿私。

端心平意，莫怨是非[4]。

鞠政犹然，况乎执机。

（选自《艺文类聚》，［唐］欧阳询主编，上海古籍出版社，1982 年版。）

注释

[1]員鞠方墙，仿象阴阳：球场四周的墙合起来围城方形，象征天圆地方，阴阳相对。員，通"圆"。"鞠"为圆形。

[2]法月衡对，二六相当：竞赛中，效法月份，双方各 6 人，共 12 人进行对阵，互相抗衡。

[3]建长立平，其例有常：设置裁判员，建立约定俗成的标准。

[4]端心平意，莫怨是非：心平气和地服从裁判，不要报怨裁判的裁决。

（注释为本书编者添加）

（王娜　选文）

晚春感事四首
（其四）

［宋］陆游　晚春感事四首（其四）

陆游（1125—1210），字务观，号放翁，越州山阴（今浙江绍兴）人，南宋爱国诗人。有《剑南诗稿》85 卷，收诗 9000 余首。还有《渭南文集》《老学庵笔记》及《南唐书》等。

少年骑马入咸阳，鹘[1]似身轻蝶似狂。蹴鞠场边万人看，鞦韆[2]旗下一春忙。

风光流转浑如昨，志气低摧[3]只自伤。日永[4]东斋淡无事，闭门扫地独焚香。

（选自《全宋诗》，傅璇琮等主编，北京大学出版社，2019 年版。）

注释

［1］鹘：隼，鹰科鹰属。

［2］鞦韆：即秋千。

［3］低摧：低首摧眉。形容劳瘁，低沉。

［4］日永：指夏至，这一天白昼最长，夜晚最短。

（注释为本书编者添加）

（王娜　选文）

［元］关汉卿　［越调］斗鹌鹑·女校尉（二套）

关汉卿，生卒年不详，号已斋斋，一说元大都（今北京市）人，一说解州（今山西运城）人，一说祁州（今河北安国）人。与白朴、马致远、郑光祖并称为"元曲四大家"，居"元曲四大家"之首。《录鬼簿》录关汉卿杂剧名目六十二种，后仅存十八种。代表作有《窦娥冤》《救风尘》《望江亭》《单刀会》等。

换步那踪，趋前退后，侧脚傍行，垂肩亸袖[1]。若说过论茶头[2]，脿答扳搂[3]，入来的掩，出去的兜[4]。子要论道儿着人[5]，不要无拽样顺纽[6]。

【紫花儿序】打的个桶子[7]脿特顺，暗足窝桩腰[8]，不揪拐[9]回头。不要那看的每侧面，子弟每凝眸[10]。非是我胡诌[11]，上下泛前后左右瞜[12]，过从的员就[13]。三鲍敲失落[14]，五花气从头[15]。

【天净沙】平生肥马轻裘[16]，何须锦带吴钩[17]？百岁光阴转首，休闲生受[18]，叹功名似水上浮沤[19]。

【寨儿令】得自由，莫刚求。茶余饭饱邀故友，谢馆秦楼[20]，散闷消愁。惟蹴鞠最风流。演习得踢打温柔，施呈得解数滑熟[21]。引脚蹑龙斩眼[22]，担枪拐凤摇头[23]。一左一右，折叠拐[24]鹘胜游。

【尾】锦缠腕、叶底桃、鸳鸯叩[25]，入脚面带黄河逆流[26]。斗白打、赛官场[27]，三场儿尽皆有。

（选自《关汉卿散曲集》，［元］关汉卿撰，李汉秋、周维培校注，上海古籍出版社，1990年版。）

注释

［1］换步那踪，趋前退后，侧脚傍行，垂肩亸袖：她交换着腿，挪动着脚步，快速地忽向前，忽退后，有时侧着身子场边急行，肩低垂着长长的衣袖。那，同"挪"。亸（duǒ）：同"嚲"，下垂。

〔2〕过论：传球。过，传。论，又作"轮"，指球。搽头：也作"茶头"，三人场户运动员之一，类似于今天的"前锋""后卫"之类。

〔3〕臁答扳搂：蹴鞠动作名称。臁，当为大脚踢球；答，也作搭，用脚面踢球；扳、搂：用左右脚踢来踢去。

〔4〕入来的掩，出去的兜：指球踢进来很隐蔽，踢出去很突然。掩，掩身接取。兜，通"陡"，陡然，突然。

〔5〕子要：只要。论道儿：指传球的路线。

〔6〕顺纽：意为"顺行"。

〔7〕桶子臁：蹴鞠中的踢打名称。

〔8〕暗足窝：足球的花样踢法之一。粧腰：指故作姿态。指的是用装作有闪失的动作来迷惑对方。粧，同"妆"。

〔9〕不揪拐：足球的花样踢法之一。

〔10〕子弟：指球员。每：同"们"。凝眸：凝视。

〔11〕胡诌：指瞎说，吹牛。

〔12〕泛：指球踢到了目标。瞧：同"瞅"。

〔13〕员就：圆熟，熟练。意为能攻善守。员：同"圆"。

〔14〕三鲍敲：蹴鞠的成套踢法之一。失落：接不住球。

〔15〕五花气：蹴鞠的成套踢法之一。从头：拿手。

〔16〕肥马轻裘：指生活豪奢。

〔17〕锦带吴钩：功名富贵的象征。锦带，丝织的彩带。吴钩，吴地制造的一种弯形刀，后泛指兵器。

〔18〕休：不要。闲生受：白吃苦。

〔19〕浮沤：原指水泡，此处意为瞬间即逝。

〔20〕谢馆秦楼：指城市中吃喝玩乐之所。

〔21〕施逞：施展，表演。解数：路数、套子，指踢球的整套动作。滑熟：非常熟练。

〔22〕引脚蹴：蹴鞠的花样踢法之一。龙斩眼：形容引脚蹴踢法的精彩。

〔23〕担枪拐：蹴鞠的花样踢法之一。凤摇头：形容担枪拐踢法的精彩。

〔24〕折叠拐：蹴鞠的花样踢法之一。

〔25〕锦缠腕、叶底桃、鸳鸯叩：蹴鞠名称，根据制作工艺和外表特征不同而得名。

〔26〕入脚：即收脚，指表演结束。面带黄河逆流：形容流汗非常多的样子。

〔27〕白打：指散场，不用球门的对踢，一般为二人。官场：三人角踢。

（注释为本书编者添加）

（王娜　选文）

［明］钱福 蹴鞠

蹴鞠

钱福(1461—1504)，字与谦，号鹤滩，明代状元。南直隶松江府华亭（今上海松江）人。弘治三年（1490年）进士第一名及第（状元），官翰林修撰。才高气奇，数千言立就，无人可与之抗衡。著有《鹤滩集》。

蹴鞠当场二月天，仙风吹下两婵娟[1]。汗沾粉面花含露，尘扑蛾眉柳带烟[2]。
翠袖低垂笼玉笋[3]，红裙斜曳露金莲[4]。几回蹴罢娇无力，恨煞长安美少年。
（选自《中国古代体育诗歌选》，路今铧、金磊主编，天津人民出版社，2008年版。）

注释

[1]仙风：神仙的风致，形容人的潇洒。婵娟：指女子，表明这是一首有关女子蹴鞠的诗。

[2]尘扑蛾眉柳带烟：尘土粘拂在蛾眉上，像摇曳的柳叶绕带青烟。蛾眉，蚕蛾触须细长而弯曲，用来比喻女子美丽的眉毛。

[3]玉笋：指女子手指。
[4]金莲：代指女子的脚。

（注释为本书编者添加）

（王娜 选文）

三、冰雪运动

2005年，新疆阿勒泰市发现了人类脚踏滑雪板，手持单杆进行滑雪狩猎活动的岩画。经考古专家认定，其制作年代为1万至3万年前的旧石器时代晚期。2015年，新疆阿勒泰地区被国际公认为"人类滑雪的起源地"。隋唐时期，冰雪游戏在民间广为流传，如东北地区出现了人踏在"竹马"上，手执一根曲棍，在冰面上撑地滑行的"竹马"游戏，这应当是中国冰上运动的起源。自蒙古族入主中原后，特别清代满族入关后，冰雪运动更为流行，出现了溜冰、冰床、冰擦、冰上抢球等运动项目，也产生了很多帝王将相、诗人对冰雪触景生情的吟咏之作。

［宋］新唐书 滑雪

滑雪

东至木马突厥[1]三部落，曰都播、弥列、哥饿支，其酋长皆为颉斤[2]。桦皮覆室[3]，多善马，俗乘木马驰冰上[4]，以板藉足[5]，屈木支腋[6]，蹴辄百步[7]，势迅激[8]。

（选自《新唐书》，［宋］欧阳修、宋祁主编，中华书局，1975 年版。）

注释

［1］木马突厥：突厥部落名，以狩猎为生。大概因居于冰雪多的山谷中，使用木马（滑雪板）而得名。

［2］酋长：部落的首领。颉斤：唐代突厥族官名，突厥部落首领的称谓。

［3］覆室：覆盖房屋。桦树皮厚，层多，用来覆盖房屋，保暖性强。

［4］俗：习俗。木马：滑雪板。

［5］藉足：衬足部。藉，垫，衬，依托。

［6］屈木支腋：将木头弯曲做手杖，支撑在腋下，以便前行。

［7］蹴：踏，踢。辄：总是。

［8］势：姿势。迅激：迅速而猛烈。

（注释为本书编者添加）

（王娜　选文）

［清］崔旭　冰床

冰床

崔旭（1767—1847），字晓林，号念堂，清代直隶天津府庆云县（今山东省庆云县）人。嘉庆五年（1800 年）恩科举人，道光六年（1826 年）出任山西省蒲县知县，政声卓著，深受乡民爱戴。因病引退后，潜心著述，著有《念堂诗话》《念堂诗草》《津门百咏》《津门杂记》等，选辑《沧州诗抄》《庆云诗抄》等。

织箔安床四角平[1]，铁头篙子[2]滑冰声。

坐来恰受人三两，绝胜中流自在行。

（选自《中国古代体育诗歌选》，路今铧、金磊主编，天津人民出版社，2008 年版。）

注释

［1］织箔：也称打箔，北方地区原料，一般用秫秸、横木、砖头、绳子固定木棒，用打结的方式织成一定宽度的编织物。床：冰床，本诗指"津门百咏"中天津一带的冰床。《燕京岁时记》载："拖床长约五尺，宽约三尺，以木为之，脚有铁条，可坐三四人。雪晴日暖之际，如行玉壶中，亦快事也，一人在前引绳，行冰如飞。"

［2］铁头篙子：用粗铁条做成，长近尺许，一头磨得很尖，用来点冰，以推动前进。

注释为本书编者添加

（王娜　选文）

［清］杨静亭　都门杂咏

都门杂咏

杨静亭，名士安，字静亭，北京通州人，约生活于清朝嘉庆、道光年间。熟悉老北京市井风物、游戏娱乐等，道光二十五年（1845 年），以所见所闻编写成《都门纪略》，被誉为最早的北京旅游指南。《都门杂咏》便是其中的一首关于拖冰床的诗。

> 十月冰床遍九城，游人曳[1]去一毛轻。
> 风和日暖时端坐，疑是琉璃世界行。

（选自《中国古代体育诗歌选》，路今铧、金磊主编，天津人民出版社，2008 年版。）

注释

［1］曳：拖、拉、牵引。

（注释为本书编者添加）

（王娜　选文）

［清］李声振　跑冰鞋

李声振，清乾隆年间进士。著有《百戏竹枝词》，咏清代中叶河北、北京一带社会百戏（古代民间表演艺术）。

> 捷足行[1]看健步纷，寒流趁冻雪花春。
> 铁鞋[2]踏破奔驰甚，悔作银河冰上人。

（选自《中国古代体育诗歌选》，路今铧、金磊主编，天津人民出版社，2008 年版。）

注释

［1］捷足先：脚步快。
［2］铁鞋：跑冰的人穿的一种特质的铁鞋，用来在冰面上竞速。"跑冰"运动是冰上速滑的前身。

（注释为本书编者添加）

（王娜　选文）

［清］潘荣陛　冰上蹙鞠

冰上蹙鞠

潘荣陛，生卒年不详，字在廷，清直隶大兴（今北京大兴）人。雍正九年（1731 年）入皇宫任职，乾隆十年（1746 年），告归著书。著有《工务纪由》《月令集览》《婚仪便俗》《帝京岁时纪胜》等。其中，《帝京岁时纪胜》逐月记录一年四季岁时风物。《冰上蹙鞠》即选自此书，篇名为编者所加。

金海冰上作蹙鞠之戏[1]，每队数十人，分位而立，以革为毬，掷于空中，俟[2]其将坠，群起而争之，以得者为胜。或此队之人将得，则彼队之人蹴之令远，欢腾驰逐，以便捷勇敢为能。将士用以习武。昔黄帝作蹴鞠之戏以练武，盖取遗意焉。

（选自《体育古文》，赵逵夫编，华东师范大学出版社，2014 年版。）

注释

[1]金海：指北京金海湖。蹙鞠：踢球。蹙，通"蹴"。清代改变了原来的蹴鞠之法，流行冰上蹴鞠。

[2]俟：等待，等到。

（注释为本书编者添加）

（王娜　选文）

四、摔跤

摔跤，是由角抵演化而来的传统竞技活动。秦汉时，黄帝战蚩尤的戏——"蚩尤戏"被称为角抵，即头戴两角以相抵抗。1975 年，湖北江陵出土秦代角抵漆绘木梳，背面绘有二人跨步伸两臂相搏角抵的场面，左一人平伸双手，似为裁判。晋代伊始，角抵又出现了另一名称，即"相扑"。唐代，相扑、角抵二名称并行。北宋都城汴京每年举行相扑比赛，还出现了女子相扑。明代以后，相扑多用"摔跤"这一名称。满族入主中原后，与中原悠久的摔跤形式结合，将摔跤推向了高峰。

［宋］杨万里　角抵诗

角抵诗

杨万里（1127—1206），字廷秀，号诚斋，吉水（今江西吉水）人。高宗绍兴二十四年（1154 年）举进士，历任国子监博士、漳州知州、吏部员外郎秘书监等。主张抗金，正直敢言。后辞官而归，闲居乡里。与陆游、尤袤、范成大并称为南宋"中兴四大诗人"。其诗自成一家，语言通俗晓畅，时称"诚斋体"。其词清新自然，与诗相近。

广场妙戏斗程材[1]，才得天颜一笑开[2]。
角抵罢时还摆[3]宴，卷班出殿戴花回[4]。

（选自《全宋诗》，傅璇琮等主编，北京大学出版社，2019 年版。）

注释

[1] 程材：即"程才"。衡量考较才能，呈现才能。

[2] 天颜：天子的容颜。

[3] 还宴：摆宴聚餐。

[4] 卷班：宋元朝拜皇帝时的一种制度。

（注释为本书编者添加）

（王娜 选文）

［宋］程节斋 水调歌头 · 题角抵人障

题角抵人障

养气[1]兼养勇，岂不丈夫[2]哉！何人刚欲斗力[3]，谩[4]向此间来？莫论施身文绣[5]，看取兼人胆谅[6]，胸次侭嵬嵬[7]。独步登坛[8]后，诸子尽舆台[9]。

笑渠侬[10]，身贲育[11]，伎[12]婴孩。虚娇自恃，未识金德木鸡[13]才。始也旁观退听，少则直前交臂[14]，智与力俱摧。世有赏音者[15]，为唱凯歌回。

（选自《全宋词》，唐圭璋编，中华书局，2005 年版。）

注释

[1] 养气：涵养正气。出自《孟子 · 公孙丑上》："我善养吾浩然之气。"

[2] 丈夫：有作为、有大志的人。

[3] 刚：才。欲：想要。斗力：指参加摔跤比赛。

[4] 谩：通"漫"，缓慢。指初出手者。

[5] 施身文绣：施，散布，铺陈。文绣，原指刺绣华美的丝织品或衣服，此处指摔跤运动员的文身。

[6] 兼人：胜过他人。胆谅：无所畏惧的勇气与诚信。

[7] 胸次：胸襟。侭（jǐn）：同"尽"，极，最。嵬嵬：高大的样子。

[8] 坛：指角抵台。

[9] 诸子：其他人。舆台：舆、台是古代两个低的等级名称，后用来指奴仆及地位

低下的人，此处指水平不高的人。

［10］渠侬：方言，他，她，他们，指笑想打擂的人。

［11］贲育：孟贲、夏育，都是战国时勇士，以力大出名。

［12］伎：角抵的技巧。

［13］木鸡：喻指定力深厚，以镇定取胜者。出自《庄子·达生》。

［14］直前：径直向前。交臂：指距离很近。

［15］赏音者：指期盼比赛胜利的人。

（注释为本书编者添加）

（王娜　选文）

［清］元璟　撩交[1]

元璟，清代浙江平湖人，字借山，号晚香老人。早年出家，平生好游历，诗体屡变，以清雅为宗。居杭州时，曾结西溪吟社，与诸名流唱和。有《完玉堂诗集》。

一夫意抖擞[2]，一夫神毷氉[3]。
仇仇相对惊貔豹[4]，桃花狼藉[5]春风扫。
全力在肘，藤纠棘拗[6]。
捷以取势虚而巧。
一挑一钩时一蹈[7]，浑脱乃悟张颠草[8]。
堵墙围，鸟雀躁。
持之既久似欲平，
砉然[9]地裂高山倒。

（选自《中国古代体育诗歌选》，路今铧、金磊主编，天津人民出版社，2008年版。）

注释

［1］撩跤：即“撂跤”，摔跤。

［2］抖擞：精神振奋，饱满。

［3］毷氉（mào sào）：烦恼、愁闷。

［4］貔豹：比喻勇猛的将士。貔，传说中的一种猛兽，与熊类似。

［5］狼藉：形容困厄、窘迫。

［6］藤纠棘拗：撩交双方缠扭在一起的样子。纠，缠绕。棘，酸枣树，落叶灌木，有刺。拗，不顺，不顺从。

［7］蹈：踩，踏，跳。

［8］浑脱：指制法和形状类似皮囊的东西，意谓浑然天成，无人工痕迹。颠草：唐

代书法家张旭擅长草书，喜欢饮酒，醉后往往有颠狂之态，故人称张颠，称其草书为"颠草"。

［9］砉然：象声词，常用以形容破裂声、折断声、高呼声等。

（注释为本书编者添加）

（王娜　选文）

［清］爱新觉罗·弘历　相扑（节选）

相扑

爱新觉罗·弘历：（1711—1799），即清高宗，年号乾隆。清代第六位皇帝。在位60年，禅位于其子颙琰（年号嘉庆），是中国历史上实际执掌国家最高权力时间最长的皇帝，也是最长寿的皇帝。

> 健儿揎袖短后衣[1]，席前相扑呈雄嬉[2]。
> 捭拖拗拉矜拎掑[3]。踭踀踞蹋踂且蹲[4]。
> 乘间伺怠[5]出以奇，恧然踬蹶力不支[6]。
> 胜者赐酒跽饮之[7]，别有厄鲁均新附[8]。
> 其扑法乃异旧部[9]，露身赤脚惟着裤。
> 撇捩跳踔空拳赴[10]，失计忽仆伏地据。
> 腾跳翻作康王跨[11]，两肩着地头倒竖。
> 方得谓之决胜负，胜者扬扬意实欢。
> 负者反求微腼颜[12]，宣传典属呼来前[13]。

（选自《体育古文》，赵逵夫编，华东师范大学出版社，2014年版。）

注释

［1］揎袖：捋袖。揎，捋袖露臂。短后衣：后面短的衫子。

［2］雄嬉：勇健的游戏。

［3］捭（bǎi）：两手横向对外用力。拖：曳引，拉。拗：向相反的方向扭转。矜：自夸。拎掑（qián qí）：坚强勇敢。

［4］踭踀：走路忽前忽后的样子。踞：蹲，此处指相扑时身体呈下蹲状。蹋：迈步，跨。踂：踩，践踏。蹲：脚移动位置。这两句是写相扑时的动作。

［5］乘间伺怠：乘对方疲惫。

［6］恧（nǜ）然：惭愧的样子。踬蹶：绊倒。

［7］跽：两膝着地，上身挺直。这里指长跪饮酒。

［8］别有厄鲁均新附：乾隆二十二年（1757年），平息了准噶尔部阿睦尔撒纳的叛乱，厄鲁特部族均归顺清廷。

［9］其扑法乃异旧部：指厄鲁特部的相扑之法异于早先归属的蒙古各部。

[10] 撇捩（liè）：快速的样子。跳踔（chuō）：跳跃的样子。空拳赴：空拳打去扑了空。

[11] 腾跳翻作康王跨：借用康王（宋高宗赵构）骑泥马渡江的典故，指倒地者忽然跳起来骑到另一方身上。

[12] 反求：输的人检查自己的过失。脼颜：羞愧之色，脸上不自然。

[13] 宣传：传令。典属：掌管少数民族事务的官员。

（注释为本书编者添加）

（王娜　选文）

五、武艺

武艺，是中国古代带有实战、强身娱乐性质的与骑、射、击、刺等"武"技相关的"艺"。根据其侧重不同，大致可分为用于防身健身和娱乐表演两大类，前者与"武术"相类，春秋时期称为"技击"；后者娱乐性较强，习剑称为"剑技""剑舞"，习刀称为"刀舞"。汉代以后统称为"武艺"，作品中常有"精诸家武艺""武艺超群"的说法。隋唐时期，武艺有了较大发展，器械有所改革，技巧有所发展，出现了单练、对练、群练等多种形式。一些武艺表演达到炉火纯青的程度，如公孙大娘"一舞剑器动四方"、裴旻"七星错落缠蛟龙"等，很多描写武艺的作品成为古代文学作品名篇。

［三国］曹丕　剑技

剑技

曹丕（187—226），魏文帝，字子桓，曹操之子，沛国谯县（今安徽省亳州市）人，三国时期杰出诗人，现存诗约40首。其为魏太子时所作《典论·论文》是中国最早的文学理论与批评著作。

余又学击剑，阅[1]师多矣，四方之法各异，唯京师[2]为善。桓、灵之间，有虎贲[3]王越善斯术，称于京师。河南史阿，言昔与越游[4]，具[5]得其法，余从阿学之精熟。尝与平虏将军刘勋、奋威将军邓展等共饮，宿闻展善有手臂[6]，晓五兵[7]，又称其能空手入白刃[8]。余与论剑良久，谓言将军法非也。余顾尝好之[9]，又得善术，因求与余对[10]。时酒酣耳热，方食竿蔗[11]，便以为杖，下殿数[12]交，三中其臂，左右大笑。展意不平[13]，求更为之[14]。余言吾法急属[15]，难相中面[16]，故齐臂耳[17]。展言愿复一交，余知其欲突以取交中也[18]，因伪深进[19]，展果寻前[20]，余却脚鄿[21]，正截其颡[22]，坐中惊视。余还坐，笑曰："昔阳庆[23]使淳于意去其故方，更[24]授以秘术，今余亦愿邓将军捐弃故伎[25]，更受要道[26]也。"一坐尽欢。

（选自《体育古文》，赵逵夫编，华东师范大学出版社，2014年版。）

注释

［1］阅：经历。

［2］京师：京城，这里指洛阳。

［3］虎贲：古代称宫廷禁卫军的将领为虎贲，也称勇士为虎贲。

［4］游：交游，来往。这里指从师求学。

［5］具：同"俱"，完全，都。

［6］宿闻：早已知闻。善有手臂：手臂功夫高，意为精通武艺。

［7］晓：通晓，熟知。五兵：泛指各种兵器。兵，兵器。

［8］空手入白刃：指空手夺刀。

［9］顾：只。尝：曾经。

［10］因求与余对：因而他要求与我比试。

［11］竿蔗：即甘蔗。

［12］数（shuò）交：多次交手。数，屡次。

［13］意不平：心里不服。

［14］求更为之：要求再比试一次。

［15］急属（zhǔ）：急促而连续。属，连续。

［16］难相中面：难以正面相对。

［17］故齐臂耳：所以都击中了手臂。

［18］余知其欲突以取交中也：我料到他想突进以正面击中我。交中，中交，正面对打。

［19］因伪深进：因而假装着深入前进。

［20］果寻前：果然接连向前。寻，连续。

［21］却脚：退步。鄡（cháo）：借作"剿"，袭击。

［22］截：拦截、击中之意。颡（sǎng）：额头。

［23］阳庆：即公乘阳庆，西汉初人，精于医术，淳于意（仓公）在其传授下，成为名医。

［24］更：再，又。

［25］捐：抛弃。故伎：原来的剑术。

［26］要道：精妙的道理，这里指精妙的剑术。

（注释为本书编者添加）

（王娜　选文）

［明］程绍　少林观武

　　程绍（1557—1639），字公业。明德州（今山东德州）左卫人。自幼天资聪敏，勤奋好学，才识过人。明万历十六年（1588年）考取举人，

少林观武

次年中进士，授河南司阳、汝宁府推官，后因上书被削职为民。为人耿直，不徇私情，富有正义感。著有《西河奏议》《出山三事疏草》《澹息居遗稿》，均未得刊行。《明史》有传。

暂憩[1]提棍试武僧，金戈[2]铁棒技层层。刚强胜有降魔[3]力，习惯轻携搏虎能[4]。定乱策勋[5]直证果，保邦靖世即传灯[6]。中天缓急无劳虑，中义毗卢演大乘[7]。

（选自《中国古代体育诗歌选》，路今铧、金磊主编，天津人民出版社，2008年版。）

注释

[1] 憩：休息。

[2] 戈：古代兵器，横刃，用青铜或铁制成，装有长柄。

[3] 降魔：佛教语，指降伏恶魔。

[4] 搏虎：打虎，形容有勇力或气势磅礴。

[5] 策勋：因功劳而封赠。证果：佛教语，指经过长期修行悟入妙道。这句指少林寺僧以武艺建立功勋，得到封赠且世代相传。

[6] 保邦靖世：安定国家，平定动乱。传灯：佛家以为佛法如明灯，能破除迷暗，故传法被称为"传灯"。

[7] 毗卢：少林寺有毗卢阁，以供奉毗卢舍那佛而得名，这里指僧人。演大乘：指演习武艺。"大乘"与"小乘"相对，指佛教的教派之一。

（注释为本书编者添加）

（王娜　选文）

［清］郑世元　观枪法

观枪法

郑世元（1671—1728），号耕余，浙江余姚人，雍正元年（1723年）癸卯恩科举人。博学工诗，著有《耕余居士集》。

闻声驰铁骑[1]，过影走金蛇[2]。进退真神捷[3]，盘旋任屈斜。
毫光团白雪[4]，风雨散梨花[5]。一气如相贯[6]，全身总被遮。
阴阳回地纽[7]，狐媚遁天涯[8]。仿佛陈安[9]技，真堪任虎牙[10]。

（选自《清诗别裁集》，［清］沈德潜，上海古籍出版社，2013年版。）

注释

[1] 闻声驰铁骑：听舞枪的声音，如同铁骑在飞奔。

[2] 金蛇：形容金光灿烂的舞动的枪影。

［3］神捷：喻神速。

［4］毫光团白雪：闪烁的枪影，如团团飞舞的白雪。毫光，光线四射如毫毛。

［5］风雨散梨花：形容枪影似纷纷飘散的梨花。

［6］一气如相贯：将一连串复杂多变的枪法动作串联起来，一气呵成。

［7］阴阳：指日月。回：往复运转。地纽：即地纪、地维，维系大地的绳子。古人认为天地方，地之四角，以绳维系。

［8］狐媚：泛指狐仙鬼怪。遁：逃避，消失。

［9］陈安：十六国时前赵人，原是晋都尉，《晋书》载其刀枪武艺高超。

［10］虎牙：东汉将军名号，此处泛指将领。

（注释为本书编者添加）

（王娜　选文）

［清］蒲松龄　武技

蒲松龄（1640—1715），字留仙，一字剑臣，别号柳泉居士，世称聊斋先生，山东淄川（今山东淄博）人。早年有才名，屡试不第，71岁得为贡生。工诗文，历时20余年，写成文言短篇小说集《聊斋志异》16卷，400余篇。另有《聊斋文集》《聊斋诗集》等。

李超，字魁吾，淄之西鄙人[1]，豪爽好施。偶一僧来托钵[2]，李饱啖[3]之。僧甚感荷[4]，乃曰："吾少林出也。有薄技，请以相授。"李喜，馆[5]之客舍，丰其给[6]，旦夕从学。三月，艺颇精，意得甚。僧问："汝益[7]乎？"曰："益矣。师所能者，我已尽能之。"僧笑命李试其技。李乃解衣唾手，如猿飞，如鸟落，腾跃移时，诩诩然[8]骄人而立。僧又笑曰："可矣。子既尽吾能，请一角低昂[9]。"李忻然[10]，即各交臂作势[11]。既而支撑格拒[12]，李时时蹈僧瑕[13]，僧忽一脚飞掷，李已仰跌丈余。僧抚掌曰："子尚未尽吾能也！"李以掌致地[14]，惭沮[15]请教。又数日，僧辞去。

李由此以武名，邀游南北，罔[16]有其对。偶适历下[17]，见一少年尼僧[18]，弄艺[19]于场，观者填溢[20]。尼告众客曰："颠倒一身[21]，殊大冷落[22]。有好事[23]者，不妨下场一扑为戏[24]。"如是三言。众相顾，迄[25]无应者。李在侧，不觉技痒，意气[26]而进。尼便笑与合掌。才一交手，尼便呵止，曰："此少林宗派也。"即问："尊师何人？"李初不言。固诘之[27]，乃以僧告。尼拱手曰："憨和尚汝师耶？若尔[28]，不必较手足，愿拜下风。"李请之再四，尼不可。众怂恿之，尼乃曰："既是憨师弟子，同是个中人[29]，无妨一戏。但两相会意[30]可耳。"李诺之。然以其文弱故，易之[31]，又年少喜胜，思欲败之，以要一日之名[32]。方颉颃间[33]，尼即遽止[34]。李问其故，但笑不言。李以为怯，固请再角，尼乃。少间，李腾一踝去[35]，尼骈五指下削其股[36]，李觉膝下如中刀斧，蹶仆[37]不能起。尼笑谢[38]曰："孟浪迁客[39]，幸勿罪！"李异[40]归，月余始愈。

后年余，僧复来，为述往事。僧惊曰："汝大卤莽[41]！惹他何为！幸先以我名告之，不然，股已断矣！"

（选自《聊斋志异》，［清］蒲松龄，中华书局，2015 年版。）

注释

［1］淄：山东淄博。鄙：边远地区，指乡下。

［2］托钵：化缘。

［3］饱啖：使其饱吃一顿。啖，吃，使动用法。

［4］感荷：感谢、感激。

［5］馆：招待宾客居住。

［6］丰其给（jǐ）：给予优厚的生活待遇。

［7］益：长进，进步。

［8］诩诩然：骄傲自得的样子。

［9］一角低昂：比试一下高低。角，较量。低昂，高低，高下。

［10］忻（xīn）然：高兴、愉快的样子。

［11］作势：摆出架势。

［12］支撑：抵挡，招架。格拒：格斗抵挡。都是指比武动作。

［13］蹈：变动不定。瑕：此处指薄弱的部位。

［14］致地：以掌撑地。致，同"至"。

［15］惭沮：羞愧沮丧。

［16］罔：无，没有。

［17］适：到。历下：古城名，今山东省历城区治地。

［18］尼僧：尼姑。

［19］弄艺：玩耍武艺，此处指表演武术。

［20］填溢：充塞满溢。

［21］颠倒一身：指总是一个单独表演武技。颠倒，回旋翻转，翻来覆去。

［22］冷落：冷清。

［23］好（hào）事：指爱好武术。

［24］扑：搏、打。戏：玩耍，也指角斗、角力。

［25］迄：终究。

［26］意气：志向与气概。

［27］固：执意，坚持。诘（jié）：追问。

［28］若尔：如果这样。

［29］个中人：此中人，指同一门派的人。

［30］会意：领会，指比武时点到为止。

［31］易之：看不起。

［32］要（yāo）：博取，求取。

［33］颉颃（xié háng）：不相上下，相抗衡，引申为对抗、较量。

［34］遽（jù）止：急忙停止。

［35］腾：起，升，指"踢起"。踝：脚腕，这里代指脚。

［36］骈：并列。股：大腿，这里代指腿。

［37］蹶仆：跌倒在地。

［38］谢：道歉。

［39］孟浪：鲁莽，轻率。迕（wǔ）：冒犯，不顺从。

［40］舁（yú）：抬，扛。

［41］卤莽：粗疏，鲁莽。卤，通"鲁"。

（注释为本书编者添加）

（王娜　选文）

［清］蒲松龄　铁布衫法

沙回子[1]，得铁布衫[2]大力法。骈其指，力斫之[3]，可断牛项，横搠之[4]，可洞牛腹[5]。曾在仇公子彭三[6]家，悬木于空，遣两健仆极力撑去，猛反之[7]，沙裸腹受木[8]，砰然一声，木去[9]远矣。又出其势[10]，即石上，以木椎力击[11]之，无少损[12]。但畏刀耳。

（选自《聊斋志异》，［清］蒲松龄，中华书局，2015 年版。）

注释

［1］沙回子：姓沙的回族人。

［2］铁布衫：中国传拳术之一。意为"身穿铁制之衣衫"，指全身如钢铁般能抵挡外力之攻击。

［3］骈：并列。斫：用刀斧砍。

［4］搠（shuò）：刺，戳。

［5］洞：用作动词，意为穿透。

［6］仇公子彭三：仇公之子，字彭三。

［7］猛反之：用力向相反方向撞过去。

［8］裸腹受木：将腹上衣服除去，应着猛击过来的木头。

［9］去：离开，指弹得很远。

［10］出其势：摆出姿势。势，一说男性外生殖器。

［11］力击：用力击打。

［12］无少损：没受多少损伤。

（注释为本书编者添加）

（王娜 选文）

扩展阅读（篇目）

游泳

［先秦］《诗经·邶风·匏有苦叶》
［宋］潘阆《酒泉子》
［宋］辛弃疾《摸鱼儿·观潮上叶丞相》

竞渡

［唐］张建封《竞渡歌》
［唐］白居易《和万州杨使君四绝句·竞渡》
［唐］刘禹锡《竞渡曲》
［宋］吕渭老《齐天乐·观竞渡》
［清］爱新觉罗·弘历《竞渡》

马球

［三国］曹植《名都篇》
［唐］沈佺期《幸梨园亭观打球应制》
［唐］韩愈《汴泗交流赠张仆射》
［唐］张建封《酬韩校书愈打球歌》
［唐］张祜《观宋州田大夫打毬》

猎

［先秦］《诗经·郑风·大叔于田》
［汉］司马相如《上林赋》
［唐］李白《行行游且猎篇》
［宋］苏轼《江城子·密州出猎》
［明］何景明《游猎篇》

舞马

［南朝梁］张率《走马引》

〔唐〕薛曜《舞马篇》

〔唐〕张说《舞马词》

〔唐〕陆龟蒙《舞马》

秋千

〔唐〕高无际《汉武帝后庭鞦韆赋〈并序〉》

〔唐〕王建《鞦韆词》

〔宋〕李清照《点绛唇·蹴罢秋千》

〔元〕萨都剌《鞦韆谣》

拔河

〔晋〕庾阐《藏钩赋》

〔唐〕李隆基《观拔河俗戏》

〔唐〕张说《奉和圣制观拔河俗戏应制》

〔唐〕薛胜《拔河赋》

风筝

〔唐〕司空曙《风筝》

〔宋〕寇准《纸鸢》

〔明〕徐渭《风鸢图诗〈十首〉》

弈棋

〔唐〕李世民《五言咏棋》

〔唐〕杜牧《送国棋王逢》

〔唐〕刘禹锡《观棋歌送儇师西游》

〔宋〕范仲淹《赠棋者》

投壶

〔南朝梁〕刘孝威《结客少年场行》

〔唐〕高适《钜鹿赠李少府》

养生

〔先秦〕《庄子·刻意》

〔三国〕应璩《三叟长寿歌》

舞武

［先秦］《诗经·邶风·简兮》
［唐］杜甫《观公孙大娘弟子舞剑器行》

（王娜 选文）

第二节 近现代体育文学

毛泽东 体育之研究[1]（节选）

《体育之研究》是毛泽东正式发表的第一篇文章，初版载于1917年4月1日《新青年》第3卷第2号，署笔名"二十八画生"。青年毛泽东对"国力苶弱，武风不振，民族之体质日趋轻细"的状况深感忧虑，在国家兴亡的紧要关头，毛泽东看到了重文轻武的弊端，发现了体育在民族复兴中的重要作用。文中，毛泽东阐述了体育的四大作用："强筋骨、增知识、调感情、强意志"，指出学校教育要德育、智育、体育"三育并重"，"体育占第一位置"的思想。《体育之研究》既反映了毛泽东哲学中尚动的一面，也奠定了毛泽东体育思想、教育思想的基础，促使他在中华人民共和国成立以后提出"发展体育运动，增强人民体质"的"新体育"精神。

国力苶弱，武风不振，民族之体质日趋轻细，此甚可忧之现象也。提倡之者不得其本，久而无效，长是不改，弱且加甚。夫命中致远，外部之事，结果之事也；体力充实，内部之事，原因之事也。体不坚实，则见兵而畏之，何有于命中，何有于致远？坚实在于锻炼，锻炼在于自觉。今之提倡者非不设种种之方法，然而无效者，外力不足以动其心，不知何为体育之真义。体育果有如何之价值，效果云何，著手何处，皆茫乎如在雾中，其无效亦宜。欲图体育之有效，非动其主观，促其对于体育之自觉不可。苟自觉矣，则体育之条目可不言而自知，命中政（致）远之效亦当不求而自至矣。不侫深感体育之要，伤提倡者之不得其当，知海内同志同此病而相怜者必多，不自惭赧，贡其愚见，以资商榷。所言并非皆已实行，尚多空言理想之处，不敢为欺。倘辱不遗，赐之教诲，所虚心百拜者也。

第一 释体育

自有生民以来，智识有愚暗，无不知自卫其生者。是故西山之薇[2]，饥极必食；井上之李[3]，不容不咽；巢木以为居；皮兽以为衣；盖发乎天能，不知所以然也。然而未精也。有圣人者出，于是乎有礼，饮食起居，皆有节度。故"子之燕居，申申如也，天天如也"[4]；"食饐而谒，鱼馁而肉败，不食"[5]；"射于矍相之圃，盖观者如墙堵焉"[6]。人体之组成，与群动无不同，而群动不能及人之寿，所以制其生者无节度也。人则以节度制其生，愈降于后而愈明，于是乎有体育。体育者，养生之道也。东西之所明者不一：庄子效法于庖丁[7]，仲尼取资于射御[8]；现今文明诸国，德为最盛，其斗剑之风，播于全国；日本则有武士道，近且因吾国之绪余，造成柔术，觥觥乎可观已。而考其内容，皆先精究生理，详于官体之构造，脉络之运行，何方发达为早，何部较有偏缺，其体育即准此为程序，抑其过而救其所不及。故其结论，在使身体平均发达。由此言之，体育者，人类自其养生之道，使身体平均发达，而有规则次序之可言者也。

第二 体育在吾人之位置

体育一道，配德育与智育，而德智皆寄于体，无体是无德智也。顾知之者或寡矣。或以为重在智识，或曰道德也。夫知识则诚可贵矣，人之所以异于动物者此耳。顾徒知识之何载乎？道德亦诚可贵矣，所以立群道平人己者此耳。顾徒道德之何寓乎？体者，为知识之载而为道德之寓者也。其载知识也如车，其寓道德也如舍。体者，载知识之车而寓道德之舍也。儿童及年入小学，小学之时，宜专注重于身体之发育，而知识之增进道德之养成次之。宜以养护为主，而以教授训练为辅。今盖多不知之，故儿童缘读书而得疾病或至夭殇者有之矣。中学及中学以上，宜三育并重，今人则多偏于智。中学之年，身体之发育尚未完成，乃今培之者少而倾之者多，发育不将有中止之势乎？吾国学制，课程密如牛毛，虽成年之人，顽强之身，犹莫能举，况未成年者乎？况弱者乎？观其意，教者若特设此繁重之课，以困学生，蹂躏其身而残贼其生，有不受者则罚之；智力过人者，则令加读某种某种之书，甘言以餂之，厚赏以诱之。嗟乎，此所谓贼夫人之子欤！学者亦若恶此生之永年，必欲摧折之，以身为殉而不悔。何其梦梦如是也！人独患无身耳，他复何患？求所以善其身者，他事亦随之矣。善其身无过于体育。体育于吾人实占第一之位置。体强壮而后学问道德之进修勇而收效远。于吾人研究之中，宜视为重要之部。"学有本末，事有终始，知所先后，则近道矣。"此之谓也。

第三 前此体育之弊及吾人自处之道

三育并重，然昔之为学者详德智而略于体。及其弊也，偻身俯首，纤纤素手，登山则气迫，步（涉）水则足痉。故有颜子[9]而短命，有贾生[10]而早夭，王勃、卢照邻[11]，或幼伤，或坐废。此皆有甚高之德与智也，一旦身不存，德智则从之而隳矣。惟北方之强，任金革死而不厌[12]；燕赵多悲歌慷慨之士[13]；烈士武臣，多出凉州[14]。清之初世，颜习斋、李刚主[15]文而兼武。习斋远跋千里之外，学击剑之术于塞北，与勇士角而胜焉。故其言曰："文武缺一岂道乎？"顾炎武[16]，南人也，好居于北，不喜乘船而喜乘马。此数古人者，皆可师者也。

学校既起，采各国之成法，风习稍稍改矣。然办学之人犹未脱陈旧一流，囿于所习，不能骤变，或少注意及之，亦惟是外面铺张，不揣其本而齐其末。故愚观现今之体育，率多有形式而无实质。非不有体操课程也，非不有体操教员也，然而受体操之益者少，非徒无益，又有害焉。教者发令，学者强应，身顺而心违，精神受无量之痛苦，精神苦而身亦苦矣，盖一体操之终，未有不貌瘁神伤者也。饮食不求洁，无机之物，微生之菌入于体中，化为疾病；室内光线不足，则目力受害不小；桌椅长短不合，削趾适屦，则躯干受亏；其余类此者尚多，不能尽也。

然则为吾侪学者之计如之何？学校之设备，教师之教训，乃外的客观的也，吾人盖尚有内的主观的。夫内断于心，百体从令。祸福无不自己求之者，我欲仁斯仁至，况于体育乎。苟自之不振，虽使外的客观的尽善尽美，亦犹之乎不能受意也。故讲体育必自自动始。

第四 体育之效

人者，动物也，则动尚矣。人者，有理性的动物也，则动必有道。然何贵乎此动邪？何贵乎此有道之动邪？动以营生也，此浅言之也；动以卫国也，此大言之也。皆非本义。动也者，盖养乎吾生乐乎吾心而已。朱子[17]主敬，陆子[18]主静。静，静也；敬，非动也，亦静而已。老子[19]曰"无动为大"，释氏[20]务求寂静。静坐之法，为朱陆之徒咸尊之。近有因是子[21]者，言静坐法，自诩其法之神，而鄙运动者之自损其体。是或一道，然予未敢效之也。愚拙之见，天地盖惟有动而已。

动之属于人类而有规则之可言者曰体育。前既言之，体育之效，则强筋骨也。愚昔尝闻，人之官骸肌络，及时而定，不复再可改易，大抵二十五岁以后，即一成无变。今乃知其不然。人之身盖日日变易者：新陈代谢之作用不绝行于各部组织之间，目不明可以明，耳不聪可以聪，虽六七十之人犹有改易官骸之效，事盖有必至者。又闻弱者难以转而为强，今亦知其非是。盖生而强者，滥用其强，不戒于种种嗜欲，以渐戕（戕）贼其身，自谓天生好身手，得此已足，尚待锻炼？故至强者或终转为至弱。至于弱者，则恒自悯其身之下全，而惧其生之不永，兢业自持。于消极方面，则深戒嗜欲，不敢使有损失。于积极方面，则勤自锻炼，增益其所不能。久之遂变而为强矣。故生而强者不必自喜也，生而弱者不必自悲也。吾生而弱乎，或者天之诱我以至于强，未可知也。东西著称之体育家，若美之罗斯福、德之孙棠、日本之嘉纳[22]，皆以至弱之身，而得至强之效。又尝闻之，精神身体，不能并完。用思想之人，每歉于体；而体魄蛮健者，多缺于思。其说亦谬。此盖指薄志弱行之人，非所以概乎君子也。孔子七十二而死，未闻其身体不健；释迦[23]往来传道，死年亦高；邪苏[24]不幸以冤死；至于摩诃末[25]，左持经典，右执利剑，征压一世，此皆古之所谓圣人，而最大之思想家也。今之伍秩庸[26]先生，七十有余岁矣，自谓可至百余岁，彼亦用思想之人也；王湘绮[27]死年七十余，而康健矍（瞿）铄。为是说者，其何以解邪？总之，勤体育则强筋骨，强筋骨则体质可变，弱可转强，身心可以并完。此盖非天命而全乎人力也。

非第强筋骨也，又足以增知识。近人有言曰：文明其精神，野蛮其体魄。此言是也。欲文明其精神，先自野蛮其体魄。苟野蛮其体魄矣，则文明之精神随之。夫知识之事，认识世间之事物而判断其理也，于此有须于体者焉。直观则赖乎耳目，思索则赖乎脑筋，耳目脑筋之谓体，体全而知识之事以全，故可谓间接从体育以得知识。今世百科之学，无论学校独修，总须力能胜任。力能胜任者，体之强者也；不能胜任者，其弱者也。强弱分；

而所任之区域以殊矣。

非第增知识也，又足以调感情。感情之于人，其力极大。古人以理性制之，故曰"主人翁常惺惺否"，又曰"以理制心"。然理性出于心，心存乎体。常观罢弱之人，往往为感情所役，而无力以自拔；五官不全及肢体有缺者，多因于一偏之情，而理性不足以救之。故身体健全，感情斯正，可谓不易之理。以例言之：吾人遇某种不快之事，受其剌（刺）激，心神震荡，难于制止，苟加以严急之运动，立可汰去陈旧之观念，而复使脑筋清明，效盖可立而待也。

非第调感情也，又足以强意志。体育之大效盖尤在此矣。夫体育之主旨，武勇也。武勇之目，若猛烈，若不畏，若敢为，若耐久，旨意志之事。取例明之，如冷水浴足以练习猛烈与不畏，又足以练习敢为。凡各种之运动持续不改，皆有练习耐久之益，若长诇（距）离之赛跑，于耐久之练习尤著。夫力拔山气盖世[28]，猛烈而已；不斩楼兰[29]誓不还，不畏而已；化家为国，敢为而已；八年于外，三过其门而不入[30]，耐久而已。要皆可于日常体育之小基之。意志也者，固人生事业之先驱也。

肢体纤小者举止轻浮，肤理缓弛者心意柔钝，身体之影响于心理也如是。体育之效，至于强筋骨，因而增知识，因而调感情，因而强意志。筋骨者，吾人之身；知识、感情、意志者，吾人之心。身心皆适，是谓俱泰。故夫体育非他，养乎吾生、乐乎吾心而已。

（节选自《毛泽东早期文稿》，中共中央文献研究室、中共湖南省委《毛泽东早期文稿》编辑组，湖南人民出版社，2013年版。）

注释

[1]本文署名"二十八画生"，即毛泽东三字繁体共二十八画。1958年3月人民体育出版社曾以同一署名将此文印成单行本，内部发行。1979年8月，《新体育》第八期再次发表，同年12月，人民体育出版社又出单行本，署名均改为毛泽东，同时作了校勘，加了新式标点和注释，并附有白话释文。

[2]西山之薇：见《史记·伯夷列传》。伯夷、叔齐兄弟二人，不愿继承孤竹君王位，逃到首阳山隐姓埋名。周武王起兵讨伐殷纣王，兄弟二人不以为然，曾拦马劝阻。周武王得天下后，伯夷、叔齐以吃周朝粮食为耻，在西山下采食野薇，后饿死。

[3]井上之李：见《孟子·滕文公下》。陈仲子，战国时人。他以哥哥做大官为不义，不愿在其家生活，便同妻子逃到楚国，织麻鞋为生。有一次，他三天没有吃饭，看见井上有被虫吃了过半的李子，忍不住爬过去吃了。

[4]见《论语·述而》。

[5]见《论语·乡党》。

[6]见《礼记·射义》。原文为"孔子射于矍相之圃，盖观者如堵墙"。矍相在山东曲阜城内阙里以西。

[7]见《庄子·养生主》。庄子，即庄周（约前369—前286），战国时哲学家。宋国蒙（今河南省商丘市东北）人。书中叙述有厨师宰牛，因为总顺着牛的骨骼和肌肉的缝

道下刀，刀子便从来不钝。庄周于是悟出"依乎大理""因其固然"是养生之道，遂写出《养生主》篇，大意是养生有道，若不善养反而伤生，非养生之主。

［8］仲尼取资于射御：指孔子以射箭和驾车为养生之道。孔子把礼、乐、射、御、书、数六门技艺作为教育内容，射与御属于体育。

［9］颜子：即颜渊，孔子的学生。

［10］贾生：即贾谊，西汉政论家、文学家。

［11］王勃：唐代文学家。卢照邻：唐代文学家。

［12］见《中庸》。原文为："子曰：'南方之强与？北方之强与？……衽金革，死而不厌，北方之强也。'"

［13］见《韩昌黎全集》卷二十《送董邵南序》。原文为："燕赵古称多感慨悲歌之士。"燕赵均为战国时国名，其疆域大体相当于今河北省和山西省。

［14］凉州：明洪武为凉州卫。雍正二年（1724 年）改为府，其辖境相当今甘肃省武威、永昌、民勤、天祝、古浪、永登等县地。1913 年已废除。

［15］颜习斋：1635—1704，名元，字易直。号浑然，别号习斋，河北省博野人。清初思想家、教育家。研究学问主张实践，勤劳动，忍嗜欲，苦筋骨，习六艺，讲世务，以备天下国家之用，并兼长武术。李刚主（1659—1733），名塨，号恕谷。河北省蠡县人。少时从学于颜元，后发挥颜氏学说，世称"颜李之学"。通五经六艺，主张学问要结合实用。晚年修葺习斋学舍，讲学其中，从游弟子甚多。

［16］顾炎武：1613—1682，字宁人，江苏昆山人，明末清初思想家、学者。少年时参加"复社"反宦官权贵的斗争。清兵南下，与人起兵反清复明，失败后周游四方，心存光复。后埋头读书著述，讲经世实用，有民主思想，为清初学术大师之一。

［17］朱子：即朱熹（1130—1200），字元晦，号晦庵，别称紫阳，徽州婺源（今属江西省）人。南宋哲学家、教育家。曾任秘阁修撰等职。广注经典。哲学上发展二程（程颢、程颐）关于理气关系的学说，集理学之大成，建立客观唯心主义的理学体系，世称程朱学派。

［18］陆子：即陆九渊（1139—1193），字子静，号存斋，抚州金溪（今属江西省）人。南宋哲学家、教育家。官至奉议郎知荆门军。其学受程颢影响较大，与兄九韶、九龄并称"三陆子之学"。提出"心即理"学说，认为"学苟知本，六经皆我注脚"。其学说后由明王守仁继承发展，成为陆王学派。

［19］老子：姓李名耳，字聃，周朝人，著《道德经》。

［20］释氏：指佛教创始者释迦牟尼。

［21］因是子：名蒋维乔，习静坐数十年，著有《因是子静坐法》。

［22］罗斯福：指西奥多·罗斯福，曾任美国总统。其人好胜，体格强健，喜爱运动。卸任总统后，曾到非洲东部探险。孙棠：据日本《体育大辞典》载，"Sando"是德国铁路哑铃操的普及者，常做巡回表演。嘉纳：1860—1938，日本东京大学教授，讲道馆馆长。曾将日本"柔术"改良为"柔道"，后曾任国际奥林匹克委员会委员。

［23］释迦：即释迦牟尼，佛教创始者。

[24]邪苏：即耶稣，基督教所信奉的救世主，称为基督。传教于犹太各地。后因改革犹太教，被钉死于十字架。

[25]摩诃末：指伊斯兰教的创始者穆罕默德。

[26]伍秩庸：即伍廷芳（1842—1922），字文爵，广东省新会人，早年留学国外。历任驻美国、秘鲁、墨西哥、古巴等国公使。辛亥革命后，任外交、司法等部部长。

[27]王湘绮：即王闿运（1833—1916），字壬秋，湖南湘潭人，近代学者、文学家。曾讲学于四川、湖南、江西等地，清末授翰林院检讨，加侍讲衔，辛亥革命后任清史馆馆长。经学治《诗》《礼》《春秋》，宗法公羊。诗文在形式上主要模拟汉魏六朝，为晚清拟古派所推崇。

[28]力拔山气盖世：见《史记》卷七《项羽本纪》。原文为"力拔山兮气盖世"。

[29]楼兰：汉时西域的鄯善国，其国王与匈奴统治者勾通，多次截杀汉朝使者，屡犯汉境。

[30]相传夏禹一心治水，在外8年，手足都生了老茧，三次路过自己家门都顾不得进去。

（注释为本书编者添加）

（张婷　陈石军　选文）

老舍　断魂枪

老舍（1899—1966），原名舒庆春，字舍予，北京满族正红旗人。中国现代小说家、北京人艺编剧，新中国第一位获得"人民艺术家"称号的作家。代表作有小说《骆驼祥子》《四世同堂》等，剧本《茶馆》《龙须沟》等。《断魂枪》作于1935年，最初发表于1935年9月22日《大公报》文艺副刊，是老舍前期的代表作之一。《断魂枪》讲述的是清朝末年，列强入侵，镖局被洋枪取代后，身怀绝技"五虎断魂枪"的镖师沙子龙无奈把镖局解散，而"五虎断魂枪"的枪法也决不再传的故事，其中沙子龙从侠客到客栈老板的身份改变，饱含了作者深沉而凝重的文化情结。这篇小说以人们很少了解的镖师为主人公，从一个独特的角度展示了时代和社会的急剧变化。

"生命是闹着玩，事事显出如此；从前我这么想过，现在我懂得了。"

沙子龙的镖局已改成客栈。

东方的大梦没法子不醒了。炮声压下去马来与印度野林中的虎啸。半醒的人们，揉着眼，祷告着祖先与神灵；不大会儿，失去了国土、自由与主权。门外立着不同面色的人，枪口还热着。他们的长矛毒弩，花蛇斑彩的厚盾，都有什么用呢；连祖先与祖先所信的神明全不灵了啊！龙旗的中国也不再神秘，有了火车呀，穿坟过墓破坏着风水。枣红色多穗的镖旗，绿鲨皮鞘的钢刀，响着串铃的口马[1]，江湖上的智慧与黑话，义气与声名，连沙子龙，他的武艺、事业，都梦似的成昨夜的。今天是火车、快枪，通商与恐怖。听说，有人还要杀下皇帝的头呢！

这是走镖已没有饭吃，而国术还没被革命党与教育家提倡起来的时候。

谁不晓得沙子龙是短瘦、利落、硬棒，两眼明得像霜夜的大星？可是，现在他身上放了肉。镖局改了客栈，他自己在后小院占着三间北房，大枪立在墙角，院子里有几只楼鸽。只是在夜间，他把小院的门关好，熟习熟习他的"五虎断魂枪"。这条枪与这套枪，二十年的工夫，在西北一带，给他创出来"神枪沙子龙"五个字，没遇见过敌手。现在，这条枪与这套枪不会再替他增光显胜了；只是摸摸这凉、滑、硬而发颤的杆子，使他心中少难过一些而已。只有在夜间独自拿起枪来，才能相信自己还是"神枪沙"。在白天，他不大谈武艺与往事；他的世界已被狂风吹了走。

在他手下创练起来的少年们还时常来找他。他们大多数是没落子的，都有点武艺，可是没地方去用。有的在庙会上去卖艺：踢两趟腿，练套家伙，翻几个跟头，附带着卖点大力丸，混个三吊两吊的。有的实在闲不起了，去弄筐果子，或挑些毛豆角，赶早儿在街上论斤吆喝出去。那时候，米贱肉贱，肯卖膀子力气本来可以混个肚儿圆；他们可是不成：肚量既大，而且得吃口管事儿的[2]；干饽饽辣饼子[3]咽不下去。况且他们还时常去走会：五虎棍，开路，太狮少狮……虽然算不了什么——比起走镖来——可是到底有个机会活动活动，露露脸。是的，走会捧场是买脸的事，他们打扮的得像个样儿，至少得有条青洋绉裤子，新漂白细市布的小褂，和一双鱼鳞洒鞋——顶好是青缎子抓地虎靴子。他们是神枪沙子龙的徒弟——虽然沙子龙并不承认——得到处露脸，走会得赔上俩钱，说不定还得打场架。没钱，上沙老师那里去求。沙老师不含糊，多少不拘，不让他们空着手儿走。可是，为打架或献技去讨教一个招数，或是请给说个"对子"——什么空手夺刀，或虎头钩进枪——沙老师有时说句笑话，马虎过去："教什么？拿开水浇吧！"有时直接把他们赶出去。他们不大明白沙老师是怎么了，心中也有点不乐意。

可是，他们到处为沙老师吹腾，一来是愿意使人知道他们的武艺有真传授，受过高人的指教；二来是为激动沙老师：万一有人不服气而找上老师来，老师难道还不露一两手真的么？所以：沙老师一拳就砸倒了个牛！沙老师一脚把人踢到房上去，并没使多大的劲！他们谁也没见过这种事，但是说着说着，他们相信这是真的了，有年月，有地方，千真万确，敢起誓！

王三胜——沙子龙的大伙计——在土地庙拉开了场子，摆好了家伙。抹了一鼻子茶叶末色的鼻烟，他抢了几下竹节钢鞭，把场子打大一些。放下鞭，没向四围作揖，叉着腰念了两句："脚踢天下好汉，拳打五路英雄！"向四围扫了一眼："乡亲们，王三胜不是卖艺的；玩艺儿会几套，西北路上走过镖，会过绿林中的朋友。现在闲着没事，拉个场子陪诸位玩玩。有爱练的尽管下来，王三胜以武会友，有赏脸的，我陪着。神枪沙子龙是我的师傅；玩意地道！诸位，有愿下来的没有？"他看着，准知道没人敢下来，他的话硬，可是那条钢鞭更硬，十八斤重。

王三胜，大个子，一脸横肉，努着对大黑眼珠，看着四围。大家不出声。他脱了小褂，紧了紧深月白色的"腰里硬"，把肚子杀进去。给手心一口唾沫，抄起大刀来：

"诸位，王三胜先练趟瞧瞧。不白练，练完了，带着的扔几个；没钱，给喊个好，助助威。这儿没生意口。好，上眼[4]！"

大刀靠了身，眼珠努出多高，脸上绷紧，胸脯子鼓出，像两块老桦木根子。一踩脚，刀横起，大红缨子在肩前摆动。削砍劈拨，蹲越闪转，手起风生，忽忽直响。忽然刀在右手心上旋转，身弯下去，四围鸦雀无声，只有缨铃轻叫。刀顺过来，猛的一个"踩泥"，身子直挺，比众人高着一头，黑塔似的。收了势："诸位！"一手持刀，一手叉腰，看着四围。稀稀的扔下几个铜钱，他点点头。"诸位！"他等着，等着，地上依旧是那几个亮而削薄的铜钱，外层的人偷偷散去。他咽了口气："没人懂！"他低声地说，可是大家全听见了。

"有功夫！"西北角上一个黄胡子老头儿答了话。

"啊？"王三胜好似没听明白。

"我说：你——有——功——夫！"老头子的语气很不得人心。

放下大刀，王三胜随着大家的头往西北看。谁也没看重这个老人：小干巴个儿，披着件粗蓝布大衫，脸上窝窝瘪瘪，眼陷进去很深，嘴上几根细黄胡，肩上扛着条小黄草辫子，有筷子那么细，而绝对不像筷子那么直顺。王三胜可是看出这老家伙有功夫，脑门亮，眼睛亮——眼眶虽深，眼珠可黑得像两口小井，深深的闪着黑光。王三胜不怕：他看得出别人有功夫没有，可更相信自己的本事，他是沙子龙手下的大将。

"下来玩玩，大叔！"王三胜说得很得体。

点点头，老头儿往里走。这一走，四外全笑了。他的胳臂不大动；左脚往前迈，右脚随着拉上来，一步步的往前拉扯，身子整着[5]，像是患过瘫痪病。蹭到场中，把大衫扔在地上，一点没理会四围怎样笑他。

"神枪沙子龙的徒弟，你说？好，让你使枪吧，我呢？"老头子非常的干脆，很像久想动手。

人们全回来了，邻场耍狗熊的无论怎么敲锣也不中用了。

"三截棍进枪吧？"王三胜要看老头子一手，三截棍不是随便就拿得起来的家伙。

老头子又点点头，拾起家伙来。

王三胜努着眼，抖着枪，脸上十分难看。

老头子的黑眼珠更深更小了，像两个香火头，随着面前的枪尖儿转，王三胜忽然觉得不舒服，那俩黑眼珠似乎要把枪尖吸进去！四外已围得风雨不透，大家都觉出老头子确是有威。为躲那对眼睛，王三胜耍了个枪花。老头子的黄胡子一动："请！"王三胜一扣枪，向前躬步，枪尖奔了老头子的喉头去，枪缨打了一个红旋。老人的身子忽然活展了，将身微偏，让过枪尖，前把一挂，后把撩王三胜的手。拍，拍，两响，王三胜的枪撒了手。场外叫了好。王三胜连脸带胸口全紫了，抄起枪来；一个花子，连枪带人滚了过来，枪尖奔了老人的中部。老头子的眼亮得发着黑光；腿轻轻一屈，下把掩裆，上把打着刚要抽回的枪杆；拍，枪又落在地上。

　　场外又是一片彩声。王三胜流了汗，不再去拾枪，努着眼，木在那里。老头子扔下家伙，拾起大衫，还是拉拉着腿，可是走得很快了。大衫搭在臂上，他过来拍了王三胜一下："还得练哪，伙计！"

　　"别走！"王三胜擦着汗："你不离，姓王的服了！可有一样，你敢会会沙老师？"

　　"就是为会他才来的！"老头子的干巴脸上皱起点来，似乎是笑呢。"走，收了吧，晚饭我请！"

　　王三胜把兵器拢在一处，寄放在变戏法二麻子那里，陪着老头子往庙外走。后面跟着不少人，他把他们骂散了。

　　"你老贵姓？"他问。

　　"姓孙哪，"老头子的话与人一样，都那么干巴，"爱练，久想会会沙子龙"

　　沙子龙不把你打扁了！王三胜心里说。他脚底下加了劲，可是没把孙老头落下。他看出来，老头子的腿是老走着查拳门中的连跳步；交起手来，必定很快。但是，无论他怎么快，沙子龙是没对手的。准知道孙老头要吃亏，他心中痛快了些，放慢了些脚步。

　　"孙大叔贵处？"

　　"河间的，小地方。"孙老者也和气了些，"月棍年刀一辈子枪，不容易见功夫！说真的，你那两手就不坏！"

　　王三胜头上的汗又回来了，没言语。

　　到了客栈，他心中直跳，唯恐沙老师不在家，他急于报仇。他知道老师不爱管这种事，师弟们已碰过不少回钉子，可是他相信这回必定行，他是大伙计，不比那些毛孩子；再说，人家在庙会上点名叫阵，沙老师还能丢这个脸么？

　　"三胜，"沙子龙正在床上看着本《封神榜》，"有事吗？"三胜的脸又紫了，嘴唇动着，说不出话来。

　　沙子龙坐起来："怎么了，三胜？"

　　"栽了跟头！"

　　只打了个不甚长的哈欠，沙老师没别的表示。

　　王三胜心中不平，但是不敢发作，他得激动老师："姓孙的一个老头儿，门外等着老师呢；把我的枪，枪，打掉了两次！"他知道"枪"字在老师心中有多大分量。没等吩咐，他慌忙跑出去。

　　客人进来，沙子龙在外间屋等着呢。彼此拱手坐下，他叫三胜去泡茶。三胜希望两个老人立刻交了手，可是不能不沏茶去。孙老者没话讲，用深藏着的眼睛打量沙子龙。沙很客气：

　　"要是三胜得罪了你，不用理他，年纪还轻。"

　　孙老者有些失望，可也看出沙子龙的精明。他不知怎样好了，不能拿一个人的精明断定他的武艺。"我来领教领教枪法！"他不由得说出来。

　　沙子龙没接碴儿。王三胜提着茶壶走进来——急于看二人动手，他没管水开了没有，就沏在壶中。

"三胜，"沙子龙拿起个茶碗来，"去找小顺们去，天汇见，陪孙老者吃饭。"

"什么！"王三胜的眼珠几乎掉出来。看了看沙老师的脸，他敢怒而不敢言地说了声"是啦！"走出去，噘着大嘴。

"教徒弟不易！"孙老者说。

"我没收过徒弟。走吧，这个水不开！茶馆去喝，喝饿了就吃。"沙子龙从桌子上拿起缎子褡裢，一头装着鼻烟壶，一头装着点钱，挂在腰带上。

"不，我还不饿！"孙老者很坚决，两个"不"字把小辫从肩上抢到后边去。

"说会子话儿。"

"我来为领教领教枪法。"

"功夫早搁下了，"沙子龙指着身上，"已经放了肉！"

"这么办也行，"孙老者深深地看了沙老师一眼，"不比武，教给我那趟五虎断魂枪。"

"五虎断魂枪？"沙子龙笑了，"早忘干净了！早忘干净了！告诉你，在我这儿住几天，咱们各处逛逛，临走，多少送点盘川。"

"我不逛，也用不着钱，我来学艺！"孙老者立起来，"我练趟给你看看，看够得上学艺不够！"一屈腰已到了院中，把楼鸽都吓飞起来。拉开架子，他打了趟查拳：腿快，手飘洒，一个飞脚起去，小辫儿飘在空中，像从天上落下来一个风筝；快之中，每个架子都摆得稳、准、利落；来回六趟，把院子满都打到，走得圆，接得紧，身子在一处，而精神贯串到四面八方。抱拳收势，身儿缩紧，好似满院乱飞的燕子忽然归了巢。

"好！好！"沙子龙在台阶上点着头喊。

"教给我那趟枪！"孙老者抱了抱拳。

沙子龙下了台阶，也抱着拳："孙老者，说真的吧，那条枪和那套枪都跟我入棺材，一齐入棺材！"

"不传？"

"不传！"

孙老者的胡子嘴动了半天，没说出什么来。到屋里抄起蓝布大衫，拉拉着腿："打搅了，再会！"

"吃过饭走！"沙子龙说。

孙老者没言语。

沙子龙把客人送到小门，然后回到屋中，对着墙角立着的大枪点了点头。

他独自上了天汇，怕是王三胜们在那里等着。他们都没有去。

王三胜和小顺们都不敢再到土地庙去卖艺，大家谁也不再为沙子龙吹胜；反之，他们说沙子龙栽了跟头，不敢和个老头儿动手；那个老头子一脚能踢死个牛。不要说王三胜输给他，沙子龙也不是他的"个儿"。不过呢，王三胜到底和老头子见了个高低，而沙子龙连句硬话也没敢说。"神枪沙子龙"慢慢似乎被人们忘了。

夜静人稀，沙子龙关好了小门，一气把六十四枪刺下来；而后，挂着枪，望着天上的群星，想起当年在野店荒林的威风。叹一口气，用手指慢慢摸着凉滑的枪身，又微微一笑，

"不传！不传！"

（选自《我这一辈子：老舍中短篇小说选》，老舍著，人民文学出版社，2017 年版。）

注释

［1］口马：指张家口外的马匹。

［2］管事儿的：有营养，吃了不至于不久又饿的。

［3］辣饼子：剩下的隔夜干粮。

［4］上眼：请观众注意看。

［5］身子整着：两臂不动，身体僵硬地走路。

◯ 思考题

1. 请根据文本，简要分析沙子龙不传"断魂枪"的原因，并谈谈你对他不传"断魂枪"的看法。

2. 请简要比较沙子龙和孙老者的形象。

（注释为本书编者添加）

（张婷 选文）

阿城 棋王（节选）

阿城（1949—），原名钟阿城，1984 年，他的中篇小说《棋王》在《上海文学》第 4 期发表后，引起轰动性的反响。后来又有《树王》《孩子王》问世。这些小说被统称为"三王"。之后类似笔记小说的系列短篇《遍地风流》也受到人们的重视。某种程度上，老庄哲学和北京散淡自然的文化氛围是形成阿城创作倾向的主要因素。他以朴素冲淡的创作手法渲染文化氛围和人生趣味，暗含着对于世界、生命、人和自然的玄想，对传统文化规定中的人类的生存方式，表现出非常浓厚的艺术审美情趣。《棋王》讲述了知青"棋呆子"王一生四处寻找对手下棋、拼棋的故事。王一生，为棋痴狂。"吃"和"棋"是他一生中不多的追求，"吃"只求吃饱，"棋"只为解忧。

［……］

到了棋场，竟有数千人围住，土扬在半空，许久落不下来。棋场的标语标志早已摘除，出来一个人，见这么多人，脸都白了。脚卵上去与他交涉，他很快地看着众人，连连点头儿，半天才明白是借场子用，急忙打开门，连说"可以可以"，见众人都要进去，就急了。我们几个，马上到门口守住，放进脚卵、王一生和两个得了名誉的人。这时有一个人走出来，对我们说："高手既然和三个人下，多我一个不怕，我也算一个。"众人又嚷动了，又有人报名。我不知怎么办好，只得进去告诉王一生。王一生咬一咬嘴说："你们两个怎么样？"那两个人赶紧站起来，连说可以。我出去统计了，连冠军在内，对手共是十人，脚卵说："十不吉利的，九个人好了。"于是就九个人。冠军总不见来，有人来报，既是下盲棋，冠军只在家里，命人传棋。王一生想了想，说好吧。九个人就关在场里。墙外一副明棋不够用，于是有人拿来八张整开白纸，很快地画了格儿。又有人用硬纸剪了百十个方棋子儿，用红黑颜色写了，背后粘上细绳，挂在棋格儿的钉子上，风一吹，轻轻地晃成一片，街上人也喊成一片。

人是越来越多。后来的人拼命往前挤，挤不进去，就抓住人打听，以为是杀人的告示。妇女们也抱着孩子们，远远围成一片。又有许多人支了自行车，站在后架上伸脖子看，人群一挤，连着倒，喊成一团。半大的孩子们钻来钻去，被大人们用腿拱出去。数千人闹闹嚷嚷，街上像半空响着闷雷。

王一生坐在场当中一个靠背椅上，把手放在两条腿上，眼睛虚望着，一头一脸都是土，像是被传讯的歹人。我不禁笑起来，过去给他拍一拍土。他按住我的手，我觉出他有些抖。王一生低低地说："事情闹大了。你们几个朋友看好，一有动静，一起跑。"我说："不会。只要你赢了，什么都好办。争口气。怎么样？有把握吗？九个人哪！头三名都在这里！"王一生沉吟了一下，说："怕江湖的不怕朝廷的，参加过比赛的人的棋路我都看了，就不知道其他六个人会不会冒出冤家。书包你拿着，不管怎么样，书包不能丢。书包里有……"王一生看了看我，"我妈的无字棋。"他的瘦脸上又干又脏，鼻沟也黑了，头发立着，喉咙一动一动的，两眼黑得吓人。我知道他拼了，心里有些酸，只说："保重！"就离了他。他一个人空空地在场中央，谁也不看，静静的像一块铁。

棋开始了。上千人不再出声儿。只有自愿服务的人一会儿紧一会儿慢地用话传出棋步，外边儿自愿服务的人就变动着棋子儿。风吹得八张大纸哗哗地响，棋子儿荡来荡去。太阳斜斜地照在一切上，烧得耀眼。前几十排的人都坐下了，仰起头看，后面的人也挤得紧紧的，一个个土眉土眼，头发长长短短吹得飘，再没人动一下，似乎都把命放在棋里搏。

我心里忽然有一种很古的东西涌上来，喉咙紧紧地往上走。读过的书，有的近了，有的远了，模糊了。平时十分佩服的项羽、刘邦都目瞪口呆，倒是尸横遍野的那些黑脸士兵，从地下爬起来，哑了喉咙，慢慢移动。一个樵夫，提了斧在野唱。忽然又仿佛见了呆子的母亲，用一双弱手一张一张地折书页。

我不由伸手到王一生书包里去掏摸，捏到一个小布包儿，拽出来一看，是个旧蓝斜纹布的小口袋，上面绣了一只蝙蝠，布的四边儿都用线做了圈口，针脚很是细密。取出一个棋子，确实很小，在太阳底下竟是半透明的，像是一只眼睛，正柔和地瞧着。我把它攥在手里。

太阳终于落下去，立即爽快了。人们仍在看着，但议论起来。里边儿传出一句王一生的棋步，外面的人就嚷动一下。专有几个人骑车为在家的冠军传送着棋步，大家就不太客气，笑话起来。

我又进去，看见脚卵很高兴的样子，心里就松开一些，问："怎么样？我不懂棋。"脚卵抹一抹头发，说："蛮好，蛮好。这种阵势，我从来也没有见过，你想想看，九个人与他一个人，九局连环！车轮大战！我要写信给我的父亲，把这次的棋谱都寄给他。"这时有两个人从各自的棋盘前站起来，朝着王一生鞠躬，说："甘拜下风。"就捏着手出去了。王一生点点头儿，看了他们的位置一眼。

王一生的姿势没有变，仍旧是双手扶膝，眼平视着，像是望着极远极远的远处，又像是盯着极近的近处，瘦瘦的肩挑着宽大的衣服，土没拍干净，东一块儿，西一块儿。喉结许久才动一下。我第一次承认象棋也是运动，而且是马拉松，是多一倍的马拉松！我在学校时，参加过长跑，开始后的五百米，确实极累，但过了一个限度，就像不是在用脑子跑，而像一架无人驾驶飞机，又像是一架到了高度的滑翔机只管滑翔下去。可这象棋，始终是处在一种机敏的运动之中，兜捕对手，逼向死角，不能疏忽。我忽然担心起王一生的身体来。这几天，大家因为钱紧，不敢怎么吃，晚上睡得又晚，谁也没想到会有这么一个场面。看着王一生稳稳地坐在那里，我又替他赌一口气：死顶吧！我们在山上扛木料，两个人一根，不管路不是路，沟不是沟，也得咬牙，死活不能放手。谁若是顶不住软了，自己伤了不说，另一个也得被木头震得吐血。可这回是王一生一个人过沟坎儿，我们帮不上忙。我找了点儿凉水来，悄悄走近他，在他跟前一挡，他抖了一下，眼睛刀子似的看了我一下，一会儿才认出是我，就干干地笑了一下。我指指水碗，他接过去，正要喝，一个局号报了棋步。他把碗高高地平端着，水纹丝儿不动。他看着碗边儿，回报了棋步，就把碗缓缓凑到嘴边儿。这时下一个局号又报了棋步，他把嘴定在碗边儿，半晌，回报了棋步，才咽一口水下去，"咕"的一声儿，声音大得可怕，眼里有了泪花。他把碗递过来，眼睛望望我，有一种说不出的东西在里面游动，嘴角儿缓缓流下一滴水，把下巴和脖子上的土冲开一道沟儿。我又把碗递过去，他竖起手掌止住我，回到他的世界里去了。

我出来，天已黑了。有山民打着松枝火把，有人用手电筒照着，黄乎乎的，一团明亮。大约是地区的各种单位下班了，人更多了。狗也在人前蹲着，看人挂动棋子，眼神凄凄的，像是在担忧。几个同来的队上知青，各被人围了打听。不一会儿，"王一生""棋呆子""是个知青""棋是道家的棋"，就在人们嘴上传。我有些发噱，本想到人群里说说，但又止住了，随人们传吧，我开始高兴起来。这时墙上只有三局在下了。

忽然人群发一声喊。我回头一看，原来只剩了一盘，恰是与冠军的那一盘。盘上只有不多几个子儿。王一生的黑子儿远远近近地峙在对方棋营格里，后方老帅稳稳地待着，尚有一"士"伴着，好像帝王与近侍在聊天儿，等着前方将士得胜回朝；又似乎隐隐看见有人在伺候酒宴，点起尺把长的红蜡烛，有人在悄悄地调整管弦，单等有人跪奏捷报，鼓乐齐鸣。我的肚子拖长了音儿在响，脚下觉得软了，就拣个地方坐下，仰头看最后的围猎，生怕有什么差池。

红子儿半天不动，大家不耐烦了，纷纷看骑车的人来没有，嗡嗡地响成一片。忽然人群乱起来，纷纷闪开。只见一老者，精光头皮，由旁人搀着，慢慢走出来，嘴嚼动着，上上下下看着八张定局残子。众人纷纷传着，这就是本届地区冠军，是这个山区的一个世家后人，这次"出山"玩玩儿棋，不想就夺了头把交椅，评了这次比赛的大势，直叹棋道不兴。老者看完了棋，轻轻抻一抻衣衫，跺一跺土，昂了头，由人搀进棋场。众人都一拥而起。我急忙抢进了大门，跟在后面。只见老者进了大门，立定，往前看去。

王一生孤身一人坐在大屋子中央，瞪眼看着我们，双手支在膝上，铁铸一个细树桩，似无所见，似无所闻。高高的一盏电灯，暗暗地照在他脸上，眼睛深陷进去，黑黑的似俯视大千世界，茫茫宇宙。那生命像聚在一头乱发中，久久不散，又慢慢弥漫开来，灼得人脸热。

众人都呆了，都不说话。外面传了半天，眼前却是一个瘦小黑魂，静静地坐着，众人都不禁吸了一口凉气。

半晌，老者咳嗽一下，底气很足，十分洪亮，在屋里荡来荡去。王一生忽然目光短了，发觉了众人，轻轻地挣了一下，却动不了。老者推开搀的人，向前迈了几步，立定，双手合在腹前摩挲了一下，朗声叫道："后生，老朽身有不便，不能亲赴沙场。命人传棋，实出无奈。你小小年纪，就有这般棋道，我看了，汇道禅于一炉，神机妙算，先声有势，后发制人，遣龙治水，气贯阴阳，古今儒将，不过如此。老朽有幸与你接手，感触不少，中华棋道，毕竟不颓，愿与你做个忘年之交。老朽这盘棋下到这里，权做赏玩，不知你可愿意平手言和，给老朽一点面子？"

王一生再挣了一下，仍起不来。我和脚卵急忙过去，托住他的腋下，提他起来。他的腿仍是坐着的样子，直不了，半空悬着。我感到手里好像只有几斤的份量，就暗示脚卵把王一生放下，用手去揉他的双腿。大家都拥过来，老者摇头叹息着。脚卵用大手在王一生身上，脸上，脖子上缓缓地用力揉。半晌，王一生的身子软下来，靠在我们手上，喉咙嘶嘶地响着，慢慢把嘴张开，又合上，再张开，"啊啊"着。很久，才呜呜地说："和了吧。"

老者很感动的样子，说："今晚你是不是就在我那儿歇了？养息两天，我们谈谈棋？"王一生摇摇头，轻轻地说："不了，我还有朋友。大家一起来的，还是大家在一起吧。我们到、到文化馆去，那里有个朋友。"画家就在人丛里喊："走吧，到我那里去，我已经买好了吃的，你们几个一起去。真不容易啊。"大家慢慢拥了我们出来，火把一团儿照着。山民和地区的人层层团了，争睹棋王风采，又都点头儿叹息。

我搀了王一生慢慢走，光亮一直随着。进了文化馆，到了画家的屋子，虽然有人帮着劝散，窗上还是挤满了人，慌得画家急忙把一些画儿藏了。

人渐渐散了，王一生还有一些木。我忽然觉出左手还攥着那个棋子，就张了手给王一生看。王一生呆呆地盯着，似乎不认得，可喉咙里就有了响声，猛然"哇"的一声儿吐出一些黏液，呜呜地说："妈，儿今天……妈——"大家都有些酸，扫了地下，打来水，劝了。王一生哭过，滞气调理过来，有了精神，就一起吃饭。画家竟喝得大醉，也不管大家，一个人倒在木床上睡去。电工领了我们，脚卵也跟着，一齐到礼堂台上去睡。

夜黑黑的，伸手不见五指。王一生已经睡死。我却还似乎耳边人声嚷动，眼前火把通明，山民们铁了脸，搐着柴禾林中走，咿咿呀呀地唱。我笑起来，想：不做俗人，哪儿会知道这般乐趣？家破人亡，平了头每日荷锄，却自有真人生在里面，识到了，即是幸，即是福。衣食是本，自有人类，就是每日在忙这个。可围在其中，终于还不太像人。倦意渐渐上来，就拥了幕布，沉沉睡去。

（节选自《棋王》，阿城著，三联书店，2019 年版。）

○ **思考题**

　　1. 你怎样理解长者称王一生的棋道"汇道禅于一炉，神机妙算，先声有势，后发制人，遣龙治水，气贯阴阳，古今儒将，不过如此"这段话？这段话在文中的作用是什么？

　　2. 文章结尾处写道："不做俗人，哪儿会知道这般乐趣？家破人亡，平了头每日荷锄，却自有真人生在里面，识到了，即是幸，即是福。衣食是本，自有人类，就是每日在忙这个。可囿在其中，终于还不太像人。"请课后阅读全文，谈谈你对这句话的理解。

（张婷　选文）

第三节　外国体育文学

［古希腊］伊利亚特　第二十三卷 为帕特罗克洛斯举行葬礼和竞技

　　古希腊游吟诗人荷马（Homer，约前 9 世纪—前 8 世纪），在其依据特洛伊战争整理改编的经典史诗巨著《伊利亚特》和《奥德赛》中详尽刻画了各种竞技活动，展现了古希腊竞技精神。选文节选自《伊利亚特》第 23 卷，该卷描绘阿基琉斯为向其好友帕特洛克罗斯致敬，在后者葬礼后举行盛大的竞技比赛。这场竞技涉及赛车、拳击、摔跤、赛跑、持械搏斗、掷铁饼、射箭、投标枪 8 个项目，与后世泛希腊赛会的竞赛项目几乎一致。选文展现荷马对车马比赛生动翔实的描述，不仅展示了车马竞技作为四大泛希腊竞技会上的传统竞技项目的风采，更揭示了速度与力量的竞技活动背后的精神品质，即"永远做最好的，超越别人"。这句格言被认为确立了希腊人生活的基本原则——活着就是与人竞赛，争当第一。

　　这时阿基琉斯叫他们坐成圆圈留待，
　　从船上搬来丰富的奖品：大锅、三脚鼎，
　　许多快捷的马匹、驮骡、强壮的肥牛，　　　　　　260
　　还有许多腰带美丽的妇女和灰铁。

　　他首先为战车竞赛优胜者提出奖励：
　　把一个精于各种手工的妇女和一只
　　能盛二十二升的带耳三脚鼎奖给第一名；

奖给第二名的奖品是一匹六龄母马，   265
从未接触过辕轭，腹中还怀着马驹；
奖给第三名的奖品是一只精制大锅，
四升容量，晶莹闪亮从未见过火；
奖给第四名的奖品是两塔兰同黄金，
奖给第五名的奖品是双耳罐，也未见过火。   270
阿基琉斯站起来对阿尔戈斯人这样说：
"阿特柔斯之子和列位胫甲精美的
阿开奥斯将士，这些奖给战车优胜者，
如果我们今天为别的人举行竞赛，
我定然会夺得第一名带着奖品回营。   275
众所周知我那两匹战马最俊美，
它们是不死的神马，波塞冬把它们送给
我父亲佩琉斯，我父亲又把它们交给我。
但今天我和那两匹单蹄马都不会参赛，
因为它们失去了那样光荣的御者，   280
他又那样善良，常用润滑的橄榄油
涂抹它们的鬃毛，用清水为它们梳洗。
现在它们正伫立在那里痛悼御者，
心中无比悲哀，鬃毛直垂地面。
其他任何阿开奥斯人都可以参赛，   285
只要他认为可信赖自己的车辆和马匹。"

他的话激动了许多出色的车战将士，
首先站出来的是士兵的首领欧墨洛斯，
阿德墨托斯的精于御术的可爱的儿子，
接着是提丢斯之子强大的狄奥墨得斯，   290
他驾驭特洛亚马匹，从埃涅阿斯那里，
夺得它们，阿波罗把埃涅阿斯搭救。
然后是宙斯养育的金发墨涅拉奥斯，
阿特柔斯之子，轭下驾着两匹快马——
阿伽门农的埃特和他自己的波达尔戈斯。   295
埃特系安基塞斯之子埃克波洛斯所赠，
主人不想带着它前往多风的伊利昂，
宁愿在家中安静地生活，因为宙斯
赠给他许多财富，在广袤的西库昂居住。

墨涅拉奥斯就驾着跃跃欲试的那匹马。　　　　　　300
第四个站出来的安提洛科斯驾着长鬃马，
他是涅琉斯之子、心高志大的首领
涅斯托尔的杰出儿子，战车由皮洛斯产的
两匹快马驾辕；父亲走到他身旁，
对早已在行的他仍然谆谆忠告不止：　　　　　　305
"安提洛科斯，你虽然年轻，但宙斯和波塞冬
宠爱你，向你传授了全部驭马技术，
现在无须在这里向你做太多的指点。
你绕路标拐弯是能手，但我们的马匹
速度太慢，我担心这方面你会吃亏。　　　　　　310
对手们的马匹虽然速度快，但它们的御者
并不比你知道得更多，技术更精明。
努力吧，我的儿，发挥你的全部技能，
不要从你手边丢掉丰厚的奖品。
优秀的伐木人不是靠臂力，而是靠技能，　　　　315
舵手在酒色的海上保持正确的航向，
校正被风暴刮偏的船只也是靠技能，
御者战胜御者，道理也是一样。
通常御者听任自己的车马奔驰，
拐弯时不经心过分远离或过分挨近，　　　　　　320
马匹离开了规定的跑道也不纠偏。
聪明的御者即使驾驭较慢的马匹，
但眼睛始终看清路标就近拐弯，
需要拉紧牛皮缰绳时从不疏忽，
一直紧握手中注视着前面的对手。　　　　　　325
现在我把路标指给你，你要看清。
前面有棵枯树桩一人长高出地面，
不知是橡是杉，尚未被雨水腐烂，
近旁立着两块白石斜靠两侧边，
道路在那里拐弯，周围地面平坦。　　　　　　330
它可能是从前某个人去世后的墓碑，
也可能正是以前人们立的拐弯柱石，
捷足的阿基琉斯把它们作为拐弯标记。
你要紧挨着拐弯驱赶马匹和战车，
自己在精制的战车里双脚牢牢站稳，　　　　　　335

稍许倾向左侧，吆喝右侧的辕马，
扬鞭略作驱赶，放松手里的缰绳。
让左侧的辕马紧挨着路标驶过，
挨近得似乎拐弯标志就要碰上
战车轮毂；但你定要当心那白石，　　　　　　340
切不可丝毫擦伤马匹砸坏战车，
那会使他人高兴自己把机会丢失。
儿啊，你定要运用技巧小心认真，
你只要能在拐弯处超过其他对手，
便没有人能再超过你或把你赶上，　　　　　　345
即使他驾驭的是那匹神驹阿里昂，
阿德瑞斯托斯的由天上神明养育的快马，
或是拉奥墨冬驾驭的特洛亚良种战马。"

涅琉斯之子涅斯托尔说完回到座位，
对亲爱的儿子件件技术细细吩咐。　　　　　　350

墨里奥涅斯是备好长鬃马参赛的第五个。
参赛者跳上战车，把阄儿抛进头盔里。
阿基琉斯把头盔摇动，安提洛科斯的阄儿
首先跳出，接着是欧墨洛斯王的阄儿，
然后是阿特柔斯之子枪手墨涅拉奥斯，　　　　355
墨里奥涅斯排位第四，最后一个阄儿
属于他们中最杰出的车手提丢斯之子。

车手们站成一排，阿基琉斯向他们指明
远处平原上的路标，委派他父亲的侍从、
神样的福尼克斯在路标旁专司督察，　　　　　360
观察竞赛，真实地向他禀报情况。

参赛者同时向他们的马匹扬起响鞭，
抖动缰绳，威严地向它们大声吆喝，
催促起跑，马匹迅速奔上平原，
把船舶远远抛在后面，飞扬的尘土　　　　　　365
在胸下盘旋，有如云团，有如迷雾，
鬃毛向后飞扬，顺着急速的风流。

辆辆战车一会儿接触丰饶的大地，
一会儿蹦跳空中如飞，御者在车上
稳稳站立，胸中的心脏蹦跳不停，　　　　　　　　370
渴望胜利；他们不停地吆喝马匹，
快马扬起滚滚尘埃在平原上飞驰。

急速奔驰的战马很快跑完一程，
折向灰色的大海，每个人都开始显露
自己的才华，赛程开始催促战马。　　　　　　　　375
斐瑞斯的后裔[1]的快马一下窜到前面，
紧挨它们的是狄奥墨得斯的两匹公马，
特洛亚良种，紧紧追随，咫尺距离，
好像就要跳进欧墨洛斯的战车，
把头直伸在他的脑袋上面狂奔，　　　　　　　　380
喘出的热气喷向他的颈脖和双肩。
狄奥墨得斯本可以超越或者跑平，
若不是福波斯·阿波罗对他怨恨未消，
把他手里那条闪亮的鞭子打落在地。
狄奥墨得斯立即气愤得泪水盈眶，　　　　　　　　385
眼看着欧墨洛斯的快马向前奔去，
自己的马匹越拉越远，无鞭驱赶。
阿波罗捉弄提丢斯之子瞒不过雅典娜，
女神迅速赶上正焦急的士兵牧者，
把鞭子交还给他，给马灌输力量。　　　　　　　　390
女神又愤愤地追上阿德墨托斯之子，
狠狠砸断马颈上的辕轭，那两匹雌马
急速奔出跑道，辕杆掉到地上。
欧墨洛斯被甩出车外，掉到轮边，
深深擦伤两只肘膀、嘴唇和鼻尖，　　　　　　　　395
砸破了眉上的面额，苦泪充满双眼，
喉咙失去了原有的清脆悦耳的嗓音。
提丢斯之子驱赶单蹄马从旁边驶过，
把所有其他对手远远地抛在后面，
雅典娜给他的马匹活力，给主人胜利。　　　　　　400
狄奥墨得斯后面是金发的墨涅拉奥斯。
安提洛科斯对父亲的马匹大声吆喝：

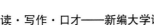

"你们也要快跑，尽可能迈开脚步。
我并不要求你们同前面的那些马竞赛，
那是勇敢的提丢斯之子的马匹，雅典娜　　　　　　405
鼓动它们迅跑，把胜利赐给狄奥墨得斯。
但你们得追上阿特柔斯之子的马匹，
不要落后，赶快追赶，他的埃特
还是匹雌马，不要让它羞辱你们。
朋友们啊，你们为什么这样缓慢？　　　　　　　410
难道不知道会怎样结果：士兵的牧者
涅斯托尔会不再照料你们，给你们一刀，
倘若只因为你们疏忽使我们得劣奖。
现在你们快跑，全力把它们追赶！
到了前面那个窄道我会巧妙地　　　　　　　　　415
从旁驶过，我知道如何对付他们。"

他这样说，两匹马害怕主人的威胁，
暂时加快了速度。坚毅的安提洛科斯
发现前面的道路凹陷，路面变狭窄；
那是一个陷窝，冬天淤积的雨水　　　　　　　　420
冲毁了部分道路，整段路面被毁坏。
墨涅拉奥斯占据着正道，担心碰撞；
安提洛科斯赶着单蹄马偏出路面，
稍许侧向一旁，急速向前超越。
阿特柔斯之子不禁一惊，对他大喊：　　　　　　425
"安提洛科斯，你发疯了，赶快勒住马，
这儿路面狭窄，前面很快会宽坦，
可别在这里撞车，让我们俩一起遭难。"

他这样说，安提洛科斯装作没听见，
更加卖力地扬鞭驱赶战车和马匹。　　　　　　　430
他们并排捷驰，相当于一个青年
试验力气时尽力挥臂掷出的铁饼
飞行的距离，墨涅拉奥斯很快落后，
因为他自己故意不再催促那马匹，
担心单蹄马会在窄道上互相碰撞，　　　　　　　435
把他们的精致战车撞翻，车手自己

滚进尘埃，只因一时求胜心切。
金发的墨涅拉奥斯愤怒地对他大喊：
"安提洛科斯，有哪个御者比你更危险？
你走吧，阿开奥斯人都以为你富有理智。 440
但你不就这件事起誓[2]，终得不到奖品。"

他这样说，又大声激励自己的马匹：
"不要迟缓，不要伤心得放慢脚步！
那两匹马的蹄脚和膝盖定会比你们
更快瘫软，因为它们早就不年轻。" 445

他这样说，两匹马害怕主人的威胁，
立即加快速度，奋力追赶向前。

阿尔戈斯人围坐一起观看比赛，
车马在平原上扬起尘土飞驰而来。
克里特人的首领伊多墨纽斯首先 450
见他们狂奔而来，因为他独踞高处。
他听见一个御者呐喊，虽然很远，
但已经辨出声音，还看见前面的快马，
那马全身枣红，前额中央有一块
光闪闪的圆圆白斑，圆得像满月的银轮。 455
伊多墨纽斯站起来对阿尔戈斯人大喊：
"朋友们啊，阿尔戈斯人的首领和君王们，
仅我看见那些马，抑或你们也看见？
领先的似乎已不是原先的那些马匹，
御者也换了，可能欧墨洛斯的车马 460
在平原上遇了险，它们原先跑在最前面。
我清楚地看见他们首先拐过路标，
现在我的双眼把整个特洛亚平原
到处找遍，也未能发现它们的踪影。
可能他缰绳已经脱手，在拐弯的时候 465
未能灵活控制马匹，出了险情。
他准是在哪里被甩出圈，战车被碰坏，
两匹战马一时受惊恐，失控狂驰。
但你们自己站起来看哪，因为我自己

也难以完全辨清楚，远处出现的那人　　　　　　　470
似乎是埃托利亚出生，阿尔戈斯人的首领
驯马的提丢斯之子，勇敢的狄奥墨得斯。"
捷足的奥伊琉斯之子埃阿斯粗声反驳：
"伊多墨纽斯，你不要絮絮叨叨过早下判断，
那两匹在平原上奔驰的雌马离我们还很远。　475
你在阿尔戈斯人中间不算最年轻，
你脑袋上两只眼睛也不算最锐敏，
可你总是絮叨没完，快不要这样
喋喋不休，这里许多人都强过你。
跑在前面的还是原先那两匹雌马，　　　　　　480
欧墨洛斯本人也手握缰绳站在车里。"

克里特人的首领怒不可遏地回答说：
"埃阿斯，你这个最爱争吵好骂人的家伙，
哪方面都不像阿尔戈斯人，习性也可恶。
现在让我们赌一只三脚鼎或一口大锅，　　　485
让阿特柔斯之子阿伽门农为我们做证，
你必须待赌输才会认出谁的马领先。"

奥伊琉斯的捷足埃阿斯听他这样说，
立即站起来愤怒地大骂伊多墨纽斯。
他们两人本会继续争吵没完了，　　　　　　490
若不是阿基琉斯亲自劝阻这样说。
"埃阿斯和伊多墨纽斯，你们不要这样
互相恶语相伤，这与你们不相宜，
如果别人这样做，你们还会责谴。
请你们安静地坐在圈子里观看竞赛，　　　　495
参赛者眼看就要赶过来夺取胜利，
那时你们都会很容易辨别清楚，
阿尔戈斯人的战车谁跑第二谁第一。"

他这样说，提丢斯之子捷驰而来，
不断地挥鞭赶马每次都举臂过肩，　　　　　500
赶得马匹高高地腾起奔向终点。
滚滚席卷的尘土临面扑向御者，

镶嵌着黄金白锡的战车紧紧跟随着
狂奔的捷足马匹；战车快捷如飞地
向前奔驰，急速旋转的车轮只把　　　　　　　　505
轻微的辙迹留在后面细软的尘埃里。
狄奥墨得斯来到赛场中央勒住马，
漉漉汗水从马脖和胸部滴向地面。
他自己一跃从闪光的战车跳到地上，
把马鞭依搁车辕；勇敢的斯特涅洛斯　　　510
毫不迟延，迅速领来优胜奖品。
他把女人交给高傲的同伴们带走，
把带耳三脚鼎也交给他们，再卸马解辕。

接着来到的是涅琉斯的后裔安提洛科斯，
他胜过墨涅拉奥斯靠计谋，不是靠速度。　515
但墨涅拉奥斯仍赶着快马紧随其后，
有如一匹马拉着车载着它的主人
在平原上飞奔时车马之间的间隔，
马匹的尾鬃扫着轮缘，车轮紧挨着
马匹旋转，中间只有那一点间距，　　　　520
马拉着车不断奔驰；墨涅拉奥斯
落后安提洛科斯也只有这样的距离。
墨涅拉奥斯起初落后相当于铁饼
飞行的距离，但很快驱马赶了上来，
阿伽门农的美丽的埃特拼命追赶。　　　　525
倘若他们的竞赛距离再持续一段，
墨涅拉奥斯本可以超过，获得胜利。
伊多墨纽斯的高贵侍从墨里奥涅斯
落后显贵的墨涅拉奥斯一投枪距离。
他的长鬃马比所有参赛马匹都缓慢，　　　530
他本人的赛车技术在参赛者中最低劣。
最后到来的是阿德墨托斯的儿子，
拖着那辆精美的战车，赶着前面的马匹。
神样的捷足阿基琉斯见了不禁怜悯，
站在阿尔戈斯人中把有翼的话这样说：　　535
"最优秀的御者最后一个赶来单蹄马，
我们应该给他相应的奖励二等奖，

提丢斯之子狄奥墨得斯仍然得头奖。"

（节选自［古希腊］荷马：《荷马史诗·伊利亚特》，罗念生、王焕生译，

人民文学出版社，2020年版。）

注释

［1］指欧墨洛斯。

［2］参阅本卷第581—585行。

（注释为原书译者添加）

◯ 思考题

1. 荷马时代的竞技类型及特点为何？
2. 如何理解荷马史诗中"永远做最好的，超越别人"的竞技精神品质？
3. 我们应该如何传承古希腊的体育精神？

（黄兰花　选文）

［法］顾拜旦　体育颂

体育颂

　　皮埃尔·德·顾拜旦（Le baron Pierre De Coubertin，1863—1937），法国教育家，近代奥林匹克运动创始人，被誉为"奥林匹克之父"。《体育颂》是其在1912年于瑞典斯德哥尔摩举行的第五届奥林匹克运动会上，以隐喻针对当时体育竞赛中的弊端所作的诗歌。《体育颂》以散文诗的形式，在铿锵有力的音节、隽永优美的言辞、流动的节奏和庄严的笔调中抒发作者对体育的真挚感情。诗歌开篇勾画出体育的轮廓，把体育看作美丽、正义、勇气、荣誉、健康、进步与和平的化身，进而歌颂体育的至高无上和深远影响。作者以诗歌的语言生动阐述了以"团结、和平和友谊"为宗旨的奥林匹克运动精神，其中闪耀着的体育精神和美学力量给人类留下了丰厚的精神遗产，并为国际奥林匹克运动创造了宝贵的人文价值。

　　啊，体育，天神的欢娱，生命的动力！你神的旨意降临在灰蒙蒙的林间空地，受难者激动不已，你像容光焕发的使者，向暮年人微笑致意。你像高山之巅的晨曦，照亮了昏睡的大地。

　　啊，体育，你就是美丽！你塑造的人体变得高尚还是卑鄙，要看它是被可耻的欲望引向堕落，还是由健康的力量悉心培育。没有匀称协调，便谈不上什么美丽。你的作用无与伦比，你使人积极向上，生命充满活力，动作变得优美，柔中带有刚毅。

　　啊，体育，你就是正义！你体现了社会生活中最难得的公平合理。任何人不可超过时

限一分一秒，逾越规则一分一厘，成功的关键，只能是体力与精神融为一体。

啊，体育，你就是勇气！你让人们敢于挑战自己，敢于搏击。若不为此，敏捷、强健又有何用？肌肉发达又有什么意义？勇气，不是冒险家的赌博蛮干，而是经过慎重的深思熟虑。

啊，体育，你就是荣誉！赢要赢得光明正大，反之便毫无意义。有人要弄见不得人的诡计，以此达到欺骗同伴的目的。他内心深处却受着耻辱的折磨。有朝一日被人识破，就会落得名声扫地。

啊，体育，你就是乐趣！想起你，内心充满欢喜，血液循环加剧，思路更加开阔，条理愈加清晰。你可以使忧伤的人忘却烦恼，使快乐的人生活更加甜蜜。

啊，体育，你就是培育人类的肥沃土地！你通过最直接的途径，增强民族体质，矫正畸形躯体，防病患于未然，使运动员得到启迪；望后代长得苗壮有力，继往开来，夺取桂冠的胜利。

啊，体育，你就是进步！为了人类的日新月异，身体和精神的改变要同时抓起，你规定良好的生活习惯，要求人们对过度行为引起警惕。你告诫人们遵守规则，发挥人类最大的能力而又无损健康的肌体。

啊，体育，你就是和平！你在各民族间建立愉快的联系。你在有节制、有组织、有技艺的体力较量中产生，你让全世界的青年学会相互尊重和学习，你让不同民族的特质成为高尚而和平竞赛的动力！

（黄兰花　选文）

［美］海明威　越野滑雪

欧内斯特·米勒尔·海明威（Ernest Miller Hemingway，1899—1961），"迷惘的一代"的代表作家，1954 年凭《老人与海》荣获诺贝尔文学奖。《越野滑雪》发表于 1924 年，收录在其早期作品《尼克·亚当斯故事集》中。《越野滑雪》自然流畅，精悍结实，以简洁但饱含细节的冷静笔触描绘主人公尼克与乔治在山野滑雪和在客栈喝酒聊天的故事。在小说中，作者选择以对速度和技巧要求高，且非常考验参与者毅力和耐力的越野滑雪运动来勾连和展演小说人物的身份、性格、际遇乃至难以言明的复杂社会矛盾和人物幽微难明的内心世界。在身体与雪野的交融互动中，巧妙地把人物越野滑雪的运动体验与现实生活的无奈连接起来，形成一股独特张力，赋予了滑雪运动更丰盈的含义，极大调动读者在联想和想象中挖掘与补充故事"冰山"下的景观。

缆车又颠了一下就停了。开不过去啦，大雪给风刮得严严实实地积在车道上。冲刷高山裸露表层的狂风把面上的雪刮成一层坚硬的雪壳。尼克正在行李车厢里给滑雪板上蜡，他把靴子塞进靴尖铁夹里，牢牢扣住夹子。他从车厢边跳下，跳在硬邦邦的雪壳上，来一个弹跳旋转就蹲下身子，撑着滑雪杖，一溜烟滑下山坡。

乔治在下面白雪上时起时落，转眼就落得不见人影了。尼克顺着陡起陡伏的山坡滑下去时，这股冲势加上猛然下滑，把他弄得浑然忘却一切，只觉得身子有一股飞翔、下坠的奇妙感。他挺起身，稍稍来个上滑姿势，一下子他又往下滑，往下滑，冲下最后一个陡峭的长坡，越滑越快，越滑越快，积雪似乎从他脚下纷纷掉落。他一边蹲下身子，几乎坐到滑雪板上，一边尽量把重心放低，只见飞雪犹如沙暴，扑面而来，他知道速度太猛了。但他稳住了。他决不失手摔下来。随即一团被大风刮进坑里的柔软的雪把他绊倒了，滑雪板磕磕绊绊，他接连翻了几个筋斗就动弹不得了，觉得活像只挨了枪子的兔子，两腿交叉，滑雪板朝天翘起，鼻子耳朵里都是雪。

乔治站在坡下稍远的地方，噼噼啪啪地掸去风衣上的雪。

"你的姿势真美妙，尼克，"他对尼克大声叫道。"那堆烂糟糟的雪真该死。把我也这样绊了一跤。"

"在峡谷滑雪不知什么味儿？"尼克仰天躺着，乱踢滑雪板，挣扎站起来。

"你得靠左滑。因为谷底有堵栅栏，所以飞速冲下去得来个大旋身[1]。"

"等等再说吧，咱们一起去滑。"

"不，你赶快先去吧。我想看你滑下峡谷。"

尼克·亚当斯赶过了乔治，宽阔的背部和金黄的头发上还隐隐有点雪，他的滑雪板开始先侧滑，再一下子猛冲下去，把晶莹的雪楂儿擦得嘶嘶响，随着他在起伏不定的峡谷里时上时下，看起来像浮上来又沉下去。他坚持靠左滑，末了，正当他冲向栅栏时，就紧紧并拢双膝，像拧紧螺旋似的旋转身子，滑雪板向右来个急转弯，扬起滚滚白雪，然后才慢慢减速，跟山坡和铁丝栅栏平行滑驶。

他抬头看看山上。乔治正屈膝，用外旋身[2]姿势滑下山来；一条腿在前面弯着，另一条腿在后面拖着；滑雪板像虫子的细腿那样荡着，杖尖触到地面，掀起阵阵白雪，最后，他一腿下跪，一腿拖随，整个身子就来个漂亮的右转弯绕了过来，蹲着滑行，双腿一前一后，飞快移动，身子探出，防止旋转，两支滑雪杖像两个光点，把弧线衬托得更突出，一切都笼罩在漫天飞舞的白雪中。

"我就怕大旋身，"乔治说，"雪太深了。你做的姿势真美妙。"

"我的腿也做不来外旋身。"尼克说。

尼克用滑雪板把铁丝栅栏最高一股铁丝压低了，乔治就滑了过去。尼克跟他来到大路上。他们沿路屈膝滑行，冲进一片松林。路面结着光亮的冰层，给拖运木料的骡马队弄脏了，染得一片橙红，一片烟黄的。两个人一直沿着路边那片雪地滑行。大路陡的往下倾斜，通往小河，然后又笔直上坡。他们在林子里看得见一长排饱经风吹雨打，屋檐低矮的房子。从林子里看，这房子泛黄了。走近一看，窗框漆成绿色。油漆在剥落。尼克用一支滑雪杖把滑雪板的夹子敲松，踢掉滑雪板。

"咱们还是随身带着滑雪板上去好。"他说。

他扛着滑雪板，爬上陡峭的山路，边爬边把靴跟的铁钉扎进冰封的立脚点。他听见乔治紧跟在后，一边喘息，一边跺掉靴跟上的雪。他们把滑雪板堆放在客栈墙边，相互掸掉各人裤子上的雪，把靴子蹬蹬干净才走进去。

客栈里黑咕隆咚的。一只大瓷炉在屋角亮着火光。天花板低矮。屋子四边酒渍斑斑的暗黑色桌子后面都摆着光溜溜的长椅。两个瑞士人坐在炉边，一边抽着烟斗，一边喝着两杯混浊的新酒。尼克和乔治脱去茄克衫，在炉子另一边靠墙坐下。隔壁房里的歌声停了，一个围着蓝围裙的姑娘走出门来看看他们想要什么。

"一瓶西昂[3]酒，"尼克说，"行不行，吉奇[4]？"

"行啊，"乔治说。"你对酒比我内行。我什么酒都爱喝。"

那姑娘出去了。

"没一项玩意儿真正比得上滑雪的吧，"尼克说，"你滑了老长一段路头一回歇下来的时候就有这么个感觉。"

"嘿，"乔治说，"真是妙不可言。"

那姑娘拿酒进来，他们开来开去打不开瓶塞。最后还是尼克打开了。那姑娘出去，他们听见她在隔壁房里唱德语歌。

"酒里那些瓶塞渣子没关系。"尼克说。

"不知她有没有糕点。"

"咱们问问看。"

那姑娘进屋，尼克看见她围裙鼓鼓地遮着大肚子。不知她先头进来时我怎么没看见，他心想。

"你唱的什么？"他问她。

"歌剧，德国歌剧。"她不愿谈论这话题。"你们要吃的话，我们有苹果馅奶酪卷。"

"她不大客气啊，是不？"乔治说。

"啊，算了。她不认识咱们，没准儿当咱们拿她唱歌开玩笑呢。她大概是从讲德语的地区来的，待在这里脾气躁，后来没结婚肚子里就有了孩子，她脾气才躁了。"

"你怎么知道她没结婚？"

"没戒指啊。见鬼，这一带的姑娘都是弄大了肚子才结婚的。"

门开了，一帮子从大路那头来的伐木工人进了屋，在屋里把靴子上的雪跺掉，身上直冒水汽。女招待给这帮人送来了三升新酒，他们分坐两桌，抽着烟，不作声，脱了帽，有的背靠着墙，有的趴在桌上。屋外，运木雪橇的马偶尔一仰脖子，铃铛就清脆地丁丁当当响。

乔治和尼克都高高兴兴。他们两人合得来。他们知道回去还有一大段路程呢。

"你几时得回学校去？"尼克问。

"今晚，"乔治答，"我得赶十点四十分从蒙特罗[5]开出的车。"

"我真希望你能留下，明天咱们就能去滑雪了。"

"我得上学啊，"乔治说，"哎呀，尼克，难道你不希望咱们能在一起闲逛吗？带上滑雪板，乘上火车，到哪儿滑个痛快，滑好上路，找客栈投宿，再一直穿过奥伯兰[6]，直奔瓦莱[7]，跑遍恩加丁[8]，随身背包里只带修理工具和替换内衣和睡衣，学校啊什么的，统统管他妈的。"

"对，就那样走遍施瓦兹瓦德[9]。哎呀，好地方啊。"

"就是你今年夏天钓鱼的地方吧？"

"是啊。"

他们吃着苹果馅奶酪卷，喝光了剩酒。

乔治仰身靠着墙，闭上眼。

"喝了酒我总是这样感觉。"他说。

"感觉不好？"尼克问。

"不。感觉好，只是怪。"

"我明白。"尼克说。

"当然。"乔治说。

"咱们再来一瓶好吗？"尼克问。

"我不喝了。"乔治说。

他们坐在那儿，尼克双肘撑在桌上。乔治往墙上颓然一靠。

"海伦快生孩子了吧？"乔治说，身子离开墙凑到桌上。

"是啊。"

"几时？"

"明年夏末。"

"你高兴吗？"

"是啊。眼前。"

"你打算回美国去吗？"

"八成要回去吧。"

"你想要回去吗？"

"不。"

"海伦呢？"

"不。"

乔治默默坐着。他瞧瞧空酒瓶和空酒杯。

"真要命不是？"他说。

"不。还说不上。"尼克说。

"为什么？"

"我不知道。"尼克说。

"你们今后在美国要一块儿滑雪吗？"乔治说。

"我不知道。"尼克说。

"山不多。"乔治说。

"不，"尼克说，"岩石太多。树木也太多。而且都太远。"

"是啊，"乔治说，"加利福尼亚就是这样。"

"是啊。"尼克说，"我到过的地方处处都这样。"

"是啊，"乔治说，"都是这样。"

瑞士人站起身，付了账，走出去了。

"咱们是瑞士人就好了。"乔治说。

"他们都有大脖子的毛病。"尼克说。

"我不信。"乔治说。

"我也不信。"尼克说。

两人哈哈大笑。

"也许咱们再也没机会滑雪了，尼克。"乔治说。

"咱们一定得滑，"尼克说，"要是不能滑就没意义了。"

"咱们要去滑，没错儿。"乔治说。

"咱们一定得滑。"尼克附和说。

"希望咱们能就此说定了。"乔治说。

尼克站起身，他把风衣扣紧。他朝乔治弯下身子，拿起靠墙放着的两支滑雪杖。他把一支滑雪杖戳在地上。

"说定了没什么好处。"他说。

他们开了门出去了。天气很冷。雪结得硬邦邦。大路一直从山上通到松林里。

他们把刚才搁在客栈墙跟前的滑雪板拿起来。尼克戴上手套。乔治已经扛着滑雪板上路了。这下子他们可要一起跑回家了。

（选自［美］海明威：《海明威短篇小说全集》（上），陈良廷等译，

上海译文出版社，2004 年版。）

注释

［1］滑雪时大旋身用以掉转下坡方向，在高速滑行时通常靠改变身体前倾重置，滑雪板平行转弯刹住。

［2］外旋身是滑雪中的一种姿势。

［3］西昂是瑞士西南部城市，瓦莱州首府，盛产名酒。

［4］吉奇是乔治的爱称。

［5］蒙特罗：瑞士日内瓦湖东北岸的疗养胜地。

［6］奥伯兰：瑞士地名，属伯尔尼州。

［7］瓦莱：瑞士州名，首府西昂，有许多山峰，为疗养胜地。

［8］恩加丁：瑞士旅游胜地，在英河上游。

［9］施瓦兹瓦德：即黑森林山，在德国西南部。

（注释为原书译者添加）

（黄兰花 选文）

第二模块

实用文写作

实用文写作概述

一、实用文的概念与特征

（一）概念

近现代著名教育家蔡元培先生在《论国文之趋势》和《国文之将来》等著作中，正式把文章分为实用文和美术文（艺术文），开始创立实用文理论。

实用文，顾名思义就是实用的文字。"实用"二字使它与文学作品区别开来。它不探讨审美问题，不思考终极关怀，它直接干预生活，影响社会，传递信息，讲究直接的实用价值。它不追求形式技巧的精妙，常常采用惯用的文章体式，以便于写作、阅读和处理。

著名教育家叶圣陶先生在《作文要道》中曾经特别强调："大学毕业生不一定要能写小说诗歌，但是一定要能写工作和生活中实用的文章，而且非写得既通顺又扎实不可。"在当代，信息高速发展，国家政务繁忙，机构事务繁多，工作关系复杂，各类实用文在管理事务、指挥工作、沟通信息中发挥了重要的作用。

综上，实用文以实用为目的，与文学文体在使用范围、写作目的、逻辑特点、真假判断、语体特色、表达方式等诸多方面存在很大的不同，是与人们社会活动、日常工作生活密切相关的一种应用型文章类型。

（二）特征

1. 实用性

这是实用文最基本的特点。实用写作以实用为目的、以客观真实为原则，避免主观化，语言力求简洁准确，不求夸饰。它与以审美为主要功能，以抒情、叙述为主要表现方式，倡导虚构，彰显个性的文学写作不同。

从思维方式看，实用文是为解决实际问题而写作的，以抽象思维为主，要抛开事物的感性形式，寻求其内在的联系，探讨事物内在的本质和规律。

从社会功能来看，实用文都有明确的写作目的，在社会现实中发挥实际作用，对社会产生直接效应。比如，公文是处理公务的文书，是机关、团体、企事业单位经常使用的文体形式；计划、总结、调查报告也是实用性很强的文体形式，使用频率较高，适用范围较广。

2. 真实性

实用文写作采用自然科学的实证逻辑，遵循客观可验证性，定性定量的准确性。这是由其实用性决定的。写作立足于解决实际问题，有实用价值，所运用的写作材料都要经过调查、研究、核实。写作材料中涉及的时间、地点、人物、数量、质量、事件等一定要真实准确，不能虚构，否则会给工作和生活带来负面影响。

3. 时效性

时效性是强调实用文写作的时间观念以及执行时效。实用文从撰写到发文，都要及时、准确、高效。如果行文不及时，就会贻误时机，影响工作进度，达不到预期目的，不能发挥其实用价值。此外，文中涉及执行时效必须明确，不能有歧义，日期使用必须规范。公文用来制定方针政策，指导工作，布置任务，开展业务，必须在一定的时限内完成，它的一个基本要求就是时效性。没有时效的公文是不存在的。时效性在新闻传播中的重要性也是不言而喻的。其他实用文也是过时无效的。

4. 规范性

在长期发展和使用过程中，实用文在内容和形式方面都形成了一定的范式，不可随意更改。在文种选用、结构安排、格式体例、语言风格等方面，都要遵守一定的规则；在字体字号、排版打印、行款式样、结构层次、习惯用语、称谓签署等方面也有相应的要求。尤其是公文，有比较严格的格式要求，文种不同，格式也不尽相同。当然，随着时代的变化，这些格式也不是一成不变的。

5. 简明性

实用文的简明性：一方面体现在主旨单一明确上，实用文的写作目的是传递信息，解决实际问题，只要逻辑清晰，内容清楚，能够客观反映事物本身，目的就达到了；另一方面体现在语言使用上，实用文写作以叙述和说明为主，语言风格要求准确、简洁、平实、庄重、大方，谨慎使用形容词和副词，一般不使用夸张、比喻等修辞手法，以社会化、规范化的书面语言为主，避免使用个性化语言和方言。

二、实用文的起源与发展

（一）起源

实用文产生的过程就是人类文明诞生的过程。斯大林《马克思主义与语言学问题》一书中提到："生产的继续发展，阶级的出现，文字的出现，国家的产生，国家进行管理工作需要比较有条理的文书，商业经济发展了，更需要有条理的书信来往。"可见，实用文的产生是和文字、阶级、国家的产生紧密地联系在一起的。

我国实用文写作的历史悠久。结绳记事可以看作实用文写作的萌芽。《尚书·序》说："古者，伏羲氏之王天下也，始画八卦，造书契，以代结绳之政。由是文籍生焉。"

殷商时期的甲骨文则是实用文的雏形。距今 3000 余年前的殷商时期甲骨文上的卜辞记录了祭祀、征战、围猎、风雨、时日等活动，是殷商王朝主要活动的真实记录。比如，殷墟甲骨文记有"王大令众人曰协田！其受年"，意思是大王命令你们协力耕田，那样就能获得好收成。这与现在的命令和决定相似。

西周时期，实用文有了具体的文种名称，如周王与诸侯用于赏赐、任命和告诫臣子的文书，称为"诰""命"，用于誓告军旅的文书称为"誓"。

中国最早的一批典籍之一《尚书》收录了虞、夏、商、周 4 个朝代的 28 篇历史文件，并把这些文体划分为典、谟、训、诰、誓、命 6 种，是我国最早的实用文汇编。

春秋战国时期，列国纷争，征战频繁，实用文或陈述己见，或讨伐敌人，或记载外交辞令，作用日渐重要。《论语》中记载郑国起草外交辞令时，"为命，裨谌草创之，世叔讨论之，行人子羽修饰之，东里子产润色之"。这体现了古人在起草外交文书时非常严谨。

秦统一六国后，统一了文字，规定了公文体制。秦始皇时期，改命为制，改令为诏，改书为奏、议，有了上行文和下行文的区别，还有了"避讳""抬头""用印"等制度，规定了开头、结尾的书写规范。例如，上行文开头要用"臣……言"；结尾要用"臣……诚惶诚恐，顿首顿首，死罪死罪"；遇到"皇帝"字样时，要另起一行，顶格书写，称之为"抬头"。公文的审批体制也有了严格的规定。出土的秦简《内杂史》记载"有事请也，必以书，毋口请，毋羁请"，意思是有事情必须要请示时，一定要以文书的形式，不要口头请示，不要让人代为请示。同时，对于公文如何转发，使用何种材料书写，文书如何封缄，都有详细的规定。

汉承秦制，又有发展。汉朝形成了一整套完整的公文体系，如君对臣的文书定为制、诏、策、戒 4 种；臣对君的文书定为章、奏、表、议 4 种。刘勰《文心雕龙·章表》指出："秦初定制，改书曰奏。汉定礼仪，则有四品，一曰章，二曰奏，三曰表，四曰议。章以谢恩，奏以按劾，表以陈情，议以执异。章者，明也。"

三国两晋南北朝时期，曹丕的《典论·论文》把文章分为四科八类，"盖奏议宜雅，书论宜理，铭诔尚实，诗赋欲丽"。这 4 类 8 种，其中 6 种属于实用文。《文心雕龙》被誉为集文章写作理论之大成者，在论及的 59 类文体中，有 44 类为实用文，约占全部文章的 3/4，可见实用文在当时社会生活中占有非常重要的地位。

唐宋以后，实用文的写作仍然处于"政事之先务"的主导地位，是科举考试的主要科目之一。"唐宋八大家"的许多知名作品就属于实用文，如苏轼的《刑赏忠厚之至论》。

明清时期，文体分类日趋繁杂，格式也趋于稳定，公文管理的制度愈加严格。清代学者刘熙载在《艺概·文概》中正式提出"应用文"这一名称。上行文有章、表、奏、审、议、疏、状、策等，下行文有谕、诏、册、令、符、檄、旨等，平行文有书、简、咨、刺、名帖。此外，还有一些不属于这三种行文，如铭、碑文、序跋、契约等。

1911 年爆发的辛亥革命推翻了清王朝，结束了我国两千年的封建制度，废除了封建王朝使用的制、诏、诰、奏等名目。1928 年，我国建立了使用白话文和新式标点符号的现代公文体系。

（二）发展

中国历来有"重文轻笔"的传统观念，具体表现为重视富有文采的抒情性的诗词歌赋，轻视质朴的经世致用的实用文体，但这种观念在新文化运动时期有了改观，实用文的写作和教学研究开始受到重视。

1917 年，陈独秀在《文学革命论》中倡导对实用文进行"革命"。文中提到了实用文"碑""铭""墓志""启事""哀启""匾额""春联"，批判了旧时虚伪的文风，推动了社会历史的发展，促进了中国实用文的新生。

同年，刘半农在《我之文学改良观》里提出"文学"与"文字"之辨，主张将"诗歌、戏曲、小说、杂文、历史传记"列为"文学"范畴，将"科学上应用之文字"，包括"新闻纸之通信""官署之文牍告令""私人之日记信札"列为"文字"范畴。

钱玄同在《论应用文之亟宜改观》中提出了改良应用文"十三事"，如"以国语为之"采用白话文写作，改右行直下为左行横迤，使用新式标点，采用公元纪年，数目字用阿拉伯数码，书札之款或称谓，务必简单明确，删去无谓之浮文，等等。

北京大学校长蔡元培也强调学校要改变"重文学文写作而轻实用文写作"的观念，提高学生实用文写作水平。他在《国文之将来》《论国文的趋势及国文与外国语及科学的关系》两篇演说词中，均强调了实用文体的重要性。

1922 年，梁启超在《作文教学法》指出，文章可大体分为记载之文、论辩之文、情感之文三种。作文教学法本来三种都应教都应学，但情感之文，美术性含的格外多，算是专门文学家所当有事，不必人人都学。中学生以会作应用之文为最要，强调了实用文写作的重要性。

同年，陈望道在《作文法讲义》一书中认为记载文又分两种：一是科学的记载文，二是文学的记载文。寻人的招贴、租屋的广告、财产的目录上所用的，通常就是科学的记载文。这是在记叙文中又区分实用文和文艺文。

1940 年，叶圣陶在《国文教学的两个基本观念》中将记叙文、议论文、说明文归纳为"普通文"，与文艺文对举，这一方案后来被语文界普遍接受。

中华人民共和国成立后，我国的实用文写作进入了新的阶段，并逐步建立起现代实用文体制。以公文为例：1951 年到 1981 年的 30 年间，党和政府先后发布了十多个关于机关公文写作的文件。2000 年 8 月 24 日发布《国家行政机关公文处理办法》，把公文规定为 13 种。2012 年发布《党政机关公文处理工作条例》（中办发〔2012〕14 号），把公文规范为 15 种。这些文件和法规使我国公文写作逐渐走上了规范化、科学化、系统化的道路，标志着以公文体式为中心的实用文写作进入了一个崭新的阶段。

三、实用文的功能与分类

（一）功能

实用文具有很强的实用价值，在人们的社会生活中发挥着极其重要的作用。它涉及国计民生的各个领域，维系着整个社会的正常运转，是信息沟通的有效途径，是人们社会生活中不可缺少的交流工具。

1. 管理功能

实用文是社会管理工作中不可缺少的有机组成部分，它发挥着指挥管理的功能。无论是国家方针政策，需要地方各级组织逐级贯彻落实，还是基层组织向上级反映、反馈信息的过程，都需要相关实用文体发挥作用，从而使公私事务方便畅达。刘勰在《文心雕龙》中指出"虽艺术之末品，而政事之先务也"，也说明实用文对于社会的正常运转起着至关重要的作用。

2. 传播功能

实用文是有效的传播工具之一。在一个信息化、网络化时代，信息传播速度不断加快，传播方式呈现多样化，这就要求人们掌握与之相适应的多种实用文体。例如，人类不断探索和开发未知领域，科研成果不断产出，并转化为生产力，在这样的过程中，就需要借助科研文章这个媒介和途径进行信息传播。

3. 记载功能

实用文还具有资料价值。比如，公文文书是党政机关、企事业单位、社会团体进行有关行政活动的依据；事务文书既可作为处理问题、解决问题、管理事务的依据，也可作为档案归档保存；学术论文具有文献价值，可供研究者参考和引用。

（二）分类

实用义写作是一个内涵丰富的范畴，它包含了工作和生活中解决各种实际问题的多种写作活动，按功能和内容不同又可以分为不同的文类，不同文类里又包含诸多具体的文种。

1. 公务类

公务类是指国家机关、企事业单位、社会团体处理党政公务时使用的文体。

2. 事务类

事务类是指政府机关、企事业单位、群众团体和个人在处理日常事务、解决实际问题时经常使用的具有相对固定格式的文体。事务文书种类繁多，如计划、总结、调查报告、研究报告、述职报告、可行性论证报告、简报、讲话稿、演讲词、启事、声明、大事记、会议记录、制度规章等。

3. 专用类

经济类是以经济活动为反映对象，以语言文字或图表为表达手段，以文章为载体传递信息，以推动经济发展为目标的一种专用文体，包括经济合同、审计报告、投标书、招标书等。

法律类包括上诉状、申诉状、辩护词、保证书、公证书、遗嘱等。

科技类包括学术论文、实验报告和学位论文等。

4. 个人类

个人类包括家长信、介绍信、推荐信、证明信、申请书、求职信、感谢信、表扬信、慰问信、邀请函、假条、书信、日记等。

5. 传播类

传播类主要指新闻写作，主要包括消息、通讯、新闻评论、社交媒体写作等。

据统计，现今通行的实用文有300余种。随着时代变迁与社会发展，实用文类别和常用文种也在不断发展变化。

本章主要学习三类常用实用文写作：一是公文写作，二是学术论文写作，三是融媒体新闻写作。

● 案例阅读与写作实训

（1）什么是实用文？实用文的特征有哪些？

（2）简述实用文的起源及发展。

（3）简述实用文的功能及分类。

（4）阅读下列关于实用文的相关论述并回答问题。

材料A

碑铭墓志，极量称扬，读者决不见信，作者必照例为之。寻常启事，首尾恒有种种谀词。居丧者即华居美食，而哀启必欺人曰，苫块昏迷。赠医生以匾额，不曰术迈岐黄，即曰著手成春。穷乡僻壤极小之豆腐店，其春联恒作"生意兴隆通四海，财源茂盛达三江"。此等国民应用之文学之丑陋，皆阿谀的、虚伪的、铺张的贵族古典文学阶之厉耳。

（节选自陈独秀《文学革命论》，发表于1917年《新青年》第2卷第6号。）

问题：

这段论述是针对什么问题提出的批评？

材料B

国文分二种：一种实用文，在没有开化的时候，因生活上的必要发生的；一种美术文，没有生活上的必要，可是文明时候不能不有的。

实用文又分两种：一种是说明的。譬如对于一样道理，我的见解与人不同，我就发表出来，好给大家知道。或者遇见一件事情，大家讨论讨论，求一个较好的办法。或者有一种道理，我已知道，别人还有不知道的，因用文章发表出来，如学校的讲义就是。一种是叙述的。譬如自然界及社会的现象，我已见到，他人还没有见到的，因用文章叙述出来，如科学的记述，和一切记事的文章皆是。

美术文又分两种：一种有情的，一种无情的。有情的文章，是自然而然。野蛮人唱的歌，有自然的音调，同说话截然不同，并且混了多少比喻形容的词，决不能拿逻辑去范围他的。后来慢慢发达，就变作诗词曲等等了。无情的又分数种：一种是客套的。我和那个人实在没有什么感情，可是在同一社会，不能不表示同情。遇见人家有婚丧的事，不能不贺吊几句。中国尺牍上什么"辰维……""敬请……"等等，就是此类。一种是卖钱的，如寿序、墓志铭等，作的人同那生的死的都没有什么关系，可是为自己生活问题，不能不说几句好话。蔡中郎、韩昌黎和现代古文大家的文集里，就有许多是这类的文章。一种是技巧的。作一篇文章，满纸的奇字奥句故意叫人不认得，不理会。我有一时作八股文很喜欢用《经传释词》上的古字，《古书疑义举例》上的古句，好像同人开玩笑一样。

（节选自蔡元培《论国文的趋势及国文与外国语及科学的关系》，

1920年10月在北京高等师范国文部的演说）

问题：

论述中"实用文"和"美术文"分别指什么？论述中的"实用文"包含哪些具体的文种？

材料C

第一，现在学校中的生徒，往往有读书数年，能做"今夫""且夫"或"天下者天下人之天下也"的滥调文章，而不能写通畅之家信，看普通之报纸杂志文章者，这是谁害他的？是谁造的孽？第二，现在社会上，有许多似通非通一知半解学校毕业生：学实业的，往往不能译书；学法政的，往往不能草公事，批案件；学商业的，往往不能订合同写书信，却能做些非驴非马的小说诗词，在报纸杂志上出丑。

（节选自刘半农《应用文之教授》，写于1917年11月）

问题：

这段论述揭示了实用文写作的什么问题？这个问题在当代有没有得到解决？

（杜丽 撰写）

第一章 公文写作

第一节 概述

一、公文的概念

公文包括广义公文和狭义公文。

广义公文泛指一切公务文书，即所有反映公务活动内容、发挥行政作用的书面材料。除了《党政机关公文处理工作条例》（中办发〔2012〕14号）中所列文种以外，也包括公务活动中常用的总结、计划等应用文以及在特定专业领域形成或使用的公文，如会计文件等。

狭义公文就是党政机关公文，即具有特定效力和规范体式的文书，是传达贯彻党和国家方针政策，公布法规和规章，指导、布置和商洽工作，请示和答复问题，报告、通报和交流情况等的重要工具，专指《党政机关公文处理工作条例》（中办发〔2012〕14号）中所明确规定的15个文种。

二、公文的种类

《党政机关公文处理工作条例》中将公文分为15种，其文种及适用范围是：

（1）决议，适用于会议讨论通过的重大决策事项。

（2）决定，适用于对重要事项作出决策和部署、奖惩有关单位和人员、变更或者撤销下级机关不适当的决定事项。

（3）命令，适用于公布行政法规和规章、宣布施行重大强制性措施、批准授予和晋升衔级、嘉奖有关单位和人员。

（4）公报，适用于公布重要决定或者重大事项。

（5）公告，适用于向国内外宣布重要事项或者法定事项。

（6）通告，适用于在一定范围内公布应当遵守或者周知的事项。

（7）意见，适用于对重要问题提出见解和处理办法。

（8）通知，适用于发布、传达要求下级机关执行和有关单位周知或者执行的事项，批转、转发公文。

（9）通报，适用于表彰先进、批评错误、传达重要精神和告知重要情况。

（10）报告，适用于向上级机关汇报工作、反映情况，回复上级机关的询问。

（11）请示，适用于向上级机关请求指示、批准。

（12）批复，适用于答复下级机关请示事项。

（13）议案，适用于各级人民政府按照法律程序向同级人民代表大会或者人民代表大会常务委员会提请审议事项。

（14）函，适用于不相隶属机关之间商洽工作、询问和答复问题、请求批准和答复审批事项。

（15）纪要，适用于记载会议主要情况和议定事项。

本节主要讨论狭义公文中使用频率较高的请示、报告、通知、通报、纪要、函。

此外，公文有不同的分类标准，按照行文关系可分为上行文、平行文和下行文三类。

（1）上行文：是下级机关向所属上级机关发出的公文，如请示、报告等。

（2）平行文：是平级机关或不相隶属机关发出的公文，如函、意见等。

（3）下行文：是上级机关向所属被领导的下级机关发出的公文，如通知、批复等。

行文关系根据隶属关系和职权范围确定。一般不得越级行文，特殊情况需要越级行文的，应当同时抄送被越过的机关。

三、公文的主要特征

1.直接的应用性

公文直接表达组织机构的管理意图，其根本目的是解决组织机构管理中的各种现实问题，它是组织机构进行信息传递和交流的重要手段。

2.作者的法定性

公文的作者不是指撰写公文的草拟者，而是指依法成立能以自己的名义行使权力和承担义务的组织机构及其法定代表人。

3.法定的权威性

公文在一定时间与空间范围内对受文者的行为产生指挥、约束等强制性作用。这种强制性作用来自公文作者的法定地位及其职权范围。因此，出自法定作者的任何一份公文都具有法定权威性。

4. 体式的规范性

公文必须具有既能全面表现公文的权威性、严肃性、规范性，又便于人们识别、接受和处理的外观形式。因此，《党政机关公文处理工作条例》（中办发〔2012〕14号）中对文种使用、公文格式、行文规则等规范都有着严格的要求。

5. 处理的程序性

公文从拟制到审核、运转、印制、分发要经过一个特定的处理过程。为了保证公文的准确、及时，《党政机关公文处理工作条例》（中办发〔2012〕14号）对公文处理原则、公文办理等方面均作出了明确的规定。

（王珊　撰写）

第二节　公文的基本格式

一、总体要求

《党政机关公文处理工作条例》（中办发〔2012〕14号）规定公文用纸应当统一采用国际标准A4型（210mm×297mm，特殊形式的公文用纸幅面根据实际需要确定）。公文版式按照《党政机关公文格式》（GB/T 9704—2012）国家标准执行，版心尺寸为156mm×225mm（不含页码），上边距37mm，下边距35mm，左边距28mm，右边距26mm。公文除首页外，每面一般排22行，每行排28字，行距为3号汉字高度的7/8（用Word排版可将行间距设为固定值28磅），且应当双面印刷，页码套正，左侧装订。

二、要素及分类

公文的文面格式包括份号、密级和保密期限、紧急程度、发文机关标志、发文字号、签发人、标题、主送机关、正文、附件说明、发文机关署名、成文日期、印章、附注、附件、抄送机关、印发机关和印发日期、页码18个要素，可分为版头、主体和版记三部分。各部分又有不同构成要素，其中有些是公文必备要素，有些可视具体情况取舍。

1. 版头部分（见公文式样一①）

置于公文首页红色分隔线以上的各要素统称版头，包括份号、密级和保密期限、紧急

---

① 国家体育总局办公厅.国家体育总局公文格式细则.2012，7.

程度、发文机关标志、发文字号、签发人六要素。

000001

机密★1年

特急

国家体育总局文件

体XX字〔XXXX〕XX号　　　　签发人：XXX

公文式样一

（1）份号

份号是公文印制份数的顺序号，即将同一文稿印刷若干份时，每份公文的顺序编号。涉密公文应当标注份号，如果发文机关认为必要，也可对不涉密的公文标注份号。份号一般用6位3号黑体阿拉伯数字，不足6位时编虚位补齐，即从000001起编排，顶格编排在首页版心左上角第一行。

（2）密级和保密期限

密级和保密期限是公文的秘密等级和保密期限。随着保密形势越来越严峻，公文处理工作的保密要求也越来越高。《党政机关公文处理工作条例》（中办发〔2012〕14号）第七章"公文管理"的十条内容有六条涉及保密。其他章节也有规定。

涉密公文应当根据涉密程度分别标注"绝密""机密"或"秘密"等级和保密期限。密级一般用3号黑体字，顶格编排在首页版心左上角第二行。保密期限是对公文密级时效规定的说明。如需标注，应在密级之后，并用"★"隔开。标注了密级但未标注保密期限的公文，按照《国家秘密保密期限的规定》执行：绝密级事项30年、机密级事项20年、秘密级事项10年。

不属秘密公文，内容又不宜对外公开的，应当标注"内部文件"，顶格编排在首页版心左上角第二行。

（3）紧急程度

紧急程度是公文送达和办理的时限要求，确保紧急公文的及时传递和处理。根据紧急程度，紧急公文应当分别标注"特急""加急"，电报应当分别标注"特提""特急""加急""平急"。

公文同时标份号、密级与紧急程度时，份号顶格编排在首页版心左上角第一行，密级顶格编排在首页版心左上角第二行，紧急程度顶格编排在首页版心左上角第三行，一般用3号黑体字。

（4）发文机关标志

发文机关标志由发文机关全称或者规范化简称加"文件"二字组成，也可以使用发文机关全称或者规范化简称。联合行文时，发文机关标志可以并用联合发文机关名称（主办机关在前），也可以单独用主办机关名称。

发文机关标志居中排布在文件首页，上边缘距版心上边缘35mm，推荐使用红色小标宋体字，字号应不大于上级机关的发文机关标志，以醒目、美观、庄重为原则。联合行文时，如有"文件"二字，应当置于发文机关名称右侧，以联署发文机关名称为准上下居中排布。

（5）发文字号

发文字号是发文机关按照发文顺序编排的顺序号，以利于文件的传递、查询和保管。

发文字号由发文机关代字、年份、发文顺序号加"号"字组成。联合行文时，使用主办机关的发文字号。编排在发文机关标志下空二行位置，居中排布。年份、序号用阿拉伯数字标注；年份应标全称，置于六角括号"〔 〕"中；发文顺序号不编虚位（1不编为001），不加"第"字。上行文的发文字号居左空一字编排，与最后一个签发人姓名处在同一行。

（6）签发人

签发人是上行文批准签发的领导人姓名。联合上报公文，所有机关负责人姓名都要标注。

签发人平行排列于发文字号右侧。"签发人"三字用3号仿宋体字，后标全角冒号，冒号后签发人姓名用3号楷体字。

2.主体部分（见公文式样二 [①]）

置于公文首页红色分隔线（不含）以下至公文末页首条分隔线（不含）之间的各要素统称主体，包括标题、主送机关、正文、附件说明、发行机关署名、成文日期、印章、附注、附件九要素。

（1）标题

标题由发文机关名称（全称或规范化简称）、事由和文种组成。一般用2号小标宋体字，编排于红色分隔线下空两行位置，分一行或多行居中排布；回行时需注意词意完整，排列对称，长短适宜，间距恰当。长标题分行排列应使用梯形或菱形，不使用沙漏形和长方形。

（2）主送机关

主送机关是指公文的主要受理机关，应当使用机关全称、规范化简称或者同类型机关

---

① 国家体育总局办公厅.国家体育总局公文格式细则.2012，7.

统称。可有一个或多个，视具体情况而定。

多个主送机关排列时，排列原则为：先外后内，先大后小。主送机关编排于标题下空一行位置，居左顶格，回行时仍顶格，不同系统和级别机关之前用逗号隔开，同一系统内部各单位按照相关规定或惯例用顿号隔开，在最后一个主送机关名称之后加注冒号，如"各省自治区、直辖市、计划单列市、新疆生产建设兵团体育局，总参军训部军事体育训练局、总政宣传部文化体育局，各行业体协，有关部门，各厅、司、局，各直属单位"。

国家体育总局关于×××××的请示

×××：

　　××××××××××××××××××××××
××××××××××××××××××××××××
××××××××××××××××××××××××
××××××××××××××××××××××××
×××××××××××××××××××××。

妥否，请批示。

附件：1. ××××××××××××××××××××
　　　　　××××
　　　2. ××××××××××××

（联系人：×××　电话：×××）

公文式样二

（3）正文

正文是公文的核心部分，用来表述公文的内容，一般包括开头、主体、结尾三个部分。

开头：惯用写法主要有目的式、根据式、缘由式等。往往开门见山、简明扼要。

主体：写明具体事项，是核心中的核心。要求内容充实、中心突出、表意明确、条理清楚。

文中结构层次序数依次可用"一、""（一）""1.""（1）"标注；一般第一层用黑体字、第二层用楷体字、第三层和第四层用仿宋体字标注。

结尾：主要有归结式、说明式、申明式、祈请式、期望式等几种。要求行文简洁、收束有力。

正文这三部分主要是对较复杂公文而言的。事项简单的公文常常篇段合一，正文只有一个段落。

公文首页必须显示正文，一般用3号仿宋体字，编排于主送机关名称下一行，每个自然段左空两字，回行顶格。

（4）附件说明

附件说明指公文附件的顺序号和名称。

如有附件，在正文下空一行、左空两字编排"附件"二字，后标全角冒号和附件名称。多个附件应使用阿拉伯数字标注附件顺序号（如"附件：1.××××"），附件顺序号后用小圆点，附件名称后不加标点符号。附件名称较长需要回行时，应当与上一行附件名称的首字对齐。

（5）发行机关署名

发行机关署名即写明制发公文机关的全称或规范化简称。

（6）成文日期

成文日期指公文发出或生效日期。以会议通过或发文机关负责人签发的日期为准；联合行文以最后签发机关负责人的签发日期为准；电报以发出日期为准。

成文日期在发文机关署名下一行，一般右空四字编排，用阿拉伯数字将年、月、日标全，年份应当标全称，月、日不编虚位（1不编为01）。

（7）印章

公文有发文机关署名的，应当加盖发文机关印章，并与署名机关相符。联合上报的公文，可以由主办机关加盖印章；联合下发的公文，发文机关都应当加盖印章。有特定发文机关标志的普发性公文和电报可以不加盖印章。

印章用红色，端正、居中下压发文机关署名和成文日期，使发文机关署名和成文日期居印章中心偏下位置，印章顶端应当上距正文（或附件说明）一行之内。

（8）附注

附注用于写明在公文其他部分不便说明的各种事项。如有附注，应当加括号标注，居左、空两字加圆括号，编排在成文日期下一行。"请示"应当在附注处注明联系人的姓名和电话。

（9）附件

附件是公文正文的说明、补充或者参考资料。附件应另面编排，并在版记之前，与公文正文一起装订。"附件"二字及附件序号用3号黑体字顶格编排在版心左上角第一行。附件的顺序号和附件标题应当与附件说明的表述一致。附件格式要求同正文。

3.版记部分（见公文式样三 [①]）

置于公文末页首条分隔线和末条分隔线之间的各要素统称版记，包括抄送机关、印发

---

① 国家体育总局办公厅.国家体育总局公文格式细则.2012，7.

机关和印发日期、页码三要素。版记应当置于公文最后一页。

| 抄送：×××、×××、×××、×××、×××、×××、× |
| × 、×××。 |
| 国家体育总局办公厅   ××年××月××日印发 |

公文式样三

（1）抄送机关

抄送机关与主送机关对应，指除主送机关外需要执行或者知晓公文内容的其他机关。应当使用机关全称、规范化简称或者同类型机关统称。

"抄送机关"四字一般用 4 号仿宋体字，在印发机关和印发日期之上一行，左右各空一字编排。"抄送"二字后加全角冒号和抄送机关名称，回行时与冒号后的首字对齐，最后一个抄送机关名称后标句号，抄送机关的排列原则和顺序同主送机关。

（2）印发机关和印发日期

印发机关和印发日期是指公文的送印机关和送印日期。印发机关和印发日期一般用 4 号仿宋体字，编排在末条分隔线之上，印发机关左空一字，印发日期右空一字，用阿拉伯数字将年、月、日标全，不编虚位，后加"印发"二字。

（3）页码

页码在此指公文页数顺序号。一般用 4 号半角宋体阿拉伯数字，编排在公文版心下边缘之下，数字左右各放一条一字线，一字线上距版心下边缘 7mm。公文版记页前有空白页的，空白页和版记页均不编排页码。公文附件与正文一起装订时，页码应当连续编排。

三、公文的特定格式

公文的特定格式是对公文基本通用格式的补充，包括信函格式、命令（令）格式和纪要格式三种。详见二维码文件。

（范耀斌　撰写）

公文的特定格式

第三节　常用公文写作

一、请示

（一）概念

请示是下级机关向上级机关或业务主管机关请示某项工作中的问题，明确某项政策界限，审核批准某事项时使用的文件。

（二）特点

1. 内容的针对性
请示所涉及的内容事项必须是请示机关在本职权范围内无法解决或处理的事情。

2. 事项的单一性
请示严格执行"一文一事"原则，在一份请示中只请求一件事情或一个问题，便于上级机关依照职权范围和业务分工及时予以办理。同时只能报送一个上级单位，不能多头分送，确有必要时可以抄送相关单位。

3. 请示的回复性
请示主要针对当前工作中出现的问题或特定事项需要上级机关给予明确指示、表态或者批准，因而请示常常以"妥否，请批示"作为结尾，以便及时解决工作中的问题和困难。

（三）种类

按照请示的用途和应用范围，可将请示分为以下三种类型。

1. 请求指示性请示
下级机关在工作中遇到了问题，或是对上级的规范性公文有不明了、不清楚的地方，可用请示向上级反映，要求上级机关给予明确的指示或解释，以便更好地贯彻公文精神或开展某项工作。

2. 请求批准类请示
根据有关规定和管理权限，有些公文需经上级机关批准后才能发布，如重要法规的发布、长远规划的调整等。

3. 请求审批类请示
下级机关在开展工作的过程中，在人、财、物方面遇到困难无法解决，可报请上级机关审核、备案、批拨或调配使用等。例如，请示审批基建项目、请示增加人员编制等。

（四）结构安排

1. 标题

请示的标题由"发文机关＋事由＋文种"构成，如"××大学关于调整优化部分内设机构的请示""××大学关于申报 2022—2024 年政府投资项目库的请示"等。

2. 主送机关

选择一个主管上级机关，规范标注其全称或规范化简称。

3. 正文

请示正文部分包括请示的缘由、请示的事项和请示的结束语。

（1）请示的缘由是指发出请示的原因，一定要写得充分而周全，以便于上级机关批复。请示的缘由主要包括行文的依据、目的，必要时说明请示的背景，解决问题的必要性、紧迫性。讲清原因后，常用"为此，特请示如下"或"现将……事项请示如下"等，引出请示的主体内容。

（2）请示的事项是请示的主体部分，一定要写得明确而具体，以便于上级机关批复。请示事项主要说明请示什么事项，重点在于对解决有关问题提出具体建议或意见，有时还需要提出解决问题的初步方案，供上级机关决策。若有可供选择的多个方案，则应提出倾向性意见。

（3）请示的结束语是以简短的语言再次强调行文目的和要求，如"妥否，请批示""以上事项，妥否，请批复"等。

4. 落款

写明发文单位的名称和成文日期。

（五）写作注意事项

1. 角度要选准

角度能否选准，关系到请示的目的能否顺利达到。要从需要解决问题的必要性和紧迫性方面入手，把请示的理由写得具体、充分、有力，让上级机关完全信服。

2. 理由要充足

理由充足，向上级请示才有底气。要注意运用上级的理论、路线、方针、政策和策略等，以最能打动、说服上级机关的典型事实和材料作为请示理由，把情况讲清、道理讲透、内容讲好，争取获得上级的批复。

3. 论述要透彻

要根据上级精神、领导意图和实际情况等，理出有关内容之间的相互关系、内在逻辑，把要写的内容按先后顺序排列好、组合好，做到层次清晰、主次分明、环环相扣。

4. 语气要恭敬

请示作为一种上行文，语气必须庄重严肃、谦恭有礼，以示对上级机关的尊重。所以，在请示写作中，一定要注意礼节、态度诚恳，多用平实、简洁的语言。

○ **例文及评析**

苏州市水利局关于建设苏州水利水务信息指挥中心的请示

苏州市人民政府:

我市是一个河道纵横、湖泊众多、河湖相连的平原水网城市,加强河湖资源和水利水务设施的管理,保持工程完好,对全市的防汛和供水安全,生态文明建设,增加人民群众的生活福祉具有十分重要的作用。

但是,全市的水利水务工程管理相对滞后,基本基于传统的人力管理模式,缺乏现代的管理手段,数据管理与应用水平、信息共享程度都较低,不能有效地发挥作用,与现代化的苏州形象不相适应。为推进全市水利水务信息化建设,我局拟在"××"期间,按照"统一规划,分级建设;统一平台,资源共享;基础先行,分步实施;实用先进,效益明显"的原则,开展水利水务信息化建设。为此,急需建设苏州水利水务信息指挥中心。

苏州水利水务信息指挥中心的大致组成如下:中心机房1000平方米,防汛防旱指挥中心1000平方米,水资源调控中心500平方米,河湖水域视频监控中心500平方米,供排水管理监控中心1000平方米,防汛防台会商室及值班室800平方米,大、中、小会议室500平方米,水文化展示馆500平方米,资料与档案室1000平方米,信息管理人员办公200平方米。总计约7000平方米。另,考虑同步建设地下停车位100个。

建设地点拟选在高新区玉山路11号(市水利局大院内),时间安排争取在××年初开工、××年底完成。初步估算信息指挥中心的土建和装修费用约为6000万元。

下一步,我们按照统一规划、分年实施的原则,委托国内较高水平的科研设计单位搞好顶层设计,到"××"末,基本建成覆盖全市的工情、水雨情、水环境、供排水、水资源配置、河湖水域管理功能的全市水利水务综合应用大平台及应用系统。

妥否,请批示。

苏州市水利局(章)

××年×月×日

点评:这篇例文十分具有逻辑力量。其一,采取了由因及果的因果思路。请示缘由是因,从加强水利水务工程管理的重要性,水利水务信息化建设滞后的现实原因,合情合理地推及"请示省政府帮助解决水利水务信息化建设资金"的必然结果。其二,主旨突出,观点鲜明,详略得当。陈述原因,简洁明快,不枝不蔓,要言不烦,颇具说服力;提出要求,列出事例和数据具体明确,切合实际,适度得体,很有针对性。

(王珊　撰写)

二、报告

（一）概念

报告是本级机关向上级机关汇报工作、反映情况以及答复上级机关询问的文件。

（二）特点

1. 汇报性和单向性

报告大都采用叙述、说明的表达方式，是下级机关向上级机关行文，为上级机关进行宏观领导提供依据，一般不要求上级机关批示答复，因而具有明显的汇报性，且属于单向行文。

2. 沟通性和广泛性

对于下级机关来说，通过报告取得上级机关的理解、支持、指导，减少和避免工作上的失误，是让上级机关了解情况的主要手段。上级机关通过报告获得信息，了解情况，得到合理建议，将其作为决策、指导或协调工作的重要依据。在实际的撰写过程中，报告的内容涉及很多方面，适用范围比较宽泛，是日常工作中使用频率较高的文种。

3. 陈述性和事后性

报告是向上级机关讲述做了什么工作或工作是怎么做的，有什么经验、体会，所以行文上一般都使用叙述的方法，即陈述其事。报告是在事情完成或发生后向上级机关作出汇报，是事后行文。

（三）种类

报告的种类很多，按不同的标准，可作不同的分类。按报告的性质可分为综合报告和专题报告，按时间可分为定期报告和不定期报告，按内容可分为工作报告、情况报告、答复报告。本节重点讲述工作报告、情况报告、答复报告。

1. 工作报告

工作报告用于向上级汇报工作进程，反映工作问题，总结工作经验教训。

2. 情况报告

情况报告用于向上级反映情况，特别是反映调查了解到的重大情况、特殊情况、新情况，比较系统、全面地为上级机关和领导提供社情、民情等信息动态。

3. 答复报告

答复报告用于回复上级机关的查询、提问，按要求如期汇报执行上级机关某项指示、意见的结果，等等。

（四）结构安排

1. 标题

报告的标题由"发文机关＋事由＋文种"构成，如"××大学关于2022年普通高等教育招生计划的报告""××大学关于贯彻落实习近平总书记对研究生教育工作重要指示精神情况的报告"等。

2. 主送机关

选择一个主管上级机关，规范标注其全称或规范化简称。

3. 正文

报告的正文主要包括报告缘由、报告事项和报告结语。

（1）报告缘由

报告缘由是报告的正文开头，简要交代报告的起因、缘由或说明报告的目的、主旨。写作时，要集中、概括、直接，开宗明义，并用"现将有关情况报告如下"承上启下，领起下文。

（2）报告事项

报告事项是报告正文的主体部分，是要叙述的具体内容。如果内容多、篇幅长，可采用分题式、分条式或两者相结合的方法进行叙述，既可按工作的进展顺序叙述，也可以按工作中经验和做法的主次顺序叙述。例如，工作报告的正文内容一般包括基本情况、主要成绩、经验体会、存在问题、下一步措施等五部分。工作报告篇幅较其他类型报告长，撰写时要紧紧围绕行文的目的和主旨，采取恰当的结构模式进行叙写。

（3）报告结语

报告结语常用结尾词或短语结尾，再次强调行文目的。例如，"特此报告""以上报告，请审阅"等结尾。

4. 落款

写明发文单位的名称和成文日期。

（五）写作注意事项

撰写报告，尤其是综合报告，要注意处理好以下三个关系。

1. 点与面的关系

要突出重点，兼顾全面。所谓重点，就是影响全局的主要工作、工作中的显著成绩，有普遍意义的经验教训、工作中的严重困难和突出问题。除了突出上述重点，报告还要注意围绕重点反映一般情况，做到点面有机结合。

2. 事与理的关系

如果不介绍情况、列举事实和数据，报告就会显得空洞；只罗列事实、数据，报告又会显得肤浅。因此，必须把各种情况、成绩、问题归纳起来，对其进行深入的、去粗取精的综合分析，使之系统化、理论化，从中找出带有规律性的经验、教训，用于指导下一步工作。

3. 详与略的关系

一是重点内容详写，非重点内容略写，做到详略得当。二是根据报告的不同类型和不同作用来定详略。

○ 例文及评析

××大学关于加强党的政治建设工作情况的报告

××党组：

学校党委坚决贯彻落实习近平总书记"以钉钉子精神坚决打好高校党的政治建设攻坚战"的重要批示精神，把加强党的政治建设作为坚持党对学校全面领导，增强"四个意识"、坚定"四个自信"、做到"两个维护"的必然要求，作为落实立德树人根本任务的重要保证，贯穿于管党治党、办学治校的全过程，各项工作取得较好成效。现将有关情况报告如下：

一、政治建设总体情况

学校党委高度重视党的政治建设，由党委书记亲自推动，先后9次召开党委常委会进行专题研究，对打好学校党的政治建设攻坚战进行系统谋划，以"三个一"的机制保障各项任务落实落细。

制定一批工作方案。（略）

形成一套工作机制。（略）

强化一个责任体系。（略）

总体上看，学校党的政治建设取得了较好成效。上级领导先后来校调研，对学校党的政治建设工作给予充分肯定。

二、特色做法与成效

（一）强化党的政治领导，牢牢把握社会主义办学方向。（略）

（二）坚定师生政治信仰，以习近平新时代中国特色社会主义思想铸魂育人。（略）

（三）突出育人政治标准，强化师生思想政治工作。（略）

（四）增强党组织政治功能，充分发挥政治引领作用。（略）

（五）提高干部政治能力，锤炼敢于担当政治品格。（略）

（六）坚持全面从严治党，涵养良好校园政治生态。（略）

三、下一步工作思路

对标习近平总书记关于"以钉钉子精神坚决打好高校党的政治建设攻坚战"的重要批示精神，对标《关于加强高校党的政治建设的若干措施》要求，学校还将持续加强以下几方面的工作：

一是在强化干部政治能力上下功夫（略）

二是在强化党组织政治功能上下功夫。（略）

三是在强化育人政治标准上下功夫。（略）

中共×× 大学委员会（章）

×× 年 × 月 × 日

点评：这篇工作报告全面、详尽地汇报了加强党的政治建设的总体情况、特色和成效以及下一步工作思路，是一篇较好的工作报告或情况报告。文章观点统率材料，材料充分说明观点，层次分明，结构严谨，语言顺畅、简练。

（六）请示、报告辨析

1. 适用范围不同

请示适用于向上级机关请求指示、批准。报告适用于向上级机关汇报工作、反映情况，回复上级机关的询问。请示重在"呈批"，报告重在"呈报"。

2. 行文时间不同

请示需在事前行文。报告可在事情执行过程中进行，也可在事情执行结束后统一进行，但在实际工作中通常将二者相结合。

3. 写作逻辑不同

请示一般围绕"为什么要请示"和"请示什么问题"展开。报告则依据其内容或种类的不同，其写作内在逻辑也不固定，结构相对灵活。

4. 处理方式不同

有请示则必有批复，而报告则不需要批复。请示属于"批件"，报告属于"阅件"。

5. 结束语不同

请示一般用"妥否，请批示"作结，报告一般用"特此报告"作结。

6. 附注要求不同

请示必须留联系人，方便后期工作联系。报告不需要留联系人。

（王珊　撰写）

三、通知

（一）概念

通知适用于发布、传达要求下级机关执行和有关单位周知或者执行的事项，批转、转发公文。

通知可以用来发布行政法规和规章，转发上级机关、平行机关和不相隶属机关的公文，批转下级机关的公文，告知要求下级机关办理和需要周知或共同执行的事项，任免和聘用干部等。

（二）特点

1. 适用范围的广泛性

首先，作者广泛，对制发机关没有性质、级别限制，各级、各类社会组织均可选用；其次，内容广泛，批转、转发与印发公文、布置工作、传达重要指示、告知周知事项、任免人员等，均可使用。通知是通用公文中使用频率最高、应用范围最广的一种文种。

2. 内容的告知性

通知的目的在于将有关事项或办事要求的具体内容告知有关机构或人员，使之周知与了解，或者要求有关机构或人员在一定的时间、空间范围内及时办理，或认真传达落实通知精神。

（三）种类

（1）发布行政法规及各种规定的通知。

（2）布置工作和安排活动的通知。

（3）转发其他机关公文的通知。

（4）告知事项的通知。这是为使有关机关、部门和有关人员了解某一事项而制发的通知，如会议通知、设置或取消机构通知、设立奖项通知、人事任免通知等。

（四）结构安排

不同类型的通知，写法不尽相同，一般而言，通知结构在公文基础规范之上，包括通知根据、内容和要求等。

1. 标题

标题由"制发机关＋事由＋通知"构成，如《国务院关于公布第四批全国重点文物保护单位的通知》。紧急可在标题中加"紧急"二字。

2. 主送机关

主送机关选择一个或多个下级机关，规范标注其全称或现范化简称。

3. 正文

正文开头说明制发通知的缘由、目的、意义等，用"现通知如下"等词语引出通知事项；中间部分陈述通知事项、基本原则、任务、具体措施的安排等，内容多的应分条陈述，要简洁具体。

4. 结束语

结束语中要提出执行要求，另起一行，用"特此通知"结尾。

5. 落款

落款写明发文单位的名称和成文日期。

○ **例文及评析**

例文 1

国务院办公厅关于 2022 年部分节假日安排的通知①

各省、自治区、直辖市人民政府，国务院各部委、各直属机构：

经国务院批准，现将 2022 年元旦、春节、清明节、劳动节、端午节、中秋节和国庆节放假调休日期的具体安排通知如下。

一、元旦：2022 年 1 月 1 日至 3 日放假，共 3 天。

二、春节：1 月 31 日至 2 月 6 日放假调休，共 7 天。1 月 29 日（星期六）、1 月 30 日（星期日）上班。

三、清明节：4 月 3 日至 5 日放假调休，共 3 天。4 月 2 日（星期六）上班。

四、劳动节：4 月 30 日至 5 月 4 日放假调休，共 5 天。4 月 24 日（星期日）、5 月 7 日（星期六）上班。

五、端午节：6 月 3 日至 5 日放假，共 3 天。

六、中秋节：9 月 10 日至 12 日放假，共 3 天。

七、国庆节：10 月 1 日至 7 日放假调休，共 7 天。10 月 8 日（星期六）、10 月 9 日（星期日）上班。

节假日期间，各地区、各部门要妥善安排好值班和安全、保卫、疫情防控等工作，遇有重大突发事件，要按规定及时报告并妥善处置，确保人民群众祥和平安度过节日假期。

国务院办公厅（章）

2021 年 10 月 25 日

例文 2

体育总局社体中心关于印发 2021 年中国木球公开赛竞赛规程的通知②

各有关单位：

为贯彻落实《体育强国建设纲要》，扩大木球参赛人群，决定于 2021 年 7 月 17 至 22 日在贵州省黔南州龙里县中铁国际生态城木球基地举办 2021 年中国木球公开赛。现将竞赛规程印发给你们，请积极组队参赛。

---

① http://www.gov.cn/fuwu/2021-10/25/content_5644875.htm.

② https://www.sport.gov.cn/n20001280/n20067662/n20067740/c21013958/content.html.

附件：1. 2021 中国木球公开赛竞赛规程
2. 2021 中国木球公开赛报名表

体育总局社体中心（章）
2021 年 5 月 17 日

点评：例文 1 是一篇很简单的周知性通知，该类通知务必将所通知事项的具体安排叙述清楚，如时间、地点、目的、所需要的准备等。例文 2 是一篇印发性通知，常用"现将……"句式引出下文。从写法上看，它先交代了发布通知的依据和目的，进而提出要求。除了"请积极组队参赛"，还可使用"请认真遵照执行"等习惯性语句。

（范耀斌　撰写）

四、通报

（一）概念

通报指用来表彰先进、批评错误、传达重要精神或情况的公文。

（二）特点

1. 典型性

这是通报最主要的特点。通报常选取工作中正反两方面具有典型意义的事件或人物或具有普遍意义的重要情况，总结其中的经验教训，加以宣传推广，以此来改进和推动工作。

2. 多样性

既有由发文机关直接进行表述的直述性通报，也有由发文机关将下级机关的报告、总结、计划、简报、经验介绍等加以批转的转述性通报。

3. 事理性

通报以叙述事实为主，辅以议论，指出问题的实质，以此来对人们起到示范、指导、教育和警戒作用，这是其写法的突出特点。

（三）种类

根据内容和用途的不同，通报可分为以下三类。

1. 表彰性通报

表彰性通报用于对先进典型、好人好事进行表彰，对先进经验加以肯定、推广，以激励人们学习先进，吸收经验，改进工作。

2. 批评性通报

批评性通报用于对后进、错误进行批评，使人们引以为戒，吸取教训，防止发生类似错误。

3.情况通报

情况通报用于向有关部门和人员传达重要情况，发布重要信息，以使人们掌握情况，明确问题，认清形势，具有借鉴或警戒作用。

（四）结构安排

写作格式与"通知"大体相同，具体内容和措辞应根据通报本身特点和事项性质来把握，若通报的对象是群体，叙述事实时可偏于概况；若通报对象是具体人物，则需详尽陈述事迹、事故、情况，并给予一定的评价和分析。

1.标题

有完全式和非完全式两种，前者由"制发机关＋事由＋通报"构成，后者有的只有"事由＋通报"，有的仅有"通报"。

2.主送机关

一般应写主送机关，规范标注其全称或规范化简称，如不写主送机关，要在正文左下角注"此文发至×××"。

3.正文

通报事项，包括优秀事迹、事故情况、事实情况等；通报分析，分析优秀事迹的典型意义，或者评析事故的危害性，分析情况等；通报决定，提出表扬、批评；通报要求，提出号召、希望、要求等。

4.结束语

结束语为"特此通报"。

5.落款

落款写明发文单位的名称和成文日期。

○ **例文及评析**

河南省人民政府关于表扬省体育局的通报①

各省辖市人民政府、济源示范区管委会、各省直管县（市）人民政府，省人民政府各部门：

在第 32 届夏季奥运会上，我省体育健儿顽强拼搏，奋勇争先，取得 2 枚金牌、1 枚银牌，打破 1 项世界纪录、1 项奥运会纪录，创造 1 项世界最好成绩，为祖国赢得了荣誉，为我省增添了光彩。在奥运会备战参赛过程中，省体育局深入贯彻省委、省政府部署要求，克服新冠肺炎疫情带来的严峻挑战，精心组织，科学谋划，圆满完成了各项目标任务。为

---

① https://www.henan.gov.cn/2021/09-09/2309610.html.

激励先进，省政府决定对省体育局予以通报表扬。

希望省体育局珍惜荣誉，再接再厉，勇创佳绩。各级、各部门要以奥运健儿为榜样，拼搏进取，扎实工作，全力投入灾后恢复重建、抗击新冠肺炎疫情工作，推动我省经济社会高质量发展，奋力谱写新时代中原更加出彩的绚丽篇章。

河南省人民政府（章）

2021 年 8 月 31 日

点评：这是一篇表彰性通报，所针对的对象是群体，故语言较为概括。纵观全文，首先概述事实，总结所取得的奖牌和成绩，进而提出表彰决定，最后明确提出具体的希望和要求，环环相扣。

（五）通知、通报辨析

两者均有告知情况的功能，在沟通情况、传达信息方面有相似之处，但仍有区别。

1. 范围不同

通知内容比较广泛，凡需要有关单位办理或周知的各种事项都可使用通知，通报事项则必须是具有典型性的重要事项。

2. 作用不同

通知往往直接见诸人们的外在行动或某项具体工作中，通报则只是起倡导、警戒、启发或沟通作用。

3. 写法不同

通知要求把事项叙述明白即可，通报则要求叙议结合。

（范耀斌　撰写）

五、纪要

（一）概念

纪要是对会议议定事项和主要精神进行归纳整理的公文文种。

（二）特点

1. 内容的纪实性

必须真实、全面、及时反映会议情况。

2. 表达的提要性

归纳、概括，抓住要点，侧重反映会议中心内容。

3. 称谓的特殊性

一般采用第三人称写法。由于纪要反映的是与会人员的集体意志和意向，常以"会议"作为表述主体，如"会议认为""会议指出""会议决定""会议要求""会议强调"等。

（三）种类

按照会议性质不同，纪要可分为以下三类。

1. 决议性会议纪要

决议性会议纪要主要记载和反映会议作出的重要决策事项，常用于各级领导机关的办公会。

2. 协议性会议纪要

协议性会议纪要主要记载双边或多边会议有关内容及其达成的协议等情况，常用于多部门协调会或不同单位共同召开的联席办公会等。

3. 研讨性会议纪要

研讨性会议纪要主要记载和反映经验交流会议、各种专业会议或学术性会议的研讨情况。就某一事项进行研究讨论的调研座谈类会议也属于这一类。

（四）结构安排

纪要一般有固定格式，即把会议时间、地点、参加人员、主持人、议题即议定事项等分项排列。

具体写法上，纪要大致有以下几种。

1. 分项叙述法

分项叙述法适用于决议性的会议或是议题较多的会议，侧重于横向分析阐述，每个议题都可以对目的、意义、现状进行分析，对目标、任务、政策措施等进行阐述。

2. 集中概述法

集中概述法适用于协议性会议，把会议的基本情况、讨论研究的主要问题、与会人员的认识、议定的有关事项（包括解决问题的措施、办法和要求等），用概括叙述的方法，进行整体的阐述和说明。

3. 发言提要法

发言提要法适用于研讨性、座谈类会议，把会上具有典型性、代表性的发言加以整理，提炼出内容要点和精神实质，然后按照发言顺序或不同类别，分别加以阐述说明。

● 例文及评析

北京市大兴区第四届人大常委第十七次会议纪要[①]

北京市大兴区第四届人大常委第十七次会议于 2015 年 3 月 31 日举行。出席会议的常委会组成人员共 26 人。会议由区人大常委会主任张晓林，副主任李永贵、靳文浦分别主持。区委副书记、区长、开发区工委副书记谈绪祥参加会议，并就有情况作了说明。区委常委、常务副区长邵恒，区人民法院院长马来客，区人民检察院检察长杨永华和区政府有关部门负责人列席会议。列席会议的还有各镇人大专职主席、副主席，各街道人大工委主任、副主任和部分人大代表。

会议进行了以下议程：

一、通过了有关人事任免事项。

二、听取和审议了区发改委主任张艳林受区政府委托所作的关于 2015 年区级政府投资计划安排的报告；经表决，批准了 2015 年区级政府投资计划安排。

三、审议并表决通过了区人大常委会关于启动罢免工作程序的决定。

四、讨论通过了区人大常委会 2015 年工作要点。

五、通过了区人大常委会主任、副主任联系基层人大工作制度。

六、通过了区人大常委会关于加强代表建议督办工作的办法。

（五）会议纪要、记录辨析

1. 性质、目的、作用不同

纪要属于公文，宣传、报道会议精神，贯彻实施会议决定，撰写是为了下发或外发，要求收文机关知悉或遵照执行。记录属于事务文书，当场记载会议情况，体现会议木来面目，不对外公开，可保存备查。

2. 形成过程不同

纪要在会议结束后，依据会议记录以及其他有关材料加工提炼而成。记录是在会议过程中同步形成的。

3. 写作要求不同

纪要突出问题与观点，要在忠于记录原意的前提和基础上进行编辑加工、总结提炼。记录要求真实、准确、详细、完整，能传达会议全面情况。

（范耀斌　撰写）

[①]　http://www.npc.gov.cn/npc/c1142/201504/8fae571d1ebf4028a7042f670170179b39a.shtml.

六、函

（一）概念

函是平行机关或不相隶属机关之间在商洽和接待工作、询问和答复问题时所用的文件。

（二）特点

1. 平等沟通性

函主要用于不相隶属机关之间互相商洽工作、询问和答复问题，体现着双方平等沟通的关系。

2. 方便简洁性

函一般篇幅小，内容单一，语言简洁，三言两语便可成文。

3. 单一实用性

函的主体内容具备单一性的特点，一份函只写一件事，不需要在原则、意义上进行过多的阐述。

（三）种类

1. 商洽函

商洽函用于不相隶属机关之间联系、商洽、协调某一问题或某项工作，如洽谈业务、要求协作、请求支援、商调干部、联系参观学习等。这一类既有致函也有复函，致函提出商洽的事宜和要求，复函给予答复。

2. 问答函

问答函用于机关询问政策性和业务性的问题以及其他需要搞清楚的事宜，如了解情况、征求意见、核查问题、催办事宜等。

3. 批复函

批复函用于不相隶属机关间请求批准和答复审批事项。

（四）结构安排

1. 标题

函的标题由"发文机关＋事由＋文种"构成，如"××大学关于邀请司领导出席××活动的函""××大学关于商请接洽参观主题展览开展现场教学有关事宜的函"等。

2. 主送机关

选择一个主管上级机关，规范标注其全称或规范化简称。

3. 正文

正文是函的主要部分。用途不同的函，其写法略微有所不同。

去函的正文（商洽函），首先要说明发函的理由，或者询问什么问题、告知哪些情况等，要写得清楚、明白、诚恳，以便于取得对方的理解和支持。发函理由要充分明确、合乎事理，发函的结尾要写明要求答复，并使用诚恳、谦和的语言和商量、征询的语气，如"特此函告""诚请大力支持并研复（函复）为盼"等惯用语。

复函的正文（问答函、批复函），首先要针对来函表示收悉。复函的开头一般有三种表达形式：一是引述来函日期，如"你单位××年××月××日来函收悉"；二是引述函件名称，如"你单位《关于×××的函》收悉"；三是引述发文字号，如"你单位××字〔××〕××号文收悉"。然后针对来函请求、商洽、询问的有关事项，明确答复或表态。函的结尾使用"特此函复""此复"等惯用语。

4. 落款

写明发文机关名称及日期。

（五）写作注意事项

1. 正确区分函与信函式公文

函是法定行政公文种类之一，而信函式公文则是指以信函格式印刷的公文。

2. 用语谦和得体

函应用于平级机关之间相互协商、配合与互通信息，用语要讲究礼节，不使用告诫、命令性的词语，语气应委婉得体。

3. 行文郑重，格式规范

函作为正式公文的文种，必须行文郑重。以简要的文字，将需要商洽、询问（答复）的事项（问题）明确、具体地交代清楚。

○ **例文及评析**

体育总局社体中心关于第 19 届亚运会卡巴迪国家队选拔工作方案（征求意见稿）的函

各有关单位：

第 19 届亚运会将于 2022 年 9 月在浙江杭州举办。为做好亚运会备战和参赛工作，力争在本届亚运会上取得参赛成绩、赛风赛纪双丰收，按照《体育总局办公厅关于进一步做好国际体育赛事参赛选拔工作的通知》（竞体字〔2021〕301 号）文件要求，经前期调研、组织论证并结合实际情况，特制定《第 19 届亚运会卡巴迪国家队选拔工作方案（征求意见稿）》。

为广泛听取社会各界意见，现将征求意见稿面向社会公布。意见收集时间为 2021 年12 月 20 日至 24 日（5 个工作日），盖章后以电子邮件方式发至指定邮箱。

此函。

联系人：××
联系电话：××
电子邮箱：××
请在电子邮件主题注明"第19届亚运会卡巴迪国家队选拔工作方案意见建议"。
附件：第19届亚运会卡巴迪国家队选拔工作方案（征求意见稿）

体育总局社体中心（章）

××××年××月××日

点评：这是一份商洽函。体育总局社体中心就第19届亚运会卡巴迪国家队选拔工作方案（征求意见稿）给各有关单位的函。此函的标题是由发文机关、事由和文种组成的完整性标题。正文分为两个部分：一是发函的缘由、背景；二是发函的具体事项。全文逻辑清晰，语言得体，内容充实。

（王珊　撰写）

案例阅读与写作实训

（1）了解15种公文文种及其适用范围。掌握常用公文，如请示、报告、通知、通报、函、纪要等的写作规范。

（2）根据所学内容，分析下面公文格式，指出不规范之处并修改。

××市府公文〔紧急〕

〔20××〕×府发21号
××市人民政府严厉打击非法出版活动的通知

当前，我市一些地方非法出版活动十分猖獗，传播有害书刊和音像制品。这类出版物内容腐朽，大量宣传凶杀、色情和迷信，对群众特别是青少年的身心健康危害极大，严重影响了社会主义精神文明的建设，破坏了社会安定，已成为社会一大公害。对此，各级政府应采取有力措施，严厉打击非法出版活动。

现将有关事项通知如下。

（略）

附件：（略）

××市人民政府

20××年×月×日

（3）指出下列公文标题中存在的问题并修改。

①关于请求追认××同志为革命烈士的报告

②××学院关于××厂废气污染校园的请示

③××省××厅严格控制会议费规定的通知

④××省人民政府关于保护长城的通告

⑤××关于固定资产折旧出售的请示报告

⑥国家劳动总局、财政部关于探亲假工资和探亲路费计算基数问题的函复

（4）请修改下列病句。

①这一工作为我公司"×××工程"建设奠定了良好的条件。

②请考生尽量乘坐公共交通方式通往考场。

③公司以技术进步为动力，不断致力于新产品、新技术、新工艺、新材料的研制和开发。

④小区附近的农贸市场、中小学校和医疗诊所均已建成并正式开业。

⑤各级党组织应积极开发、提拔、培养中青年干部。

⑥在新员工培训班最初一个月的学习，是我们收获最大的一个月。

（5）请在下画线处填上正确的公文文种。

①××市人民政府常务会议_____

②中共××市委党校关于×××等同志职务任免的_____

③××县任免政府关于××××专项整改工作情况的_____（向上一级人民政府行文）

④××××关于表彰2021年先进集体和先进个人的_____

⑤北京市××局关于赴上海市××局交流学习的_____

（6）公文逻辑结构（试分析下列文章中的逻辑结构错误）

某单位工作报告。未来一段时间，我们应从以下几个方面着手做好××工作：

第一，保障经费投入

第二，健全规章制度

第三，加强组织领导

第四，理顺管理体制

第五，加快人才培养

第六，提高思想认识

（范耀斌　王珊　撰写）

第二章　学术论文写作

第一节　概述

一、学术写作的一般概念

（一）什么是学术论文写作

学术论文是研究科学领域里系统、专门学问的析理类文章。它与一般的论说文有所区别，它讨论的问题是有体系的，不是针对某一零散的问题，更不是漫谈、杂想。同时学术论文讨论的问题是针对特定学问、特定领域的专业问题，不像一般论说文泛泛谈论一些日常的、表面的话题。另外，学术论文需要具有一定创新性，作者应站在本学科前沿，提出自己的新发现、新见解或进一步深化前人的成果。

（二）学术论文的分类

学术论文按内容，可以分为两大类，即自然科学类与社会科学类（体育科学论文还包括技术类）。按写作的目的，又分为一般学术性论文和学位论文。一般学术论文是各个学科的专业人员撰写的专题或综合性论文，一般发表在各种学术期刊、大学学报和部分报纸的学术专栏。这类论文是学术论文的主体，也是学术发展的主要动力。学位论文是全国各高等院校本科生、硕士研究生和博士研究生获得相应级别学位的必要条件，包括学士论文、硕士论文和博士论文，其篇幅、专业性和复杂性依次递增。

（三）学术论点的特点

1. 专业性与学理性

学术论文门槛较高，并不是所有人都可以进行学术写作的，因为学术论文需要具备专业性和很强的学理性。进行学术写作的主体需要进行系统的专业训练，了解所学专业的研究方法、专业术语和前沿话题，并能用准确的语言和严谨的逻辑系统地表达观点。同时，论文要有明确的问题意识，能通过专业的思考对问题进行剖析和解决。学术论文要具有足够的专业深度才能体现其学理性。

2. 科学性与严谨性

科学性和严谨性是学术写作的本质特征。学术写作不同于天马行空的艺术创作和无拘无束的思想随笔，因为学术研究肩负着指导生活实践和社会实践的重要责任。例如，在新冠疫情期间，对新冠病毒的特征和传播方式的研究势必关系到疫情防治政策的实施，甚至关系到广大人民群众的生活状态与生命安全。如果相关研究论文不够严肃和严谨，很可能给广大人民群众造成生命和财产的重大损失。因此，任何一个学术观点都要求有理可循、有据可查。自然科学类论文致力于揭示和表达自然规律，要有科学的调查实验、分析，取得可靠的材料，并周密安排写作的结构和论证过程，进而得出可靠的结论。人文社会科学类论文致力于反映和遵循思想规律、文化规律、社会规律，写作同样需要真诚的反思、严密的推理、翔实的文本依据。没有经过充分写作训练的同学，在写作中容易道听途说，捕风捉影，观点论证往往具有随意性，甚至过度依靠感觉和常识进行判断，这是需要纠正的问题。

3. 系统性与思辨性

学术论文写作基于成体系的学问，它不是零散的感性材料的堆积。它有自己的纹理，我们需要把客观的纹理找出来。因此，体系内每一个观点必须是从感性材料中分析、归纳、总结出规律的、有理性的内容。而写作学术论文的论证过程就是告诉读者为什么它的纹理是这样的而不是那样的。这些纹理往往是复杂的、成网状的。这就要求作者具有很高的理论水平和思辨能力，可以就一个问题把相关材料进行严格的审视、排列、组织，并形成有条理的思想。

（四）学术写作的价值

学术论文写作是大学生学习与研究的必修课，但同时让不少学生犯难。有些学生由于缺乏论文写作经验和系统的写作训练，对学术论文望而生畏，但迫于外在压力又不得不应对各门课程论文，尤其是毕业论文漫长的撰写与修改过程让不少学生心力交瘁。常有学生问：一个人的思想水平和实践能力，一定要通过学术论文来体现？殊不知，学术论文写作不仅是为了表现一个人的学术水平，也是一种思想传播、知识学习、自我认识的绝佳方式，更是一种高难的生活方式。

1. 表达与传播学术思想的途径

学术写作最直接的目的就是发表论文。发表论文不仅是为了证明学者的学术水平，更重要的是为了学术交流，即表达和传播思想。文以载道，人类的文明需要得到记载和传承，相比于口头语言，学术写作是以最认真、最严肃、最有效的方式在记录和传承人类的文明成果。任何一篇学术论文都应是对先前人类文明成果的继承和对现时代文明精神的反映。人类的文明也正是在这种连续的书写和研究活动中得到接续和传承。

2. 自我认知的方式

学术论文不仅是学术思想的外在表达，而且是写作者直观自身的方式。学术论文是思想者实现自身认识的一面镜子，思想者在其中理解到的无非是其自身的思想。因为学术写作是思想者以理性的方式直观自己、认识自己，与自己对话的重要活动。文字不仅表达思想，而且反作用于思想，它使思想变得清晰、有条理。如果一个人的书写是混乱的，他的思想也不可能是明晰的。同样，系统的写作训练有助于提升一个人的思想水平。

3. 学习知识的好方法

孔子有言，"学而不思则罔"。读书与听课，偏重知识的接受与输入，而写作是一个将自身知识重新整合输出的过程。为了写论文去读书，就等于带着问题去读书，读书就变得积极主动，学习也更加投入，更有针对性，效果事半功倍。胡适尝云："发表是吸收的利器，又可以说手到是心到的法门。"①

4. 高雅的生活方式

读书、思考、写作构成了一种智性的、思辨的生活。这种生活让人可以从繁杂的日常琐事中抽离出来，将平日所见所思形成文字，并与同人交流探讨，深化思想，平静地审视自身。在思想的世界中嬉戏，在文字的天地中畅游，这是一种无待而有的生活，一种高雅的生活方式。研究、写作看似孤独、枯燥，但若是拥有了思想与文字的世界，生活就因之有了层次性，变得立体而丰盈。

（五）论文的基本构成

学术论文写作根据篇幅分为短文和长文，短文包括期刊论文、课程论文、本科毕业论文，字数一般在万字以内；长文包括硕士、博士毕业论文，短则两三万字，长则几十万字。本科生学习过程中，重在进行短文的训练，因此我们主要针对学术短文的写作进行学习。

学术论文在结构上一般都要求有论文题目、正文、注释与参考文献；期刊论文要求较为规范，一般需要提供论文摘要和关键词，论文投稿时务必了解投稿杂志的具体形式要求。

学位论文在形式上比期刊论文有更多要求，一般包含以下要素。

（1）论文封面和扉页

（2）目录

（3）中文摘要

---

① 胡适.胡适文集：第4卷［M］.北京：北京大学出版社，1998：127.

（4）关键词

（5）英文摘要

（6）前言／导言

（7）正文

（8）结论

（9）附录、附图表

（10）参考文献

（11）致谢与后记

（12）学位期间发表的学术论文目录

本科生毕业论文
工作手册

二、学术写作的一般要领

（一）明确的问题意识

本科学生写作最为常见的问题在于"问题意识"的缺乏。不少学生之所以"不愿"写论文，往往是由于他们习惯于被动地接受知识，很少主动发现和提出问题，由于缺乏问题的引导，写作无法引起学生探索的兴趣，甚至变成了某种"任务"。

"问题意识"（problematique）不是指研究需要具有明确的主题（theme）或需要提出"问题"（question），而是指研究要面对某些理论或实践的"难题"（problem）。"难题"可以是某种尚未化解的学术争论，或针对当前研究中存在的某些问题，或针对有待回应的政策需求，或针对某些领域的理论难题，或针对现实中有待解决的困难等。带着难题去研究，将解决问题作为研究的目的，并将问题意识贯穿论文的始终，这样论文的学术价值才能凸显。如若缺乏问题意识，仅凭兴趣来研究，研究的总体目标就不明确，容易变成自说自话，甚或变成读书笔记。

为了培养问题意识，需要注意问题的来源，有意识地创造并提出问题的情境。首先，要提出有价值的研究论题，需要长期的学习积累与思考，或是对某一现象的深入体验与观察。《文心雕龙》有言，"积学以储宝，酌理以富才，研阅以穷照，驯致以绎辞"[1]，概言之，读万卷书，行万里路。其次，研究不是闭门造车，研究问题的发现与提出常常不是在书斋里，而是在咖啡馆、酒吧、地铁上、花园中、运动场上，在与朋友的闲谈或辩论中，甚至在对一个电影场景回味中。于是在对一类问题的长期关注中，丰富生活经历、建立交谈环境，都可以为问题的提出创造条件。

（二）通畅的学理

好的文章犹如生命体。《文心雕龙》有言，"夫才童学文，宜正体制，必以情志为神明，

---

① 刘勰.文心雕龙［M］.王志彬，译注.北京：中华书局，2012：320.

事义为骨髓,辞采为肌肤,宫商为声气"。①"事义"指文章的文艺条理或指文章的逻辑架构,构成了文章的"骨髓"。行文逻辑完整、舒展,文义才能畅通,文章才能成型。尤其是对于讲求学理性的学术论文而言,文章框架逻辑的安排尤为重要,这主要体现在论文的章节安排中。一篇论文如果核心架构不清晰,就像一栋没有地基的高楼,即便语言再漂亮,都会出现主线不清,思路混乱,不知所云。

要安立行文的逻辑,最为关键的依然是要确立论文要表达的观点,文章要表达的观点确立下来,文章就有了主线。文章的架构一般按照"提出问题—分析问题—解决问题"的思路,中间可再分支脉。文章的几个部分之间一般采取递进的逻辑,使文章呈现前后接续之势。"内义脉注,跗萼相衔,首尾一体"②。文义如花房与花萼那样紧密衔接,连贯顺畅。

(三)精简的表达

学术论文写作中,语言的修炼是必修课。学术论文的首要目的在于使读者读懂,理解文章的内容,因此精练而平实的语言最符合学术论文的要求。将思想表达清楚即可,不需要太多华丽的辞藻。语言模糊不清,连篇累牍,反复絮叨,不仅会使思想显得混乱不清,而且会浪费读者的时间。化繁为简,不说废话,是对作者文字功底的考验,也是对读者尊重。③

按《现代汉语词典》中的解释,"精简"即去掉不必要的,留下必要的,具体包括很多表达技巧,如减少语言的重复,删除不必要的引文,用图表代替语言,多用简单句,用词语代替短语,等等。另外,为了节省读者的阅读时间,方便读者快速把握文义,建议将每个段落的第一句设为中心句,把每个部分的第一段设为中心段。这样会使文章的逻辑更加清晰,增加文章的可读性,使阅读变得轻松。

三、学术写作的精神状态与治学态度

(一)学术写作的精神状态

本科学生往往由于课业繁多,琐事繁杂,心态浮躁,缺乏专心读书与沉思的时间,往往迫于压力完成论文任务,结果常常七拼八凑,敷衍了事。殊不知,学术写作不仅需要经验与技巧,同样需要良好的身心状态。古人在作文之前一向强调身心修养的功夫。刘勰指出,写作构思应该在心境恬适、环境安静的情况下进行。"陶钧文思,贵在虚静,疏瀹五

---

① 刘勰.文心雕龙[M].王志彬,译注.北京:中华书局,2012:478.
② 刘勰.文心雕龙[M].王志彬,译注.北京:中华书局,2012:395.
③ 约瑟夫·麦科马克.精简:言简意赅的表达艺术[M].何莹,译.北京:中国人民大学出版社,2017:96.

藏，澡雪精神。"①常使心灵虚静，心志舒畅，做到"从容率情，优柔适会"②，这样才能排除杂念，全神贯注，进行"思接千载""视通万里"的联想和想象。如果心意烦乱、神志昏聩，就停下来不写，若硬要消耗精力与体力强行作文，思路会越发混乱，不仅事倍功半，而且伤神损命，得不偿失。

（二）治学态度

1. 认真

由于学术论文有对科学性和严谨性的严格要求，从事科研工作尤需将"认真"二字贯穿于写作的每一个环节，包括认真地收集与审辨研究材料、认真阅读和领会文献、认真遣词造句、认真引注文献等。如果做学问的态度出了问题，所谓的思想创见、学术价值都变得可疑。

2. 恪守学术道德

真诚是科研工作的基本要求。尊重他人的劳动与贡献，不可窃取他人学术成果，这些都是学术道德的底线。尊重和保护他人知识产权，不仅是个人治学态度问题，也是学术严谨性的表现。有些时候"抄袭"并非有意为之，而是不注意引文标注所致。因此，为学之人需要多加注意，时刻保持警醒。为了避免出现抄袭问题，最有效的方法是详细注明引文出处。这样做的好处是，在交代了自己立论的依据、肯定了他人研究成果的同时，又为他人继续研究提供了信息。需要注意的是，有些学术著作只是笼统地列了一个参考文献目录，没有注明每条引文的出处也是不严谨、不诚实、不科学的。③

3. 谦逊

做学问要时刻保持谦逊的态度，这是学者的基本素养，也是展开学术对话的应有姿态。"满招损，谦受益。"谦虚，是一种真诚的治学态度。孔子有言，"知之为知之，不知为不知，是知也。"掩饰自己不知道、不熟悉、未经专业研究的问题，甚至对自己研究的价值夸大其词，实为不真诚、不谦虚的表现。谦虚是一种学习的良好心态。虚心听取别人对自己文章的批评意见，即使批评不当，也应保持理解的心态，择善而从。④此外，谦虚还表现在对他人作品的评价上。青年人写文章容易高估自身的学术价值，略有心得，动辄出言不逊，此为大忌。哪怕写反驳性的文章，也要首先充分理解别人的研究成果，肯定别人的学术成就，然后提出自己的看法，不能妄加批评。

（刘晓　撰写）

---

① 刘勰. 文心雕龙［M］. 王志彬，译注. 北京：中华书局，2012：320.
② 刘勰. 文心雕龙［M］. 王志彬，译注. 北京：中华书局，2012：475.
③ 徐有富. 学术论文写作十讲［M］. 北京：北京大学出版社，2019：348.
④ 、徐有富. 学术论文写作十讲［M］. 北京：北京大学出版社，2019：354.

第二节　自然科学类学术论文写作

一、论文选题

同人文社科类学术论文写作一样，自然科学类学生和科研工作者在从事学术论文写作时，面临的首要环节和核心要素也是选题。选题，是在对已经获取的大量材料进行分析、研究的基础上提出问题，确立科学研究和学术论文写作的方向与目标，如爱因斯坦所说的"提出一个问题往往比解决一个问题更重要"。学生创新能力的培养和学科旺盛生命力的延续，往往取决于能否在前人研究工作的基础上发现并提出新的问题。因此，选题是撰写学术论文的第一步，也是具有决定意义的关键一步。

（一）根据"解决什么问题"选题

自然科学类研究选题的重要原则之一是回应当前领域发展的动态和未来科学发展的趋势，目标就是解决社会实践和现实生活的实际问题，以此为社会发展的当前需求和未来需要提供基础性和应用性的科学支撑。这种以"解决什么问题"为原则的选题，也就是以问题为导向的选题。

好选题是在对学科深刻理解的基础上产生的，需要大量翻阅专著和文献、泛读和精读学科前沿。一些学生的论文选题，简单以"此类研究较少"作为立项依据，未充分梳理国内外研究现状，动辄"填补国内外空白"，都是选题前没做足功夫的体现。

在阅读专著和文献、汲取知识的同时，冷静、客观地对现有资料进行认真的分析思考，当看到别人有研究不足的时候，当提出有待进一步研究的问题的时候，当发现别人存在漏洞的时候，好选题就离你不远了。

（二）根据"如何解决问题"选题

选题的时候也应充分考虑如何解决目标问题，也就是是否已经具备了选择某一科研课题的主观条件和客观条件。这体现的是选题的可行性原则，即在现有条件下完成研究内容和实现研究目标的可能性。

选题的主观条件包括个人知识结构、研究能力和写作水平等，这些主观条件往往体现的是学生是否具备一定的研究素养。学术论文写作不仅是对学生一段时间学习成果的检验，也是为将来从事研究工作所做的准备，更是一种通过实践掌握科研方法的个人综合能力的体现。选题的客观条件包括文献、资料、设备、仪器、时间、经费、导师以及环境等。自然科学类学术论文写作不能凭想象虚构结论，一切结论只能建立在坚实的客观条件的基础之上。

在选题过程中，若没有良好的主观条件，研究就会成为无源之水；若没有充分的客观条件，研究就只能流于纸上谈兵。如果不具备这些条件，即使再好的题目，也难以付诸实施。

（三）根据"小题大做原则"选题

学术论文写作时，也应避免大题小做，宜小题大做。只要研究的够深入，能够提出新科学问题、运用新方法、得出新结果、阐述新见解、凝练新结论，小题目也可能写出大文章，产生较大的学术影响。

"小题大做"并不意味着贪大求全。当学生担心自己论文的工作量不够、目的意义分量不足时，往往会将研究问题扩大。这样带来的一个直接后果就是难以深入，易犯"大题小作"的毛病，研究深度不够。

选题深度不够的主要表现是描述性研究和预测性研究较多，而探讨因果关系的研究较少。虽然一些描述性和预测性研究也尝试进行因果关系的探索，但往往由于研究周期和研究方法的种种限制，难以切实达到探索因果关系的层次。好的科学研究还是应当沿着描述、预测、解释和控制的方向逐渐深入[①]。

体育科学是将体育与教育学、心理学、社会学、医学、生物学、化学、力学以及其他相关学科融合发展起来的，它本身是一个跨学科、交叉融合的多层次体系。一些学生在选题时考虑运用母学科的理论知识和研究方法，这本身无可厚非，但不少学生仍只限于理论的完全照搬和方法的简单移植，仅停留在表象和经验的层面。因此，初入科研之道的学生若要选择合适的题目，一定不要贪大求全、好高骛远，应培养脚踏实地、勤学苦练的学术作风。

（四）根据"寻求创新原则"选题

若要解决社会实践和现实生活中那些尚未解决的问题，就必须寻求创新。国家在《科学技术报告、学位论文和学术论文的编写格式》（GB 7713—1987）中明确规定：学术论文应提供新的科技信息，其内容应有所发现、有所发明、有所创造、有所前进，而不是简单的重复和模仿。

创新是多维度的，既可以是概念上的创新，也可以是方法上的创新，还可以是应用上的创新。创新也是多层次的，既可以是新方法解决新问题，也可以是老方法解决新问题，还可以是新方法解决老问题。一般来讲，新方法解决新问题的研究难度最大，价值也最大。

论文的创新必须建立在前人研究的基础上，因此学生要对所研究的问题进行长时间的、周密的分析，并从中找到别人尚未找到的新观点、新方法、新技术、新材料或新成果等。

---

① 张力为.体育科学研究方法［M］.北京：高等教育出版社，2002.

二、格式与规范

学术论文的结构就是论文内部的组织和构造，是论文作者思路的反映。同社会科学学术论文一样，自然科学学术论文一般也按国家标准及高校学位论文编排规范等进行组织架构。

以硕士学位论文为例，硕士学位论文一般由以下几个部分组成：封皮页、题名页、学位论文原创性声明和非公开学位论文标注说明、学位论文使用授权书、中文摘要、英文摘要、前言（如有）、目录、图和附表清单（如有）、符号标志缩略语等的注释表、正文、参考文献、附录、分类索引、关键词索引（如有）、勘误页（如有）、致谢以及个人简历。其中，大部分内容的格式规范与人文社科类学术论文基本相同，下文将重点针对自然科学类学术论文中可能涉及的图和附表清单，符号、标志、缩略语等的注释表、图、表、表达式、量和单位的格式规范进行具体说明。

（一）标题

标题是学术论文内容最集中、最高度的概括。自然科学类学术论文的标题应能反映具体、明确的科学问题。标题除了能起到统领全文的作用外，还可提供关键词、题录、索引和检索等重要信息。

（二）摘要

摘要是论文内容的简要陈述，一般以第三人称语气撰写，不加评论和解释，是一篇具有独立性和完整性的短文。自然科学类学术论文摘要采用结构性摘要为宜，需在有限的篇幅内完整地概述论文的目的、方法、结果和结论等各个部分，反映学术论文的主要内容。因为摘要是除题目以外读者最先看到的部分，所以应在论文成稿后撰写。

目的：一般用一两句话简捷清晰地阐明研究拟探索实现的目标。

方法：用精练的语言阐述论文所反映的研究成果是采取什么研究手段和研究方法来获得的。尤其是以实验为依据而获取的成果，研究手段和研究方法的撰写应更加详尽。

结果：是摘要内容的精华，用简洁精练的语言将研究的主要成果客观地反映出来。不可出现图、表、化学方程式、非公知公用的符号和术语等。

结论：是作者对自己研究成果的客观评价，也是基于研究结果进行归纳、判断和推理，提炼出的总体观点。

（三）关键词

关键词是为了便于做文献索引和检索工作，从论文中选取出来的用以表示全文主题内容信息的单词或术语，应在论文中有明确出处。关键词在摘要内容后另起一行，一般 3 ~ 5 个，之间用分号分开。

（四）正文

正文是学术论文最基本、最主要的内容，是论文的核心部分，占据论文的主要篇幅。正文写作的基本原则是：实事求是、客观真切、准确完备、合乎逻辑、层次分明、简练可读。

1. 前言

前言应开门见山、言简意赅，包括选题依据、研究的目的和意义等，其作用是提出问题、引出正文。其中，研究的目的需结合科学研究发展趋势来论述科学意义，或者结合国民经济和社会发展中迫切需要解决的关键科技问题来论述其应用前景。换句话说，要通过前言告知读者前人已做了哪些工作，还存在哪些不足，本研究要解决什么问题。

2. 文献综述

文献综述是国内外研究现状及发展动态的述评，应全面且准确，归纳而不罗列，避免只述不评。

3. 研究方法

研究方法是学术论文研究思路的具体落实，也是整个研究过程实施的主要依据，包括仪器设备、实验手段、实验流程、技术路线、关键技术以及数理统计等。研究方法的呈现应条理清晰、层次分明、突出主干、图文并茂。

4. 研究结果（或结果与分析）

此部分要逐项说明实验获得的结果，并对这些结果进行理论上的定性、定量分析论证，以说明实验结果的必然性。研究结果的结构层次要分明，语言要简练，论证要严密。

自然科学领域的学术论文，研究结果中还包括图、表和表达式等。

（1）图

图包括曲线图、构造图、示意图、框图、流程图、记录图、地图和照片等。图要精选，应具有自明性，切忌与表及文字表述重复。图要清楚，但坐标比例不要过分放大，同一图上不同曲线的点要分别用不同形状的标志符标出。图中的术语、符号、单位等应与正文表述中所用一致。图在义中的布局要合理，一般随文编排，先见文字后见图。

图序与图题：图序即图的编号，由"图"和从"1"开始的阿拉伯数字组成，图较多时，可分章编号。如第三章第2个图的图序为"图 3.2"；图题即图的名称，应简明，置于图序之后，图序和图题间空 1 个字距，居中置于图的下方。

（2）表

表应有自明性，表中参数应标明量和单位符号。表一般随文排，先见相应文字后见表。

表序与表题：表序即表的编号，由"表"和从"1"开始的阿拉伯数字组成，表较多时，可分章编号，如第三章第1个表的表序为"表 3.1"，也可以顺序编号为"表 20"；表题即表的名称，应简明，置于表序之后，表序和表题间空 1 个字距，居中置于表的上方。

表的编排，一般是内容和测试项目由左至右横读，数据依序竖读。表的编排必须采用国际通用的三线表。如某表需要转页接排时，在随后的各页上应重复表序。表序后跟表题（可省略）和"（续表）"，居中置于表上方，续表均应重复表头。

（3）表达式

表达式主要指数字表达式，也包括文字表达式。表达式需另行起排，并缩格书写，与周围文字留足够的空间区分开。如有两个以上的表达式，应用从"1"开始的阿拉伯数字进行编号，并将编号置于圆括号内。表达式的编号右端对齐，表达式与编号之间可用"…"连接。表达式较多时，可分章编号。

较长的表达式需要转行时，应尽可能在"＝"处回行，或者在"＋""－""×""/"等符号处回行，公式中分数线的横线，其长度应等于或略大于分子和分母中较长的一方。如正文中书写分数，应尽量将其高度降低为一行。如将分数线书写为"/"，将根号改为负指数。

（4）量和单位

论文中使用的有关量和单位要执行《量和单位》GB 3100 ～ 3102—1993（国家技术监督局 1993-12-27 发布，1994−07−01 实施，eqv. ISO 1000：1992）有关量和单位的规定。量的符号一般为单个拉丁字母或希腊字母，并一律采用斜体（pH 例外）。为区别不同情况，可在量符号上附加角标。在表达量值时，在公式、图、表和文字叙述中，一律使用单位的国际符号，且用正体。单位符号与数值间要留适当间隙。

5. 讨论

讨论是根据研究得到的结果发表见解的部分，主要是对研究成果的理论探讨、对出现的预料之外现象的解释或说明、对目前研究的不足和局限的分析、对值得进一步探讨问题的剖析、对今后研究方向的设想等。

6. 结论

结论部分应明确、精练、完整、准确地提出论文的核心观点，着重阐述作者的创造性工作及所取得的研究成果在本学科领域的地位、作用和意义。它是在结果与分析的基础上，通过严密的逻辑推理而最后得出的富有创造性、指导性和规律性的内容。简言之，结论不应该再简单重复结果是什么，而要总结出实验结果说明了什么。

（五）参考文献

为了反映论文的科学依据和作者尊重他人研究成果的严肃态度以及向读者提供有关信息的出处，应列出参考文献。参考文献应具备准确性、权威性、前沿性、相关性、时效性等特点。

（六）附录

有些材料编入论文主体会有损于编排的条理性和逻辑性或有碍于论文结构的紧凑和突出主题思想等，可将这些材料作为附录编排于全文的末尾。

下列内容可作为附录编于论文后：

关系到整篇论文材料的完整性，但编于正文又有损于编排的条理性和逻辑性，这一材料包括比正文更为详尽的信息、研究方法和技术更深入的叙述，以及对了解正文内容有用的补充信息等；

由于篇幅过大或取材于复制品而不便于编入正文的材料；

不便于编入正文的罕见珍贵资料；

对一般读者并非必要阅读，但对本专业同行有参考价值的资料；

正文中未被引用但被阅读或具有补充信息的文献；

某些重要的原始数据、数学推导、结构图、统计表、计算机打印输出件、调查问卷、访谈提纲等。

（七）致谢

致谢是作者对论文的形成作出过贡献的组织或个人予以感谢的文字记载，语言要诚恳、恰当、简短。致谢对象一般包括国家科学基金，资助研究工作的奖学金基金、合同单位、资助或支持的企业、组织或个人，协助完成研究工作和提供便利条件的组织或个人，在研究工作中提出建议和提供帮助的人，等等。

（八）个人简历

个人简历应包括出生年月日、获得前置学位（硕士、学士）的学校、时间等；学术论文研究成果按发表的时间顺序列出（已发表的列在前面，已接收待发表的放在后面）；研究成果可以是在学期间参加的研究项目、申请的专利或获奖情况等。

论文例文

（屈莎　撰写）

第三节　人文社科类学术论文写作

人文社科类学术论文涉及的学科较多，且不同学科的研究对象、专业特点、学科体系、理论基础等都不尽相同，这就决定了论文写作必定无法遵循单一标准，所以我们很难对人文社科类学术论文的写作做出全面的介绍。本节仅对人文社科类学术论文的一些共性问题做出简单介绍，分别讲解此类论文写作选题、谋篇等环节中的一些习惯规范和注意事项。

一、论文选题

选题对于论文写作来说至关重要。在一定意义上说，论文的成败与选题是否合适有直接关系。受学科差异的影响，论文选题的合理性需要根据该学科自身的特点而定。但是有一点可以肯定，那就是研究的主要目的、学科的基本特点以及问题的来源渠道在选题规划的过程中会起到决定性的作用。

（一）从人文社科类研究的目的看选题依据

人文社科类研究既有解决现实问题的功利目的，又具有关乎精神和生命的超越性一面。前者主要体现在通过研究直接解决现实世界中的理论和实践问题上，如《习近平关于"国之大者"重要论述的三重审视》（《理论导刊》2021 年第 11 期）、《高等教育管理问题的解决与思考》（《中国教育学刊》2021 年第 12 期）、《新业态就业人员的劳动保障权益如何维护》（《人民论坛》2021 年第 27 期）等。后者则表现为单纯地以对文史哲等领域中某些非应用型理论问题的认知为目的的研究，如《三星堆考古新发现与古蜀文明新认识》（《四川文物》2017 年第 1 期）、《论海德格尔对"康德的存在论题"之解析》（《现代哲学》2021 年第 3 期）、《战国楚帛书考》（《考古学报》1984 年第 2 期）、《苏轼的人生思考和文化性格》（《文学遗产》1989 年第 5 期）等。两种类型的研究只是要达到的目的不同，并无优劣之分。但是无论哪个类型的研究，选题都要从所要解决的具体问题出发，站在相应的社会前沿和学科前沿，使选题的角度与研究的目的相符。就创新性而言，人文社科类论文的选题未必都是无人涉足过的全新的问题。所以选题的新意或体现在与时代和社会需求的紧密结合上，或表现为在已有研究和认知的基础上更上一层楼。以中外文学研究为例。对于《诗经》《史记》、李白、杜甫、苏轼、《红楼梦》、鲁迅、老舍、莎士比亚、歌德等经典作家作品的研究，要想找到前无古人的新题目是极为不易的，很多新成果都是以深度取胜的。

（二）从人文社科类学科的特点看选题依据

从宏观上看，人文社科类学科主要有"打井"和"挖渠"两种研究。所谓的"打井"，就是选择相对小一些的论题，尽可能深入地挖掘研究对象所涉及的各方面问题。以赵昌平先生的《开元十五年前后——论盛唐诗的形成与分期》（《中国文化》1990 年第 2 期）为例。这篇文章仅从《河岳英灵集》中"开元十五年后，声律风骨兼备"一语出发，深入研究了盛唐诗歌的分期、开元十五年（727 年）前后诗人结构的变化、社会风尚的转变及其对诗人心理的影响，从而对盛唐之音的特点和形成原因，以及盛唐诗风的来龙去脉做出了深入全面的阐述。"挖渠"则是用相对较小的篇幅对一些大问题做出宏观的研究，从而为后续的深入研究奠定基础。以李泽厚先生的《美的历程》（文物出版社 1981 年版）为例。这部著作仅用 16 万字便描述了上自远古下至明清时期审美文化的发展历程。冯友兰先生誉之"它是一部大书，是一部中国美学和美术史，一部中国文学史，一部中国哲学史，一部中国文化史"。书中《气势与古拙》一节对汉代艺术精神及其在雕塑、文学等艺术形式中的体现的描述，《苏轼的意义》一节对苏轼在中国文化发展中的意义的概括，至今都启发着学者们对相关问题进行更加深入的思考。关于题目的大小，陈平原先生曾说过"小题小做，可以做到小巧玲珑，但没有多大意思"。而大题小做的难度又非同一般，"需要花一辈子精力"。"大题小做"和"小题大做"两种方式对论文的作者提出了不同的要求。前者要求作者有深厚的积累和广博的见识，有宏观驾驭问题的能力。后者则是以"竭泽而渔"

的方式（陈垣先生语），以全面和透彻取胜。

（三）从人文社科类问题的来源看选题依据

人文社会科学研究的问题来源主要有二：一是来源于不同级别课题的规划，二是由作者自己选定。对于申报的课题，首先应该明确规划此项课题的目的，即要求申报者通过研究解决哪些问题。以 2018 年国家社会科学基金重点项目中体育学方面的《提升校园体育活动对学生体质健康促进效益的研究》为例。这个课题显然与此前发布的《国务院办公厅关于强化学校体育促进学生身心健康全面发展的意见》（国办发〔2016〕27 号）直接相关。立项的目的是为"实施素质教育、促进学生全面发展"探索可行的方案。这类选题与现实的关系非常密切，有较强的实践性。对于自主选定的题目而言，一部分是因为发现了新问题、新材料、新角度，也有的是出于对前人观点的质疑，或是源于作者对相关问题的兴趣。无论哪类论题，论文的作者都应该充分注意该选题在本学科中是否处于前沿地位，是否具有学术价值。

人文社会科学研究的选题依据是多元化的。选题既可以体现出对现实问题的关切，也可以潜心致力于纯粹的学术研究，还可以二者兼而有之。但是无论哪类选题，"发前人未发之秘，辟前人未辟之境"（王国维）都是所有论文作者应该追求的。

二、论文的结构设计

一篇论文最核心的无疑是主体内容。论文主体内容的结构设计在很大程度上决定了论文的水平和质量。所以对于论文的作者来说，根据研究对象、视角、方法等因素合理地设计出论文的主体结构框架是写好论文的关键所在。

（一）论文逻辑结构的几种常见类型

论文的主体结构都是要按照一定的逻辑来进行安排的。平行并列关系是学术论文经常采用的一种文章结构。以何玉海、于志新《新时代推进高校"课程思政"建设的四个维度》（《思想理论教育导刊》2021 年第 2 期）一文为例。这篇文章分四个部分对"把握'课程思政'本质，理解'课程思政'建设的基本要义""围绕'一条主线'，发掘培养'五大素养'为基本目标""坚持教学与教育一体化，发挥各门课程的协同教育作用""建构'课程思政'的工作体系，完善'三全育人'的体制机制"四个维度进行论述，四个部分之间便是并列关系。一些对比研究的论文也采用了这种结构。例如，袁行霈《陶谢诗歌艺术的比较》（《九江师专学报·哲学社会科学版》1985 年第 1、2 期）。全文分为"从写意到摹象"和"从启示性的语言转向写实性的语言"两部分。每个部分都通过对比陶谢诗歌的异同来描述从陶渊明到谢灵运诗歌艺术的转变。这两部分显然也是并列的关系。

递进关系也是学术论文的一种常见逻辑。金甫暻《苏轼"和陶诗"研究》（复旦大学博士学位论文，2018 年）依次按照苏轼"和陶诗"的概况、创作背景、内容、成就、意义与影响进行分析论述。各章之间逐层深入，前面的研究都成为后文内容的基础。此外，总分、分总也是学术论文所经常采用的结构。从形式上看，前者呈金字塔型，后者则是倒金字塔型。当然，有一些论文的写作由于受到自身研究对象、研究方式等特殊性的影响，会采用符合本学科特色的方式来设计论文的结构，对此不必拘泥。

（二）论文结构与论据、论证

学术论文作为一种议论文，它的写作大多也无外乎论点——论据——论证，提出问题——分析问题——解决问题的基本思路。在进行论证的时候，也都依赖大量的证据，同时采用举例、对比、类比等常见的论证方法来证实自己的观点。在学术论文中，论据和论证方法的使用与文章结构之间的关系也是非常密切的。必要的证据支持在论证的环节中会起到不可替代的作用。人文社会学科并不排斥统计学，调查和数据的使用可以为自己的观点提供有力的支撑，但是人文社科类学科的特点决定了文学、艺术等部分学科存在着难以量化、更加偏于理论思辨等特点。对于这些学科来说，除了史料、文献等直接证据外，艺术直觉等因素对于结论的获得也起到了不可替代的作用。这就决定了在使用论据的时候，其具体位置也是相对不固定的，这显然与自然科学有别。虽然采用的论证方法也无外乎举例、对比等方式，但无疑较自然科学类论文的数据分析和推理演算要更为灵活。

（三）理论框架与结论的关系

除了论据、论证以及论文的逻辑结构关系密切外，文章结论的得出也与结构框架有着对应关系。前面说过，论文的结构主要有并列、递进等几种常见的形式。就并列关系而言，作者可以分别在各章中得出一个结论，最后再进行总括。也可以在平行的章节中只做分析和论证，在文末把各部分综合起来，进而得出结论。对于各部分呈递进关系的论文来说，最终结论的得出显然要依赖前面各章对论题逐渐深化、层层递进的分析和阐述。总分关系的论文则略有不同。结论（以某种假设的形式出现）往往出现在开头，下文再对其做出详细的证真或证伪。最后的总结可以是再次简单重申自己的观点，也可以在已经论述清楚的基础上，把问题引向一个新的高度。至于分总关系，最终的结论显然是要在篇末提出的。由于把最重要的部分安排在结尾，而前面并未将零碎的观点统摄在一起，所以这种论文的结论部分一般篇幅不宜过于短小。因为在这部分中，作者既要把此前各部分的重要观点再次梳理清楚，同时要明确地提出一个可以总括全文的观点。我们在讲论文逻辑结构的几种常见类型时已经针对各类文章进行了举例，在分析论文结论与结构关系的时候可参看对应的例文，此处不另举例。

总而言之，论文的逻辑结构在论文写作的过程中是一个至关重要的环节。论据、论证的设计安排乃至结论的提出都受到论文结构的影响。尽管和自然科学类论文相比，人文社会科学类论文的结构相对灵活，但是其中的细节还是需要仔细斟酌的。

三、格式规范及注意事项

无论是发表在各种刊物上的论文，还是不同级别的学位论文，都对论文的格式提出了一定的要求。不同的刊物对论文的格式要求略有不同，不同的院校对学位论文的格式设定也有差别，本书仅挑选人文社科类学术论文一些常见的格式规范进行介绍。由于人文社科类论文在某些方面与自然科学类论文存在相似之处，以下仅对前文未涉及，以及人文社科类论文的一些独特之处做出介绍。

（一）摘要、关键词的写法及注意事项

摘要位于论文正文之前，具体的形式是一段话或简略的几段文字。摘要并不仅仅是对作者的研究计划做出介绍，更多的是直接概括论文的主要观点。换句话说，摘要的功能并不完全是为了告诉读者作者在这篇论文中要论述什么和论述了什么，更多的是要直截了当地说出研究的结论或是解决的问题。在具体的语言使用上，"本文拟通过……""拟对……问题进行分析"一类的表达便不符合摘要撰写的要求。在撰写摘要的时候，作者通常都要按照论文的逻辑线索，用高度概括的方式陈述论文的主要观点。这样可以使读者通过摘要更加快速直接地了解论文的主要论题和核心观点。

关键词一般都是紧随摘要之后，其形式就是几个词或短语。关键词的功能是使读者通过关键词的检索，可以快速找到自己感兴趣的论文。关键词要根据论文的具体论题、核心观点和主要结构来进行选取。在选取关键词的时候，切忌用一些空洞的词语来充数，如"研究""分析"一类的关键词的出现便是败笔。关键词应该切中论文的核心问题。论文每个部分的撰写也都要紧密贴合关键词，不应出现一些游离于核心问题之外的章节段落。

（二）前言（绪论）的写法及注意事项

对于人文社科类论文来说，单篇学术论文的前言往往篇幅比较短小，学位论文的前言（绪论）则往往篇幅较长。这个部分要起到交代研究对象、研究目的和意义、研究方法以及对现有研究成果的述评等作用。介绍研究对象的时候不仅要把所研究的问题交代清楚，还要对本文涉及的一些概念、原理、范畴等做出界定，在此基础上还要阐明研究的目的和意义。这一部分的主要功能是对本文写作的必要性做出说明。作者应充分强调选题的意义所在，即论文所具有的理论价值和实践价值。关于采用的研究方法，因学科的差异和研究对象的差异而不尽相同，作者仅需根据实际情况做出说明即可。对现有研究成果的述评是前言（绪论）部分的一个重点。之所以要对前人的相关研究做出归纳和评价，主要是为了找到"巨人的肩膀"，以看得更远。因此，研究者对相关研究成果的获取要力求全面，古今中外皆在其中。对已有研究成果的评述要客观公正，以"不虚美，不隐恶"的态度检讨目前研究的得失。

（三）主体部分的写法及注意事项

主体部分在论文中所占的比重无疑最大。除了按照设计好的框架结构分章分节进行写作外，正文部分还有一些值得注意的细节问题。首先是各章节之间应该适当加入一些必要的串联。这些文字能起到承上启下的作用，从而避免骤然开始或终止给读者带来突兀的感觉。其次是每个章节完成之后应适当总结。这样不仅可以使论文的结构显得更加完整，还有利于更好地引导读者跟着自己的思路进行思考。最后要强调的是引文的问题。引文可以采用随文注的方式，也可以采用页下注的方式。关于随文注，一些古籍文献的征引和作品名的注释可以采用括注的方式，如：

孔子说过："君子无终食之间违仁，造次必于是，颠沛必于是。"（《论语·里仁》）

"众鸟高飞尽，孤云独去闲。相看两不厌，唯有敬亭山。"（李白《独坐敬亭山》）

页下注多用于学位论文，对作者、书名（刊名）、出版单位和时间、页码逐一说明，如：

问："如何是祖师西来意？"师曰："汝问不当。"[1]

----

[1] 普济著、苏渊雷点校《五灯会元》卷二，北京：中华书局1984年版，第69页

很多期刊都会按照固定的格式进行排版。常见的做法就是正文中每处引文后只注出序号和页码，著作的具体信息统一安排在文尾，如：

陶渊明在《与子俨等疏》中说自己"性刚才拙，与物多忤"。[6]187

----

[6] 逯钦立.陶渊明集［M］.北京：中华书局，1979.

又如：

"所提携者多为政治上的投机分子，去来无情。王安石执政时，门庭若市，人人尽道是门人；罢政后，门庭冷落，'人人讳道是门生'，令人为之悲叹。"[17]76

----

[17] 沈松勤.论王安石与新党作家群［J］.杭州大学学报，1998（1）.

还有一种在文中只注出作者及图书页码，把详细的出版信息放在文后的参考文献中的形式。如：

在学者们习惯以"自由"解"逍遥"后，又常被理解为"绝对自由"的境界（见徐复观，第351页）

徐复观，2001年：《中国人性论史·先秦篇》，上海三联书店。

（四）结论（余论）的写法及注意事项

这部分的作用显然是收束全文。之所以有结论和余论的区别，主要是因为有些作者会在篇末得出结论，有些作者则会在此处简单作结。在论文的最后得出结论，属于一种自然的逻辑顺序，无须多言。有的论文作者由于已经在行文中对自己的观点做出了清晰的表述，

在结尾处便不再赘言，只对论文的未尽之处略提几笔，指出有待进一步研究的问题或是引发读者的深入思考。

（五）参考文献的常见格式及注意事项

学术刊物和学位论文对参考文献的界定是有所不同的。很多学术期刊都把参考文献同引文的出处直接对应起来。也就是说，每一条参考文献都对应着论文里面征引的语句和段落。前文说过，学位论文的注释多采用随文注和页下注的形式。所以，附在论文后面的参考文献部分便具有了独立存在的意义——把写成此论文所参考过的林林总总的图书、论文、网站等资料逐一列出。由于涉及的文献和资料众多，合理地对它们进行分类和排序是十分必要的。对于学位论文，尤其是博士论文而言，由于涉及的参考文献数量多、范围广，分类时的标准要视具体情况而定。除了图书、报刊、网站等形式上的区别之外，古今中外、原著和论著、原始文献和二次文献等都是划分种类的依据。而作者姓名、著作名称的拼音顺序、笔画顺序等都可以作为排序的原则。

总而言之，人文社科类学术论文的写作从选题、结构到格式等方面都有自己的特色和规范。我们在日常写作的过程中要注意取法一些质量较高的论文，提高自己的写作水平。

（高云鹏　撰写）

○ 案例阅读与写作实训

（1）根据摘要写作要求与注意事项，指出下面这篇摘要的不足之处，并给出修改建议。

浅析笛卡儿的身心关系理论及其后世影响

【摘要】众所周知，笛卡儿不仅提出了"我思故我在"这一重要命题，而且是二元论的代表人物，其身心二元论对后世影响深远。例如哲学家利科认为，"西方哲学中的身心问题应该归咎于笛卡儿"。为了深入理解身体关系问题在笛卡儿思想中的重要性，本文对笛卡儿的身心关系理论进行了系统的研究。首先，本文交代了笛卡儿身心关系理论的背景，包括这一理论提出的思想背景与时代背景；然后本文分析了笛卡儿身心理论的内容，尤其是松果腺理论。笔者认为前者十分复杂，不能概括为身心二元论。最后我们分析了笛卡儿身心关系理论对后世的影响。笛卡儿开启了身心关系的崭新篇章，对身心关系的解读有利于我们全面地了解笛卡儿的思想体系。

（2）根据学术论文在构思与结构上的要求，从下面的论文目录分析这篇论文存在的问题。

电影中的中国美学
——浅析电影《长津湖》

中英文摘要

1. 绪论

2. 电影内容与背景

2.1《长津湖》内容简介

2.2《长津湖》的历史背景

2.3《长津湖》的拍摄团队与拍摄背景

2.2《长津湖》两部影片的线索关联

3.《长津湖》火爆的原因

3.1 优秀的导演团队

3.2 强大的明星阵容

3.3 徐克的导演生涯与武侠情节

3.4 易烊千玺的成长经历与明星效应

3.5 爱国主题广受观众喜爱

4.《长津湖》中的中国美学

4.1 在战争中体现家国情怀

4.2 硬汉精神与血性胆识

4.3 奉献意识与亮剑精神

4.3 伍万里身上的英雄气质

5. 从电影到历史

5.1 现实是艺术的土壤

5.2 战争中的辩证法：全面的、联系的、发展的

5.2.1 战争的必然性

5.2.2 英雄形象与人民群众

5.2.3 道路的曲折与前途的光明

6. 战争美学的普遍体现

6.1《长津湖》与《战狼》对比

6.2《长津湖》与《集结号》对比

6.3《长津湖》与《八佰》对比

6.4 战争与中国电影美学

（3）自然科学类学术论文的选题可以怎样寻求创新？

（4）自然科学类学位论文一般包括哪几个组成部分？

（5）自然科学类学位论文中的哪些内容可作为附录编于论文后？

（6）下面短语适合应用在论文题目中的有（　　　）。

说说……　……新论　……研究　谈谈……　……话题　……分析

（7）分析为什么下面的说法不适合应用在摘要的写作中。

①本文拟对中国历史进行研究。

②笔者将对上述问题逐一进行分析和研究。

③我将在这篇文章中一一揭晓答案。

④本文对王安石变法失败的原因做出了思考，并揭示其对今天的参考价值。

（8）选一篇你写的课程论文，为其撰写摘要和关键词。

（刘晓　屈莎　高云鹏　撰写）

第三章　融媒体新闻写作

第一节　概述

技术驱动媒介社会化发展，媒介融合从简单"相加"走向"相融"，已完成了从"1.0"向"3.0"升级的纵深发展。融媒体时代重构了新的传播理念，新闻写作与传播样态也发生了变化，强调时效性的同时，更加注重多种媒介的配合以及传者与受众的交互体验。

一、概念

"融媒体"是科学合理地应用各种媒介载体，从信息内容与信息传播等方面全面整合广播、电视和报纸等具有共性和互补性的媒体，让新闻资源、新闻内容和新闻报道方式等相互融合在一起而生成的一种崭新媒体形式。相比于传统媒体，融媒时代的新闻传播发生了诸多变革，传播形式从过去的点对面向点对点、从单向向深度交互、从线性向泛在线转变，受众从被动接受向主动选择转变，微博、微信、QQ、抖音等社交平台已然成为"新高地"。

融媒体时代的新闻写作也发生了变化。写作主体从过去的专业记者向"人人皆记者"转变，内容从过去的新闻事件主体向相关多元信息转变，而受众要求也从基本的事实报道向高质信息服务转变。

二、特征

融媒体时代，技术赋予了新闻写作素材搜集、话语表达更多元、更智能化的空间，同时新闻稿件被要求更细致、全面、深入地反映社会事实及其思想内涵，新闻写作理念、话语表达、技术使用、稿件体制等方面都出现了新特征。

（一）时效性

融媒体时代快速、便捷的新闻获取决定了新闻写作的时效性。受众通过移动终端能够随时、随地获取新闻信息，通过社交平台发布新闻信息。因此对专业新闻写作的时效性要求更高。

（二）可感性

融媒体时代新闻写作超越了单一文字表述。图片、数据、超链接、视频等多重视听符号较大限度提升了受众的可观和可感性。其主要表现是，文字表述非线性化、图片应用常态化、音视频应用场景化、动画应用普及化，最后的新闻文本是多元视听符号所集成的。

（三）技术性

技术驱动媒体融合，相应地，新闻写作也呈现出较强的技术性。新闻写作可以充分使用网络平台参考引用方方面面的相关信息丰富新闻文本的内容，也可以借助大数据、AI智能等技术，极大地提高写作效率。

（四）融合性

新闻写作的融合就是将不同平台、终端的信息实现一体化组合。传统的媒体，如报纸、电视、广播等，相互之间是独立的，相应的新闻写作也只需按照单一的媒介要求进行。融媒体时代，新闻传播一体化采写，多渠道分发；新闻写作，则在虚拟现实的复杂网络空间实现，将多种形式的信息内容聚合在一起，为用户提供丰富多样的选择，从而呈现出多链接、多组合、多互动的融合性特征，与传统新闻写作的简单叙事显著区别开来。

（五）风险性

融媒体时代，信息公开、资源共享，人人为传播者。常因发布者素养参差、缺乏训练、无人审核等现实情况，文本出现内容混乱、真实性下降、"标题党"泛滥、侵犯隐私等质量问题，甚至造谣生事、违法乱纪，引发重大社会舆论。因此，人们在享受高效快捷的新闻资讯的同时，也要面对文本总体质量下滑带来的风险挑战。

三、分类

融媒体时代的新闻文本，在传统的体裁、写作模式的基础上创新、发展，涌现出了一些新类型、新样式。

（一）按照新闻体裁分类

（1）消息——使用最为广泛的新闻体裁，要求简明扼要地报道新闻事件。

（2）通讯——综合运用叙述、描写、议论、抒情等多种手段，较为全面、深入地反映新闻事件或典型人物。

（3）专题报道——对新闻事件进行详尽、深入地报道，追求信息的历史、现状和未来层面的阐释。通常会进行专题的设置，如建党百年专题报道、载人航天专题报道等。

（4）报告文学——对新闻事件真实和艺术的双重呈现。既要真实，与客观存在具有直接对应关系，还要有典型性、艺术化的表现处理。

（5）新闻评论——对社会议题从政治、思想和理论层面分析、阐述态度主张，具有较强的舆论引导性。

（二）按照新闻内容分类

（1）时政新闻——对国家政治生活中正在发生或发生不久的事实的报道，更强调严肃性与真实性特征。

（2）社会新闻——对社会生活中人民关注的事件、问题、现象以及道德风尚、风俗习惯等动态进行报道，具有一定的现实教育意义。

（3）财经新闻——采集、报道、发布财经领域的新闻，具有鲜明的专业性，融媒体时代更加注重"内行"的垂直性要求。

（4）科技新闻——对科学技术领域新近发生的事实的报道，具有较强的解释、普及作用。写作上要求把晦涩难懂的科学新概念、新技术通俗易懂地表达出来。

（5）体育新闻——针对全球范围的体育赛事、体育活动以及体育事件所做的新闻报道，具有较强的国际化特征。

此外，还有娱乐新闻、教育新闻、军事新闻乃至汽车新闻、房产新闻、彩票新闻、游戏新闻等，这些新闻依据主要报道的内容呈现出不同的特征和要求。

（三）按照信息载体分类

（1）图片新闻——图片能直观展现文字报道无法表达的新闻主体信息，还有装饰性、纪实性的作用。无论是传统媒体还是融媒体，新闻图片都备受重视。手机拍摄功能强化并普及后，图片新闻已无所不在。

（2）数据新闻——通过对数据的筛选、提炼、再加工以及有效使用，更全面、深入、立体、可感地呈现事件，强化内在观点和思想的新闻。例如，新冠肺炎疫情的数据新闻报道成了人们了解新冠肺炎疫情发展动态的一个重要窗口。

（3）视频新闻——通过视频、音频、图文的共同使用进行新闻事件报道。几种符号互相解释和补充，可极大地提升新闻的直观可感性。短视频新闻已成为融媒时代最主要的新闻类型。视频新闻中的"解说词"是写作重点，要与视频同步，有较强的内在逻辑和引领性，简洁生动。

（四）按照传播渠道分类

基于互联网的新闻传播渠道主要有两类：一类是以媒体网页、客户端为主，另一类是以媒体开设微信公众号、微博，入驻短视频平台为主。二者均具有"参与性强、交互性深"的特征。

（郑珊珊　撰写）

第二节　消息

消息是在报纸、广播、电视、网络等各类媒体中使用最为广泛的一种新闻体裁。我们每个人每天都会接收到各种各样的消息，但并不是所有的消息都有新闻价值。那么，什么是消息呢？

一、概念

消息即狭义的新闻，是用简洁明快的语言、迅速及时如实报道国内外新近发生的、为人们普遍关心的、具有新闻价值的事实的一种新闻文体。很多消息还配有图片、视频。

二、种类

（一）动态消息

动态消息是指简明及时地报道国内外新近发生的重大事件、重要活动的新闻报道。动态消息对时效性的要求较高，内容简明扼要，语言精练简洁。一句话新闻、简明新闻、标题新闻、要闻、快讯、滚动新闻、倒计时报道、现场直播等均属于动态消息。

（二）经验消息

经验消息是对一些具体部门、单位或行业的工作经验进行总结传播的新闻报道。

（三）综合消息

综合新闻是指把发生在不同地点、单位却又性质相同的事实综合在一起，体现同一个主题的新闻报道。综合消息的内容丰富，能够让读者看到新闻事实的整体全貌，了解新闻事件的整个过程。

（四）述评消息

述评消息是指在叙述新闻事实的同时，针对新闻事实发表作者观点与看法的新闻报道。

三、特点

（一）真实性

真实是新闻写作的生命，也是消息写作的生命。事实胜于雄辩，用事实说话，是消息写作的重要特征。这就要求在消息写作中，出现的时间、地点、人物、事件、数据、经过等信息必须真实可靠、准确无误。一旦出现虚假信息，就会严重损害新闻的可信性与权威性，甚至造成极大的社会危害。

（二）时效性

时效性是消息的重要特征。在新闻的各种文体中，消息对时效性的要求最高。在传统的纸媒时代，这种时效性可能是要求周报、日报。但随着新媒体时代的到来，信息的传播速度极大提高，甚至以分秒计算，这就更凸显了消息时效性的重要性。比较典型的是新华社微信公众号的"刚刚体"，以消息简、文字精、篇幅短的特点极大地凸显了新闻的时效性。①

（三）简明性

消息的文字少、篇幅小，行文简洁明了，少则十几个字，多则几十字、几百字。

四、写作方法

消息虽然简短，但也需要完整呈现新闻五要素（五个"W"），即 When（何时）、Where（何地）、Who（何人）、What（何事）、Why（何故）。也就是说，要说清楚新闻发生的时间、地点、涉及人物、具体事件以及原因。有时候还要加上 How（如何），解释新闻事件的发生、发展、结果等过程。

消息的结构比较固定、简单。常见的结构形式有"倒金字塔式结构""时间顺式结构""悬念式结构"等。最常见的消息写作采取"倒金字塔式"结构，就是把最重要的信息放在前面，次要的信息放在后面。在传统媒体时代，"新华体"是"倒金字塔式"结构的代表。但随着新媒体时代的到来，新闻媒体生态、读者阅读习惯都发生了改变，"三贴近""走转改"等新闻改革持续推进，新华社的新闻报道也改变了居高临下的文风，转变为清新与

---

① 雷珏莹，王鹏飞. 自媒体视域下"新华体"的逻辑嬗变——以新华社"刚刚体"走红为例［J］.传媒观察，2019（7）：24-29.

大气并存、深度与温度融会的"新新华体",强调"短、新、实、深",以短小却不失深度的文字报道吸引受众,用来自生活与实践的极具现场感和形象感的故事化叙述贴近并启迪读者,大大增强了新闻报道的可读性和文字感染力。[①]

消息的构成要素包括标题、消息头、导语、主体、背景、结尾共六个部分。

(一)标题

标题是对消息内容集中凝练的表达,具有表达消息主要内容、引起读者关注阅读的重要功能。俗话说:"题好一半文。"一个好的标题能够引起读者的阅读兴趣,文章就成功了一半。因此,消息的标题要尽量简明、准确地概括消息的主要内容,以引起读者兴趣,帮助读者从标题上就可以把握新闻事实的核心内容。

消息的标题可以分为引题、正题、副题三种。引题起到揭示消息的意义、交代背景、说明原因、烘托气氛的作用。正题起到概括与说明主要事实和思想内容的作用。副题起到补充说明情况、提示事实结果或做内容提要的作用。

根据不同标题的使用情况,可以分为三类。

1. 三行标题

引题:半个多世界的"0"甩进了太平洋

正题:奥运会第一枚金牌为我夺得

副题:许海峰百步穿杨居魁首　　曾国强力举千钧占鳌头

(《中国青年报》1984 年 7 月 31 日)

2. 双行标题

正题:北京地铁全网启动自动核验健康码

副题:乘客出行须持 72 小时内核酸阴性证明,已升级乘车卡、乘车码乘客走系统核验通道

(《新京报》2022 年 6 月 10 日第 A10:北京新闻)

引题:学员增多、优势独特、政策扶持……

正题:冬奥东风吹热福州冰雪运动

(《福州晚报》2022 年 2 月 12 日第 A01:要闻·导读)

3. 单行标题

正题:国际体育界向北京冬奥筹备投出"信任票"

(新华社北京 2022 年 1 月 22 日电)

具体使用哪种标题形式,我们需要根据新闻的重要程度和具体内容确定。也有研究者认为,网络开辟了新闻阅读的新时代,读者更乐于在快速扫描式阅读中"猎取"关键词句,挖掘对自己有用的新闻信息,标题的重要性就更加突出。由于网络新闻以网页的形式存在,

---

① 吕艺,陈彦蓉.从"新华体"到"新新华体"——浅析新华社报道文风创新的实践与意义[J].中国记者,2015(10):40-44.

消息的标题和正文是分开的，难以容纳正、副标题、虚题的复杂形式。因此，网络新闻消息的标题要更明确、更简洁、更突出主题。网络新闻消息宜采用单标题的形式，以更为直接、简单、实用的主谓宾结构或一个精练句子，概括整条新闻的主要信息。[①]

需要注意的是，在融媒体时代，为了吸引读者注意力、赚取网络点击量，不少消息标题运用夸张的、吸引眼球的语言，夸大甚至扭曲新闻事实，如"震惊……""万万没想到……""中国几亿人都不知道的事情，你知道吗"等，但消息内容与标题所说往往是不相符合甚至离题万里。这就是典型的"标题党"。我们在写作消息标题时，一定要注意避免出现"标题党"现象，既要思考如何增强标题的表现力和吸引力，也要守住新闻真实性的底线。

（二）消息头

通常一篇消息的开头会有"本报讯"或"本报记者×××报道"或"××社××地×月×日电"的字样，反映的是播发新闻稿件的单位名称、记者姓名、地点、时间、方式等，这就是"消息头"。例如，《高亭宇、赵丹将担任北京冬奥会中国代表团开幕式旗手》新华社北京1月30日电（记者王镜宇、刘阳、林德韧）。

（三）导语

导语是指一篇消息的第一自然段或第一句话，是从消息中提炼出的最主要、最新鲜的新闻事实。导语的常见写法有叙述式、提问式、描写式、评论式、引用式等。

1. 叙述式导语

叙述式导语是指用简明扼要的语言将消息中最主要的内容直接叙述出来的导语形式。比如，《八年覆盖29省份："力度最大的一次高考改革"》："2022年秋季学期，四川、陕西、河南、宁夏、内蒙古、云南、山西、青海八省份的高一学生将迎来新高考改革。这是第五批启动新高考改革的省份。回溯新高考改革的历史，从2010年教育规划纲要所确定的考试招生制度改革方向，到2014年开始，分批落地。取消文理科，分类考试，综合评价，多元录取。"（《南方周末》2022年7月7日）。再如，《北京12家零售店探访：价签字小不易辨认，3家仍存"雪糕刺客"》："近一个月来，'雪糕刺客'成为社会广泛讨论的热门话题。不知名、无标价、价格贵，是雪糕刺痛消费者的三大要素。"（《新京报》2022年7月13日）

2. 提问式导语

提问式导语是通过设问突出新闻主题、引起阅读兴趣的一种导语形式，一般是边问边答。比如，《长江究竟有多长？源头在哪里？》："长江究竟有多长？源头在哪里？经长江流域规划办公室组织查勘的结果表明：长江的源头不在巴颜喀拉山南麓，而是在唐古拉山主峰各拉丹冬雪山西南侧的沱沱河；长江全长不止5800公里，而是6300公里，比美国

---

① 喻季欣，邢莉莉.网络新闻消息的文本与写作［J］.新闻与写作，2012（2）：80-82.

的密西西比河还要长，仅次于南美洲的亚马逊河和非洲的尼罗河。"

3. 描写式导语

描写式导语是指生动形象地描写新闻事件的场景、氛围、细节的导语形式。比如，《惊！险！幸！短道队斩落北京冬奥会中国首金！》：

10米，5米，1米……人们的心提到了嗓子眼。武大靖似乎嗅到了意大利选手飞一般迫近的危险，奋力向前，然而他的双腿仿佛被冰面粘住了。

"哇！"震天的欢呼声在首都体育馆响起。0.016秒，武大靖捍卫了中国队在5日晚的短道速滑混合团体接力决赛中的优势，守住了中国体育代表团在万众瞩目的北京冬奥会上的首金！

2分37秒348！中国队以一个刀尖的优势摘下这支"王牌军"的第11枚冬奥会金牌。

再如，《在杭州，你有没有发现，越来越多老街竞绽新颜》：

"桥上行人桥下舟，茶香酒馥曲无休。"

初夏，如果你去桥西历史文化街区走一走，会有一种全新的感受——原来的建筑外立面更新升级，沿街新增了国潮、非遗手作等新业态，街边绿化带更精致有序……

近几年，杭州城市建设日新月异的同时，老街老巷改造升级也进行得如火如荼。记者昨天从杭州市运河集团获悉，改造提升后的桥西历史文化街区已正式对外亮相。（《钱江晚报》2022年6月10日）

4. 评论式导语

评论式导语是通过叙述与议论相结合的方式引入新闻的导语形式。比如，《东京奥运会苏炳添：9秒83自己也不敢相信 两枪都破10秒是飞跃》："一战封神！中国选手苏炳添在东京奥运会男子100米半决赛中，跑出9秒83，以半决赛第一晋级决赛，同时创造了新的亚洲纪录。在两个多小时后的决赛中，苏炳添再次打开10秒大关，以9秒98的成绩获得第六名，创造了中国田径新的历史！"

5. 引用式导语

引用式导语是指引用新闻当事人、知名人士的原话以表现新闻主题的导语形式。比如，《再给后代五千年》："'我们能不能再给子孙后代五千年？'当全国人大委员会副委员长费孝通提出这个看似突兀的问题时，在场者始则愕然，继则沉思。"（《经济日报》1992年6月1日）。再如，《算力提升，人工智能正进入"细分赛道"》："'今年年底，商汤科技坐落于临港的"商汤智算中心"即将投入试运行。'上海人工智能（AI）独角兽企业商汤科技联合创始人杨帆在2021世界人工智能大会前夕透露，该平台建成后，其算力可支持同时接入850万路视频，一天内可处理时长相当于23600年的视频，也就是从旧石器时代晚期不间断录制到今天的长度。"（《文汇报》2021年7月9日）

不同的写法会起到不同的阅读效果。但总体上，导语的写作要求能够突出新闻的要点和亮点，抓住读者的注意力，吸引读者继续读下去。特别是在网络新闻中，更需要在导语中浓缩新闻中最有价值的部分，突出最关键的2到3个"W"，以关键词吸引读者。

（四）主体

主体是消息的主干部分。它是在导语之后，对导语提示的主要信息做进一步的补充，对新闻全部事实做进一步的陈述，进而呈现更丰富的新闻信息、表现更完整的新闻事实。主体的写作要避免与导语的内容简单重复。

（五）背景

背景是指新闻事件发生的时代背景、社会背景、历史背景、现实背景等，具有拓展内容、烘托主题、加深理解的作用，回答的是五个"W"中的 Why（为什么）。常见的消息背景有三种：对比性的背景、说明性的背景和注释性的背景。背景的位置并不固定，可以灵活穿插在消息导语、主体或者结尾之中。

（六）结尾

结尾是指消息的最后一段或最后一句话，作用是加深读者对消息内容的理解。有的时候，特别是对于短消息来说，不需要独立的结尾，主要新闻事实叙述完以后，消息也就自然结束。

背景和结尾不是消息的必备要素，可以根据情况取舍。

例文：习近平回信勉励北京体育大学研究生冠军班学生

为建设体育强国多作贡献　为社会传递更多正能量

中共中央总书记、国家主席、中央军委主席习近平 18 日给北京体育大学 2016 级研究生冠军班全体学生回信，对他们提出勉励和期望，并向北体大全体师生和正积极备战奥运等赛事的运动员、教练员致以诚挚问候。

习近平在回信中说，得知你们珍惜深造机会，边努力学习，边刻苦训练，积极参与全民健身推广工作，我感到很高兴。

习近平表示，我看过你们不少比赛，每当看到我国体育健儿在重大国际赛事上顽强拼搏、勇创佳绩、为国争光时，我从心里面为大家喝彩。新时代的中国，更需要使命在肩、奋斗有我的精神。希望你们继续带头拼、加油干，为建设体育强国多作贡献，为社会传递更多正能量。

2003 年，北京体育大学创办研究生冠军班，专门招收奥运会、世锦赛和世界杯赛中获得单项冠军和集体项目冠军的运动员及其教练员。2016 级研究生冠军班现有学生 24 人，其中奥运会冠军 8 名，世界冠军 14 名，冠军教练 2 名。近日，该班全体学生给习近平总书记写信，汇报学习、训练和工作情况，表达了为体育强国建设贡献力量的热情和决心。

点评：这篇消息采用了常用的"倒金字塔式"结构，是典型的"新华体"。第一段为导语，简要介绍了主要新闻事实。第二、三段是主体，完整呈现了回信的主要内容。第四段是背景，介绍了北京体育大学研究生冠军班特别是2016级研究生冠军班的基本情况。

（黄二宁　撰写）

附：习近平给北京体育大学 2016 级研究生冠军班全体学生的回信（全文）

北京体育大学 2016 级研究生冠军班的同学们：

你们好！来信收到了，得知你们珍惜深造机会，边努力学习，边刻苦训练，积极参与全民健身推广工作，我感到很高兴。

我看过你们不少比赛，每当看到我国体育健儿在重大国际赛事上顽强拼搏、勇创佳绩、为国争光时，我从心里面为大家喝彩。新时代的中国，更需要使命在肩、奋斗有我的精神。希望你们继续带头拼、加油干，为建设体育强国多作贡献，为社会传递更多正能量。祝你们学业有成。请转达我对北体大全体师生和正积极备战奥运等赛事的运动员、教练员的诚挚问候！

习近平

2019 年 6 月 18 日

第三节　通讯

一、概念

通讯，是综合运用叙述、描写、议论、抒情等多种手段，较为全面深入地反映新闻事件或典型人物的一种新闻文体。

二、种类

根据报道内容的不同，新闻通讯可以分为人物通讯、事件通讯、工作通讯、风貌通讯等。

（一）人物通讯

人物通讯是以报道社会各个领域涌现的先进代表人物为中心的通讯。人物通讯集中描写先进人物的主要事迹、思想认识、精神境界，为社会树立学习的榜样，激发社会学习先进人物的正能量。比如，《县委书记的好榜样——焦裕禄》（《人民日报》1966 年 2 月 7 日）、《领导干部的楷模孔繁森》（《人民日报》1995 年 7 月 4 日）、《大地之子黄大年》〔新华社北京（2017 年）11 月 23 日电 记者吴晶、陈聪〕等。

（二）事件通讯

事件通讯是以报道典型的、有普遍教育作用的新闻事件为中心的通讯。相对于以人物为中心的人物通讯，事件通讯以事件为中心，重在反映国内外发生的重大新闻事件，展示重大新闻事件发生的原因、过程及影响。比如，《爱国烈焰——世界杯女足赛决赛追记》（新华社华盛顿（1999 年）7 月 13 日电）。有的事件通讯直接面对社会生活中的黑暗面，追问社会问题形成的根源，引起人们的反思，促进相关工作的改进。比如，《被收容者孙志刚之死》（记者陈峰、王雷《南方都市报》2003 年 4 月 25 日）是《南方都市报》的一篇事件通讯，直接促使了收容遣送制度的废止，体现了新闻媒体推动社会进步的重要作用。

（三）工作通讯

工作通讯是总结各行各业在实际工作中的经验和教训，或者探讨有争议的亟待解决的问题的报道。不同于事件通讯，工作通讯以某一项工作为中心，以反映工作进展、凸显工作成效、总结工作经验为主，发挥主旋律作用，传播新闻正能量。比如，《冬奥之光照亮人类前行之路——以习近平同志为核心的党中央关心体育事业和北京冬奥会、冬残奥会筹办工作纪实》〔新华社北京（2022 年）1 月 31 日电 记者马邦杰、黄玥、张骁、杨帆〕、《脱贫攻坚路上的磅礴体育力量》（《中国体育报》2020 年 12 月 10 日）等。

（四）风貌通讯

风貌通讯是反映社会生活各个方面的建设成就、悠久独特的风土人情的报道。与事件通讯不同，风貌通讯不是围绕一个主要事件来写，也不完整展示一件事的发生、发展过程，而是围绕一个主题，汇集各方面的信息，烘托、深化读者对建设成就、风土人情的认识。比如，2018 年 8 月，中宣部组织"大江奔流——来自长江经济带的报道"大型主题采访活动，全景展现长江经济带转型发展之路，就是典型的风貌通讯。一般采取"巡礼""纪行""散记""侧记"等形式。比如，《中国改革再扬帆——庆祝改革开放 40 周年大会侧记》〔新华社北京（2022 年）12 月 18 日电，新华社记者霍小光、张晓松、朱基钗、丁小溪〕等。

三、特点

（一）新闻性

作为新闻报道的一种重要文体，新闻性是通讯最重要的特点。也就是说，一篇通讯要有比较重要的新闻价值，要是最近发生的重要事件，内容方面要真实准确。

（二）形象性

与文字较少、篇幅较短的消息相比，通讯的篇幅一般较长，信息容量较大，涉及的人物、事件较多，要把重要的新闻人物写深写活，要把复杂的事情讲清楚、说明白，要把某一项工作的经验分析好、总结好，就需要在写作时调动更多的修辞手法，增强文章的可读性、感染力、说服力。

（三）评论性

通讯的写作往往带有一定的立场，或是反映先进人物，或是总结工作经验，或是揭露社会问题。不论是什么立场，作者在写作通讯的过程中，都可以通过夹叙夹议的形式发表评论。比如，《中国改革再扬帆——庆祝改革开放 40 周年大会侧记》（新华社北京 12 月18 日电，新华社记者霍小光、张晓松、朱基钗、丁小溪）中有一段：

这是站在百年未有之大变局的时代关口，对中国改革开放世界意义的自信与豪迈。

习近平总书记的讲话历时 1 小时 20 多分钟，现场响起 32 次热烈掌声。

掌声，献给波澜壮阔的历史——

改革开放 40 年实践，以铁一般的事实充分证明，改革开放是党和人民大踏步赶上时代的重要法宝，是坚持和发展中国特色社会主义的必由之路，是决定当代中国命运的关键一招，也是决定实现"两个一百年"奋斗目标、实现中华民族伟大复兴的关键一招。

掌声，献给砥砺奋进的新时代——

党的十八大以来，以习近平同志为核心的党中央以巨大的政治勇气和强烈的责任担当，全面深化改革，扩大对外开放，啃下不少硬骨头，闯过了不少急流险滩，推动党和国家事业取得历史性成就、发生历史性变革，掀开了改革开放新的历史篇章。

掌声，献给光明灿烂的美好前景——

"必须坚持党对一切工作的领导""必须坚持以人民为中心""必须坚持马克思主义指导地位""必须坚持走中国特色社会主义道路"……一系列宝贵经验，为新时代坚持和发展中国特色社会主义指明方向。

掷地有声的话语，久久回响在人民大会堂。

四、写作方法

（一）主题

主题是作者通过通讯文本表现的主要观点，是贯穿通讯作品的思想主线，是一篇通讯的灵魂。一篇通讯是否成功、是否能产生社会影响，很大程度上取决于主题的提炼。一个好的主题既要反映时代特征，也要具有现实意义，要正确、鲜明、新颖、集中、深刻。

（二）选材

选材就是通过采访和了解，选择那些能够集中体现通讯主题的典型材料、背景材料、细节材料等。选择的材料首先必须真实可靠，不能出现虚假材料；其次必须具有典型性，能够集中鲜明地体现通讯主题；最后必须鲜活生动，具有个性。

（三）结构

从结构上来说，通讯主要由标题、开头、主体和结尾组成。

1. 标题

相对于消息标题，通讯标题的自由度更大一些，既可以运用比喻、借代、拟人、谐音等多种修辞手法，也可以引用诗词名句、民间俗语、网络热词等接地气、生活化的表达，使得通讯的标题生动活泼、形象贴切。比如，《"学渣"是如何逆袭为"大师"的？》《安得广厦千万间 灾区群众尽欢颜——四川震后一千万群众全部安置纪实》等。

2. 开头

相对于消息开头的导语，通讯开头的写法更为多样，总的要求是新鲜、生动、形象。可以抛出问题，设置悬念，也可以描写环境，渲染气氛；可以发表议论，也可以抒发情感；可以写场景、写对话，也可以说情况、讲故事等。比如，《县委书记的榜样——焦裕禄》："一九六二年冬天，正是豫东兰考县遭受内涝、风沙、盐碱三害最严重的时刻。这一年，春天风沙打毁了二十万亩麦子，秋天淹坏了三十多万亩庄稼，盐碱地上有十万亩禾苗碱死，全县的粮食产量下降到了历史的最低水平。就是在这样的关口，党派焦裕禄来到了兰考。"（《人民日报》1966 年 2 月 7 日）

3. 主体

主体是通讯的主干，是在导语的基础上，对新闻人物与事件的充分展开和有效补充，起到进一步表现新闻人物、展现新闻事件、深化新闻主题的作用。内容上要充分运用收集到的各种素材，进行去粗取精、凝练概括，做到真实准确、生动形象。主体部分的结构方式大概有时间顺序式、并列式、递进式等。

4. 结尾

结尾是一篇通讯的结束，既要能够呼应主题、总结全篇，也要能够引发共鸣、升华主题。结尾通常有三种写法：一是以议论结尾，二是以场景结尾，三是以抒情结尾。比如，《扶贫干部黄文秀：新时代的青春之歌》的结尾是："在百坭村，越来越多的年轻人开始返乡，投身到乡村建设中。'村里每天都在变化，大家都特别拼，努力用实实在在的成绩去告慰文秀。'新'接棒'的百坭村驻村第一书记黄旭说，'文秀曾说，个人的追求融入党的理想之中，理想才会更远大，参与乡村振兴，做好接力，是我们这些青年党员的光荣。'"

（四）语言

与消息简明的语言风格相比，通讯的语言风格可以更多样一些，可以综合运用叙事、描写、议论、抒情等，营造场景，构思情节，展现细节，呈现对话，表现人物。

五、消息与通讯的异同

消息和通讯都是新闻报道的重要文体，共同点是都要求有新闻价值、内容上真实准确。不同点主要有以下几个。

1. 时效要求不同

消息对时效性的要求更高，一般以简短的文字迅速地进行报道。通讯需要进行深入全面的报道，需要花费更多时间调查、写作。因此，通讯在时效性的要求上相对低一些。

2. 详细程度不同

消息的篇幅一般比较简短，概略地传递新闻信息，一般只是如实呈现新闻事件本身的信息，不展开描写细节。通讯的篇幅一般较长，需要通过场面、细节、背景等的详细描写，全面反映新闻事件和新闻人物。

3. 表达手法不同

消息以叙述为主，辅以描写、议论、抒情等。通讯则在叙述的基础上，综合运用描写、议论、抒情等手段，在修辞手法的运用上也更为自由、多样，文学性更强。

4. 结构方式不同

消息主要采用"倒金字塔式"结构，把最重要的信息放在导语中，然后补充展开，在结构上不追求过多变化。通讯则需要根据新闻主题和内容设计更合适的结构，或按时间顺序，或按空间顺序，或按逻辑顺序，更富于变化。

例文：

大年三十，记者来到全军驻地海拔最高的边防连，感受戍边官兵的家国情怀——

屹立在喀喇昆仑之巅

本报记者　夏洪青、蔡鹏程、李、蕾　　特约记者　许必成

大自然是如此吝啬，夺走了这里 60% 的氧气，使之成为"生命禁区的禁区"。

大自然又是那么慷慨，把喀喇昆仑之巅的雪域奇观，毫无保留地展现给一群年轻的士兵。

5418 米，这个令人望而生畏的数字，是河尾滩边防连的海拔高度；也是屹立在这里的戍边军人的精神高度。

河尾滩边防连是什么样？英雄的守防官兵又是一群什么样的人？带着敬仰与向往，记者一行乘车翻雪山，上达坂，过冰河，于农历大年三十 16 时 30 分赶到连队，聆听这里的戍边故事。

有一种思念，叫不敢相见

气喘吁吁地爬上连队门前的50级台阶，记者首先看到的是被皑皑白雪映衬得分外醒目的五星红旗和大红灯笼。

走进宿舍，上等兵李明辉正在视频聊天。"妈，别担心，我在这里挺好的！您看，山上啥都不缺。"看到母亲，李明辉移动手机，让母亲看看窗户上的剪纸、墙上的中国结、桌上的新鲜水果，但摄像头始终没有对向自己。"儿呀，让妈看看你！""妈，信号不好，我先挂了。"

在上山的路上，团政委胡晨刚曾告诉记者，为解决长期困扰守防官兵的通信难题，上级协调有关单位专门为连队建了通信基站，营区里随时能通电话、通网络。记者疑惑：李明辉为啥要"说谎"？

连队指导员崔阳阳解开谜团：许多战士视频时都不敢照脸，怕家人看见自己的样子揪心。

记者仔细打量李明辉发现，由于长期缺氧、暴晒和爬冰卧雪，他嘴唇发紫，铺满"高原红"的脸上留有多个被紫外线灼伤的瘢痕，粗糙的双手上裂开了一道道口子……战士们说，越是过年越想家，越是想家越不想让家人看到自己的模样。

在高耸入云、寸草不生的无人区，守防官兵长期经受着身体与心理的极限考验。曾任连队指导员的股长马龙飞向记者回顾起这样几个情景——

有的战士身体反应大，没有食欲，吃饭不动筷子。焦急的连队干部被迫命令大家吃。战士们吃了吐、吐了还得吃，连队干部流着泪在一旁监督。

采访中记者得知，连队已婚官兵都拒绝军嫂上山来探亲。"不是不想见，是不敢见。不想让她来受这个苦，也不想让她知道我的苦。"上士张斌说。

丈夫的劝阻，没能改变军嫂谭杨上山探亲的决心。2017年春节前，她克服重重困难来到河尾滩，探望时任连队指导员的丈夫亓凤阳，成为迄今连队唯一上山探亲的军嫂。目睹丈夫工作的环境，看到战士们被高原风霜侵蚀的脸，谭杨心疼得泣不成声。

有一种大爱，叫转身离开

21时许，记者和连队官兵围在一起包饺子。下士段天词动作娴熟，他告诉记者，入伍前在家过年，大年三十晚上他都会陪着父母包饺子。

"想家了吧？""嗯，我妈有糖尿病，腰内还有钢板，担心她！"刚才还有说有笑的段天词，说到父母时眼泪直打转。

茫茫雪域，远离繁华。遥隔千里，心中有家。然而，特殊的身份与使命，使在这里为国尽忠、戍守边关的官兵不得不远离家人，无法完全尽到儿子之孝、丈夫之义、父亲之责，他们因此深感内疚。

有段时间，连队任务重，正在执行任务的上士马双喜收到妻子从山下捎来的信：不到一岁的孩子大腿骨折，急需到外地专科医院检查确诊。任务紧急，马双喜无法立即撤出战位。完成任务后，他准备请假往回赶，突遇大雪封山，道路中断。3个月后，马双喜才急匆匆赶到家。

随军随队，是一件令军人军属们高兴的事，因为这意味着两地分居的结束。但对于河尾滩官兵的妻儿来说，千里迢迢随军来到部队后，仍然要过着两地分居的日子。因为，连队所在边防团的家属院，离哨所还有近千公里，海拔落差4000多米。团聚，对他们来说实在太难了。

山下的家人遥望山上，山上的官兵牵挂山下。正在连队和官兵一起过年的营长侯法营说起山下的妻儿，心情有些复杂。那次回家探亲，孩子拉着他的手向小伙伴们宣告："你们看，我有爸爸，我有爸爸！"听到孩子的话，侯法营心里很不是滋味。

那年，列兵魏武的父亲遭遇车祸生命垂危，连队请示上级后为他批假，并协调送给养的车捎他下山。当他辗转回到家，父亲已去世。料理完父亲的后事返回部队时，姐姐推着轮椅上的母亲把他送到村口。魏武一步一回头，走了很远还看见母亲向他挥手。没想到，这一转身，竟成永别。7个月后，母亲因忧伤过度离开人世。强忍着父母双亡的悲痛，魏武递交了选取士官的申请，继续留在雪山守防。这一留，又是6年。

对于河尾滩边防连官兵而言，家是那么远，又是那么近。近在心里，远在天涯。他们转身离开家的时候，心里装着一个更大的家。

有一种春天，叫守望雪山

夜幕降临，窗外雪花飞舞，室内欢歌笑语，一场由连队官兵自编自演的雪山春晚正在进行。上等兵陈涛涛和张保龙表演的二人转说唱《擦皮鞋》逗得大家前俯后仰。

排长张军提醒大家动作幅度小一点，当心高原反应。这时，下士高国龙无意间冒出一句："要是巴依尔班长在，他肯定会唱那首《父亲的草原母亲的河》。"

晚会现场顿时安静了下来，张军用眼瞪了高国龙一眼。记者明白，他是在责备高国龙不该在这个时候勾起大家的心痛往事。

中士叶尔登巴依尔·红尔是连队的狙击手，体能在全团数一数二。巡逻路上，他经常弓着腰，让战友踩着他的背爬上雪坡。

强健的体魄，没有抵挡住高原的侵蚀。2016年年初的一次执勤任务中，他出现头痛、胸闷等高原反应。在高原摸爬滚打好几年的巴依尔并未在意，因为这些症状在河尾滩早已司空见惯。直到第3天，他出现昏迷症状，被紧急送往400多公里外的高原医疗站。诊断结果令人震惊：脑水肿、心肌炎。军医全力抢救，还是未能留住巴依尔年轻的生命。

在大雪纷纷的春天，这名25岁的边防士兵永远地离开了。如今，在康西瓦烈士陵园碑林的最后一排，一座新的墓碑面朝雪山，静静伫立。

河尾滩的官兵，是在用生命守卫祖国的领土主权。他们常年经受极度高寒缺氧爬冰卧雪，用血肉之躯铸就起了钢铁边关。

在一次巡逻途中，下士李栋与战友走散，遭遇雪崩被困。艰难等待10多个小时后，连队救援官兵终于赶到。饥寒交加、筋疲力尽的李栋晕倒在地。第二天醒来，他发现脚趾已经失去了知觉。

"可能要截肢！"当医护人员告诉他这个消息，李栋冷静地说："少几个脚趾不是大问题，只要保住脚就行，我还得继续巡逻执勤。"

一句"我还得继续巡逻执勤"，彰显着这群年轻官兵的豪迈和无畏。虽然在这里有那么多让人泪目的故事，但在这群年轻官兵的脸上，记者看到的更多是灿烂的笑容。

因为有这样一个英雄的群体守卫，河尾滩虽然高寒缺氧，但不缺温暖人心的微笑；虽然冰封雪裹，却难掩顽强生命的色彩。自然高原的海拔亘古不变，但精神高原的海拔，却因为一代代戍边军人的屹立不断增加……

昆仑之巅四季飘雪，全年只有一个季节。这里的守防官兵置身雪海，心里却春暖花开。

春暖花开，是因为他们戍边的身影，始终在习主席和中央军委关注关心关怀的目光里。这些年，河尾滩的戍边条件一直在改善……

春暖花开，是因为守防的每一天，那些"老高原""老边防"精神滋润出的精神之花、理想之花朵朵绚烂，盛开在海拔5418米的雪山哨所，盛开在官兵心中。

春暖花开，还因为在国门界碑一侧，在这些边防军人的身后，是不断发展前进中的伟大祖国，是收获了更多自信和勇气的13亿多中国人民……（《解放军报》2019年2月5日第01版）

点评：好的新闻"七分采，三分写"。本文作者翻雪山、上达坂、过冰河，历经艰险，于农历大年三十赶到全军驻地海拔最高的边防连，在海拔5418米的雪山之巅与驻防官兵一起过年、一同站岗，亲身体验边防战士艰苦的工作和崇高的精神。文章以朴实的笔触、感人的故事塑造了典型环境下的典型人物，向世人展现了"生命禁区"里官兵的生存状态，展现了中国边防军人的精神境界。该文主题鲜明、内容真实、感人至深，社会反响强烈，获第三十届中国新闻奖通讯一等奖。

（黄二宁　撰写）

第四节　新闻评论

随着融媒体时代的到来，传统媒体与以移动互联网为基础的新媒体融合发展，新闻评论的表达主体、传播渠道、传播形态、舆论生态等都在发生巨大变化。在人人都有麦克风、人人都是评论员的今天，微博、微信、短视频平台等都成为新闻评论新的传播平台，新闻评论与读者的互动也更为及时、便捷。舆论场上众声喧哗，既有理性的意见，也有不理性的发声，这就更凸显出新闻评论的重要性。新闻评论需要理性、客观、公正地分析新闻事件，进而引导社会舆论，形成共识。

一、概念

新闻评论是作者对新近发生的有新闻价值的重大事件、热点问题、社会现象等发表看法的新闻文体。国内外政治、经济、文化、法制、民生、教育、体育、娱乐等领域的重大事件或热门话题都可成为新闻评论的对象。在现实生活中，人们不仅需要了解新闻事实本身，也需要了解新闻事实出现的原因、意义以及可能的影响，也就是为什么（Why）和如何（How）。新闻评论常见的写作形式有社论、评论、评论员文章、时评、短评、编者按、专栏评论、评述等。

在新闻报道走向趋同的情况下，评论往往代表一家媒体的核心观念与基本立场。优秀的评论具有强大的价值导向与引领舆论的力量，在提高新闻舆论传播力、引导力、影响力、公信力方面有关键作用。进入网络媒体时代以来，面对爆炸式增长的海量信息，读者更需要独到而清醒的评论去帮助自己观察社会、理解世界。评论对人们日常生活与大众舆论导向的影响有增无减。评论的主体也不再局限于某一家媒体，而是呈现出泛化、个体化的特点，更多的个人成为新闻评论的主角。微博的大 V、微信公众号的大号，很多就是依靠独树一帜的评论吸引粉丝而逐步成长起来的。清晰、明白、有逻辑、有条理地表达观点，是新闻工作者应具备的职业素养，也是现代社会每个公民应具备的人文素养。

二、功能

（一）引导功能

通过评论，对重要新闻事件与重大社会问题发表看法、表明态度、指出问题、提出建议，帮助社会公众解疑释惑、明辨是非、形成共识，引导社会公众准确认识新闻事件的深层次意义，激发积极向上的进取力量。

（二）监督功能

通过评论，鞭笞假恶丑，弘扬真善美。对社会上出现的腐败、犯罪、丑恶现象进行深刻批评，激浊扬清、针砭时弊，督促相关部门改进工作，推动经济社会良性发展。

三、分类

新闻评论有多种分类方式。从评论内容看，可以分为政治评论、经济评论、社会评论、军事评论、文化评论、教育评论、体育评论、国际评论等；从评论功用看，可以分为解说型评论、鼓舞型评论、批评型评论、论战型评论；从论述角度看，可以分为立论性评论、驳论性评论、阐述性评论、解释性评论、提示性评论；从评论形式看，可以分为社论、编辑部文章、评论员文章、短评、快评、专栏评论、新闻述评、漫谈、杂感等。以下我们从论述角度出发，对各类新闻评论进行简要介绍。

（1）立论性评论。立论就是树立自己的论点。立论性评论是指从正面直接表达自己的观点并进行论证的评论。这种评论主要是针对新闻事件或社会问题，正面提出自己的观点和主张。比如，《将革命进行到底》《防疫不松劲，春耕不误时》《让社会正气生生不息》《激发各类市场主体活力》等。

（2）驳论性评论。驳论就是驳斥别人的论点。驳论性评论是指通过批评、反驳别人的观点进而表达自己的主张的评论，这就要有破有立、先破后立、破中有立。所谓"破"就是要指出别人观点的错误、荒谬及其原因。所谓"立"就是树立自己的观点，并且论证自己观点的正确、合理。比如，《丢掉幻想，准备斗争》《旗帜鲜明反对历史虚无主义》等。

（3）阐述性评论。阐述性评论是指以阐述党和政府的决策、部署、方针、政策等为主要内容的评论。比如，《准确把握体育强国的时代内涵》《立长远、强功能，让副中心建设全面上台阶》《夜间体育消费，如何才能成为北京城市新风尚？》等。

（4）解释性评论。解释性评论是对新闻事件进行解释、说明与评价的评论。比如，《"小学生毕业论文答辩"何以引发争议？》。

（5）提示性评论。提示性评论是对新闻事件进行提示与评价、引导读者进行深入思考的评论。比如，《警钟长鸣：防火防盗防事故》。

四、写作方法

（一）选题

评论写作的第一步是选题。要选择正在发生的具有重大社会影响、人们普遍关心的新闻热点、社会时事进行评论。比如，2022年北京冬奥会、冬残奥会成功举办，北京成为"双奥之城"。浸润中华文化、展现多元文化的开幕式，体现各国同台竞技、友好交往的运动员……都可以成为评论的选题。北京冬奥会结束后，《光明日报》推出三篇重磅评论文章——《这冰，这雪，这番精彩……》《用心，用爱，跨越山海……》《更绿，更美，更富生机……》，全方位回顾北京冬奥会的精彩瞬间，深入阐述北京冬奥会的重大意义。

（二）立论

立论就是确立作者的主要观点，贵在"准""新""深"。"准"是指准确，即评论的主要观点要建立在客观准确的新闻事实基础上，对新闻事件的分析要准确到位，不能捕风捉影，更不能出现思想错误。"新"是指新颖，即评论要针对新闻事件，结合新的数据、从新的角度，传达新的认识，给读者以新的思想启迪。"深"是指深刻，即评论要把新闻事件的来龙去脉、是非曲直讲明说透，透过现象看本质，使读者读了之后有醍醐灌顶之感。

（三）调查研究

"没有调查研究，就没有发言权。"要写出一篇好的新闻评论，不能只是"拍脑袋、抖机灵"，而是要建立在扎实的调查研究的基础上。这就要求作者能够尽可能搜集有关新闻事件的全部材料，对新闻事件有全盘的了解，然后经过本人充分的思考再进行写作。特别是处在当下网络媒体时代，信息时时都在更新，传播速度以分秒计算。这在客观上对新闻评论的时效性要求更高，也因此催生了很多短评、微评、快评。但需要警惕的是，网络新闻经常出现"反转"，一个信息出来之后，可能很快就会出现相反的信息。要写出经得起事实考验的评论，评论者就不能在真相未明的时候匆忙下笔。否则，建立在不完整甚至虚假信息基础上的评论，立论自然也无法成立，还可能误导舆论，造成不良的社会后果。

（四）标题

一个好的标题，是一篇新闻评论的点睛之笔。评论的标题要简明、集中、凝练地表达作者的论点。在具体写作中，可以用陈述句直接表明观点，可以用祈使句有力传达观点，也可以用疑问句吸引读者的好奇心，还可以用感叹句增强情绪，给人以思想与情感的双重冲击力。比如，《提早规划人生才能更好抓住职场机遇》《让体育成为我们人生的"种子"》《不能拍蒜的菜刀，到底是不是把好菜刀？》《还在相信"天坑"专业？别把兴趣与就业对立起来》等。

（五）开头

评论的开头要提出论题、亮出论点，尽可能写出读者最关注的事实、观点或问题，这样才能吸引读者读下去。

开头可以采用以下几种方式：一是开门见山式，直接把作者的观点告诉读者，让读者在接受作者观点的前提下进行阅读。二是事件引出式，以新闻事件为引子，简单介绍新闻事件的主要内容以及引起争议的主要观点，然后亮出作者的观点。三是设置悬念式，开头不直接表明作者观点，而是先列出新闻事实，让读者自行思考新闻事件的前因后果、是非曲直。

（六）主体

主体部分就是要分析问题、论证论点。一篇评论文章是否成功，主要就是看主体部分是否能够充分地摆事实、讲道理，是否能对文章观点形成有力有效的论证。这就要求我们在写作主体部分的内容时注意层次清晰、逻辑严密、论证有力。

在写作主体部分时，我们一般使用三种结构方式：一是并列式结构，就是先提出总论点，再从几个分论点来论证总论点，分论点之间是平行并列的关系；二是递进式结构，就是提出总论点，再从几个分论点对总论点进行层层递进、逐层深入的论证，分论点之间是依次递进的关系；三是对比式结构，就是运用对比的手法进行论证，在鲜明的对比中自然得出结论。

（七）结尾

结尾是评论文章的自然收束，既是对文章标题和开头的呼应，又是对文章观点的总结和升华。我们需要根据新闻评论的主要内容与论证需要选择不同的结尾方式，可以总结全文，也可以展示前景；可以揭示道理，也可以抒发情感；可以号召鼓劲，也可以提醒忠告等。比如，《"好说话"更要"干好事"》一文的结尾这样写的："无原则的'好说话'不值得提倡，但无论是干好实际工作，还是走好群众路线，我们都需要'好好说话'，待人接物态度端正、释放善意。在此基础上，分清是非对错、坚守制度规矩、崇尚实干担当，才能在'好话一句三冬暖'的同时营造风清气正的氛围、干出实实在在的业绩。"（《人民日报》，2022年7月12日05版）

（八）语言

新闻评论要能把深刻的道理和共有的常识讲得浅显易懂。在语言上，就要求简洁明快、清晰准确、生动形象、深入浅出，把深刻的思想、独到的见解与通俗的论述结合起来，实现逻辑性与形象性的统一、以理服人与以情动人的统一，让读者容易理解和接受，增强表现力、感染力与说服力。

五、体育评论

体育评论是对国内外最近发生的体育赛事、体育事件、体育现象的评价与论说。进入新时代，我国社会主要矛盾已经转化为人民日益增长的美好生活需要和不平衡不充分的发展之间的矛盾。美好生活离不开体育，体育也为美好生活注入了更丰富的内涵。公众对体育的关注和参与更多了，对体育评论的需求也日益扩大，电视体育新闻评论、网络体育新闻评论等的发展也日益繁荣。特别是在融媒体时代，体育评论不受时间、空间、版面的限制，每一个人都可以参与进来，成为一名体育评论员。

体育评论是新闻评论的一种，既要符合一般的新闻评论要求，也要具有独特的评论对象，对体育专业知识有更高的要求。通过体育评论的写作，可以向社会公众普及体育知识，也可以发掘体育新闻（包括体育人物、体育事件、体育现象）的深层价值与作用，还可以向社会公众传递体育正能量。比如，《运动，带来更多美好》《敢于拼搏就是最好的成长》《让传统体育再放光彩》《让更多孩子爱上足球》等。

体育评论大概可以分为两类：第一类是体育解说评论，评论与赛事同步进行；第二类是体育新闻评论，这是对体育赛事、体育事件、体育现象深层价值的挖掘与分析。我们这里主要讲第二类评论。

体育新闻评论对专业性的要求很高。要写好体育新闻评论，需要具备以下素养：一是要了解体育项目的历史与规则，二是要了解运动员的详细情况，三是要理解体育的重要地位和作用，四是要把握体育对社会的精神价值，五是要有深厚的文化储备。比如，前文我们提到的《光明日报》的三篇重磅评论文章《这冰，这雪，这番精彩……》《用心，用爱，跨越山海……》《更绿，更美，更富生机……》，都是对重大体育赛事的体育新闻评论。

通讯、评论文本

例文

女排精神为何具有穿透时代的力量

正在日本举行的女排世界杯上，中国女排一路过关斩将，势如破竹，力克美国队、巴西队等强敌。9 月 24 日，中国女排以 3∶0 的成绩击败肯尼亚队，获得本届女排世界杯的第八场胜利，并以全胜战绩结束了前两个阶段的比赛，朝着"升国旗奏国歌"的目标迈出重要一步。

说起中国女排，人们大多会联想到"女排精神"这个词。女排精神是中国女子排球队顽强奋斗、团结协作、勇攀高峰等精神品格的总概括。中国女排从峥嵘岁月中走来，从 1981 年到 1986 年，创下世界排球史上第一个"五连冠"，成为一代中国人的集体回忆。也正是从那段时期开始，"女排精神"为人们口口相传，成为耳熟能详的体育价值符号。

在改革开放初期的筚路蓝缕年代，竞技体育尤其是大球项目的崛起，无疑具有强烈的象征意义。人们带着贫困与饥饿的回忆，相信体育兴则国兴，体育强则国强，赛场上的荣誉就是国家荣誉的最好体现。女排精神的广为传颂，宣誓着中华民族崛起的能力与信心。女排姑娘们不抛弃、不放弃的精神，被视为艰苦奋斗的标杆和座右铭，激励着各行各业的劳动者建功立业，践行"团结起来，振兴中华"的使命。

然而，中国女排并不是赛场上永远的霸主，这支队伍同样经历过低谷，遭遇过惨痛的失败。随着郎平一代的名将相继退役，中国女排面临青黄不接的局面。在 1992 年巴塞罗那奥运会上，中国女排只获得第七名。在那段屡战屡败的时期，中国女排备受质疑和冷落，人们怀疑那个曾经的女排精神能否重现光芒。

在赛场上，被记住的永远是胜利者。然而，失败者从困顿中走出来的孤胆，更是一种震撼人心的倔强。陈忠和来了，这位被称为"最好的陪打、最好的副手"的主教练，大胆起用新人，带领中国女排走出低谷；郎平回来了，在中国三大球项目普遍低迷之际，女排姑娘打出了一场又一场翻身仗。如今，中国女排以崭新的姿态回归世界顶尖行列。在我国大球项目萎靡不振的当下，人们无不感慨：幸好，我们还有中国女排。

但是，我们不能将女排的崛起归结于一个人的功绩。正如郎平曾经说的，女排精神是一种团队精神，是遇到困难永不放弃。竞技体育的魅力就在于不可预测性，即便在中国女排整体实力的巅峰时期，谁也不能言之凿凿地说，这支队伍可以战胜所有对手。是全体队员互相弥补、团结一致、紧密协作的精气神，甚至以置之死地而后生的坚忍，拿下了一场又一场比赛的胜利。

时至今日，站在新时代的历史起点，中国社会不再需要一场比赛的胜利来证明自己。竞技体育也走上了职业化的发展道路，人们能够以更平常的心态看待竞技场上的得失。然而，人们并没有遗忘"女排精神"，没有遗忘女排队员在赛场的汗水与呐喊。伟大的精神总是历久弥新的，毫无疑问，女排精神正具有那种跨越时代的力量。

不管在哪个时代，爱岗敬业，认真履行职责，都是应当嘉许的品格。对于女排姑娘来说，打好球就是自己的工作，朝着胜利拼搏就是自己的初心。体育环境和体育潮流可以变，但运动员对待体育的人气和韧劲不能变。现实中，也有一些运动员面对诱惑，迷失了本心，在赛场上患得患失，丧失了对职业应有的尊重。女排精神屹立不倒，就在于教练员、运动员对职业的一份专注。

女排精神不是吹出来的，而是奋斗出来的。这一代的年轻人从小成长在物质宽裕的年代，也许体会不到前辈创业者的辛酸与苦楚。然而，行百里者半九十，如果在登山路上的"快活三里"处懈怠，就有可能失去攀至顶峰的冲劲儿。女排姑娘如此，所有在各自岗位上建功立业、追求卓越的年轻人也是如此。弘扬女排精神，就是鼓励踏实付出，把美好的愿景转化为激昂的奋斗。

当代青年思想价值多元，个性鲜明，这当然是时代进步的标志。可是，只有让个人奋斗与国家的发展与进步同频共振，才能实现中华民族伟大复兴的共同追求。有人说，面对来自生活的困难和打击，一个人应该像一支队伍，孤胆向前；其实，一支队伍更要像一个人，各个器官协调一致，才能步履坚定，笃定从容。女排精神，仿佛我们时代的注脚，引领人们在团结的征程上齐心协力。

女排精神在传承中闪耀。女排精神也在时代发展中迸发新的旋律。天行健，君子以自强不息。女排精神历久弥新，是通过一场场硬仗打出来、拼出来的，是在日复一日的训练中磨砺出来的。感受女排精神带给我们的热血沸腾，表达对女排姑娘的敬意，离不开拼搏的原点，也离不开对时代共同价值的守护和践行。（《中国青年报》2019年9月27日第05版）

点评：女排精神是中国女子排球队顽强比赛、勇敢拼搏精神的总概括，是中国共产党人精神谱系第一批伟大精神，是中国体育乃至中国文化的宝贵财富。正是因为中国女排有"团结协作、顽强拼搏、永不言弃"的精神，才造就了她们的辉煌，才使她们的光荣事迹感动了一代又一代的中国人民。郎平在《奋斗精神永不过时》一文中指出："在我的字典里，女排精神包含着很多层意思。其中特别重要的一点，就是团队精神。"正是因为如此，女排精神不仅超越了体育，更超越了时代，在传承中发展，历久弥新，成为激励不同时代人们拼搏奋斗、超越自我的精神动力，成为激励全民投身中华民族伟大复兴事业的精神旗帜。

（黄二宁　撰写）

第五节　社交媒体写作

一、概念与特征

社交媒体是互联网上基于用户关系的内容生产与交换的平台[①]。社交媒体的迅猛发展，极大地改变了人们的生活方式和思维方式，基于各种社交平台，语言符号在人际传播中也变得多样化。可以说，社交媒体正在改变着我们赖以生存的社会结构。

社交媒体综合了以下四种传播特征。

（一）以用户为中心，突出独特个性

在社交媒体中，每位用户不仅可以设置个性化主页，也可以在这个平台中以文字、语音、视频等方式分享日常生活、交流信息，传递情感。每位用户在此实现自身价值，既是内容信息的创作者，也是信息的传播者，提升了自身的话语权。

（二）强大分享功能，产生爆发性效应

社交媒体为人与人之间的信息交流提供了平台，建立了多元的社会人际关系。社交平台中好友之间互为媒介，传播信息可信度较高，再基于社交媒体的分享功能，信息流得到快速传播，从而产生爆发性效应。

（三）信息传播高效，形成波浪效应

"互动仪式链"理论为社交媒体的互动功能提供了借鉴意义。当用户在社交平台上发现优质文章或有趣图文等信息，便会依据个人习惯分享到交友圈，并与自己的好友参与讨论，形成共同的关注点。在以共同情感为基础形成的自在"场域"中，运用社交平台强大的分享功能，以个体用户为起点，将信息依次传递给每位好友的交友圈，产生高度的信息流和情感连带，形成波浪效应。

（四）传播链条聚集，拓展互动范围

社交媒体聚集多种功能，为用户提供良好体验。比如，微信软件融合了QQ、手机通讯录、视频号等社交产品，形成立体化的社交圈，且聚集了多种信息传播链条，加上强大的数据库，大大拓展了传播互动的范围。

---

① 陈立强.社会化媒体时代的自媒体人研究［J］.前沿，2016（5）：6.

二、兴起与发展

"社交媒体"的概念最先在安东尼·梅菲尔德《什么是社会化媒体》中出现。他将社交媒体定义为具有参与、公开、交流、对话、社区化、连通性等特点的"一种给予用户极大参与空间的新型在线媒体"[①]。伴随着互联网的发展，直到 2004 年出现了首个真实化社交媒体 Facebook（脸书），之后人人网、QQ、雅虎关系等媒体涌现。2010 年，社交媒体开始渗透到人们的日常生活中，如微博、微信等，Web2.0、Web3.0 网络迅速发展，满足受众日益增长的高效互动需求。

社交媒体不仅融合传统媒体的功能，还增加了互联网的新特征：即时、交互、融合。如今，社交媒体正在"巨无霸"的数据库基础上以排山倒海之势改变人们的日常生活习惯、工作方式，助推人类社会的发展。

社交媒体的发布门槛低、分享便捷、开放性强，在享受其便利的同时，应该增加传统媒体"把关人"的角色，减少在发布信息、接收信息过程中容易出现的网络暴力、网络诈骗、虚假信息等负面现象。充分发挥社交媒体的传播功能、导向功能、搜索功能、商务功能，传播社会责任感，创建绿色环境，促进其健康发展。

三、种类与特点

伴随计算机以及互联网的发展，越来越多的社交媒体涌现，改变着人们的生活方式和交流方式，本部分将以"两微一抖"（微博、微信、抖音）为例详细分析其特点。"两微一抖"具有点对点、点对面和面对面的传播模式[②]，都属于以用户为主的 UGC（用户生成内容）的运营方式。微博、微信、抖音三个平台各自的特征如下。

（一）微博信息的传播特点

微博是新浪公司推出的一个大众分享信息、双向交流的重要平台。依据"六度分隔理论"，微博形成了强传播，弱交往的模式，低门槛、即时性强、操作便易上手，符合现代人的生活节奏。

1. 信息的开放和细碎

微博是一个信息开放的社区，受众使用搜索功能便可以找到自己所需要的话题，并且可以根据自己的兴趣来筛选信息。当用户在观看并对生产信息源转发评论后，就会推荐给自己的粉丝用户。无限量地转发信息就会引起热度，从而形成轰动效应。

在"碎片化"的语境下，受众很难集中注意力持久地阅读一篇文章或者观看一篇新闻。

---

① 韩璐.基于互动仪式链理论的移动社交媒体互动传播研究［D］.兰州：兰州大学，2014.

② 于婷婷，龚倩倩.传播学视域下的社交媒体版权问题与对策研究——以"两微一抖"为例 // 钟瑛，芦何秋，余红，等.中国新媒体社会责任研究报告（2019）［M］.北京：社会科学文献出版社，2020.

微博的传播模式正好符合现在快节奏的生活方式，规定发布新闻信息的字数不超过140字，用户打开新浪微博网页，短短几分钟甚至几秒钟就可以浏览完成，不受时间、空间的限制，以最快的时间了解每日新闻要点和日常新鲜事儿。

2. 参与性和交互性

在微博社交平台中，用户既是新闻信息的接收者，又是信息传播的发布者。用户只需注册账号，并可用匿名身份在虚拟社区评论，就可以充分互动，广泛参与发表意见。

微博的每个社区都有不同领域的意见领袖，他们会细心地筛选、解读某个议题或新闻事件，担当好"守门人"的角色，发挥议程设置作用，防止造成不良信息无节制的传播，形成"蝴蝶效应"。

3. 结构单一、角度单一

微博社交媒体在输入文本时，没有换行的功能，即使使用空格，在点击发布后，系统也会自动把文字合并。除此之外，受字数等多方面限制，新闻报道角度单一，微博报道新闻只叙述一件事、一个观点。

4. 独特推荐机制

大众在微博平台发布消息一般会带上话题标签来加热度蹭热点，使文章推送频率增加。其中热搜是独特的推荐机制。用户只要转发每日微博排行榜上的热搜，并"@"用户进行评论转发，热度就会迅速升温，使新闻信息传播范围更广。

（二）微信信息的传播特点

微信是目前拥有最大用户群体的即时通信类的社交媒体平台。

1. 点对点的传播，对象性鲜明

微信好友用户本身是一个熟人圈，用户之间的地位平等，交往可信度高，在熟人关系的基础之上，强化了用户之间的安全感。这种社交更加符合中国人的社交习惯，与特定的对象通过不同形式聊天，无形中增加了与好友之间的情感。

2. 微信的互动性和双向性

在媒介融合与发展中，微信增加了多种多媒体功能，可以说兼具了图文、语音、视频功能，这使用户不用考虑时间、地点即可与好友联系。在微信互动方面，不仅可以实现一对一、点对点的传播，还可以通过群聊和朋友圈实现双向互动甚至多向互动，形成一个网状的交友圈。

3. 微信私密性交流与控制

微信好友之间的信息交流具有私密性，聊天内容存在于各自的移动终端里，如果没有主动分享给他人，别人无从知晓。朋友圈所分享的信息，只有圈内好友才可看见，在评论时也仅共同好友可见，从这个层面看，用户的个人信息的私密性得到了提升。

微信平台的私密性还须进一步完善。微信拥有即时交流的特点，很多用户喜欢将自己的生活用微信记录并"晒"到自己的社交圈内。微信信息的记录分享方式，很容易泄露用户的基本信息。再者，用户在微信平台购物所填写的订单上的个人资料也有可能会遭到泄露，让违法分子有机可乘。

（三）抖音短视频的传播特点

《第48次中国互联网发展状况统计报告》数据显示，截至2021年6月，我国网络视频用户规模达9.44亿，占网民整体的93.4%，其中短视频用户规模为8.88亿。以抖音为代表的短视频平台凭借独特的视听语言成为大众喜爱的社交平台网络信息传播、意识形态渗透的主要社交媒体。

1. 传播内容的碎片化、娱乐化

媒体深度融合的传播环境下，用户更倾向于利用碎片化的时间接收简短的、视觉冲击力较强的信息，而抖音打破了时间空间限制，无论何时何地，用户只需利用吃饭、坐地铁等碎片化的时间就可刷到几篇完整的视频内容。每条抖音短视频时长大多控制在15秒，非常贴合现在人们接收信息的习惯。

抖音短视频种类繁多，内容丰富且戏剧元素较强，满足受众的个性需求。快节奏的生活下，抖音视频设有幽默、搞笑内容，娱乐化的视频有助于缓解用户的生活压力。此外，短视频内容接地气，贴近日常生活，如跟随旅游博主感受世界之大、风景之美；感受主播与宠物之间的温暖之情等等。

2. 竖屏传播的创新性

抖音短视频的内容呈现方式完全适应手机小屏、竖屏的传播样态，贴合手机用户的日常使用习惯。竖屏的传播侧重于细节的放大，聚焦局部，突出主题。此外，适当的背景音乐再加上特效，给用户的个性化增添了色彩，用户可自主选择特效、滤镜，以竖屏形式自拍，还可以添加音乐和字幕来记录生活，以表达对"镜像化"文本的诉求。

3. 传播方式的互动性

点击"抖音"App，首页会自动启用全屏播放模式，系统会根据用户的年龄、层次、兴趣爱好等推荐个性化视频内容，用户可以通过"点赞+收藏+转发+评论"的方式参与话题讨论，进行互动。此外，抖音中经常设置"全民挑战"，呼吁"全民拍抖音"，鼓励受众发布视频，表达自我，参与互动。

四、常用社交媒体的写作方法

如今，移动终端的便捷和多媒体功能的强大，使受众在社交媒体平台中扮演着多重角色。在微时代下，人人都可成为作者，撰写信息内容，如何确保社交媒体写作达到"双量"（流量和质量）是本节论述的主要内容。

（一）微博新闻的写作方法

传播媒介的更新不断驱动新闻文体的变革，微博作为报道新闻的重要平台，表现出独特的写作手法。

1.表现手段以多媒体呈现

微博新闻打破传统媒体单一的表现手段，图片、视频、文本等多媒体呈现，一定程度上加强新闻的可视性、可听性、可读性。通过图片引起注意，以文字书写正文，展开说明。

2.表现方法以短小精练为主

基于微博的文字字数规定（字数不得超过140字），在撰写新闻稿件时语言要精练。在新闻中可加超链接形式来辅助说明。此外，记者在跟进新闻事件的报道时采用叙述手法，以记叙为主、抒情描写为辅。

3.表现内容：还原事件本来面貌

在报道新闻事件时，要还原事实的本来面貌，对于新闻背后的现场报道，在无形中增加了新闻的可看性。例如，在报道事件时可将新闻人物的背后故事传递给受众。2022年2月15日，苏翊鸣在单板滑雪男子大跳台项目夺冠，之后央视新闻客户端对苏翊鸣骨折后仍重返训练场的故事进行了报道，通过新闻让受众看到了成功取决于努力而非天才，也让受众看到了小小少年实现了为国争光的梦想。

以央视新闻2022年2月15日19点35分发的一篇新闻为例。例文如下：

【#苏翊鸣为备赛冬奥有多拼#［泪］】今天，@苏翊鸣在单板滑雪男子大跳台项目夺冠。2018年，14岁的他进入国家集训队。训练中，不可避免的伤病时时来袭，#苏翊鸣腿部骨折仍重返训练场#；为获得冬奥会参赛资格，少年的他与成年选手同台竞技……如今，他终于实现了为国争光的梦想，#今晚国歌因苏翊鸣奏响#！

这条新闻目前阅读量已达到414万（截至2月16日下午4点整），这是一篇非常成功的新闻。我们来分析新闻的成功之处。

第一，语言精练。新闻文体加上标题符号一共142个字，全文文本简洁，没有多余的语句。一句"苏翊鸣为备赛冬奥有多拼"看似语言朴实，却蕴藏着少年力量、中国力量。一个［泪］的表情符号难掩国人对少年的赞叹。这样的语言文体符合用户的阅读习惯。

第二，视频文字组合运用，吸引受众阅读。在新闻中配上了苏翊鸣训练的视频，更吸引读者为这个小小的少年点赞，加强了新闻的可视性。

第三，话题标签的使用。北京冬奥会的赛事成为全民关注的热潮，选手及赛事情况自然更加备受用户关注。这篇新闻引用#苏翊鸣腿部骨折仍重返训练场#、#今晚国歌因苏翊鸣奏响#的话题标签加热度，做得非常成功。

（二）微信公众号新闻的写作方法

新媒体环境下，微信公众平台赋能新闻信息的传播，影响力度空前强大。其即时性、高效率、强互动的特点可提升新闻传播的深度和广度，但同时，微信公众号新闻写作中，藏匿着猎奇、浅层的新闻叙事逻辑，导致低质量的信息传播，影响网络环境。

1.标题制作"吸睛"

在海量的新闻中，标题的"第一印象"是关键。无论是传统新闻还是微信新闻，标题都是新闻的眼睛，先声夺人的标题能快速引人注目，吸引读者阅读，增加点击量。但部分作者为了博得受众眼球，在标题上下功夫，却忽略了新闻的内容和标题不符的问题。流量是新闻传播行业的风向标，这使得微信新闻很容易受到资本和商业逻辑的操控，如在标题上做文章，骗取用户点击，但点击后发现里面是商家发布的广告，其标题与内容完全不符。

2."软文"与音频结合

微信公众号平台的新闻写作语言相对于传统的新闻语言更为"口语化"。网络用语大量地出现在新闻中，如"破防""YYDS"等语态的变化成为新闻新版本的宣传方式，也吸引了年轻受众的浏览。微信公众号不仅通过文字完成语言表达，以其独特的音频、图片相结合辅助新闻文本的传播，使新闻语言的形式不断丰富，同时提升了新闻语言的内涵。

3.新闻文本结构突破常规

一篇文章的文本结构决定了读者是否能完整地读完一篇文章。在新闻中，有很多的文本结构，如金字塔、倒金字塔、沙漏型等，再结合跳笔、直接引语等新闻写作方法，完成一篇高质量文章。但在微信平台新闻中，结构以新闻的随意铺陈落段，缺少新闻的导语和主体，将图片、视频等组合，完成可视化新闻。

我们选取了"人民日报"微信公众号发布的一篇新闻报道，仅供大家参考，例文如下：

不会整两句东北嗑儿，别（biè）说你看过冬奥会 | 睡前聊一会儿

原创 玮玮 人民日报评论 2022-02-16 22:36

"全世界都在说东北话"音频：00：00/05：22

睡前聊一会儿，梦中有世界。听众朋友，你好！

全民看冬奥，出圈的不仅有冰雪运动员们的飒爽英姿和精彩表现，还有被网友们笑称为"北京冬奥第三官方语言"的东北话。高亭宇500米速滑摘金后，一句"我比较隔路吧"逗乐了全场观众，也听懵了外国记者，以至于不懂东北话的翻译小哥只能翻译成："I think I'm quite gelu?"今天我们就来聊一聊冬奥赛场上的东北话。

从凌智和范苏圆在冰壶比赛中的"磕（ké）他""嘎嘎好"，到高山滑雪运动员张洋铭比赛前的"拼（pìn）了呗"；从王濛的"老妹儿唠嗑"式解说，到香港速滑选手粤语东北话的"无缝切换"，北京冬奥赛场内外浓浓的"大碴子味儿"让无数人感受到东北话的"魔性"与"洗脑"。如果按照出生地划分，北京冬奥会中国体育代表团中超过一半的运动员为东北籍，另外还有相当数量的选手因为与东北教练、东北队友训练而"传染"上东北话。开玩笑地说，各种意义上的"东北人"某种程度上成了本届冬奥会的气氛担当。

北京冬奥会的"东北含量"，咋整得这么高？事实上，东北文化和东北元素在冬奥会期间走红网络并不是本届冬奥会的特有现象。来自东北的运动员在冬奥赛场屡获佳绩，背后是较为悠久的冰雪运动历史和深厚的冰雪运动积淀。新中国第一支省级速滑队诞生于黑龙江省；实现中国冬奥奖牌"零的突破"的叶乔波、拿到中国第一块冬奥金牌的杨扬都是地地道道的东北"老妹儿"；本届冬奥会之前我国13枚冬奥会金牌中，位于东北的七台河"承包"了6枚……谈到我国冰雪运动时，无论是训练技术积累还是体育精神传承，东北总是

绕不开的那个存在。

进一步说，广泛而深厚的群众基础，也让冰雪运动在东北这块土地上发展壮大。漫长的冬季和冰天雪地的自然环境，让亲近与喜爱冰雪成了东北人生活的日常。想要滑冰不一定要跑到公园的湖面，露天操场上用土垫成跑道，水车浇水、一夜成冰，反复几次便可浇出一片"冰场"；冰面养护也充满民间智慧，冰车架上一个大号汽油桶，桶上均匀扎出一排小孔，把桶里装满水在冰面上滑行，坑洼的冰面慢慢就光滑如镜……类似的场景构成了很多东北人美好的冰雪记忆。

不过，亮眼的冬奥成绩与冰雪文化热潮，只是"东北天团"走到聚光灯下的原因之一。东北人身上那股乐观、真诚、"不服就干"的"虎"劲儿，才是真正打动观众的地方。东北话"魔音灌耳"的背后，是网友对那份自信与霸气、坦荡与直率的点赞。

实际上，这并不是"东北文化"第一次出圈。无论是深受喜爱的东北方言小品，还是在直播平台上高呼"666"的东北老铁，以及《钢的琴》《人世间》等影视作品，都在向社会输出着道地的东北文化。而这些文化产品能够为人们接受，或因其与共和国的历史紧紧绾结，或因其充满烟火气的乐观与幽默，也或许是因为"东北风情"自带的独特魅力。大东北走过的非凡历程、拥抱的光荣梦想、托举的平凡生活，都在一次次"出圈"中为人所知。

如果说此前走红的大多是"文艺东北风"的话，那么北京冬奥会则让观众直观地感受到发源于东北大地的那股拼搏意志和昂扬精神。相信很多人对东北"重工业是烧烤，轻工业是直播"的刻板印象，一定会被任子威的"中国速度"所改变，被徐梦桃的霸气怒吼所刷新。

任子威（右）在比赛中（新华社记者 李尕 摄）

当然，奥运赛场上地域并不是一个重要的标签，不论来自哪个省份哪个区域说着哪种方言，所有奋力拼搏、全力以赴、超越自我的中国冰雪健儿都是我们的骄傲。随着"带动3亿人参与冰雪运动"的目标成为现实，以及我国冰雪运动的"南展西扩东进"，滑雪溜冰早已不是北方的专属，冰雪运动正在走进千家万户。在这幅业已铺展的冰雪画卷中，期待更多文化元素绽放耀眼的魅力和光彩。这正是：迎风傲雪，东北人民整挺好。奋勇拼搏，中国健儿杠杠的！（文丨玮玮）

网友对这篇微信公众号新闻的评价是这样的："这篇文章写得杠杠滴""中国队嘎嘎好"，从网友的评价中就能看出这篇新闻的成功。其成功之处如下：

第一，标题吸引眼球。将幽默有趣的东北话、"睡前聊一会儿"等一些轻松语态与"冬奥会"热门话题相结合作为标题,无形中增加了一份轻松幽默感与期待感。此外,内容与标题吻合,让用户读得津津有味,感受东北语言文化和冬奥魅力。

第二,多媒体形式的呈现。新闻中不仅穿插"全世界都在说东北话"的音频,还配以表情图和任子威比赛图片。可以说,整篇新闻真正做到了新闻的可看、可听、可感。

第三,语言诙谐幽默。从"磕(ké)他""嘎嘎好",到高山滑雪运动员张洋铭比赛前的"拼(pìn)了呗"等,大量运用东北话增加语言色彩。受众被魔性的东北话成功洗脑,东北文化又一次成功地出圈。无论是解说员王濛的"老妹儿唠嗑"还是奥运场上运动员们的声声呐喊,无不在向世界阐释着中华体育精神。

（郑珊珊　撰写）

○ **案例阅读与写作实训**

（1）阅读以下案例,分析该条新闻是如何将数据、图片、文字融合呈现的?有什么特征?

数说回归 25 周年
《人民日报》（2022 年 07 月 01 日第 05 版）

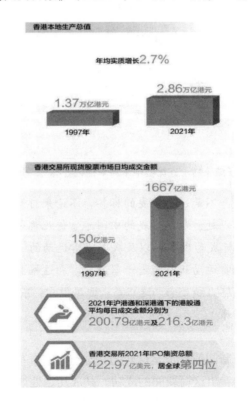

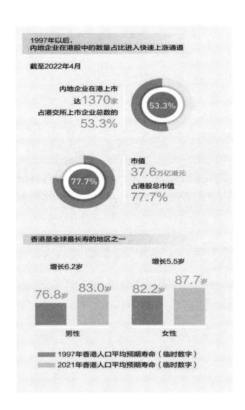

（2）阅读以下案例，分析该条新闻标题的特点、内容的逻辑架构，思考如何发挥新闻的宣传效果并针对该条新闻拟写一则消息。

奋进大湾区 乘风破浪时
《南方日报》（2019 年 07 月 05 日 A01 转 A03 版）
（全文略）

（3）以"庆祝中国人民解放军建军 95 周年"为主题，写一篇 140 字以内主流媒体的微博新闻，要求融合图片、数据、视频等多种要素。

（4）2022 年 2 月 14 日，在北京冬奥会女子自由式滑雪空中技巧的赛场上，第四次征战冬奥会的徐梦桃最后一跳稳稳落地，终于拿到了梦寐以求的冬奥会金牌，创造了历史。假设你是一名记者，此时正在现场的自由采访区等待着徐梦桃过来接受采访。由于时间有限，你最多只能提两个问题，你会怎么问？并说出你选择这两个问题的理由。针对采访内容以及相关素材，写一篇 500 字新闻评论。

（5）什么类型的新闻题材适合于社交媒体写作？该类新闻写作与传统消息写作的区别是什么？共同的坚守是什么？

（郑珊珊 撰写）

第三模块

口才训练

口才训练概述

一、口才基础

（一）含义

口才，《现代汉语词典》（第7版）解释为"说话的才能"。它由"口"和"才"两部分组成，"口"是指口语表达，"才"是供"口（口语表达）"得以顺利进行的知识和能力。因此，口才具体是指人们运用口语表情达意、进行沟通交流的才能，是在交谈、演讲、辩论或推销等各种口语交际活动中，根据特定的交际目的，契合特定的交际语境，准确、得体地运用有声语言，并辅之以适当的态势语言，取得良好交际效果的知识和能力。

俗话说："慧于心而秀于口。"在各种口语交际活动中，口才表现为以一个人的综合素质为基础的规范化的口语表达形式，因此也是一个人的价值观念、文化积累、知识结构、心理素质、思维方式和仪态仪表等多方面素养的集中体现。

（二）特征

1. 综合性

口才是一门综合性艺术。综合性不仅体现为生理和心理的综合，还体现为素质和能力的综合，又体现为逻辑与艺术的综合。由此，必须将各个方面进行协调统合，才能取得良好的效果。

2. 即时性

口才作为一种说话的能力，具有"随想随说"的特点，带有明显的即时性。即使是演讲、辩论、推销等表达形式，可以提前准备讲稿、话术、套路等，但在具体实践的过程中，临场的发挥、听者的反应、突发的状况等诸多方面仍然存在很大的不确定性，因此，也会对说话者的思维品质、心理素质具有较高的要求。

3. 训练性

良好的口才往往不是与生俱来的，而是可以通过后天的学习和训练获得的。华罗庚曾经说过："勤能补拙是良训，一分辛苦一分才。"古今中外很多成功人士都有过自我口才训练的经历。例如，古希腊的德摩斯蒂尼，美国的卡耐基，英国前首相丘吉尔，我国的萧楚女、闻一多，等等。

（三）类型

口才可以从多个角度进行分类。如果按照功用来分，可以分为交际口才、演讲口才、说服口才、辩论口才、谈判口才、营销口才等；如果按照表述方式来分，可以分为叙述口才、讲解口才、抒情口才、质询口才等；如果按照行业来分，可以分为教师口才、导游口才、主持口才、外交口才、商务口才等；如果按照表述方向来分，可以分为单向表述口才、双向交流口才。

本书将口才分为社交口才、通用口才和行业口才。

（四）作用

古人云，"一言可以兴邦，一言可以误国"；又有"一言之辩，重于九鼎之宝；三寸之舌，强于百万之师"；还有"良言一句三冬暖，恶语伤人六月寒"；再有"有口才，好谈兵"。这些名言都说明，无论是在日常生活中还是在专业领域，口才艺术都具有非常重要的作用。良好的口才艺术不仅可以充分展现个人魅力，还能极大地促进人际交往；不但可以助力事业成功，还能创造无限的人生价值。

二、口才与思维

（一）口才与思维的关系

众所周知，语言和思维之间的关系密不可分。古希腊哲学家亚里士多德曾经说过："语言是思维范畴诸多经验的表现。"因此，思维是语言的基础，语言是思维的外壳。口才是语言表达的口头形式，这就决定了口才与思维之间也是密不可分的。口才对思维的要求很高，尤其即兴口才，对思维的要求更高。如果一个人的思维不敏捷、思路不清晰、逻辑不严密，很难想象如何能口若悬河、滔滔不绝而又条理清晰地表达自己的思想。

具体来说，思维能力对口才表述的影响主要表现为以下几点。

1. 思维越敏捷，表达越流畅

敏捷的思维能力是良好口才的重要保障。在口语表达中，要想反应快速敏捷，语言行云流水，离不开敏捷的思维做基础。

2.思维越严密,表达越清晰

一个人的思维越严谨、越周密,那么对事物的认识也会越本质、越清晰,这种思维品质反馈到口语表达上,也会让人觉得十分有条理。

3.思维越开阔,表达越精彩

思维要具有灵活性,思路开阔、富于联想,才能全面地认识事物。这样可以使口语表达内容丰富、灵活多变。

4.思维越深刻,表达越入理

有的人谈问题很肤浅,对事物的认识只停留在表面上,而有的人谈问题却很深刻,能够认识到事物的本质。究其原因,就在于二者思维的深刻性存在差异。

(二)常见的思维方式

常见的思维方式有形象思维、抽象思维、灵感思维、发散思维、聚敛思维、逆向思维、类比思维、纵深思维、批判思维等。在不同场合中,既可以只使用某种思维方式,也可以多种思维方式综合运用。开阔、灵活而又强大的思维力不仅总能解开生活中遇到的各种难题,还能在各种场合的口语表达中产生意想不到的良好效果。下面试举两例,简要说明。

有一次,周恩来在北京举行记者招待会,介绍中国经济建设的成就及对外方针,一位西方记者出于对中国贫穷的讥笑,突然提问道:"中国人民银行有多少资金?"周恩来妙语以对:"中国人民银行的货币资金嘛,有18元8角8分。"对此回答,记者们不禁愕然。周恩来不慌不忙地细细解释道:"中国人民银行发行面额为10元、5元、2元、1元、5角、2角、1角、5分、2分、1分的十种人民币,合计18元8角8分。中国人民银行是由全中国人民当家作主的金融机构,有全国人民做后盾,信用卓著、实力雄厚,它所发行的货币,是世界上最有信誉的一种货币,在国际上享有盛誉。"周恩来此语一出,惊动四座,激起场内外听众雷鸣般的掌声。

面对西方记者的"刁难式"提问,周恩来没有"就事论事",而是发散思维、开阔思路,将问题巧妙地进行了转换,以一种大家都意想不到的角度进行了精彩的回答,从而产生了语惊四座的效果。

林肯是美国历史上的一位总统,他早年当过律师。有一次,一名叫阿姆斯特朗的青年人被人诬告图财害命,被判定有罪。阿姆斯特朗是林肯的一个已经死去的朋友的儿子。林肯知道阿姆斯特朗为人老实忠厚,不会干出行凶杀人的事来,便主动担任了他的辩护律师。林肯查阅案卷,到现场调查,掌握了全部事实。他断定被告阿姆斯特朗蒙冤受屈,要求重审。林肯心里清楚,这个案子的关键就在诬告人收买的证人福尔逊身上,因为他一口咬定,在10月18日晚上,他在一个草垛后面,清楚地看到阿姆斯特朗开枪把人打死了。林肯决定在福尔逊身上打开缺口。在法庭上,林肯直接质问福尔逊:"你发誓在10月18日的晚上,看到的是阿姆斯特朗而不是别人?""是的,我敢发誓。"福尔逊说。林肯又问:"你在草垛后面,阿姆斯特朗在大树下,两处相隔二三十米,你确定看清了吗?"福尔逊肯定地说:"看得很清楚。因为月光很亮,正照在他脸上,我看清了他的脸。"林肯又问:"你能肯定时间是晚上 11 点吗？""肯定。因为我回屋里看了时钟，是 11 点一刻。"福尔逊说得毫不含糊。问到这里，林肯面向大家，郑重宣布："证人福尔逊是个彻头彻尾的骗子！"这个意外的判断，使法庭里的人都愣住了。有人高声质问林肯："律师说出来的每一句话都应该是有根据的，您有什么令人信服的事实证明福尔逊是个骗子？"林肯回答说："证人发誓赌咒，说他 10 月 18 日晚上在月光下看清了阿姆斯特朗的脸。可是，10 月 18 日应是上弦月，11 点时月亮已经下去了，哪里还有什么月光？再退一步说，月亮还没有落下去，还在西边，月亮也应该从西往东照。而遮挡着福尔逊的草垛在东边，下面站着阿姆斯特朗的大树在西边，如果阿姆斯特朗面向东边的草垛，脸上是不可能有月光的；如果不面向草垛，证人又怎么能从二三十米外的草垛那里看清楚被告人的脸呢？"①

林肯用扎实的天文知识、严密的逻辑思维揭穿了证人的谎言。阿姆斯特朗被宣告无罪，林肯也成了当时美国非常有名的律师。

三、口才与心理

（一）口才与心理的关系

现实生活中，经常可以看到，有些人面对熟人、朋友可以滔滔不绝、口若悬河，而面对长辈、上司却又语不成句、支支吾吾；有些人私底下常常能言善辩、巧舌如簧，当众发言却又词不达意、吞吞吐吐。《阿 Q 正传》中，在面对王胡等村民时，阿 Q 可以绘声绘色地夸耀自己进城的经历，可一旦被压上衙门大堂，又变得笨嘴拙舌，稀里糊涂地丢了脑袋。这些都说明，心理素质对口才具有重要的影响。

口才表述中的心理素质既包括表达者对期待成功的心理的控制能力，又包括对不利因素的排除抵抗能力；不仅包括对自我情绪的调节能力，还包括对临场状况的应变能力等诸多方面。心理素质好的人可以随机应变、轻松应对各种语言表达任务；心理素质不好的人，顺境中也许能够正常表现，一旦遇到些许突发状况，就容易满头大汗、影响发挥，而讲得不好，听众的反应也会越来越差，表达者和听众彼此就会进入一种恶性循环，最终的结果可想而知。

（二）提高心理素质的途径

1. 自信人生二百年，会当水击三千里——保持自信心理

心理学研究表明：自我接纳程度越高的人，心理越健康。因此，在平时的生活中，要相信自己的能力，树立良好的自我信念。

2. 谁无暴风劲雨时，守得云开见月明——培养积极心态

降低负反馈，增加正反馈，养成积极、乐观的心理习惯。即使面对挫折和失败，也可

---

① 引自 https://zhuanlan.zhihu.com/p/174405313，有删改。

以进行自我鼓励，多把注意力放在解决问题的途径上。

3.千磨万击还坚劲，任尔东西南北风——增强抗压能力

如果觉得压力有害，则倾向逃离而不是解决问题，于是真的获得压力有害的结果；如果觉得压力有益，则能把压力转化为资源和动力，在解决问题的同时获得自我成长。因此，要学会应对和管理压力，做压力的朋友。

4.纸上得来终觉浅，绝知此事要躬行——积极参加实践

积极、有效的行动会带来结果上的正向改变，而正向的结果会进一步引起自我认知的正向改变。因此，应投入时间和精力，在实践中进行总结和提升。

四、基本技能与训练方法

口语是人类交际最重要的工具，同时有专家指出，人们在日常交际时有一半以上的内容并不是通过口语（有声语言），而是通过伴随口语的眼神、表情、手势、动作等态势语言（无声语言）来表达的。因此良好的口才不仅显现为有声语言的运用，还离不开各种无声语言的运用。

下文将主要针对有声语言的"声"及态势语言的使用技巧与训练方法进行简要说明，关于表达内容的组织、如何遣词造句等方面，将在后文依照社交口才、通用口才和行业口才的次序分别介绍。

（一）有声语言

有声语言作为人类最主要的交际工具，主要用来传递信息、表达思想。有声语言的使用有着基本的规则，也有相应的训练方法。

1.基本原则

（1）音质清亮、吐字清晰

吐字在口语表达过程中起着十分重要的作用，如果吐字含混不清，则会给听众造成听觉上的困难，从而影响信息的传递。

（2）语音标准、语调适宜

口语表达中需要使用标准普通话。普通话是现代汉语的标准语，以北京语音为标准音，以北方话为基础方言，以典范的现代白话文著作作为语法规范。此外，还应熟练掌握普通话使用过程中的重音、儿化音等变调原则及语流音变规律。

（3）气息顺畅、节奏流畅

俗话说"气者，音之帅也"。在口语表达过程中，气息犹如一根链条将每一个字串联起来。如果气息不畅，会给人"上气不接下气"的印象，如果能将气息控制得当，说话时能够更为省力，给人连贯流畅、行云流水般的感觉。

2. 训练方法

（1）吐字训练

吐字过程可以分为出字、立字和归音，有人将此三个过程的发音要点总结为"出字如弹簧、立字如圆珠、归音如快刀"。

出字，是字头的发音，即声母和韵头的发音。出字的过程中，口腔应该先收紧后放松，松紧适宜，张弛有度，巧如弹簧。如果收得不紧又松得缓慢，则会给人吐字纤细无力的感觉；如果收得过紧也放得不够松，又会给人吐字生硬的感受。

立字，是字腹的发音，即韵腹的发音。立字的过程要求口腔打开，但不可一味张大嘴，而应该以一种"立"的姿态凸显声音的立体感，这样字音才能掷地有声、立体圆润。

归音，是字尾的发音，即韵尾的发音。字尾处在音节的末端，因此"归音"是经历了"出字"和"立字"之后逐渐放松、直至声音终止的过程。要求在确保吐字过程完整进行的前提下，果断结束发音。

（2）语音语调辨正训练

可以参考《普通话水平测试》的相关内容和材料进行语音、语调的辨正训练，主要包括声母、韵母、声调辨正训练，上声、儿化韵和轻声辨正训练，语流音变、语气语调辨正训练，等等。

（3）气息训练

呼吸方式有胸式呼吸、腹式呼吸和胸腹联合式呼吸，推荐胸腹联合式呼吸。

胸式呼吸，气息较浅，长时间使用容易使声带产生疲劳；腹式呼吸，气息较深，吸气时腹部会随之向外凸起，音色较为沉闷；胸腹联合式呼吸，将气吸进肺部底端，随着气息量的增大，腰腹肌肉逐渐收紧，此时会使力量集中在脐下三指的丹田位置，呼出的气息则平稳均衡，能产生所谓"吸气一大片，呼气一条线，气断情不断，声断意不断"的效果。

（二）态势语言

1. 含义及特点

人们在使用有声语言进行交际的同时，还经常借助各种动作手势、面部表情、服饰着装等其他手段来传递信息，这些非口头表达的交际手段被总称为态势语言，也称作体态语言、无声语言，是有声语言的辅助形式。《史记·项羽本纪》"鸿门宴"的故事中，范增要项羽下决心杀掉刘邦，以绝后患。但因刘邦在座，不便明说，就使用了态势语言——"数目项王，举所佩玉玦以示者三"。

除了能够辅助传递信息外，态势语言还具有强化感染、暗示心理、描摹形态、渲染气氛等作用。

态势语言具有以下几个特点：

（1）直观性

态势语言以动作手势、面部表情等形象性较强的方式进行交际，因此能够产生更加生动、形象的表达效果。

（2）依附性

态势语言信息含量丰富，表达方式多样，但在日常交际过程中始终处于从属的地位，依附于有声语言，起着辅助和补充的作用。它无法离开具体的语言环境，也无法完全脱离口语单独表意。

（3）多样性

态势语言的表现形式十分丰富，传播载体多种多样。一般来说，态势语言包括身体姿态、动作手势、面部表情、目光眼神、服饰着装等。

（4）民族性

身处不同民族文化的人们使用态势语言的习惯不尽相同，同样的态势语言也会因不同的民族文化代表不同甚至相反的意义。比如，"摇头"在大多数民族文化中表示否定，但在保加利亚和印度的某些地方却表示肯定；又如，俄罗斯人把手指在喉咙上表示"吃饱"，日本人却表示"被炒鱿鱼"。

2. 基本原则

（1）准确、适度

由于态势语言具有一定的民族性或多义性，因此在使用上需要结合具体的场合及特定的语境，准确使用，避免误会。此外，态势语言的使用频率不宜过多，幅度不宜过大，应以不影响听者对说话的注意力为前提，不能喧宾夺主。

（2）自然、得体

动作、眼神、手势等各种态势语言的使用应自然流畅、得体大方。孙中山曾经说过，即使"有时词拙"，也"不可故作惊人模样"。如果说话时，动作生硬、刻意表演，甚至故作姿态，都会使人觉得别扭、不真实。

（3）简洁、精练

说话时，举手投足应符合日常生活中的表达习惯，简洁明了，易于人们理解和接受。要注意克服不良的习惯动作，去掉多余的手势。

（4）和谐、统一

态势语言的使用要建立在说话内容的基础之上，并与说话人的身份以及现场的情绪氛围和谐、统一，避免出现故弄玄虚甚至手口不一的现象。

3. 训练方法

（1）设计训练

在平时的学习中，可以围绕某个话题或特定内容，自主进行态势语言的设计，以辅助有声语言的表达。

（2）对镜训练

可以使用"照镜子"的方法，对镜练习微笑、眼神、手势、站姿等各种态势语言，以达到自然、适度、流畅的效果。

（3）实践训练

要想精准、熟练地使用各种态势语言，还应该注意多在实践中练习，多实践、多反思、多总结。

（刘芳　撰写）

第一章　社交口才

第一节　概述

人类的生存和发展离不开语言和言语。无论从古时巴别塔故事的启示，还是从现在对猿猴手语的研究，无不都揭示着人类运用语言进行社交的本能需求和种种活动。

21 世纪，在人际交往中，恰当、得体的社交语言不仅会使处在沟通环境中的说话者们感受到当下的轻松、自在，也体现着一个人的整体综合素养。因此，良好的社交口才是现代人须掌握的核心能力之一。

一、基本特点

（一）即时性

社交口才，一般无法事先完全约定好讲话内容，往往具有即时性、交互性、连续性的特点。这要求说话者和听话者的精神高度集中，以便灵活反应。

（二）综合性

综合性体现为一个人的社交口才须与其文化知识背景、认知能力水平、综合品德素质等相协调，同时应与肢体语言、书面形式、自我形象管理等多方面相协调。

社交口才的成功是多种元素有效叠加形成的综合性系统。

（三）策略性

为使社交口才顺畅、连续地进行下去，说话者可遵循一定的策略和技巧，以达社交目的。

二、种类

社交口才的范围较广。从学理上看，最早，奥斯汀（Austin）（1962）提出了言语交际中的三种方式，即以言指事行为、以言行事行为、以言成事行为；至 20 世纪 70 年代，约翰·塞尔（John Searle）将以言行事行为细分为：

表述类言语行为，如陈述、断言、描述等；

承诺类言语行为，如许诺、威胁、发誓、保证等；

指使类言语行为，如命令、请求等；

宣告类言语行为，如宣誓、任命、辞职等；

表情类言语行为，如问候、赞美、感谢、道歉等。

常用口才训练中的社交口才包括介绍、交谈、赞美、批评、劝慰、道歉等。

三、总体原则

（一）合作原则

合作原则由美国语言哲学家格赖斯（Grice）提出。他强调人们在交际过程中，须使对话双方遵循某一原则，以保证交际任务的顺利开展和完成，具体包括量的准则、质的准则、关系准则、方式准则。

但有时说话者也会故意破坏合作原则，达到某种交际目的和效果。

（二）礼貌原则

礼貌原则由英国学者利奇（Leech）提出，包括得体原则、慷慨原则、赞誉原则、谦逊原则、一致原则、同情原则，共六类。

特别值得注意的是，当合作原则与礼貌原则冲突时，优先选用合作原则。

（王辰　撰写）

第二节　介绍

一、介绍概述

（一）介绍的概念、内容与特征

1.概念

介绍是人们在日常生活社交中互相认识、建立联系的重要方式。

根据《现代汉语词典（第7版）》，"介绍"词条包含三重含义：使双方相识或发生联系；引进、带入（新的人或事物）；使了解或熟悉[①]。

恰当的介绍往往有利于营造一个较和谐、礼貌的交际活动氛围。

2.内容与特征

根据介绍的概念，介绍对象可包括人、事、物；而在对人的介绍中，一般分为自我介绍和居间介绍两种形式（图1）。

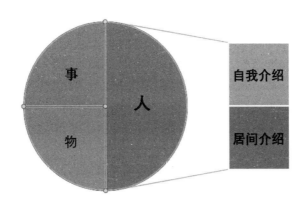

图1　介绍的对象

根据场合和语体方式的不同，介绍可分为应酬式介绍、工作式介绍、沟通式介绍、礼仪式介绍、问答式介绍等（表1）。

---

① 中国社会科学院语言研究所词典编辑室.现代汉语词典［M］.7版.北京：商务印书馆，2016：670.

表 1 介绍的方式及适用场合

介绍方式	适用场合
应酬式介绍	公共场合和一般的社交场合
工作式介绍	工作场合
沟通式介绍	社交场合，强烈希望对方与自己建立联系
礼仪式介绍	讲座、报告、演出、庆典、仪式等一些正规隆重的场合
问答式介绍	面试、应聘、公务交往等场合

（二）介绍的策略

1. 知根知底

无论是介绍人，还是介绍事、物，弄清楚被介绍对象是首要任务。介绍人物时，核心内容至少应包括被介绍对象的姓名、年龄、学习 / 工作单位、特长 / 爱好、主要经历等；介绍事物时，则应包括被介绍对象的名称、制作时间、发展历程等。在上述要素的基础上进一步提炼、加工，辅以语言修饰，形成更加吸引人的介绍。

2. 目的明确

在进行介绍时，要根据不同场合、不同倾听对象的需求，运用语言，甚至是多种语言表达，使倾听者了解、熟悉被介绍对象，并产生强烈的与之建立联系的愿望。

3. 把握分寸

介绍时要控制好时间，自我介绍一般在 2 ~ 3 分钟为宜，其他介绍一般在 10 分钟以内为宜。

另外，要把握好介绍的时机，切勿因表达欲过强而造成误解。例如，某酒店服务员小罗第一天上班，被分配在酒店某层做接待，刚工作的她充满信心。小罗见到从电梯上下来两位客人，便立刻迎上前去亲切接待，不仅将客人们送至房间，更热情、细致地一一介绍房间内设备，却遭遇到客人不耐烦的冷淡回应。

再者，介绍时要控制好语速、音量、态势语言等。

4. 创意展示

在基本要素能完整传递出去的基础上，设计有创意的展示元素，如幽默、夸张，加深倾听者的印象，加强介绍的效果。

例：《汉书·东方朔传》[①]

臣朔少失父母，长养兄嫂。年十二学书，三冬文史足用。十五学击剑。十六学《诗》《书》，诵二十二万言。十九学孙吴兵法，战阵之具，钲鼓之教，亦诵二十二万言。凡臣朔固已诵四十四万言。又常服子路之言。臣朔年二十二，长九尺三寸，目若悬珠，齿若编贝，勇若孟贲，捷若庆忌，廉若鲍叔，信若尾生。若此，可以为天子大臣矣。臣朔昧死再拜以闻。

在此例中，东方朔通过夸张的数字"二十二万言""四十四万言"表示自己的才学储

---

① ［汉］班固.汉书［M］.北京：中华书局，1962：2841.

备，通过孟贲、庆忌、鲍叔、尾声等经典人物表达自己的过人之处，令人印象深刻。

二、介绍的技巧

（一）恰当使用称呼语

社交场合中，人们一般对称呼语比较敏感。称呼得当，可使介绍顺利开展，并后续展开交谈；称呼不当，不仅会令倾听者尴尬，也易打乱介绍者的思路和节奏，为完成介绍带来障碍。日常生活中主要使用的称呼语见表2。

表2　称呼语例举

称呼方式	称呼语结构		示例
尊称	您		您好
	贵		贵校、贵公司
	您/姓+老		您老、张老
泛称	正式场合	姓+职称	张教授、吴老师
		直呼姓名/社会通称	女士、先生、同志
	非正式场合	老/小+姓	老张、小赵
		姓+辈分称呼	张爷爷、李阿姨
谦称	—		在下、家父

如果遇到需要介绍多人时，国际惯例一般为：先将身份低的年轻人介绍给身份高的年长者。介绍团队时，可重点介绍职务较高的人员，随员介绍可简略。

（二）巧报家门打烙印

古希腊哲学家柏拉图说："好的开始是成功的一半。"讲好第一句话，将自己交代清楚，并在倾听者心中打下烙印很关键。其一般有三种方式（表3）。

表3　介绍的开头方式例举

介绍开头方式	示例	表现侧重点
问候式	您好！早上好！	最常用的礼貌用语
敬慕式	久仰大名！受益匪浅！不胜荣幸！	表示敬重、仰慕、有礼
攀认式	我俩是老乡！	自然拉近 说话者与听话者的关系

在自我介绍中，要避免过度强调"我"，对自己的描述应真实，并做到尽量客观。

（三）充分考虑不同对象

在介绍内容的选取方面，要充分考虑倾听者的年龄、文化程度、社会身份、民族习惯、心境、语言背景等，使自己的介绍更适配倾听者。

介绍类言语交际过程如图2所示。

图2　介绍类言语交际过程图式

三、口才实训

1. 请为自己的姓名设计一个巧报家门的方法。

2. 请以"我"为主题，面向全体同学进行自我介绍。

要求：口齿清晰、发音准确；汉语1~2分钟、英语1分钟；语速适中、音量适中。

3. 请以某个运动项目为表述中心，拟定一个介绍提纲。

4. 请比较下面两段自我介绍，分析其介绍的角度和内容特点，并思考这两段介绍最可能适用的场合。

自我介绍1：

我叫×××，20××年生于×市，今年毕业于××学校，是读市场营销专业的。我一直生活在×市，在我读小学时，放学后就帮妈妈、奶奶做抽纱活，先是学勾花，再学刺绣、抽纱。

以后寒暑假也都做抽纱，帮家里添点经济收入。上了××学校后，两年的专业学习，使我掌握了营销方面的专业知识，这是我将来搞好业务的资本。

我爱说爱笑，善于交际，口才较好，曾参加省属英语口语竞赛，得了二等奖（递上奖状）。

我这个人平常爱看报纸，对国内外的经济发展动态很感兴趣。

自我介绍2：

二十年前一个大雪纷飞万籁俱寂的夜晚，我的啼哭声把北国的一座城市闹醒了。我懵懵懂懂度过童年，我又迷迷糊糊度过了少年，热热闹闹地度过了青年，潇潇洒洒地读完大学，我有许多欢乐，也有许多痛苦，我自然也长了许多见识。

我爱好黑色，包括黑咖啡；我讨厌红色，包括红樱桃、红纽扣儿，因为我幼年时，曾大病一场，那时，吃樱桃吃腻了……

好了。再说我上大学时，我担任团支部书记，我具有非凡的组织能力，超人的交际能力，我有强烈的好奇心，协调能力强，我很果断，善社交，朋友多，我有韧性、有耐力、有魄力。

5. 在下列社交场合，你将如何做自我介绍？
（1）学生社团招新面试。
（2）学生会、团委干部竞聘。
（3）校内演讲比赛。（或主持人大赛、歌手大赛等）
（4）迎新欢迎会。

6. 请阅读下文，并分析文中的应聘者是如何开展自我介绍的。

第一个被录取的人 ①

张小侠

某大公司招聘人才，应者云集。其中多为高学历、多证书、有相关工作经验的人。

经过三轮淘汰，还剩下 11 个应聘者，最终将留用 6 个。因此，第四轮总裁亲自面试，将会出现十分"残酷"的场面。

奇怪的是，面试考场出现了 12 个考生。总裁问："谁不是应聘的？"坐在最后一排最右边的一个男子站起："先生，我第一轮就被淘汰了，但我想参加一下面试。"

在场的人都笑了，包括站在门口闲看的老头子。总裁饶有兴趣地问："你第一关都过不了，来这儿有什么意义呢？"男子说："我掌握了很多财富，我本人即是财富。"

大家又一次笑得很开心，觉得此人不是太狂妄，就是脑子有毛病。男子说："我只有一个本科学历，一个中级职称，但我有 11 年工作经验，曾在 18 家公司任过职……"总裁打断他："你的学历、职称都不算高，工作 11 年倒是很不错，但先后跳槽 18 家公司，太令人吃惊了。我不欣赏。"

男子站起身："先生，我没有跳槽，而是那 18 家公司先后倒闭了。"在场的人第三次笑了。一个考生说："你真是倒霉蛋！"男子也笑了："相反，我认为这就是我的财富！我不倒霉，我只有 31 岁。"

这时，站在门口的老头子走进来，给总裁倒茶。男子继续说："我很了解那 18 家公司，我曾与大伙努力挽救那些公司，虽然不成功，但我从那些公司的错误与失败中学到了许多东西，很多人只是追求成功的经验，而我，更有经验避免错误与失败！"

男子离开座位，一边转身一边说："我深知成功的经验大抵相同，而失败的原因各有不同。与其用 11 年学习成功经验，不如用同样的时间研究错误与失败；别人的成功经验很难成为我们的财富，但别人的失败过程却是！"

---

①　引自 https://www.docin.com/touch/detail.do?id=2610178157，略有删改。

男子就要出门了，又回过头："这11年经历的18家公司，培养、锻炼了我对人、对事、对未来的敏锐洞察力，举个小例子吧——真正的考官，不是您，而是这位倒茶的老人。"

全场11个考生哗然，惊愕地盯着倒茶的老头。那老头笑了："很好！你第一个被录取了，因为我急于知道——我的表演为何失败。"

7. 请看下列句子，讲讲它属于哪种介绍方式。

（1）您好，我叫张三。（您好，我是张三）。

（2）你好，我叫张三，是××学校的体育老师。

（3）我叫张三，在北京××学校工作。我是××大学体育教育专业22级的，咱们是同学，对吗？

（4）你好，我叫张三，我在××××体育俱乐部上班。我是王二的老乡，都是××人。

（5）我叫张三，刚才听你唱的是王一的歌，真好听。我也喜欢这个歌手。

（6）各位来宾，大家好！我叫张三，是××体育俱乐部的创办人。热烈欢迎大家光临我们的开业仪式，谢谢大家的支持。

（7）各位考官好，今天能够站在这里参加面试，有机会向各位考官请教和学习，我感到非常荣幸。我叫张三，毕业于××××大学。我的性格比较开朗、随和，和亲戚、朋友、同学能够和睦相处，并且对生活充满了信心。

在外地求学的四年中，我养成了坚强和独立的性格，这种性格使我克服了学习和生活中的一些困难，积极进取。四年级的时候我在××××运动队实习过，所以有一定的实践经验。成为一名体育教师是我多年以来的强烈愿望，如果我有机会被录用的话，我想，我一定能够在工作中得到锻炼并实现自身的价值。同时，我也认识到，人和工作的关系是建立在自我认知的基础上的，我认为我有能力，也有信心做好这份工作。

教师是一个神圣而高尚的职业，它追求的是有目的地培育人进行社会实践活动，是传承文化、传递生产和社会生活经验的一种途径。所以，这份工作能够实现我的社会理想和人生价值，希望大家能够认可我，给我这个机会！

8. 根据介绍对象分类，例文属于哪种？

从杭州世博案例馆的人偶展陈《货郎出街》，
讲到范仲淹的"吾商则何罪"①

杭州世博案例馆中有组展品叫《货郎出街》，它再现的是南宋大画家李嵩的《货郎图》。李嵩是杭州人，他的这幅画反映的是货郎贩卖商品时的热闹场景，从中我们也可以看到宋代的重商思潮。

---

① 选自 https://www.thehour.cn/news/13383.html，有删改。

货郎是挑着担子走街串巷沿街贩卖商品的小贩。我们可以看到图中的货郎头上、腰上插满了商品，货郎担上的商品琳琅满目、杂而不乱，粗略估计有数百件之多，但我们可以大致分为日用生活类、粮食调味品类、儿童玩具类，这阵仗像不像今天的小超市。

这样的贩卖方式跟我们今天的网购有几分相似。首先，走街串巷、沿街贩售的方式像不像我们今天的"送货上门"？再者，面对面交易、现货现付，像不像是今天的"货到付款"？由于竞争激烈，货郎还要用抽签、摸骨牌等方式招揽顾客，像不像今天的"有奖销售"？

俗话说"360行，行行出状元"，但据《西湖老人繁盛录》记载，当时南宋的杭州早有412行之多。那么如此精细的分工，如此繁多的商品种类，如此灵活的商业模式何以在宋代蔚然成风？这就不得不说宋人重商观念的形成。何以见得呢？我们来翻看史料典籍。

首先，宋太祖和宋太宗都颁发过恤商法令，严禁官吏勒索刁难经商之人，这说明国家最高统治者对商业的开明态度。

其次，范仲淹高呼"此弊已千载，千载犹因循。吾商则何罪，君子耻为邻"。诗中的此弊特指重农抑商思想，他把"重农抑商"看作祸害，亲切地称商贾为"吾商"。

欧阳修提出的国家财政方略之一便是"权商贾"，而权商贾的核心就是保护商人利益。曾巩曾怒斥社会上的逐利之风："时之人，举天下之务者，惟利而已。"从侧面反映市民阶层逐利成风。以上原因最终促成"士农工商皆为本"思想的提出，这便是宋代重商观念的缘起与形成。

这种自上而下对商业的态度转变也造就了宋代经济社会的空前繁荣。这点表现在宋代国家财政收入上，北宋的工商杂税占比70%以上，南宋则占比85%以上。繁荣的商业更催生了发达的信用交易体系。

李约瑟曾在《中国科技史》中说过：谈到十一世纪（就是宋代），我们犹如来到最伟大的时期，这一时期无论是经济、文化，还是科学，都达到了前所未有的高峰。许多史学家把宋人的重商观念称为一次复兴或一次商业革命。

讲到这里，我们再回头看《货郎图》，相信大家一定能感受到那种开明繁荣、活跃祥和的大宋气息！

（王辰 撰写）

第三节　拒绝

一、拒绝概述

（一）拒绝的概念与特征

人们在与他人的日常交际中，常使用到拒绝言语行为。拒绝言语行为是指对提议、请求、邀请、建议等言语行为所做出的否定回答与回应。拒绝言语行为属于表情类言语行为，拒绝行为与请求者的主张本质上是相反的。但却不一定非说"不"，有时为了遵循交际过程的合作或礼貌原则，人们也会选择委婉、含蓄、间接的方式拒绝请求者，尽量减轻对请求者心理造成的影响。

拒绝言语行为的类型，由于划分的标准不同，划分的结果也不同，如按照主体所要拒绝的内容的不同分为请求、要求、安排、建议、邀请等；按照拒绝方式分为直接拒绝、间接拒绝等；按照拒绝的语气，分为强烈拒绝和委婉拒绝；按照拒绝者是否真心想拒绝，可以分为诚意拒绝和虚假拒绝等。

（二）拒绝的策略

1.拒绝言语交际主体

拒绝言语行为的主体有两个：一个是请求者（被拒绝的人），一个是拒绝者。拒绝行为的特征本就具有冲突性，因此拒绝主体的这种"天然"特定关系必定会对拒绝言语行为产生影响。在实施拒绝言语行为时，主体双方应综合考虑如年龄、性别、职业、性格、双方的社会关系、情感关系等因素，以此来改变冲突的强度。

例1：

鸳鸯道（拒绝者）："什么话？你说罢。"

他嫂子笑道（请求者）："你跟我来，到那里我告诉你，横竖有好话儿。"

鸳鸯道（拒绝者）："可是太太和你说的那话？"

他嫂子笑道（请求者）："姑娘既知道，还奈何我！快来，我细细地告诉你，可是天大的喜事。"

鸳鸯（拒绝者）听说，立起身来，照他嫂子脸上下死劲啐了一口，指着他骂道："你快夹着嘴离了这里，好多着呢！什么'好话'！宋徽宗的鹰，赵子昂的马，都是好画儿。什么'喜事'！状元痘儿灌的浆儿又满是喜事！"①

---

①　［清］曹雪芹.红楼梦［M］.北京：人民文学出版社，2008：619-620.

2. 拒绝言语交际意图

不管是直接拒绝还是间接拒绝，其目的都是"否定"请求者提出的要求，都会给对方的心理造成失望或不快，因此拒绝者应采取不同的拒绝技巧，尽可能把这种失望或不快控制在最小限度内。

例2：

张道士（请求者）："前日在一个人家看见一位小姐，今年十五岁了，生的倒也好个模样儿。我想着哥儿也该寻亲事了。若论这个小姐模样儿、聪明智慧、根基家当，倒也配的过。但不知老太太怎么样，小道也不敢造次，等请了老太太的示下才敢向人去说。"

贾母道（拒绝者）："上回有和尚说了，这孩子命里不该早娶，等再大一大儿再定罢。……"①

3. 拒绝言语交际过程

拒绝言语行为的实现过程就是拒绝者如何选择话语形式来表现拒绝意图的过程。

拒绝类言语交际过程如图3所示。

图3 拒绝类言语交际过程的图式

例3：

"妈！出去吃饭吧！你们也累了，吃完饭早点休息，我们明天还要上班的。"丽鹃说。

"出去干啥呀？就在家吃吧！又不是外人，有啥吃啥。"婆婆这样回答。②

例3中的丽鹃是一个上海姑娘，嫁给了一个大学毕业后留在上海工作的东北小伙子亚平，亚平的父母来到上海看望儿子儿媳。这一段人物对话中，丽娟作为请求者提出"出去吃饭"的要求，但由于思想观念不同，婆婆思想传统，不太接受这样的生活方式，直接拒绝了儿媳提出的建议。

二、拒绝的技巧

1. 直接式

"没有规矩，不成方圆"，不符合原则的事情是坚决不能去做的，该拒绝的时候就要

---

① ［清］曹雪芹.红楼梦［M］.北京：人民文学出版社，2008：396.

② 电视剧《双面胶》台词。

勇于向请求者说"不"，有时这也是一种自我保护。

例4：

20世纪50年代，周恩来的弟弟周恩寿，向哥哥提到：老家的房子太破旧，县里想要帮着把房子修葺下。

周恩来斩钉截铁地说："不用了。"为了表明态度，他甚至接着说："只要我活着，就不许搞！"

直接拒绝式的应用也需要把原因表述清楚，避免不必要的误会。根据拒绝交际主体的不同身份，也可以向请求者表示歉意或谢意，来表达自己的真诚。

2.先扬后抑式

先肯定请求者的说法，再用"但是"类转折性词语使意思发生转折，最终在融洽的气氛下拒绝请求者的要求，这是汉语中最常用的拒绝策略。

例5：

你是一个公司人力资源部的负责人，你的朋友托你介绍一份工作，你又无法办到。你可以这样回答："你的条件非常好，但这次名额太少，我一定尽力帮你留意合适的岗位。"

3.推脱式

言语交际中，用其他事或其他原因来推掉不愿做的事，也属于一种常用的拒绝方法。

例6：

一次演员张译接受采访，主持人问他为什么推掉真人秀，强调参加真人秀是很赚钱的事情。

张译回答说："我觉得自己不适合，我就不是一个能够去娱乐大众的人吧。而且我有我坚守的底线——我基本上只做电影和电视剧这两件事……。"

4.建议式

给对方提供一些建议来表达出拒绝的意思，为了回避直接对抗，拒绝者向请求者建议别的办法以达到拒绝的目的，同时表达了拒绝者对请求者的关注，给请求者留足面子。

例7：

薛姨妈便命人灌了上等酒来。李嬷嬷上来道："姨太太，酒倒罢了。"

宝玉笑央道："好嬷嬷，我只喝一钟？"

李妈道："不中用，当着老太太、太太，那怕你喝一坛呢。想那日我眼错不见一会，不知那个没调教的，只图讨你的喜欢，给了你一口酒喝，葬送得我挨了两日骂！姨太太不知道他的性子呢，喝了酒更弄性。有一天老太太高兴，又尽着他喝；什么日子又不许他喝。何苦我白赔在里面？"

薛姨妈笑道："老货！只管放心喝你的去罢。我也不许他喝多了。就是老太太问，有我呢！"一面命小丫头："来，让你奶奶去也吃一杯搪搪寒气。"那李嬷嬷听如此说，只得且和众人吃酒去。①

---

① ［清］曹雪芹.红楼梦［M］.北京：人民文学出版社，2008：123.

5. 回避式

言语交际过程中，对于那些不能或不愿明确应答的问题，可采用回避、无效应对的方法回应。回应看似与问题无关，但可以巧妙地向请求者传达拒绝的信息，拒绝者只是不理请求者的请求，而取表面含义应对而已。

例8：

2008年10月，周杰伦的国语大碟《魔杰座》全亚洲发片记者会在台北举行。记者会上，周杰伦抢先让大家欣赏了他新专辑的主打歌曲《时光机》。演唱完后，主持人在台上问他如果时光能倒转，他最希望回到过去挽回什么？

主持人期待周杰伦可以谈到可以挽留的某段感情。周杰伦没有掉进圈套，他回答道："我是看未来的人，即使有时光机我也不希望回到过去，我希望前往未来，看看到时候自己的音乐是否存在。"

例8中周杰伦采用的是一种无效应对的方法，在言语中他故意安排了一个逻辑前提——"我是一个看未来的人"，不希望回到过去，不直接给出否定请求者的直接答案，而是让请求者按照这样的逻辑前提自我否定，自动放弃原来的要求。

6. 暗语式

利用双方已知的其他信息暗示，让请求者领会意图，通过暗示的言语使其放弃请求，而不是正面做出回应。

例9：

面试官：感谢您今天的面试表现，您的工作经历也特别适合我们这个职位，但是我还是得把我们目前的薪资结构再给您介绍介绍，您回去可以再综合考虑一下。

7. 幽默式

一般用于好朋友之间，故意用这种策略间接地表示拒绝。

例10：

一位"妻管严"，被老婆大人命令周末大扫除。正好几个同事约他去打篮球。他只好说："我真的很想去和你们较量，但是结婚以后，周末就经常被没收了！"

例10中拒绝者用幽默的方式表达拒绝，"周末被没收"是指他的周末都被老婆安排大扫除了。既达到了拒绝别人目的，也让请求者愉快地接受了这次拒绝行为，这样也不会对朋友之间的友谊产生不良的影响。

8. 指正式

指正式也称为批评式拒绝。当拒绝者认为请求者的要求或安排不合理的时候，用批评指正的方式达到拒绝的目的。

例11：

2007年10月28日，克里斯蒂娜成为阿根廷历史上第一位民选女总统。2004年，她陪同丈夫，也就是阿根廷的前总统基什内尔出访阿拉伯国家，获赠当地用直角大羚羊毛皮做的一件最珍贵上衣。当她得知世界仅存不到200头直角大羚羊时，婉言拒绝了这件礼物，她说："一只死去的高贵大羚羊，它的皮毛应该制作成标本，提醒人们更加善待自然，而不是温暖一个女人的身体！"①

例11中，克里斯蒂娜指出请求者不合理的方面，她的妙语拒绝在阿拉伯国家广为传播，促进了当地政府和民众对大羚羊的保护工作。

三、口才实训

1.假如一个依赖性很强的朋友打电话与你聊天，而你此时正好忙着，没有时间陪他，你会（　　　）。

A.接电话，问他是否有重要的事儿，如果没有，回头再打给他。

B.接电话，告诉他你很忙，不能和他聊天。

C.不接电话。

2.结合材料，给老画家出个主意，帮他婉拒这位访客。

老画家晚上在家里接待一位绘画爱好者，小伙子见到了自己倾慕的画家滔滔不绝，老画家也对他做了悉心指点。不知不觉已经是晚上10点了，小伙子依然谈兴正浓。老画家由于高血压不能熬夜，他特别想提醒小伙子改天再来，却又不知道怎么开口……

3.结合《西厢记》中的片段，谈谈崔夫人的语词间透露出了什么信息？

［夫人云］小姐近前拜了哥哥者！

［末背云］呀，声息不好了也！

［旦云］呀，俺娘变了卦也！

［红云］这相思又索害也。

4.话题训练

（1）结合自己身边发生的事情，谈谈如何才能巧妙地说"不"。

（2）公司有一项临时任务需要加班，可你已经安排好了周末的时间，试着说说你将如何拒绝上司的加班要求。

（3）在路上碰到手拿问卷请你填问卷做调查的人，如果你不想填问卷，你会怎么说？

（4）你的朋友拒绝了你的生日会邀请，你将如何回应他？

（乔东鑫　撰写）

---

① 引自 http://www.360doc.com/content/16/1215/11/13800233_614856511.shtml。

第四节　批评

一、批评概述

（一）批评的概念与特征

批评，根据《现代汉语词典（第7版）》的释义，有以下几种含义：①评论；评判；②对书籍、文章加以批点评注；③对缺点错误提出意见。我们在口才训练中，主要使用的是批评的第三种功能，这一功能也是我们在日常生活中接触最多的功能。

俗话说，"金无足赤，人无完人"，我们在生活中做错事情或遇到他人做错事情，自然会被批评或试图批评他人，从而达到修正错误、促进人或事物更好发展的目的。适度的批评能够帮助人更好地成长进步，即"忠言逆耳利于行"，但因为人自我防御的心理机制，"批评"这味苦口的"良药"经常会与消极的情绪和态度联系在一起，让人难以下咽。如果不能做到有艺术的批评，就会给被批评对象带来羞耻感、抵触与抗拒，甚至有可能造成与被批评对象的矛盾与误会。因此，如何能够正确地表达自己的意见和情绪，同时更容易被对方接受，是我们在锻炼口才中的一个重要命题。

（二）批评的策略

"若批评不自由，则赞美无意义"是一句经常被引用的话，可真正的批评并不是肆无忌惮的。为了达到批评的积极目的、降低负面影响，我们在批评他人的时候需要把握一定的程序和策略。

1. 批评的主体与对象

当我们对某人的做法或某件事情产生不满、发现错误的时候，我们就成了批评他人的主体，被批评的人或此人的做法则成为被批评的对象。而我们与被批评对象的关系、被批评对象的性格特点则会要求我们选择不同的方式对对方进行批评，做到"因人而异"。例如，针对被批评对象的不同性格特点，批评较为内向敏感的人时可以尽量委婉含蓄，照顾到被批评对象的自尊和面子；针对自我感觉良好、犯错而不自知甚至屡教不改的人，批评时则可以直击要害、严肃认真，否则可能无法达到批评教育的目的。

2. 批评的事实与动机

批评的目的是纠正错误、帮助进步，而不是指责对方、推卸责任和发泄情绪。因此，批评一定要建立在弄清楚事实真相的基础上，而不要想当然地判定对方的错误，避免使对方被冤枉而受到委屈，从而破坏双方关系。面对他人的"错误"，首先需要冷静自己的情绪，不要冲动和感情用事，同时需要对事情进行调查，厘清事情的真相与前因后果。没有事实依据的批评和指责不仅没有可信度，还会给人留下意气用事、主观臆断的印象，从而产生反感和抵触，因此在批评别人之前一定要将事情的真相搞清楚。

其次，根据被批评对象的具体情况，要做到"具体问题具体分析"。例如，针对比较严重的错误，就需要及时进行较为正式的批评，甚至是公开批评；而对一些无伤大雅的小错误，则可以在私下里进行批评教育和沟通交流。

此外，批评时要做到"就事论事"，切忌将批评扩大化，从批评事件上升到人身攻击，或者从一个错误上升到否定整件事情的意义与价值或整个人的个性品质。

3. 批评的步骤与方法

在批评别人时，首先要选择适当的时间和场合。及时的批评会达到很好的效果，有利于及时纠正错误，但也要考虑批评的场合、周围的环境、被批评人的情绪状态。例如，批评孩子的时候尽量不要在公众场合，批评学生的时候尽量不要在其他同学在场的时候，批评朋友的时候尽量不要在集体聚会或者出游的时候。这样既保护了被批评对象的情绪，又能使批评达到更好的效果。

其次要向被批评对象说明其被批评的理由和事实，帮助对方找出错误根源，分析错误原因，为对方指出具体错在哪里、为什么会出错、怎样做才是正确的，这样对方才会有进步和提高的可能。批评本身不是批评的目的，因此在批评后提供具有可行性的"行动指南"也非常重要，我们在为批评对象分析错误后，可以给出如何做才是正确的具体建议，帮助其解决问题，积极督促对方改正错误。

再次要选择适当的表达方式，要注意说话的语气、态度。批评别人不意味着要高高在上、咄咄逼人，在批评的过程中要注意控制自己的情绪，要有足够的耐心、诚恳的态度和友善的话语，避免言语失当、言辞过激。同时要掌握一定的沟通技巧与方法，对语言表达进行修饰，兼顾自己的表情与肢体语言，不要过度发泄自己的不满情绪。春风化雨般的批评教育既可以帮助被批评对象改正错误、提高进步，也可以避免破坏与被批评对象的关系。

批评类言语交际过程如图 4 所示。

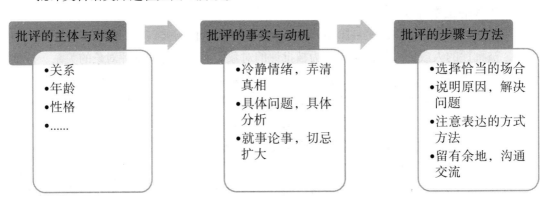

图 4　批评类言语交际过程的图式

最后，要为被批评对象留出表达自身想法的机会。批评的根本目的是与对方进行有效的沟通和交流，针对某一事件达到共同追求的结果。因此，一定要倾听对方的真实想法，了解对方对于事件的看法，从中我们不仅可以判断对方是否已经认识到自己的错误与不足，还可以帮助对方厘清做事的行为逻辑，分析原因，找出解决方案。同时，及时发现在事件处理过程中存在误会与偏颇，更是我们修正自身错误认知、避免误解他人的机会。

二、批评的技巧

1. 迂回式批评

直接的批评方式可能会伤害到对方的自尊心，从而造成冲突与矛盾。迂回地表达否定、批评性意见会很大程度上减少摩擦与直接冲撞，委婉地表达自己的想法，更容易被人接受。在《晏子春秋》中有这样一个故事："景公好弋，使烛邹主鸟，而亡之。公怒，召吏欲杀之。晏子曰：'烛邹有罪三，请数之以其罪而杀之。'公曰：'可'。于是召而数之公前，曰：'烛邹，汝为吾君主鸟而亡之，是罪一也；使吾君以鸟之故杀人，是罪二也；使诸侯闻之以吾君重鸟轻士，是罪三也。'数烛邹罪已毕，请杀之。'公曰：勿杀，寡人闻命矣。'"在这个故事中，晏子并未直接指出景公的错误，而是通过迂回的方式点出了景公杀烛邹会带来的影响和这种行为的不妥之处，既避免了触怒景公，又达到了批评劝诫的目的。

2. 模糊式批评

在批评的时候既需要照顾到被批评者的面子，避免被批评者成为"靶子"，又要指出问题的所在，可以采取模糊式批评的方法。模糊式批评既不用明确点出被批评的主体，又能表达自己的实际感受，同时为批评的话语留有一定余地，使谈话具有一定弹性。例如，某班级为整顿课堂纪律召开班会，在会上辅导员说道："最近一段时间，我们班的纪律总体来说是好的，但也有个别同学表现较差，有的同学上课迟到早退，也有的同学课上玩手机或者睡觉……"。辅导员老师的这段批评语言中用了不少模糊性的语言，如"最近一段时间""个别""有的"等，没有具体指名道姓地批评某位同学，照顾了学生的面子，但通过举例指出了目前班级纪律存在的具体问题，起到了批评、警告的作用，相较于直接点名批评某位同学的效果可能更好。

3. 幽默式批评

幽默是一种重要的语言表达技巧，可以帮助人与他人进行轻松愉快的沟通，特别是在批评的语言环境中，可以缓和气氛，缓解冲突，用相对安全、不带威胁的方式表达自己的意见和想法，缓解尴尬的对话气氛。在批评时可以通过类比比喻、"装傻充愣"、声东击西等方法将自己的批评语言变得生动幽默，从而达到表达意见的效果。

4. 赞美式批评

相比接受他人的否定与批评，赞美与肯定会给他人带来更积极的心理体验。因此，在批评他人之前先对对方的优点或长处进行肯定，让对方以较为轻松的心态接受批评，可以减少给对方带来的不适。美国前总统约翰·卡尔文·柯立芝（John Calvin Coolidge）提出的肥皂水效应的核心意思就是要将批评夹在赞美中。以赞美的形式巧妙地取代批评，以看似间接的方式达到直接的目的。将对他人的批评夹裹在肯定的话语之中，减少批评的负面效应，使被批评者愉快地接受对自己的批评。柯立芝于1923年成为美国总统，他有一位漂亮的女秘书，人虽长得很漂亮，但工作中却常因粗心而出错。一天早晨，柯立芝看见秘书走进办公室，便对她说："今天你穿的这身衣服真漂亮，正适合你这样漂亮的小姐。"这句话让女秘书受宠若惊。柯立芝接着说："但也不要骄傲，我相信你同样能把公文处理得像你一样漂亮的。"果然从那天起，女秘书在处理公文时很少出错了。一位朋友知道了这件事后，便问柯立芝："这个方法很妙，你是怎么想出的？"柯立芝得意扬扬地说："这很简单，你看见过理发师给人刮胡子吗？他要先给人涂些肥皂水，为什么呀，就是为了刮起来使人不觉得痛。"[①]由此可见，欲抑先扬式的批评能够给被批评对象带来更多的心理平衡，在被批评的同时得到一些安慰，会使批评变得更加柔和，易于接受。

三、口才实训

1. 请阅读以下材料并思考：优孟要表达的意思是什么？他批评的对象是谁，与他的关系是什么？优孟采取了哪种批评技巧，他为何要采取这样的技巧？取得的效果如何？

《史记·滑稽列传·优孟》：优孟，故楚之乐人也。长八尺，多辩，常以谈笑讽谏。楚庄王之时，有所爱马，衣以文绣，置之华屋之下，席以露床，啖以枣脯。马病肥死，使群臣丧之，欲以棺椁大夫礼葬之。左右争之，以为不可。王下令曰："有敢以马谏者，罪至死。"优孟闻之，入殿门，仰天大哭。王惊而问其故。优孟曰："马者王之所爱也，以楚国堂堂之大，何求不得，而以大夫礼葬之，薄。请以人君礼葬之。"王曰："何如？"对曰："臣请以雕玉为棺，文梓为椁，梗、枫、豫章为题凑，发甲卒为穿圹，老弱负土，齐、赵陪位于前，韩、魏翼卫其后，庙食太牢，奉以万户之邑。诸侯闻之，皆知大王贱人而贵马也。"王曰："寡人之过一至此乎！为之奈何？"优孟曰："请为大王六畜葬之。以垄灶为椁，铜历为棺，赍以姜枣，荐以木兰，祭以粮稻，衣以火光，葬之于人腹肠。"于是王乃使以马属太官，无令天下久闻也。

2. 阅读以下材料并思考：姚明是否在对奥尼尔的观点进行批评？如果是，他采取的批评技巧是什么？达到了怎样的效果？

姚明在他的自传《我的世界我的梦》中曾提到一个故事，在他前往NBA后"大鲨鱼"奥尼尔曾多次对姚明的华人身份口出不逊，甚至"怪模怪样地模仿中国口音"，许多人认为这是种族歧视的行为。在一次采访中，有一位亚裔记者用中文问姚明"是否在意奥尼尔的说法"，姚明说他希望奥尼尔是在开玩笑，如果是开玩笑，那就只是个玩笑。姚明在采访中用中文回答："我们都生活在同一个地球上。"[②]

① 肥皂水效应：将批评夹在赞美中［J］.基础教育论坛（文摘版），2015（3）：46.
② 姚明.我的世界我的梦［M］.武汉：长江文艺出版社，2004：120.

3.阅读以下材料并回答问题:

有一对夫妻,妻子非常喜欢唱歌,可是水平特别差,有时候吵得丈夫没法休息,丈夫多次劝说也无济于事。有一次已经深更半夜,妻子还在那里自得其乐地唱着难听的歌,丈夫只好急急忙忙地跑到大门口站着。妻子见此,不解地问道:"我每次唱歌时,你干吗总是要跑出去站在门口呢?"丈夫一脸严肃的认真说道:"＿＿＿＿＿＿＿＿＿＿＿。"

如果你是丈夫,你会在此时如何表达?或者你将如何批评你的妻子?

（智慧 撰写）

第五节 说服

一、说服概述

（一）说服的概念与特征

说服行为是指用于影响他人的看法和行为的人类交际行为,在人们的日常生活中,说服起着重要的作用。说服通常借助语言等交际形式,根据话语语境、交际目的和交际对象择取相应的策略来进行的一种言语行为,并凭借这一言语行为去改变人们的信念或行为方式。[①] 人们常说:"人生,就是从不间断地说服。"说服者有意识和意图地采用语言为传播媒介,并指向说话自身,这应该归属为言内行为;经常应用的有效策略是获取说服对象的好感与同情;信息传递通过说话来实现告知则应属于言外行为;影响一些人或一些群体的态度、行为意指通过说话跟做事来使感化得以实现,是言后行为。[②] 而现实生活中,人们借助于话语形式来进行的说服言语交际也属于一种信息传递过程。

（二）说服的策略

1.说服言语交际主体

在说服言语交际当中,作为交际主体的说服者与被说服者之间进行着双向互动的言语交际。

（1）说服者

在说服言语交际中,持有说服交际意图进行说服交际活动的交际主体是说服者。说服

---

① 申智奇.关联理论对说服行为的解释［J］.外国语言文学,2004,21（4）:31-35.
② 唐霞."劝说"言语行为的语用分析［J］.长沙大学学报,2009,23（3）:73-75.

者在说服言语交际当中有目的地进行话语表达，以期实现自身的说服交际意图。作为说服言语交际的主体，说服者需要依据时空环境、自身角色和被说服者的反应等因素来选择并调整说服话语，力争达到说服目的。

例1：

说服者：我能不能先取票呢，因为我带着孩子，而且所买的车次还有八分钟就开车了……

被说服者：好的。

（2）被说服者

"射箭要看靶子，弹琴要看观众。"在说服言语交际中，有一类交际主体是说服者的说服对象，即为被说服者。交际过程中，要特别注意被说服者的身份，针对他的身份，说一些他感兴趣或对他有利的话，这样才能更贴近对方的心理，进而达到说服的目的。

例2：

餐饮业资深服务员李淑贞这样接待不同身份的顾客：

知识分子进店，李淑贞这样说："同志，您要用餐，请这边坐。来个拌鸡丝或溜里脊，清淡利口，好不好？"

工人师傅进店，李淑贞这样讲："师傅，今儿个想吃过油肉还是汆丸子？"

乡下老大娘进店，李淑贞这样欢迎："大娘，您进城来，趁身子还硬朗，隔一段就来转转，改善改善生活，您想尝点儿啥？"

例2中说服者根据被说服者的身份来设定具体话语：对知识分子用语文雅、委婉，对工人师傅用语直接、爽快，对乡下老大娘用语通俗、朴实。

2. 说服言语交际意图

人类的信息传递源起于人的需要，各种各样的需要催生了人类信息传递中类别不同的言语交际。[①] 说服言语交际的核心是实现说服交际意图。所以，说服言语信息传递与交流的实现过程就是围绕如何实现说服类交际意图而进行的。

3. 说服言语交际过程

说服类言语交际是一个动态互动的过程，此过程各阶段可概括为：

（1）说服者产生了一定需要。

（2）说服者形成满足其需要的目的（标记为A）。

（3）说服者产生运用话语形式来满足自身需求的目的（标记为B）。

（4）以上目的催生说服交际意图。

（5）交际意图导致表达相关意图的言语行为。

（6）相关言语行为生成交际主体新的态度和行为。

（7）交际主体的各自需求有时获得全部满足、有时获得部分满足或者有时均未得到

---

① 王立军，吕明臣．信息传递中"说服"类交际意图及其实现条件研究［J］．图书馆学研究，2015（7）：14-18.

满足。

说服类言语交际过程如图5所示。

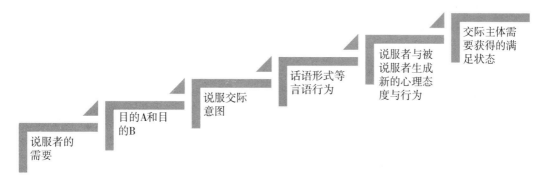

图5　说服类言语交际过程的图式

例3：

某住宅楼的几位老人反映楼上的年轻人每天睡觉很晚，他们的喧闹声严重影响了老人们的休息。物业的负责人找到这几位年轻人，在与他们闲聊中，给他们讲了个单口相声《扔靴子》。听完这段相声，几个年轻人在哄堂大笑之后，悟出了物业负责人的言外之意、弦外之音，之后每天晚上都格外注意自己的行为，老人们也能睡安稳觉了。

例3中，物业负责人希望帮助老人说服年轻人晚上减少噪声，不要影响老人休息。于是，他们委婉地讲了一个相声段子《扔靴子》。年轻人在这次言语交际中，既保留了面子，也清楚地认识到了他们的问题，而且改正了不当的行为。

4.说服言语交际标记性词语

（1）少说"我认为……"，多说"您是否认为……"。

（2）多给被说服者思考空间，避免使用以"我"为中心的词句，如"我认为""如果我是您的话""我的想法是"，可以变为"您考虑得很全面，可以再从……""您的这个想法太重要了，还有这样的一些情况……"。

（3）避免使用言之无物的询问，如"您还有什么想法……"。

二、说服的技巧

1.顾全他人面子

每个人都有自由选择的权利。人人都有捍卫"自由选择权"的强烈欲望，所以，不要用"救世主"的姿态去说服别人，哪怕是出于好意，对方也会拒绝这种被"强加的好意"，每个人都会因为面子而与别人发生过或多或少的冲突，这是因为每个人都很在乎它。因此，在说服别人的时候，也要尽量考虑到保全对方的颜面，只有这样，说服才有可能获得成功。

例4：

战国时代，当楚国最强盛的时候，楚宣王曾认为当时北方各国都惧怕他的手下大将昭奚恤，并为此惴惴不安。于是，他问朝中大臣，这究竟是为什么。大臣江乙，便给楚宣王讲了"狐假虎威"这个故事。表面看狡狐之计是得逞了，其实"虎不知兽畏己而走也"。用这个故事委婉地告诉楚宣王，北方人民之所以畏惧昭奚恤，完全是因为"您"的兵权掌握在他的手里，也就是说，他们畏惧的其实是"您"的权势。

2. 搭建共同意识

由于在人际传播过程中双重偶然性的存在，沟通两级信息不对称性会严重影响信息的传播效果，产生"对牛弹琴"的尴尬局面。因此，构建双方"共同意识"是十分重要的。

在谈话过程中出现矛盾的时候，应当敏锐地把握这种共同意识，以便求同存异，缩短与对方的心理差距，进而达到说服的目的。（其实说服本身就是要设法缩短和别人之间的心理距离，而共同意识的提出往往会增加双方的亲密感，最终达到接近对方内心的目的。）

例5：

邻居男孩本看到汤姆索亚在刷篱笆，嘲笑说："哈哈，告诉你吧，我可是要去游泳了。难道你不想去吗？当然啦，你宁愿在这干活，对不对？当然你情愿！"

汤姆说："这也许是干活，也许不是。我只知道这对汤姆·索亚来说倒是很得劲。"

汤姆灵巧地用刷子来回刷着，不时地停下来退后几步看效果，在这补一刷，在那补一刷，然后再打量一下效果，本仔细地观看着汤姆的一举一动，越看越有兴趣，越看越被吸引住了。

于是，本也想试一试。

眼见好计得逞，汤姆却断然拒绝，他说："……她（姨妈）对这道墙是非常讲究的。刷这墙一定得非常精心。我想在一千、也许在两千个孩子里，也找不出一个能按波莉姨妈的要求刷好这道墙的。"

《汤姆索亚历险记》中的这段情节，表面上是汤姆索亚用欺骗的手段让小男孩们替他干活，但仔细想一想，其实是汤姆把"游泳是娱乐，刷篱笆是干活"的看法改变为了"刷篱笆是娱乐"，从这个意义上讲，汤姆索亚并不是欺骗，他是一个"意义赋能师"。

3. 以真情打动人

在进行说服时，很大程度上是对被说服者情感的征服。成功的说服通常是晓之以理，动之以情，只有善于运用情感技巧，才能打动人心。感情是沟通的桥梁，要想说服别人，就必须跨越这样一座桥，才能攻破对方的心理壁垒。因此，在说服他人时，应该做到推心置腹，讲明利害关系，使对方觉得你们是在平等地交换各自的看法，而不是抱有任何个人的目的，更不要有丝毫不良的企图。

例6：

官渡大败之后，刘备只用了一句话就把自己从鬼门关救了回来，"我自从在徐州被曹贼打败，连老婆孩子都丢了，不知下落。怎么会知道关羽是在曹贼手下效力呢？况且，天下有多少面目相似的人，难道红面孔、使大刀的就只能是关羽吗？明公您一定详查，不要听信别人的一面之词啊！"

例6中刘备没法通过有力的证据和理性的分析来洗清自己，他只能以"情"动人。这个"情"就是人之常情。刘备狼狈不堪，战败来投，确实是连老婆孩子都没带来。这一点袁绍是很清楚的。关羽是刘备的结义兄弟，在一般人看来，尽管兄弟之情也很重要，但总也没有老婆孩子重要。现在，刘备连老婆孩子的下落都不清楚，那么，他不知道关羽的下落（是否投降了曹操）当然是合情合理的。

例7：

安东尼用"兄弟情"说服科比参加2008年北京奥运会也是一段以情动人佳话。

安东尼自序道："在雅典奥运会时，我们在小组赛中输给了波多黎各，我认为这对我们来说是耻辱。经历了04年的失利后，我们又在06年输掉了世锦赛。我和詹姆斯在球场上，他对我说，'来吧，我们会重新杀回来的。'随后07年，我们赢得了美洲男篮锦标赛冠军。然后，我不得不去说服我的兄弟们加入梦之队，于是我去叫了科比，可他说，'我才不参与这事呢，参与这件事（加入美国男篮）是为了什么呢？'我对他说，'兄弟，你就是我们所缺失的那一环，詹姆斯、韦德、基德、保罗、波什、霍华德、德隆，等等，我们这些人都得去啊。'我和他说完后，他保持沉默，后来他决定加入我们了。"

4. 站在对方的立场

在彼此观点存在分歧的时候，不要急着表明自己的立场，先听别人说话，多点头，表示出专注与附和，先顺着对方的思路引导，让对方觉得你是站在他的立场，征求对方的意见，而不是想要改变对方的观点，这样他就会放松警惕，顺着你的思路，最终达到你想要的效果。

例8：

僖公三十年，晋文公和秦穆公联合围攻郑国，因为郑国曾对晋文公无礼，并且从属于晋的同时又从属于楚。晋军驻扎在函陵，秦军驻扎在氾水的南面。佚之狐对郑文公说："国家危险了，假如派烛之武去见秦穆公，秦国的军队一定会撤退。"郑文公同意了。

在夜晚有人用绳子将烛之武从城楼放下去，见到秦穆公，烛之武说："秦、晋两国围攻郑国，郑国已经知道要灭亡了。假如灭掉郑国对您有好处，怎敢冒昧地拿这件事情来麻烦您。然而越过别国把远方的郑国作为秦国的东部边邑，您知道这是困难的，为什么要灭掉郑国而给邻国增加土地呢？邻国的势力雄厚了，您秦国的势力也就相对削弱了。如果您放弃围攻郑国而把它当作东方道路上招待过客的主人，出使的人来来往往，郑国可以随时供给他们缺乏的东西，对您也没有什么害处。而且您曾经给予晋惠公恩惠，惠公曾经答应给您焦、瑕二座城池。然而惠公早上渡过黄河回国，晚上就在那里筑城防御，这是您所知道的。晋国，怎么会有满足的时候呢？现在它已经在东边使郑国成为它的边境，又想要向西扩大边界。如果不使秦国土地亏损，它到哪里去夺取土地？削弱秦国对晋国有利，希望您考虑一下！"

秦伯非常高兴，就与郑国签订了盟约。派遣杞子、逢孙、杨孙戍守郑国，秦伯就回国了。

例8节选自《烛之武退秦师》，这篇文章中烛之武的"说服"辞令写得极为出色。他去说服秦伯，根本目的是求和，但言语表述中利用秦晋之间的矛盾，动之以情，晓之以理，头头是道，使人信服。他在说辞里处处为秦着想，使秦伯不得不心悦诚服，不仅答应退兵，而且助郑防晋。

首先，烛之武开门见山说"秦、晋两国围攻郑国，郑国已经知道要灭亡了"，承认郑国已处于危亡的地步。但作为郑大夫的烛之武却没有半句为郑国乞求的话，相反，却以"若亡郑而有益于君，敢以烦执事"来表明为秦着想的立场。先分析了"越国以鄙远"的难处。接着谈了亡郑实际上是增加了别国（晋）的土地，扩展了别国的势力，而邻国势力的增强就意味着秦国势力的削弱。最后又分析了存郑对秦有益无害："舍郑以为东道主，行李之往来，共其乏困，君亦无所害。"一利一害，推心置腹，不由秦伯不动心。

三、口才实训

1. 说服你的朋友戒烟，你会选择哪种开场白，为什么？（　　　）

A. 为了你的健康，你应该戒烟。

B. 还没戒烟啊，你看咱们同学×××不都戒了吗？

C. 按我说的做，你肯定很快就能戒掉吸烟的习惯。

D. 我知道吸烟是一种享受，一种习惯，不太容易戒掉。

2. 课堂上老师发现某某同学多次看课外书不听课，下面哪一项说服的言语才会使该同学乐于接受？（　　　）

A. 你真是了不起啊！又能上课，又能看小说，真可谓一心二用！但你想一想，这样能够双丰收吗？《三体》是很值得去读一读，但课堂学习就不重要吗？

B.《三体》是一部不错的科幻小说，很值得读一读。但如果在课堂上偷偷地看，既不能全身心地投入，又品尝不到读课外书的乐趣，更重要的是影响了课堂学习，这可是错误的啊！既然这样，何不到课外时间再看呢？

C.《三体》是一部不错的科幻小说，很值得读一读。但你这样做又有多大收获呢？对得起自己吗？你啊，应该分清轻重才是好学生！

3. 你在排队买东西的时候，有人插队，你会怎么说？下面几种方法，你会选择哪种？为什么？（　　　）

A. 尊敬恭维法——插队的人，一般都是比较不讲理的人，但这类人都特别希望得到他人尊重，所以可以先打招呼：您好。

B. 拉近距离法——遇到插队的人，本来都是陌生的人，硬劝说，或者说话不注意文明礼貌，就很容易发生摩擦，可以先拉近两个人的距离，比如说：哥们，咱先排个队啊。

C. 含蓄劝说法——遇到插队的人，可以先夸奖一下对方，如人长得挺帅的，挺酷的，可刚刚做的事情配不上你的颜值呀。

D. 委婉商量法——遇到插队的人，不要说硬话，很容易发生矛盾，可以用"请""打扰一下""对不起，能不能正常排队？"等商量的语气开场。

4. 话题训练

（1）你的同学沉溺于网络游戏，无心学习，对老师的批评也非常抵触，请你跟他谈谈，说服他改过。

（2）老师和一位学习态度不积极的学生谈话："同学啊，高考还有100天，你得加紧学习才行，你这天天看漫画书、画漫画人物，这样下去不行啊！""我没打算考什么大学，那些书呆子拼命学习，进了大公司，又能怎么样？"请接着话题替这位老师说服这名同学，要求成功。

5.结合材料，谈谈主持人水均益说服基辛格接受采访的成功之处是什么。

基辛格退休后，不轻易接受采访，即使接受也是收费的。一次，中央电视台节目主持人水均益去采访基辛格，一见面水均益就说："我们的节目有十分钟时长，是中央电视台黄金时段节目之一，收看我们节目的观众有四亿。基辛格博士您是中国人民的老朋友，很多中国观众都非常希望了解博士您的近况。"结果基辛格愉快地接受了采访，而且免费。

（乔东鑫　撰写）

第二章 通用口才 ①

第一节 概述

与社交口才与行业口才相比，通用口才更强调"通用性"与"普适性"，口才的基本特点与基本技巧，在通用口才中都可以得到充分全面的展示与体现。当我们说一个人"有口才"，这里往往是指其具备优秀的通用口才。

因此，学习通用口才，能够充分了解口语表达的实践性特点，了解人际交往过程中的口语表达规律，系统地学习口语表达活动的技巧，掌握从语音、词汇、语义、人际交往、思维和体态语言等方面提高口语表达水平的方法。

一、基本特点

（一）现实性

通用口才的使用场域多存在于现实公众活动范畴，向听众公开陈述自己的主张和看法，不属于艺术活动范畴。

---

① 本章主要参考文献：

刘桂华，王琳.大学生实用口才训练教程［M］.北京：人民邮电出版社，2018.

彭红.口才与演讲［M］.北京：中国人民大学出版社，2013.

（二）通用性

不论何种职业、何种身份、何种性别、何种年龄层次，都会有运用通用口才的场合与机会。

（三）针对性

通用口才的使用，是社会实践活动的一种，所面对的听众，也是社会活动的主体，因此，通用口才的内容应源于对现实社会生活的归纳与提炼，具有社会现实的针对性。

二、种类

常用的通用口才种类，主要是演讲与辩论。

三、总体原则

（一）目的性明确

若想目的性明确，首先，应做到内容明了，即让听众懂得所传递的信息，或明白、理解其所不知晓、不了解的事情。其次，应做到有说服力，即让听众在听懂对方思想观点、立场看法的基础上，接受对方的观点并信服，同时产生相应的行动。最后，应使听众产生共鸣，即让听众随着讲说者的表达，产生心灵相通、精神共鸣的效应。

（二）灵活性充分

运用通用口才时，表达者为实现特定的目的，应灵活机智地选用特定的表达方式和技巧，契合语言内容、特定语境，契合自己的身份和交际对象。只有高度灵活性的表达，才能效果良好。

（刘路　撰写）

第二节　演讲

一、演讲概述

（一）演讲内涵

演讲又被称为演说或讲演，是演讲者为达到一定的目的，在特定的时空环境中，以有声语言为主、体态语言为辅的表达方式，公开向听众传递信息、表述见解、阐明事理、抒发感情，从而吸引或感召听众的一种信息交流活动。简而言之，演讲可以分为"演"与"讲"，"演"是指表演，运用表情与体态语表演；"讲"是指讲话，运用语音、语调、语气、节奏讲话。

由此我们可以了解演讲具备以下特点：

1. 特定的时空性

我们所指的演讲，是指公众演讲，在特定的环境中发生，有明确与限定的受众群体，因此，演讲是社会性的语言活动。

2. 清晰的逻辑性

演讲者的思维应清晰缜密，演讲的内容应条理清晰，层次分明，结构清楚。好的演讲应将鲜明的观点、独到的见解、深刻的思想融于一体。

3. 强烈的感染性

演讲者运用流畅生动的语言、恰当风趣的修辞、富有感召力的体态语打动听众，这就是演讲的感染性。

（二）演讲目的

演讲作为一种现实的社会性活动，是演讲者与听众的双边活动，其目的是要争取最大限度的"共同性"，即"取得共识、建立同感"。由于演讲活动是演讲者与听众的双边活动，所以，演讲的目的分别体现为演讲者演讲的目的和听众听演讲的目的。每个演讲者由于身份、地位、年龄、专长各不相同，演讲的目的也不尽相同，甚至每位演讲者每次演讲的目的也不相同。

1. 传递信息

使听众完整、清楚地理解演讲者要传达的信息。

2. 影响他人

演讲在传递信息的基础上，还应能够感染他人，使他人在思想上有触动，观点态度上有改变，行为上有变化。例如，斯大林评价列宁的演讲总是"紧紧抓住听众，一步一步感动听众，然后把听众俘虏得一个不剩"。美国第十六任总统林肯关于解放黑奴的演讲，目的是动员美国人民为解放黑奴、废除奴隶制而斗争。又如，闻一多先生在昆明《最后一次演讲》的目的，是揭露和痛斥敌人、鼓舞听众、发展民主运动。

3. 诉诸行动

使听众以实际行动支持演讲者的观点或者推动听众的行动。例如，拿破仑率部队在远征埃及时，在金字塔附近和敌人的主力遭遇，情况危急，拿破仑立在马队前高声演讲道："士兵们，四千年历史今天从这些金字塔的上面看着你们！"简短的演讲使远征疲惫的法军士气大作，他的演讲产生了激动人心的直观效果，鼓舞了士气，士兵英勇杀敌，取得了胜利，进而实现了诉诸行动的目的。

在当今社会，人们的竞选演讲或竞聘演讲，最终的目的也是希望听众被竞选（聘）者的演讲打动，付诸行动，进而让听众主动投出对自己信任的宝贵一票。

（三）演讲分类

按照演讲的内容，可划分为政治演讲、教育演讲、经济演讲、军事演讲、道德演讲、法律演讲、礼仪演讲等；按照演讲的形式，可划分为命题演讲、即兴演讲、辩论演讲等；按演讲的作用，可划分为实施领导的演讲、表达自我的演讲、娱乐性演讲、悼念性演讲等。

（四）演讲意识

1. 逻辑意识

演讲内容应做到目标突出，内容明确，层次清晰：开头要抓住听众，引人入胜；主体要环环相扣，层层深入；结尾要简洁有力，余音绕梁。

2. 听众意识

我们知道，知己知彼，方能百战不殆。演讲亦是如此，演讲的中心不仅仅是演讲者一方，演讲的听众同样至关重要。他们是谁？他们为什么要来观听演讲？作为演讲者，必须要有听众意识，在演讲之前做好对听众的情况分析；在演讲之中，做好对听众的关照与交流。

听众的人数、年龄、性别、学历、社会地位、职务的不同都会影响演讲的效果，听众人数的多少，决定演讲者选择什么样的场所，采用什么样的形式；针对听众学历层次或专业水平的不同，选择不同层次的内容及语言；还应适当注意把握重要听众与决策性人物。

3. 时间意识

在现实的演讲实践中，有许多演讲是有时间限制的，如竞选、竞聘演讲，比赛演讲，大会发言等等。有的演讲不便规定时间，如领导演讲等。但是不管哪种演讲，在对演讲时间的认识上，演讲者都应注意以下两点：

首先，在演讲中，演讲者应当有清晰的时间意识，在明确的时间限制里，不疾不徐，不慌不忙地把演讲内容讲清楚、讲完整。

其次，演讲者应充分了解并重视听众的超限逆反心理，即由于演讲时间过长而导致的听众逆反心理。因此，演讲者应尽可能在短时间内，用简短清晰的语言表达出完整的思想。据说，马克·吐温有一次在教堂听牧师演讲，听了5分钟后，他掏出了身上全部的钱准备捐献，过了10分钟，他决定只捐一些零钱，又过了10分钟，他将钱全部放回口袋，最后，牧师结束演讲时，马克·吐温从盘子中拿走了所有他刚刚捐出的零钱。由此可见，听众的超限逆反心理，对演讲的实际效果往往存在直接影响。

4.体态意识

演讲中的非语言要素在演讲中是同样重要的。我们可以把演讲者的形象、仪容举止、姿势、面部表情、手势、眼神、位置移动要素统称为体态语。体态语是人们通过某些身姿的变化来交流思想、表达情感的一种复杂性无声语言。

心理学相关研究认为，精妙地表达一个信息应该是"7%语言＋38%的声音＋55%的表情和动作"。可见，体态语是演讲中不可忽略的重要辅助手段。在演讲中，有强烈而明确的体态意识，可以加强演讲语言交流的重要性，也使演讲者的态度显得更为可信、真诚。

有人曾问古希腊伟大的演讲家德摩斯梯尼："演讲家最大的功能是什么？"他回答说："表情。""再其次呢？""还是表情。"由此可见，以眼神与微笑为代表的表情体态语，在演讲中的作用至关重要。

（五）演讲构成

成功的演讲离不开内容翔实、感召人心的演讲稿。演讲稿的内容一定要具体，切忌过多的概念与理论堆砌。总的来说，演讲稿撰写应遵循深入实际、内容具体、迎合听众、有的放矢的原则。演讲稿的内容主要有三个部分：开场白、主体部分、结语。演讲稿撰写时，应做到开场振奋、主体丰富、结束有力。

1.开场振奋

良好的开始是成功的一半。一个用心准备的演讲开场白，可以起到统领全篇的作用，通过开篇介绍，可以清晰地呈现演讲的逻辑，将演讲内容系统归类，并成功集中听众的注意力。而无论何种形式的开场白、衡量优劣的主要标准，其目的都是成功吸引听众的注意力，让听众跟随演讲者的逻辑与思路，全身心融入并思考演讲的内容。

著名建筑学家弗朗克·劳埃德·赖特在匹兹堡的演讲开场白令人印象深刻。他的开场白非常奇特："这是我所见过的最为丑陋的城市。"此言一出，顿时令在场的每一位匹兹堡市民大吃一惊。当时所做的一项社会调查显示，匹兹堡市是全美最有吸引力的城市之一。赖特深知，如果循规蹈矩地向他人一样开场，"女士们、先生们，下午好，今天我很高兴站在这里"，或者仅仅为了幽默而以一个不相干的玩笑开场，都不会引起听众的注意。他这种不拘一格的开场，甚至一开始就将自己置于所有听众的对立面，的确收到了立竿见影的效果。

以故事开头的方式，也是较为常见的开场白撰写方式，既紧扣演讲主旨又能吸引听众，并为演讲主体部分的展开和主旨的升华做了铺垫。

2. 主体丰富

在开场白之后，演讲者就必须立即对内容展开演讲内容，对演讲主题加以阐述和论证。这就进入了演讲的主体部分。演讲主体直接决定着演讲的成功与否。

演讲主体应包括三个方面的内容：具体合适的事例、深刻独到的见解、精辟透彻的分析。要做到动之以情，晓之以理，明之以义，导之以行。

在演讲主体内容的写作上应做到：

（1）条理清楚，层次分明。

（2）有张有弛，跌宕起伏。

（3）高潮迭出，渲染气氛。

3. 结束有力

演讲的结束部分也很重要，正如苏轼所言"言有尽而意无穷"。平淡的结尾，有可能使演讲虎头蛇尾，功亏一篑。例如："……上面就是我对这件事的看法，到此结束。"这样的结尾，未给听众留有思考余地，比较唐突。演讲的结尾要干脆，但不是突然结束。好的演讲结束语，应是演讲主旨的有力升华，既是收尾又是高潮，既铿锵有力又余音缭绕，既不落俗套又自然得体，既耐人寻味又简洁明快。

常见的结尾模式主要有以下几种：

（1）总结式

演讲者在结束演讲前，以简洁的语言扼要地概括总结讲过的内容。例如，毛泽东主席《必须制裁反动派》的演讲结尾：

"我们今天开这个大会，就是为了继续抗战，继续团结，继续进步。为了这个，就要取消《限制异党活动办法》，就要制裁那些投降派、反动派，就要保护一切革命的同志、抗日的同志、抗日的人民！"

（2）号召式

演讲者以慷慨激昂、热情奔放、扣人心弦的语言来表达自己的思想主张，赢得听众感情上的共鸣，对听众的理智和感情进行呼唤，鼓舞听众振奋精神，付诸行动。这种结尾常常令听众热血沸腾，激情澎湃。例如，闻一多《最后一次演讲》的结尾：

"我们不怕死，我们有牺牲的精神！我们随时像李先生一样，前脚跨出大门，后脚就不准备再跨进大门！"

这样的结语斩钉截铁、铿锵有力，富有鼓动性和号召力。

（3）引用式

结尾中，演讲者引用古今著名诗词，或者中外名人富含哲理的言语，给演讲的内容提供有力的证明，再次将演讲过程推向高潮。在1993年国际大专辩论赛上，在辩论"温饱是谈道德的必要条件"这一问题时，复旦大学队四辩蒋昌健的总结陈词结尾就是如此：

"谈到这里，我不由得想起一百多年前生活在哥尼斯堡的一位叫康德的老人说过的一句话：'这个世界唯有两样东西能让我们的心灵感到深深的震撼，一是我们头上的星空，一是我们内心崇高的道德法则。'谢谢各位！"

这样的结尾言犹尽而意未绝，令人回味，发人深思。

二、演讲技巧

（一）克服紧张

紧张是人类的正常本能之一。美国心理学家曾在三千人当中做过一次心理测验：你最担心的是什么？约占 40% 的人认为最令人担心也是最痛苦的事，就是在大庭广众前讲话，紧张的排位比死亡更靠前。马克·吐温第一次演讲时，口中像塞满了棉花，脉搏快得像争夺田径赛跑的奖杯；印度总理英迪拉·甘地初次演讲时，同样紧张得不能自已。演讲者之所以会紧张，是因为希望成功不出错，想表现得更出色。对此，可以运用以下措施，缓解演讲中的紧张情绪：

（1）自我暗示：想象自己的成功，想象现场没有听众。

（2）自我安慰："唉！又开始紧张了。如果对于在众人面前亮相，没有什么感觉与反应，那就完了。幸好，今天还是会紧张，这就是正常反应！"

（3）对演讲内容事先充分准备，在演讲前提前到达，熟悉演讲环境。

（4）演讲前 15 分钟，开始深呼吸，使自己镇定下来。

（5）上台后，不要急于开始演讲，先让自己完全镇定下来，目光扫过全场，沉着微笑后，再开始演讲。

（二）组织语言 ①

组织好演讲的语句，是演讲的核心基础，是决定演讲是否成功的关键因素。为此，演讲者应注意提高语言组织能力，用心遣词造句。

1. 多讲故事，少谈理论

故事通俗易懂，生动形象，而理论相对而言艰深晦涩，不易于听众接受与理解。

2. 多用口语，少用书面语

演讲的内容主要靠有声语言来传达，而有声语言音过即逝，听众不可能像阅读文字那样反复阅读，只有当场听清楚，才有可能理解。因此，演讲者就应当根据口语"有声性"的这个特点，多采用通俗易懂的口语，少使用含义晦涩的书面语。

3. 多用短句，少用长句

人们在日常生活交流中，多用短句，演讲时也应充分对此考虑多说短句，少用长句。长句和短句的主要区别主要在于长句的修饰语过多，言者费力，听者费神。例如，试通过大声朗诵，比较下面两段话语，体会短句和长句不同的表意效果：

例1："大家克服了资料不全、资金不足、人手不够、交通不便、生活艰苦等困难，

---

① 示例引自：https://www.docin.com/p-489166710.html。

完成了任务。"

例2："大家克服了很多困难：其中包括资料不全的困难，资金不足的困难，人手不够的困难，交通不便的困难，生活艰苦的困难，克服了这么多困难，他们完成了任务。"

通过朗诵与比较，我们发现，两段话都是要说明大家克服的困难之多和具体种类，例1中，由于"困难"前有很多修饰语，人们可通过阅读一目了然，但在演讲中，一讲而过，则难以给听众留下印象，反而产生冗余晦涩、复杂啰唆之感。而例2，化整为零，将困难种类之多、种类之具体简洁明了地予以突出，这就会强化听众的记忆，使听众留下较为深刻的印象。

4.选用多种修辞

修辞，就是在使用语言的过程中运用多种语言手段，以达到更佳表达效果的一种语言活动。在演讲中，常常运用多种修辞，使语言表述生动形象，通俗易懂，便于接受。在演讲中常用的修辞主要有以下几种：

（1）比喻。比喻就是打比方，就是用大众熟知、容易理解的事物或形象诠释大众不熟知、不容易理解的事物。例如，爱因斯坦的相对论理论专业艰深，晦涩难懂。有人要求爱因斯坦用最简单的话来解释相对论，于是他解释道：

"你同最亲爱的人坐在火炉边，一个钟头过了，你觉得好像只过了五分钟；反过来，你一个人孤孤单单地坐在热气逼人的火炉边，只过了五分钟，但你却像坐了一个小时，这就是相对论。"

爱因斯坦用日常生活中人们所体验过的真切感受来比喻与解释高深玄妙的相对论原理，通俗明了，一听即懂。

（2）反复。反复是指根据表达需要，使同一个词语或句子一再出现的方法。反复能对演讲中的重点内容予以突出强调，同时可构成语言的节奏和旋律美，如帕特里克·亨利《在弗吉尼亚州议会上的演说》中，有这样一段话：

"假如我们不愿彻底放弃我们长期所从事的，曾经发誓不取得最后的胜利，而决不放弃的光荣斗争的话，那么，我们必须战斗！我再重复一遍，必须战斗！……战争已不可避免——那么就让它来吧！我再重复一遍，就让它来吧！"

在这里，反复这种修辞格的运用，使意志的力量得以再现，它传达给人的信息，所化成的力量胜过千言万语，也增强了语言的旋律美。

（3）排比。这是一种能使语意表达层次清晰、节奏鲜明的修辞手法。例如，汪国真在其作品《感谢》中这样深情写到：

"让我怎样感谢你，当我走向你的时候，我原想收获一缕春风，你却给了我整个春天；让我怎样感谢你，当我走向你的时候，我原想捧起一簇浪花，你却给了我整个海洋；让我怎样感谢你，当我走向你的时候，我原想撷取一枚红叶，你却给了我整个枫林……"

由此可知，通过排比句的丰富运用，这段内容将深深的感谢之情，如泣如诉、淋漓尽致地展现出来。

（三）控制发音

演讲主要的发音技巧，就是控制音调与节奏的变换，并通过朗诵的形式加以练习。

声音既是演讲的基础，也是演讲最好的武器。演讲与日常讲话最大的区别就在于声音，平常说话一般语气较为平顺，而演讲的声音则必须要经过修饰，体现出抑扬顿挫、饱满的感情。作为一名优秀的演讲者，发音必须清晰、有力，这就需要掌握演讲中停顿、换气、吐气、轻重音以及语调的运用技巧。语言基本功最有效的练习方式就是朗诵，可以运用现代诗练习，如《再别康桥》《乡愁》等。

我们可以按照以下步骤进行朗诵练习：首先，音量合适，练习时的音量需比正常音量稍大。其次，念清楚字、词、句。再次，练习声调的起伏与速度的快慢，以控制声音的变换和节奏。最后，使用恰当的语气。

有的演讲者在讲话时的声音比较单调，节奏、音量、音调从头至尾变化不大。如果演讲者能在演讲过程中根据具体内容恰当变换声音，听众定会感兴趣。

以演讲音调为例，音调应该丰富而清晰，时而大声时而轻柔。有时候，有力的观点可以用轻柔的声音表达出来，伴随着听众的呼吸声，令其自然而然地沉浸其中。而一个演讲者最有力、却又常常未被充分利用的武器，就是暂停。适时地运用暂停，可以突出与引领关键信息，以达到先抑后扬的效果，进而增强演讲的冲击力，并使听众印象持久。

（四）体态配合

体态语对听众的影响力不可忽视，与演讲的口头话语相比，体态语不仅仅是锦上添花，更是相得益彰，如虎添翼。一个优秀的演讲者，必须有清晰的体态语意识，充分重视体态语在演讲中的重要性与必要性，熟练掌握和运用体态语，包括面部表情、眼神、适度的肢体动作等。

我们可以从以下方面提升体态语表达的能力：

1.表情：眼神与微笑。

（1）眼神：前视、环视、专注、虚视等。

（2）微笑：在演讲过程中，演讲者应该适时、有度地保持微笑。通过微笑，体现出演讲者的和蔼可亲，充满自信，及其尊重听众、理解听众，从而促进演讲者和听众间的心灵交流和神思默契。

2.手势：象征、象形、指示等。

3.姿态：站姿、坐姿等。

三、口才实训

1.朗读并赏析经典演说《我有一个梦想》，分析其内容结构。

我有一个梦想

[美]马丁·路德·金
许立中 译

我有一个梦想

一百年前，一位伟大的美国人签署了《解放黑奴宣言》，今天我们就是在他的雕像前集会。这一庄严宣言犹如灯塔的光芒，给千百万在那摧残生命的不义之火中受煎熬的黑奴带来了希望。它之到来犹如欢乐的黎明，结束了束缚黑人的漫长之夜。

然而一百年后的今天，我们必须正视黑人还没有得到自由这一悲惨的事实。一百年后的今天，在种族隔离的镣铐和种族歧视的枷锁下，黑人的生活备受压榨；一百年后的今天，黑人仍生活在物质充裕的海洋中一个穷困的孤岛上；一百年后的今天，黑人仍然萎缩在美国社会的角落里，并且，意识到自己是故土家园中的流亡者。今天我们在这里集会，就是要把这种骇人听闻的情况公之于众。

就某种意义而言，今天我们是为了要求兑现诺言而汇集到我们国家的首都来的。我们共和国的缔造者草拟宪法和独立宣言时，曾以气壮山河的词句向每一个美国人许下了诺言，他们承诺给予所有的人以不可剥夺的生存、自由和追求幸福的权利。

就有色公民而论，美国显然没有实践她的诺言。美国没有履行这项神圣的义务，只是给黑人开了一张空头支票，支票上盖上"资金不足"的戳子后便退了回来。但是我们不相信正义的银行已经破产，我们不相信，在这个国家巨大的机会之库里已没有足够的储备。因此今天我们要求将支票兑现，这张支票——将给予我们宝贵的自由和正义的保障。

我们来到这个圣地也是为了提醒美国，现在是非常急迫的时刻。现在决非侈谈冷静下来或服用渐进主义的镇静剂的时候。现在是实现民主的诺言的时候。现在是从种族隔离的荒凉阴暗的深谷攀登种族平等的光明大道的时候，现在是向上帝所有的儿女开放机会之门的时候。

如果美国忽视时间的迫切性和低估黑人的决心，那么，这对美国来说，将是致命伤。自由和平等的爽朗秋天如不到来，黑人义愤填膺的酷暑就不会过去。1963年并不意味着斗争的结束，而是开始。有人希望，黑人只要撒撒气就会满足；如果国家安之若素，毫无反应，这些人必会大失所望的。黑人得不到公民的权利，美国就不可能有安宁或平静；正义的光明的一天不到来，叛乱的旋风就将继续动摇这个国家的基础。

但是对于等候在正义之宫门口的心急如焚的人们，有些话我是必须说的。在争取合法地位的过程中，我们不要采取错误的做法。我们不要为了满足对自由的渴望而抱着敌对和仇恨之杯痛饮。我们斗争时必须永远举止得体，纪律严明。我们不能容许我们的具有崭新内容的抗议蜕变为暴力行动。我们要不断地升华到以精神力量对付物质力量的崇高境界中去。

现在黑人社会充满着了不起的新的战斗精神，但是我们却不能因此而不信任所有的白人。因为我们的许多白人兄弟已经认识到，他们的命运与我们的命运是紧密相连的，他们今天参加游行集会就是明证；他们的自由与我们的自由是息息相关的。我们不能单独行动。

当我们行动时，我们必须保证向前进。我们不能倒退。现在有人问热心民权运动的人，"你们什么时候才能满足？"

只要黑人仍然遭受警察难以形容的野蛮迫害，我们就绝不会满足。

只要我们在外奔波而疲乏的身躯不能在公路旁的汽车旅馆和城里的旅馆找到住宿之所，我们就绝不会满足。

只要黑人的基本活动范围只是从少数民族聚居的小贫民区转移到大贫民区，我们就绝不会满足。

只要密西西比仍然有一个黑人不能参加选举，只要纽约有一个黑人认为他投票无济于事，我们就绝不会满足。

不！我们现在并不满足，我们将来也不满足，除非正义和公正犹如江海之波涛，汹涌澎湃，滚滚而来。

我并非没有注意到，参加今天集会的人中，有些受尽苦难和折磨；有些刚刚走出窄小的牢房，有些由于寻求自由，曾在居住地惨遭疯狂迫害的打击，并在警察暴行的旋风中摇摇欲坠。你们是人为痛苦的长期受难者。坚持下去吧，要坚决相信，忍受不应得的痛苦是一种赎罪。

让我们回到密西西比去，回到亚拉巴马去，回到南卡罗来纳去，回到佐治亚去，回到路易斯安那去，回到我们北方城市中的贫民区和少数民族居住区去，要心中有数，这种状况是能够也必将改变的。我们不要陷入绝望而不可自拔。

朋友们，今天我对你们说，在现在和未来，我们虽然遭受种种困难和挫折，我仍然有一个梦想。这个梦想是深深扎根于美国的梦想中的。

我梦想有一天，这个国家会站立起来，真正实现其信条的真谛："我们认为这些真理是不言而喻的——人人生而平等。"

我梦想有一天，在佐治亚的红山上，昔日奴隶的儿子将能够和昔日奴隶主的儿子坐在一起，共叙兄弟情谊。

我梦想有一天，甚至连密西西比州这个正义匿迹，压迫成风的地方，也将变成自由和正义的绿洲。

我梦想有一天，我的四个孩子将在一个不是以他们的肤色，而是以他们的品格优劣来评价他们的国度里生活。

今天，我有一个梦想。

我梦想有一天，亚拉巴马州能够有所转变，尽管该州州长现在仍然满口异议，反对联邦法令，但有朝一日，那里的黑人男孩和女孩将能与白人男孩和女孩情同骨肉，携手并进。

今天，我有一个梦想。

我梦想有一天，幽谷上升，高山下降，坎坷曲折之路成坦途，圣光披露，满照人间。

这就是我们的希望。我怀着这种信念回到南方。有了这个信念，我们将能从绝望之巅劈出一块希望之石。有了这个信念，我们将能把这个国家刺耳争吵的声音，改变成为一支洋溢手足之情的优美交响曲。

有了这个信念，我们将能一起工作，一起祈祷，一起斗争，一起坐牢，一起维护自由；因为我们知道，终有一天，我们是会自由的。

在自由到来的那一天，上帝的所有儿女们将以新的含义高唱这支歌："我的祖国，美丽的自由之乡，我为您歌唱。您是父辈逝去的地方，您是最初移民的骄傲，让自由之声响彻每个山冈。"

如果美国要成为一个伟大的国家，这个梦想必须实现。让自由之声从新罕布什尔州的巍峨峰巅响起来！让自由之声从纽约州的崇山峻岭响起来！让自由之声从宾夕法尼亚州阿勒格尼山的顶峰响起来！

2.以"本学期我的大学生活总结"为主题，分别准备5分钟、10分钟、15分钟的演讲大纲。

3.请通过大声朗诵下面的两个开场白，比较它们的高下之别在哪里。

"大家好，我是今天的演讲者，叶××，我今天要给大家介绍的是，吃哪些食物可以减少疾病和缓解紧张。"

"女士们、先生们：首先请允许我问大家一个问题，您愿意再增加20年的寿命吗？如果愿意，那么请您在伸手去拿家里的咸盐瓶之前，要三思。大家好！我是提问小能手叶××，今天，我将与大家共同探讨10个简单、真实、有效的能够使您增加20年寿命的方法。"

4.请分析白岩松演讲开场白的立意，及其与演讲题目《人格是最高的学位》的关系。

"很多很多年前，有一位学大提琴的年轻人去向本世纪最伟大的大提琴家卡萨尔斯讨教：我怎样才能成为一名优秀的大提琴家？卡萨尔斯面对雄心勃勃的年轻人，意味深长地回答：先成为优秀而大写的人，然后成为一名优秀和大写的音乐人，再然后就会成为一名优秀的大提琴家。听到这个故事的时候，我还年少，老人回答时所透露出的含义我还理解不多，然而……"

5.请为"学院学生会主席竞聘"主题的演讲稿，续写总结式、号召式、引用式三个结尾。

6.观看人民网出品的演讲视频"100年正青春"，请以"致青春"为主题，撰写演讲稿，题目自拟，演讲时间在5～7分钟。

100年正青春
演讲

7.朗诵练习。

（1）朗诵《沁园春·雪》（毛泽东），注意展现出气势磅礴、意气风发的精神风貌。

（2）赏析并朗诵《体育颂》（顾拜旦），注意展现出沉静缜密、循序渐进的情感。

（刘路　撰写）

第三节　辩论

一、辩论概述

（一）辩论内涵

《墨子·经说（下）》提到："辩也者，或谓之是，或谓之非，当者胜也。"由此可见，辩论是指，观点对立的双方，就同一个论题，以说服对方或驳倒对方为目的，分别持一定的理由，从多方面、多角度展开面对面的诘问与辩驳。

辩论是通用口才中极具代表性的口语交际活动。从构词上看，"辩论"属于联合式合成词，"辩"有辩论、辩解、辩明之意，"论"有议论、评定之意。"辩"与"论"好比是一把利剑的双面锋刃，相互为用。随着社会的进步和人类文明程度的不断提高，辩论的实用性与重要性愈发被认知与肯定。

从辩论的内涵出发，其具备如下特点：

1. 对抗性

对抗性是辩论的基本特点。辩论的对抗性，主要表现在辩论双方观点矛盾或冲突和辩论内容的对立上，辩论各方的观点往往截然对立，有鲜明分歧，没有对立便没有辩论。辩论者能够针对对方观点或者漏洞、谬误，有的放矢地驾驭有声语言，以击败对方，使自己的观点得以确立。

2. 逻辑性

逻辑是辩论的核心，遵循逻辑规律是辩论取胜的法宝。理由充足、富有逻辑力量的辩论语言，才能使对方心悦诚服。要想使辩论的语言符合逻辑，就要避免语无伦次、似是而非等问题的出现。辩论过程必须遵循形式逻辑和辩证逻辑的思维规律，据此来分析和论证问题，进而构建起严密的逻辑框架。

3. 机敏性

当唇枪舌剑的辩论开始后，双方思维的快速交锋，宛若短兵相接，语言信息的传播与反馈，通过"刀光剑影"的话语体现。在短时间内既需明察对方的策略，又要应付对方的"明枪暗箭"，这就要求辩论者具有敏捷快速的思维能力、高度准确的判断能力、机智恰当的语言运用能力。因此，辩论艺术被称为富于智慧的艺术。

辩论最终表现为语言的较量，快速反应的机敏性体现在语言表达上，表现为双方在表达自己观点、批驳对方观点时，语言精练，简洁明快，一语中的。

（二）辩论目的

作为一种社会活动，辩论对社会的作用，在于认知与捍卫真理。正如刘勰所云："一人之辩，重于九鼎之宝；三寸之舌，强于百万之师。"从张仪、苏秦到卧龙、凤雏，从苏格拉底到丘吉尔，古今中外多少能言善辩之士，凭借三寸之舌建树传世功勋，甚至推动或改变了历史进程的走向。

辩论对个人的作用也是积极而正向的，它能够开发智力、锻炼思维，有助于培养辩论者思维的完整性、准确性、清晰性和敏捷性，提升个人的综合能力。

（三）辩论分类

根据内容与场合的不同，辩论主要可分为以下几类。

1. 对话式日常辩论

对话式日常辩论主要发生在日常生活与工作场域，以陈述己见并说服对方为目的。如日常沟通、工作谈判、邻里纠纷、交通事故协调等。

2. 答辩式专题辩论

答辩式专题辩论主要发生在较为正式、多需书面语表达的场域，如毕业论文答辩、法庭辩论、决策辩论、外交辩论、答记者问等。

3. 竞赛式赛场辩论

竞赛式赛场辩论对学生而言最为常见，是指有组织、有计划地围绕辩题展开的辩论赛事。比赛流程固定，参赛人员分工明确，辩论主题延展性强。代表性案例有国际大专辩论赛、网络综艺节目《奇葩说》等。

（四）辩论意识

1. 实事求是的意识

辩论时应具备实事求是的意识。事实胜于雄辩，因此，在辩论中，要尊重事实，既不能歪曲或否定事实，也不能无中生有、信口开河，更不能随意夸大事实。同时，"千秋胜负在于理"（曹禺《桥隆飙》），辩论者对经过辩论，被证明为正确的观点或理论，应该予以承认，对错误的观点或理论，应自觉放弃。

实事求是，还要防止精于论而疏于听。不认真听对方观点，就会使"论"成无的之矢。要"论"到点上，就必须注意倾听对方的观点，这样才能针锋相对，克敌制胜。

2. 理智平等的意识

辩论时应具备理智平等的意识。应当明确，辩论与争论有本质的区别。辩论重在"辩"，通过理智的分析，指出对方的错误或不合理之处，理智地得出正确的结论或观点。如果争论重在"争"，在互不相让中力求占据上风，那么，双方往往在争论中失去理智，使用情绪化的过激语言，最终演变为恶语相向的争吵。

鲁迅曾言："辱骂和恐吓决不是战斗。"因此，在辩论中，应当有意识地控制情绪，以理治理，以情明理，始终用理智把控辩论流程，使辩论始终是平和、睿智的思想交流，在明辨是非的同时，保证人际交往关系的和谐。辩论结束后，论辩双方应产生"听君一席话，胜读十年书"的愉悦与快感。

平等意识与理智意识一样，也是辩论中不可或缺的意识。辩论双方不管其社会地位如何，在辩论中都应当是平等的。首先，辩论者人格平等，在事实和真理面前人人平等。其次，论辩双方权利平等，辩论的过程就是不断辩护和反驳的过程，双方同时具备辩护与反驳的权利。

3. 前后一致的意识

辩论时应具备前后一致的意识，这就要求辩论者在辩论时，己方思想具备一贯性与明确性，从而使各自的思想在整个辩论过程中，始终保持同一。从始至终，论辩双方要做到概念明确，判断恰当，推理有逻辑性，最终推动辩论进程沿着正确方向前进。

具体而言，辩论时做到前后一致。首先，概念要一致。辩论中，必须保持概念内容不变，不能随便更改某一概念的含义，也不能把不同的概念混淆。其次，论题要一致。辩论过程中应始终保持论题一致，中途不能转移论题，偏题或跑题。最后，前后思想一致。辩论者表述的思想要前后一致，不可含糊其词或自相矛盾。

二、辩论技巧

竞赛式赛场辩论，是较为常见的辩论类型。本部分以准备竞赛式赛场辩论为例，阐述辩论技巧。

（一）准备充分

1. 确立论点

充分分析辩题，并把握双方的辩论焦点，清楚辩题中的每个概念的内涵与外延。若辩题不利于己方，应充分思考，确立最佳立论角度，限定或拓展辩题范围，争取化不利为有利。

2. 准备论据

辩论的关键是"言之有据"。据从何来？这就需要辩论者全面检索与搜寻和辩题密切相关的理论材料与事实材料。理论材料，主要是指理论依据、相关专著或文献；事实材料，主要是指经过确认或佐证的事实、权威部门发布的统计大数据或文字资料等。除此之外，由于辩论的主题丰富多样，应特别注意日常综合知识的积累。

3. 撰写辩词

在撰写辩词时，首先要根据比赛的赛制与要求，合理分工，以达到团队合作的最优效果。辩论赛只有合作才能完成，因此团队合作明确分工，共同立论、互相论证、互为补充，尤为重要与必要。各位辩手应根据自己的角色分工，提前撰写可以为辩题服务、兼具个性与共性的辩词。

4. 辩前演练

在辩论开始前，如有可能，应预设逼真的辩论环境与辩论氛围，提前按照辩论角色立论与辩论。同时可模拟辩论对手的观点与情境，做到提前发现自身问题，提前预设对方问题，查漏补缺，有的放矢，以推进辩论准备与设计更加完善、成熟、充分。总而言之，辩前演练是保证辩论比赛获得理想成绩的重要途径。

（二）进攻有道

在辩论比赛的过程中，采取主动进攻态势，能够有利占据主动，掌控辩论节奏。进攻策略主要有以下几种：

1. 先发制人

当己方握有充分证据、战机得当或者己强敌弱时，可以采用先发制人法，主动出击。其原则是把进攻时机抢在对方前面，打乱其阵脚，扰乱其情绪，依靠先声夺人而制胜。这是辩论中最常用的一种策略。

2. 攻其要害

辩论中切忌纠缠细枝末节，否则看上去虚张声势，实则已离题万里。只有抓住要点，攻击方能见效，才能彻底地击败对方。

3. 借力打力

辩论时要注意倾听，一旦捕捉到对方发言中的漏洞，如对方因紧张而使用概念不当，或因出语太快而词不达意，或因配合失误而导致前后自相矛盾，都应敏捷应对，尽力放大对方的破绽，使之自乱阵脚。

4. 出奇制胜

在辩论情境中，往往会出现胶着状态：当对方死死守住其立论，不管己方如何进攻，对方都只是以不变应万变。这时，如果仍采用正面进攻的方法，必然收效甚微。在这种情况下，要善于抓住那些不为对方注意的细枝末节，出其不意，出奇制胜。

（三）防守有度

1. 以守为攻

防守是进攻的特殊形式，是为抵挡对方进攻、巩固己方阵地而采取的自我保护措施，只有这样，才能有效进行反击，这是辩论中常用的技巧。此时，应辨清题意，静待战机，选准攻击点，同时应耐心地听清楚对方的论点和论据，避开锋芒。

2. 李代桃僵

"李代桃僵"本意是指桃李共患难，以此比喻兄弟相爱相助，后来逐渐引申为互相顶替之意。在辩论中，当碰到一些在逻辑上或理论上都难以自洽的辩题时，可采用此法，引用新的概念来化解困难。李代桃僵的具体技法表现为偷换概念、转换论题、模棱两可等。

3. 机变应错

有时在口头论辩中可能失言，讲错话，这时应及时补错，否则有可能会成为对方攻击的把柄，使自己陷入被动。

应错的方法有如下几种[①]：

移植法。移植法即把错误移植在别人头上。可以这样说："这不是我的看法，而是别人的看法，我下面正准备驳斥这个观点。"这样对方就无法再次攻击己方错话，就此可趁势变被动为主动。

补充法。补充法即进一步引申、补充自己不恰当的话，使之变为正确。可以这样说："请等一等，我的话还没有说完呢，我刚才的话还应做如下补充……"这既挡住了对方的攻击，又修正了自己的辩词。

将错就错法。在察觉自己讲错话之后，应沉着冷静，顺势将错就错，巧妙地改变错话的含义，将其引向正确的表达方向。

（四）圆场高明

辩论进行时是激动人心的，双方都竭尽才智，一展辩才。无论结果如何，辩论终要结束，因此，辩论结束时也应有一个圆满的收场。辩论的收场，是及时从辩论氛围中跳脱，反思全过程，用得体的言辞协调双方关系的有益手段。

作为胜方，为巩固战果，要善于察言观色，机敏主动地缓和剑拔弩张的气氛，自我调侃，为对方留有余地。若盛气凌人，步步紧逼，会引起对方反感，失却胜者风范。

作为败方，应沉着冷静，迅速摆脱消极情绪，不要失去理智，在情感上保持必要的风度与冷静。若有服输的雅量，主动承认自己的失误、对方的正确，则更显出败方的气度。

须知，辩论的初衷并非为一决高下，而是通过辩论的形式，令话语越辩越清，令头脑越辩越灵，令真理越辩越明。

三、口才实训

1. 分析下述经典辩论运用了哪些辩论技巧。

（1）《庄子·秋水》：

庄子与惠子游于濠梁之上。

庄子曰：鯈鱼出游从容，是鱼之乐也。

惠子曰：子非鱼，安知鱼之乐？

庄子曰：子非我，安知我不知鱼之乐？

惠子曰：我非子，固不知子矣；子固非鱼也，子之不知鱼之乐，全矣。

庄子曰：请循其本。子曰"汝安知鱼乐"云者，既已知吾知之而问我，我知之濠上也。

---

① 示例引自 http://www.51yanjiang.org/post/6469.html。

（2）《公孙龙子·白马论》：

（客）曰：白马非马，可乎？

（公孙龙）曰：可。

（客）曰：何哉？

（公孙龙）曰：马者，所以命形也。白者，所以命色也。命色者，非命形也，故曰白马非马。

（客）曰：有白马，不可谓无马也。不可谓无马者，非马也？有白马为有马，白之非马，何也？

（公孙龙）曰：求马，黄、黑马皆可致。求白马，黄、黑马不可致。使白马乃马也，是所求一也，所求一者，白者不异马也。所求不异，如黄、黑马有可有不可，何也？可与不可其相非明。故黄、黑马一也，而可以应有马，而不可以应有白马，是白马之非马审矣。

（客）曰：以马之有色为非马，天下非有无色之马也。天下无马，可乎？

（公孙龙）曰：马固有色，故有白马。使马无色，有马如已耳，安取白马？故白者非马也。白马者，马与白也；马与白马也，故曰：白马非马也。

2. 判断下列案例属于辩论进攻策略的哪个方面。

1993 年国际华语大专辩论会决赛，关于"人性本善"的一段辩论：

正方：我倒想请问对方同学，如果人性本恶，是谁第一个教导人性要向善的，这第一个为什么会自我觉醒？

反方：我方三辩早就解释过了，我想第四次请问对方辩友，善花是如何结出恶果来的？

正方：我再说一遍，善花为什么结出恶果。有善端，但是因为后天的环境跟教育的影响，使他做出恶行。对方辩友应该听清楚了吧？……

反方：如果恶都是由外部环境造成的，那外部环境中的恶又是从何而来的呢？

3. 判断下列案例属于辩论防守策略的哪个方面。

俄国十月革命胜利后，愤怒的农民群众要烧毁象征沙皇统治的皇宫，列宁亲切地会见了农民代表。

列宁：农民兄弟们，你们要把沙俄的皇宫烧掉，这是革命行动，好，我支持你们！

农民：还是列宁同志理解我们农民！

列宁：不过，在烧掉这个宫殿之前，我有个问题想问问大家，行吗？

农民：列宁同志，请问吧！

列宁：这座富丽堂皇的宫殿是谁修建起来的？

农民：当然，是我们劳动人民呀！

列宁：那么，既然是我们人民修建的，现在就让我们的人民代表住，你们说，可不可以呀？

农民们点点头。

列宁：那还要烧吗？

农民：不烧了！

4. 观看辩论赛视频《世界听我说——两岸及港澳大学辩论赛（决赛）》（2017）。本场的关键词为"认知"，正方观点是"认识自己比认识他人更难"，反方观点是"认识他人比认识自己更难"。结合本节全部学习内容，谈谈你的观看感受。

5. 6～8人一组，自由组合为正方与反方，围绕以下辩题，进行辩论练习。

两岸及港澳大学
辩论赛决赛

（1）体育重在体还是重在育。

（2）美是客观的还是主观的。

（3）仓廪实而知礼节还是仓廪实未必知礼节。

（4）年轻人是梦想重要还是稳定工作重要。

（5）笑比哭好还是哭比笑好。

（刘路　撰写）

第三章 行业口才

第一节 概述

随着社会的分工与合作，形成了社会不同的行业领域。各个行业都有着特定的性质、工作对象以及活动范围。为满足特殊的行业内交际需要、提高工作质量效率，行业用语应运而生。

俗话说，"三百六十行，行行出状元"。要做行业内的"状元"，除精通专业知识、掌握职业技能、积累行业经验外，掌握专业术语与行业用语，规范职业表达，养成特定行业的口语风格也是不可或缺的。行业口才是进入行业领域、胜任本职工作的必备技能。

一、基本特点

1. 专业性

行业口才在一定行业内部使用，其突出特点是运用专业术语与行业用语。专业术语是对行业内特定事物、关键概念的称谓。行业用语是开展行业实践活动过程中使用的专用词语与习惯表达。两者均具有较强的专业技术性，一般"外行"难以理解，也较少使用。

2. 业务性

行业口才在内容上涉及特定职业的业务内容，在使用情境上，聚焦特定行业领域，受行业规范与部门职能制约。在表达时，对业务知识要求较高。

3. 依附性

行业口才不是独立的口语表达系统，专业术语与行业用语也不能自成独立的语言系统，属于全民共同语词汇的一部分。在行业交流与口语表达时，既应遵循汉语语言规范，也会涉及社交口才与通用口才的相关内容。

二、种类

行业口才涉及各行各业，分类没有统一标准。常见的分类有突出典型行业、专业情境的，如谈判口才、推销口才、主持口才、导游口才、应聘口才、教学口才等；也有凸显行业工作人员的，如教师口才、医生口才、军人口才、记者口才、外交口才、律师口才、导游口才、公关口才、乘务员口才和营业员口才等。

三、总体原则

1. 熟悉行业特点

行业口才具有较强的职业性与专业性，了解行业政策，掌握专业知识，熟悉行业特点，是行业口才训练的前提条件和基本要求。每一行业都有自己的工作范围、性质、任务、程序；有本行业的政策法规、职业规范、职业道德；有本行业的上下级关系及通用术语和专用名词。若对这些内容不了解或知之不详，行业口才就无从谈起。

2. 了解业务内容

行业口才具有完成业务工作的目的性，使用时必然涉及该行业领域的具体业务内容，了解并熟悉业务内容是提高行业口才的关键。

3. 掌握行业用语

各行各业都有适应自身发展的专业术语与行业用语。理解专业术语，使用行业用语进行交流，能够体现行业的规范程度，凸显使用者的行业素养，促进从业人员之间的沟通交流。

（匡昕　撰写）

第二节　面试口才

一、面试口才概述

（一）面试概述

面试是经过招聘方精心设计，在特定场景下，以面对面交谈与观察为主要手段，由表及里测评应聘者的知识、能力、经验等职业素养与个性特征的一种人事测评活动。面试，是询问应聘者的信息经历，是观察应聘者的仪态举止，是分析应聘者的心理素质，更是研判应聘者的综合能力。通过面试这种方式，应聘者与招聘者进行双向沟通，展示语言表达能力、思辨能力、处事态度等一些笔试不能显现的综合素质，加深了解，进而双方都可更准确地做出聘用与否、受聘与否的决定。对于应聘者来说，拥有出色的面试口才和高超的面试技巧，是谋职成功的必备条件之一。

1. 面试的内容与形式

面试的内容常涉及应聘者的举止仪态、专业知识、职业能力、工作经历与经验、口头表达能力、综合分析能力、反应与应变能力、人际交往能力、情绪与自控能力、工作态度、求职动机、兴趣爱好等。

面试形式根据应聘者的数量，可分为单独面试和集体面试。根据面试场景，也可分为常规面试和情景面试。根据面试次数，还分为一次性面试与多次分阶段面试。根据面试、试题及结果评定的标准化，同样可分为结构性面试和非结构性面试。

2. 面试的特点与作用

面试与其他人才选拔形式相比，具有显著的特征，如对象单一；以谈话和观察为手段；过程为双向沟通，具有直接互动性；内容灵活、多样、可变；时间具有持续性；评价结果具有主观性等。

与笔试相比，面试可以弥补笔试的不足，有效避免高分低能与冒名顶替等不良现象。也可以考查到文字呈现内容之外的仪态仪表、举止风度、口语表达、反应与应变等多方面素质特征。面试的双向沟通形式，使面试具有较大的弹性和灵活性，交谈问答可以因人而异、因时而异、因事而异，更能综合考查应聘者的知识、能力、经验、价值观及其他综合素质特征。另外，从理论上讲，如果面试设计精心、时间充足、手段得当，将成为测评应聘者品德、心理、智力等多方面素质的有效手段。

3. 面试前准备

在求职面试前，了解招聘单位的招聘目的及用人观，掌握招聘单位情况与岗位需求信息，明确自己的求职定位与应聘优势，是求职成功的重要保证，也是面试口才的前期基础工作。面试前应做好以下四项准备工作：

（1）信息准备

通过查阅招聘单位信息及需求岗位信息，了解用人单位企业文化观、用人观，面试目的，岗位需求及专业技能要求，这样有利于应聘者明确求职定位，有的放矢地组织语言材料进行口头表达。

（2）心理准备

要克服恐惧消极心理，保持乐观自信心态，要热情诚恳，也要稳重机智。一般来说，招聘者更倾向于具有友好、乐观、坚定、诚恳、坦率、有思想、轻松自然、机敏灵活、积极主动、有必胜信心、对工作充满兴趣、举止大方得体、准备充分等特征的应聘者。

（3）文书准备

求职简历与求职信是求职面试的"敲门砖"，是面试官在面试前掌握应试者情况的参考依据。撰写并提炼这些求职文书的要点，有利于应聘者进一步客观地评判自身，凝练出自身专业、水平、能力、特点等，真正做到"知己"。

（4）形象准备

面试形象就是一种无声的自我介绍。以最佳形象进行面试，就是要在服饰、装扮、发式等方面精心修饰，以展现自然大方的仪态仪表。另外，面试前要学习一些求职礼仪，如准时抵达，举止文明，尊重接待人员，注意谈话礼仪等，这也将有效提升面试效果。

（二）面试口才的原则

1. 合目的性

求职竞聘是主体有目的地展示自我的行为，面试口才重在有效推销，求职成功。因此，无论是面试中的自我介绍还是与面试官的问答都应该围绕成功求职这一目的，通过岗位需求、换位思考、正确认识自我等方式，在语言组织与内容表达上做到"合目的"。

2. 实事求是

"合目的"不能为达目的信口开河，必须实事求是，诚实表达。诚实是重要的品性与道德修养，是招聘单位非常看重的人格品质之一。

3. 简洁准确

面试时间有限，语言表达时应注意准确简洁，层次清晰，突出要点。要准确传达出自己的意图、观点、优势等，以便面试官快速准确获取所需信息。

4. 礼貌积极

面试口才是展现个人修养的有效手段，在口语表达中，要时刻注意说话的速度、语音的高度、语气的强度、感情的温度，要配合好表情手势，使用词语文明得体。在面试过程中，不争论、不插话、不纠正，更不能抱怨，要善用积极正面、富于建设性的言辞来表述。

5. 有据可依

事实胜于雄辩。面试口才忌泛泛而谈，更忌夸夸其谈，要用事例和数据进行例证。如利用修读课程、实践经历、能力证书、举措与方法、志愿服务时长等事实论据阐述所具备的能力水平。

二、面试口才技巧

1. 开场陈述，简明扼要

自我介绍常常是面试官在面试中提出的开场问题。应聘者在回答时应开门见山、短小精练；要突出长处，契合职位要求，善用具体生动的实例和材料说明问题。自我介绍时应避免语言空泛，啰唆冗沓，"我"字连篇，夸大卖弄，过分谦虚，得意忘形。

2. 注意倾听，思考作答

在回答面试官常规性问题时，一定先注意倾听，抓住提问要点，不要打断面试官，抢答抢话，要沉着应答。作答时，注意语音、语调与语速。

3. 层次清晰，言简意赅

面试表达不能长篇大论，应该有层次、有逻辑、有重点、有事例。可以先一句话阐述主旨概念或主要观点，然后再使用连接词进行分项例证。常见作答思路有："是什么——为什么""是什么——怎么做""怎么做——为什么""是什么——为什么——怎么做"。

4. 双向沟通，关注反馈

叙述和表达观点时，要随时关注面试官的神情态度与反应。面试官未听清时，要及时重复；困惑时，要解释或补充说明；感兴趣时，可适当延展；不耐烦或长时间冷漠时，最好尽快有策略地结束作答。

5. 坚定自信，机智应变

面对两难问题、无准备问题及非常规性难题、怪题时，要顶住压力，迅速调整好情绪，沉着冷静、自信作答。可选择引用事例、逆向思维、换位思考、机智反问等策略进行作答。求职者的坦然心态与灵活处置是展现自身智慧、性格、自控力、应变力、承受力的最好证明。

6. 适当提问，善始善终

据悉，90% 的用人单位在面试时希望应聘者提问，也往往会在面试结束前提问应聘者是否还有其他问题。应聘者要敢提问、善提问。要在恰当的时机以尊重诚恳的语气，提出一两个与求职相关的问题，如岗位所需人员的知识结构、能力水平、素质要求等，要提出有水平、有深度的问题，展现应聘者的智慧与幽默。面试结束后，要注意致谢、告辞以及相关礼仪。

撒贝宁面试主持
人一分钟简介

面试口才样例

三、口才实训

1. 职业岗位信息分析是求职面试的前提工作。请通过各种渠道，选择 5 个你感兴趣的岗位，收集、分析、整理并汇总该岗位信息，并针对自己的实际情况进行对照分析。表1、表2供分析对比使用。

表1 职业岗位信息汇总表

岗位名称	专业知识要求	专业技能要求	综合素养要求	特别说明

表2 情况比照表

目标岗位名称	职业能力要求	自身能力比照	职业素养要求	自身素养比照
（首选岗位）		已具备：		已具备：
		尚需努力：		尚需努力：
（次选岗位）		已具备：		已具备：
		尚需努力：		尚需努力：

2.分析下列求职者的面试应答①有何成功或欠缺之处。

问答一：

面试官："你今天为什么不穿西装？"

回答一："我平常就不穿西装，所以今天也不穿。"

回答二："我昨天本想买一套西装，但路上发现两套很好的书，于是花掉了准备买西装的钱。"

回答三："我从未穿过西装，但如果这个工作需要穿，我会考虑置办一套。"

问答二：

面试官："你是学××专业的，为什么要跨专业谋职？"

回答一："你们已经说明'不限专业'，所以我想来试试。"

回答二："据说，外行的灵感往往超过内行，因为他们没有思维定式，没有条条框框。"

回答三："我之所以跨专业谋职，是为了给自己提供一种动力，终生学习才不会被社会淘汰。"

回答四："我虽然学的是生物专业，但我更喜欢计算机，在校期间，我经常自学这方面的知识，而且两年前，就拿到高级程序员证书。这次又通过职业测评，咨询诊断结果是我做销售比较合适，而且我性格开朗，亲和力强，所以，我认为我完全胜任贵公司计算机市场开发工作。"

问答三：

面试官："你没有工作经验，你认为自己适合我们的要求吗？"

回答一："可是你们就是来招聘应届大学生的啊。"

回答二："听说有一只幼虎因为没有狩猎经验，而被拒绝在狩猎圈之外，你认为它还

① 王劲松.普通话与口才训练［M］.合肥：安徽大学出版社，2009：202-203.

有成长的可能吗？"

问答四：

面试官："我觉得你太乖、太听话了，恐怕不合适这个职位。要知道，我们经常会遇到一些很难缠的客户。"

回答一："再难缠的客户也要讲道理，我觉得这跟个性无关。再说，乖巧听话也是优点吧。"

回答二："我显得内向是因为我善于倾听，愿意把发言机会多留给别人，但并不表示我不善言辞，需要时我也能侃侃而谈。"

3. 阅读下面一则面试案例 ①，分析该应聘者求职成功的原因。

当柳工人力资源部的章在我的就业协议上盖下的时候，历时两个月的求职终于画上了完满的句号。这两个月里，希望与绝望、喜悦与失落相互交替着。我不得不承认得到柳工这个机会是运气加努力的结果，用"无心插柳柳成荫"来形容再确切不过了。

去年 11 月中旬的时候，我在柳工的官方网站申请了外贸跟单专员的职位。12 月上旬，接到柳工国际贸易部的电话，说给我发了一封邮件，要我做一下性格测试。一周后，通知我参加笔试和面试。到达指定地点，HR 要我做两份试卷：第一份是全英文的自我介绍、如何评价自己的学校以及关于信用证的优点和为什么会被广泛使用；第二份是关于市场营销的。

笔试完进行面试。推开门一看，八个考官围着椭圆形的桌子坐在一起，我心一惊："怎么这么多人？"不过我很快就恢复了平静，面带微笑地坐了下来。一个考官问我："你是学什么专业的？"我答："社会工作。"他愣了，苦笑一下，然后又望了望旁边的人，他们你望我、我望你。我想，他们一定在想："一个学社会学的来这里瞎掺和什么"。我一看他们都不说话，气氛相当尴尬，心想："不管了，豁出去了！"我率先打破僵局，说："其实不录用我没关系，我知道我是一个三流学校出来的学生，并且专业不对口，但是我想让各位老师知道，即使在这么不入流的学校，也会有优秀的人才，有这么上进的学生为自己的梦想在努力。"这时，尴尬的气氛被大家会心的笑声打破了。那个苦笑的考官笑着说："小伙子还真懂我们的心思啊，先自我介绍介绍再说吧！"

等我三分钟自我介绍后，他问："你所学的课程是什么？"我先说了"小组工作""社区工作"，他好像不懂，我就赶忙讲了"人格心理学""管理心理学"等五门心理学课程。他点了下头，对着旁边的考官说："这个不错哦，很适合做销售。"

"我看你应聘了两个职位，如果需要，愿不愿意从跟单做起？"

"作为一个应届毕业生，需要从基础工作开始做起，如果公司需要，我非常愿意从底层做起，并且我有自信能做好这个工作，虽然我不是科班出身，但是通过自学，凭我自己的专业背景和较强的英语口语能力，一定能胜任这份工作。"

---

① 彭红.口才与演讲［M］.北京：中国人民大学出版社，2013：200-201.

"除了简历上写的，你还参加过什么社会实践？"

"在学校卖耳塞，我把我的业务分两块，一块是耳塞事业部，一块是MP3事业部。耳塞事业部全部盈利，MP3事业部全部亏损。"然后我就把耳塞赚钱和MP3亏损的原因详细地描述了一遍，他听完后笑了笑。

几天后，一个电话把我从睡梦中叫了起来，"请问你是×××先生吗？我是柳工国际贸易部，鉴于您面试的出色表现，经领导决定，录用您为国际贸易部的正式员工。"

4. 在求职面试过程中，面对以下常见问题，你将如何作答。

·你最崇拜谁？

·你的座右铭是什么？

·谈谈你的缺点。

·说说你的一次失败经历。

·你如何规划未来的事业？

除了以上5个常见的问题之外，用人单位在校园面试大学毕业生时还常常问到以下问题①，现归纳如下，请认真浏览，并思考怎样回答。

·你对我们公司及你所应聘的岗位有哪些了解？

·你的学习成绩怎么样？能够提供一些参考证明吗？

·你曾经取得的最大成绩是什么？

·谈谈你对所学专业的理解，你在专业方面有哪些突出成绩？

·你有什么特长与爱好？你最自信的是你自己有哪些能力？

·你认为自己有哪些有助于成功的特殊才干？

·你是什么时候确立自己的研究领域的？

·请谈谈自己的个性特点。

·你喜欢演讲吗？你的沟通能力怎么样？

·你除了英语之外，还懂何种外语，熟练程度如何？

·你上大学时参加过哪些社会活动？有什么收获？

·你在学校社团活动中担任过什么职务？是否参加策划过公益活动？

·你坚持锻炼身体吗？你喜欢哪些体育项目？

·你认为自己在这个岗位上有哪些竞争优势？

·你觉得这个岗位应具备哪些素质与能力？

·假如公司的安排与你的愿望不一致，你是否服从安排？

·如果公司打算录取你，你能长期工作而不跳槽吗？

·你对公司不时加班怎么看？

·公司的规章制度较多较严，你能遵守吗？

---

① 李元授，白丁. 口才训练［M］. 武汉：华中科技大学出版社，2016：253-254.

·你能很快适应新环境吗？

·你喜欢与别人一起工作，还是独自工作？

·如果你与同事不能合作，经常闹矛盾，你打算怎么解决问题？

·你喜欢怎样的领导？假如你的上司常常批评你，该怎么对待？

·你未来三年的目标是什么？怎样实现这个目标？

5. 情境模拟。

以小组为单位，模拟面试全过程，包括招聘方进行面试设计与筹备，拟制招聘启事与面试题；应聘方进行面试前准备；面试现场；面试评价与招聘录取等环节。

（匡昕 撰写）

第三节 营销口才

一、营销口才概述

（一）营销的概念

曾经有人向营销大师菲利普·科特勒（Philip Kotler）请教：哪一个词语可以精准地定义营销？大师给出的答案是：需求管理（demand management）。根据这一理念，一般将营销定义为企业组织通过一系列市场调查论证，识别未满足的用户需求，估计需求量大小，从而确定细分人群和目标市场，并采用人为或非人为方式让用户了解，进而购买产品的专门活动。在营销活动中，生产者——营销者——消费者之间形成了一种紧密互联的特殊关系，而促进该关系形成、维系其平衡状态主要依靠语言。营销不仅仅是一种销售能力，更是一门语言艺术。营销口才就是运用一定的方法与技巧，向消费者引介产品、激发消费者的购买欲望，促使消费者接受并购入商品的言语交际能力。对于一名营销员来说，优秀的营销口才可以使其销售工作化繁为简，以简驭繁，助其赢取顾客信任，提升个人业绩，从而增强企业效益。可以说优秀的营销口才，是决战商海，驰骋职场的利器。

（二）营销的模式

传统的营销模式要求营销者与消费者面对面交流，且需要准备实体化商品用于介绍与展示。但随着时代的发展，尤其是互联网领域的迅速崛起，营销者与消费者的传统关系被彻底颠覆，根据营销所在平台及推介方式的不同，衍生出了多种营销形式，如电话营销、网络营销、社群营销、自媒体营销、短视频营销等。

（三）营销口才特点

1.有的放矢，目标明确

营销是极具目的性的商业活动，营销人员的目的是宣传、销售产品。在与客户沟通交流前应理清思路，预估效果；交流过程中，应针对客户信息，聚焦产品优势，有目的地输出语言，有效引导客户思维，激发其购买欲望。

2.热情真挚，远近有度

让客户接受产品前应先让客户接受营销人员本人。想让客户对自己产生好感，除了情绪热情、举止得体、态度和蔼外，营销员也应倾注更多心血在语言设计上。营销时所用语言应符合亲切柔和、热情真挚的整体特点。推介商品时，要坦诚细致，切忌草草了事，口不择言。营销人员在沟通情感层面亲密热络，在销售过程中重点突出产品优势，是可以被理解的。但与客户的关系要远近适度，有礼有节，不卑不亢，多用敬辞敬语，切忌与客户称兄道弟。展示产品时，不可吹牛说谎，传递不实信息。

3.逻辑清晰，简洁明畅

一些营销员经常因为语言啰唆、逻辑混乱而错失客户。优秀的营销员应学会控制语言的质与量，尽量做到简洁明晰，给客户说话空间。沟通过程中注意力高度集中，谈话逻辑清晰，突出重点，语言力避重复，切忌东拉西扯。

4.因人而异，因事制宜

每一次营销过程都是极为复杂的，营销人员处于不同营销场景，面对各式各样的客户，年龄、性别、职业、文化背景、社会阅历各不相同，这就要求营销人员所使用的语言要与场合相得益彰，更要投顾客所好。建议在沟通初期多听少说，善于观察，弄清顾客性格再发言，充分了解具体情况后再说话，切忌人云亦云，要有自己独立观点和想法。

5.富于变化，生动形象

在营销过程中，除了传递产品信息，营销员还要注意营造和谐快乐的沟通气氛。如果营销员的语言生动有趣且富于变化，一定会让沟通更加顺畅。建议谈话时所运用的词语要丰富，多用日常用语，巧用俗语、成语，语言要紧跟时代变化，适时使用流行热词，以拉近和客户的距离。也要把握时机运用修辞手法，如重复、夸张、比喻、排比等。让语言更生动，更具说服力；让抽象的产品信息具象化。

（四）营销口才训练步骤

1.售前学习，积累知识

完成一次成功的销售绝非易事。巧妇难为无米之炊，好的营销口才，一定是建立在深度了解产品、了解营销行业、了解客户需求的基础上的。一名优秀的营销人员，在销售前应多下苦功，广泛且又具针对性地学习行业及产品知识，要做到既有扎实的专业知识，又有过硬的专业技能。这样在销售过程中才能做到充满自信，对答如流，表述清晰流畅。

2. 摆脱恐惧，自信自立

营销交谈不同于日常与友人的闲聊，面对的是陌生客户，在沟通初期难免语无伦次，逻辑不清，交谈效果大打折扣。细究其因，无非"恐惧"二字。恐惧可能源于颜面问题，也可能源于对自己工作或自己与客户关系的理解不够透彻。建议在销售前熟悉产品信息、初步了解客户需求、面对面推介时应尽量提前到场熟悉环境。最后对自己以及自己的职业一定要有正确的认识，充分进行自我激励，自信自立。

3. 不断实践，不断进步

纸上得来终觉浅，绝知此事要躬行。对于营销人员来说，深厚的专业知识自然重要，但仅停留在理论层面是绝对不行的。应多与客户电话或面对面沟通，在实践中不断积累营销经验，可大大提高营销成功率。

二、营销口才技巧

1. 精彩开场，拉近距离

对营销人员来说，一个精彩的开场可以快速打开局面，拉近与客户间的距离，为后续销售的成功奠定良好的基础。一个精彩的开场主要包括三步：第一步，自我介绍。自我介绍是向客户推销、展示自己优势的过程。一个重点突出、大方得体的自我介绍，可以提高其在客户心中的印象分数，从而拉近彼此间的距离。第二步，表明来意。一些新手营销员，总因害怕客户拒绝而不敢直接表明自己的来意。其实开门见山、简洁明了、诚实坦率地表明，可以更好地把握时机，从而赢得客户好感。第三步，真诚赞美。每个人都喜欢听到赞美，客户也不例外。所以学会赞美客户，是营造和谐氛围，开场破冰的好办法。好的赞美首先要保证语言的真诚，其次要把握好言语尺度，再次要言之有物，最后要做好营销过程前中后三阶段贯穿式赞美。

2. 引起注意，激发购买欲

一个成功的营销人员首先思考的不是如何推介产品，而是如何快速牢固地抓住客户的注意力。建议设计形式多样、内容独特的引导问题，吸引客户注意，从而进一步获取所需信息，进而引发客户思考，为自己的后续营销争取宝贵时间。接下来要根据客户不同喜好与需求展示产品，沟通情感，摆事实、说事理，充分激发客户购买欲望。

3. 客观介绍，显优弱劣

推介产品是营销过程中的最关键环节。首先，营销人员要明确一点，其所推介的产品不会适用于所有客户，因此要不断寻求产品与客户的契合点，进行有针对性的介绍。其次，营销人员要认清一点，其要营销的产品不是无懈可击的，要尊重事实，客观阐述，让客户全面了解产品。但可以努力的方向是，突出产品优势与价值，在客户需求与产品益处间建立联系，激发客户的购买欲望。最后，营销人员要注意一点，商品的短处不是不谈就没有，那么在介绍产品时就需要"扬长避短"，但是"避短"不是隐瞒，而是要寻找合适的时机，间接婉转地告知客户并说明原因，切断产品劣势与客户需求的联系。

4.主动出击，曲线解决

客户对商品产生怀疑是在所难免的一种情况，相较于视而不见，更好的解决办法是营销人员主动出击，自己先把客户的疑问展示出来，并以自问自答的形式进行解释，主动消除客户疑虑。这样不仅避免了客户的不满情绪，也可以让客户对自己更加信任。当然，如果客户直接提出异议，营销人员应具备将客户异议转化为购买理由的能力，迅速将产品与客户利益挂钩，从而化解双方矛盾，最终促成购买。

三、口才实训

1.阅读以下营销口才示例，分析其语言优劣并进行点评。①

示例一

经别人推荐，小周请了两位朋友到镇上一农家小饭店吃海鲜。小周第一次来到这个规模不大的饭店，看到点菜台上琳琅满目的海鲜时，她忍不住一口气点了五菜一汤。

小周：这里的品种又多又新鲜，我还想再点一个葱油爆虾。

点菜员：（指着菜单，微笑地）您看，您已经点了五菜一汤了，足够三位吃了。

我劝您还是先别点，边吃边看，不够再点也不迟嘛。

小周：（感动地）那好，我们就先吃起来吧！

小周：（吃到一半，桌上还有很多菜。或许是真的很想吃，或许是表示对朋友的热情）点菜员，请拿米饭上来！我那个葱油爆虾还是点上吧！

点菜员：（端上米饭，看了看桌上）请稍等。

小周：（去买单，不解地问点菜员）你直到最后为什么没有给我上葱油爆虾呢？

点菜员：我看了看您那桌，点好的肯定都吃不完，再点了吃不掉不是浪费吗？如果打包回去，味道也不鲜了。这样吧，您若真喜欢我家的菜，欢迎下次再来吃！

小周：（大为感动）这家人真是朴实啊！人家都巴不得顾客多点菜、多消费，像这样站在顾客角度考虑的饭店还真不多。（对点菜员）你放心，今后不仅我会经常来你家吃饭，还会介绍更多朋友来！

点菜员：那就谢谢啊！

示例二

田先生到银行为公司办理存取款业务，本来有一笔钱需当天提走，但因另一个同事临时有事没来。他担心大额提取现金会有意外，又不想让公司损失利息，决定改成通知存款。当他来到银行窗口时，大厅里坐着许多人。

田先生明确说明了自己要办理的业务。

工作人员甲：（看了存款数额后）你这是大额存款，干吗非要通知存款啊？买××理财产品，利息不是更高吗？买吗？

---

① 刘伯奎.口才与演讲［M］.北京：中国人民大学出版社，2006：128-133.

田先生：（不悦地）我只办理通知存款这项业务，请不要推荐了。

工作人员甲：（对工作人员乙大声说）他是大额的，他要取现，改通知存款，我这里钱不够了！你这个办完给他办啊！

田先生：（回过头，看到许多顾客都看着自己，觉得又尴尬又无奈，来到工作人员乙的窗口，再次说明了自己的要求）

工作人员乙：你这么存，利息也不比××理财产品高啊，为什么要办通知存款啊？办这个吧！

田先生：（更加生气）不好意思，我只办这个业务。

工作人员乙：你存的××万元，是大额存款，要这样存，在通知当日必须来，否则就都按照活期计算利息了，知道吗？你知道我们××理财产品的规则吗？

田先生：（愤怒了）那么只好请你给我取出这些钱，我只能另找银行了！

示例三

李先生带着几位朋友来到一家餐馆，点菜时看见鱼缸中有一条肚皮朝上的鱼。

李先生：（不满地）你们这儿连死鱼也卖？

服务员：还没死呢，你没看见它还在喘气吗？

李先生：没死也快了。（对一起来的朋友）我看还是换个地方吧！

经理：（听见他们的对话，走了过来）瞧，那条鱼是在仰泳，当然，如果客人没有专门要求吃仰泳的鱼，我们通常只提供自由泳的鱼。

李先生：（忍不住笑了，打趣道）那我们点个会蝶泳的鱼怎么样？

经理：对不起，先生，我们这里的鱼都还没有学过蝶泳，要么这样，您如果有兴趣，不妨点个松鼠鳜鱼，因为这道菜既像松鼠又有点像鳜鱼在蝶泳。

李先生：那好吧，就点个松鼠鳜鱼。

2. 应对顾客的质疑与拒绝是营销员的必经之路，请根据以下情境给出解决办法。[①]

情境一

一位客户在观看一把塑料手柄的工具，然后问道："为什么不用金属手柄呢？那样更结实耐用。看来是降低成本了，甚至偷工减料。"

情境二

一位销售员在介绍了一个护肤品套系后，客户回复说："你给我介绍的这些产品，好是好，可是好好一张脸，抹上那么多层化妆品，还不得抹坏了呀？我身上什么东西都不抹，也没见皮肤差啊。"

情境三

一位客户在某家服装店闲逛，销售员根据顾客自身情况推荐了一些服装款式，但是顾客好像并不买账，对销售员说："就我这身材，我穿什么都不好看。你不必再费口舌了。"

---

① 高薇. 演讲与口才［M］. 北京：电子工业出版社，2018：202.

3.营销情境模拟 ①

（1）规定情境（包括但不限于以下情境，可创设情境）。

顾客到某品牌专卖店购买体育用品。

顾客到某商场购买护肤或化妆品。

顾客到某售楼部购买房子。

顾客到某健身中心咨询健身服务。

顾客到某少儿体能训练中心咨询培训服务。

（2）演练步骤（应包括但不限于以下环节）。

销售人员用礼貌用语接待顾客。

销售人员运用各种语言技巧推介商品或服务。

顾客在购买商品时有意产生异议。

销售人员想办法化解异议。

销售人员完成商品成交。

销售人员与顾客告别。

（项英　撰写）

第四节　教师口才

教师是教学活动的重要主体，在教学中发挥着主导作用。教师的知识水平、教学技能、共情能力以及心理等诸多因素都可直接影响教学质量和效果，其中教师的口语表达能力就是关键因素之一。想成为一名合格的教师，不应只是知识的搬运工，也应注重对学生个性品质的塑造及对知识困惑的解答，这三者都离不开教师的语言表达。因此，理解教师口才概念，了解教师口才特点与要求，学习相关训练方法，是掌握教师口才技能与技巧的核心内容。

一、教师口才概述

（一）概念

"教师"是指在各级各类学校直接从事教育、教学工作的专业人员。"口才"一词，最早出现在2000多年前的周朝。《孔子家语·七十二弟子》中写道："宰予，字子我，鲁人，

---

①　张静，周久云.实用口才训练［M］.上海：东华大学出版社，2016：271.

有口才著称。"这是关于口才最早的书面记载。① 口才在《现代汉语词典》中则被解释为"说话的才能。"②

教师口才，特指教师运用口语向受教育者传授科学文化知识、进行思想品德教育的才华与能力。毛泽东的老师徐特立曾说："当一个好教师，三分靠内才，七分靠口才。"这句话明确地指出要想成为一名教师，拥有一定的口才是必须的。可见话语表达能力对于教师职业的发展是极为重要的。

（二）类别

根据工作环境、内容及受教育对象的不同，教师的职业用语可以分为教学语言和教育语言两大类。

教学语言，指教师在教学过程中进行知识传递、教学反馈与教学评价时所运用的职业语言。教学语言种类繁多，依据标准不同，分类结果也不同。例如，根据主要教学环节不同可分为导入语、讲授语、提问语、结束语等；根据学科的不同，可分为文科教学语、理科教学语、工科教学语、艺术学科教学语等；根据教育层次不同，可分为幼儿教学语、小学教学语、中学教学语和大学教学语。无论按照何种标准，如何分类，教学语言都是为规范、准确、高效且有针对性地传递知识，激发学生学习兴趣，培养学生自主学习能力而服务的。

教育语言，指对受教育对象进行思想品德教育，规范学生在校行为，塑造学生个性品质时所运用的职业语言。根据不同的标准也可进行多样化分类。例如，根据受教育对象所呈现状态不同，可划分为个别教育语言和集体教育语言；根据想要达成目的的不同，可划分为批评语、表扬语、说服语、劝导语、激励语等。不同于教学语言对学生学习过程及学习效果的关注，教师的各类教育语言更注重对学生思想意识的引领及个性品质的调节与塑造。

（三）教学语言的特点

教师语言作为行业语的一个分支，除了具有行业语的通用特点外，还有着较为明显的自身特点，可归纳为以下四点。

1. 规范准确

陶行知曾说："学高为师，身正为范。"这句话突出强调了教师在教学过程中的强示范性。因此教师的教学语言必须具备规范性，主要包括三个方面：

第一，语音标准清晰。教师在教学过程中应将国家宪法规定的全国通用普通话作为主要教学语言，做到准确、清晰、流畅。

第二，遣词造句准确得体。教师在用词时应仔细斟酌，恰当使用。语言表达应符合汉

---

① 闻君，金波．现代口才实用全书［M］．北京：时事出版社，2008：1.
② 中国社会科学院语言研究所词典编辑室．现代汉语词典［M］．7版．北京：商务印书馆，2016：749.

语语法规则，逻辑清晰，无歧义。这样可增强语言表达力和生动感，更容易被学生理解，也更能激发学生学习兴趣，从而提升教学效果。

第三，学科知识信息正确无误。教学语言不同于日常生活用语，教学语言本身承载着大量的学科知识信息。教师在传授时应保证学科知识的客观性、准确性。

2. 明白易晓

教学语言在教学过程中不仅承担着将无声文字知识向有声语言转化的任务，还承担着将艰涩难懂的学科知识向通俗易懂的解释用语转化的任务。因此，教学语言应简单明了，善用短句，尽量避免使用晦涩难懂的语言，力争复杂问题简单化、简单问题形象化，提高教学效率，优化教学效果。

3. 形象生动

课堂教学可分为传统线下课堂教学和线上课堂教学。传统线下课堂教学时间和空间较为固定。在教学过程中，学生不易长时间保持注意力。近年来，新兴的线上教学形式，虽然教学环境局限性小，但由于师生无法面对面交流，学生注意力更易分散，互动形式也较为单一，难以吸引学生注意力。综合以上两种情况，教师应灵活使用新鲜活泼、生动有趣的教学语言，以活跃课堂氛围，激发学生学习兴趣，从而延长学生注意力的保持时间，实现较好的学习效果。形象生动的教学语言需要满足以下几点：首先，语音美。语言流畅明快，语调富于变化。其次，形式美。语言幽默风趣，尤其要注意遣词造句和修辞的运用。最后，内容美。语言中所承载的内容丰富且蕴含哲理。

4. 启发开悟

当前教育倡导以学生为主体，以教师为主导。教师的主导作用不是教师"一言堂""满堂灌"，而是体现为适时的噤声与放手，引导学生自主思考，培养学生的创造性思维。正如蔡元培先生所说："我们教书，并不像注水入瓶一样，注满了就算完事。最重要的是引起学生的兴味。做教员的，不可一句一句，或一字一字的，都讲给学生听。最好使学生自己去研究，教员竟不讲也可以，等到学生实在不能用自己的力量了解功课时，才去帮助他。"[①]

二、教师口才技巧

（一）导入语

1. 概念

导入语也称"开场白"。教学导入语是课程开始时教师最先呈现的与授课内容和教学目标相关联的语言。一段优秀的导入语可达到活跃课堂氛围、集中学生注意力、激发学生学习兴味、引导学生学前思考等多样化目的。

---

① 万里. 教师口语训练手册［M］. 北京：首都师范大学出版社，2008：1.

2. 类型

（1）呈现标题，明确重点

直接式导入语。教师书写标题，开门见山地指明本课教学内容、明确教学目标、呈现教学重难点等。此种方式简单易行，学生可快速获取课程信息，但缺乏设计，略显突兀，建议适当融合其他方式进行课程导入。

（2）创设情境，营造氛围

情境式导入语。教师运用形象生动的教学语言，描述与课程内容密切相关的客观事物或具体情境，让学生有身临其境之感，从而激发学生的学习积极性。该类导入语常常使用风格鲜明的词语，也经常运用修辞手法，如排比、夸张、对比、引用等。

（3）讲述故事，增加趣味

故事式导入语。教师用通俗易懂的语言讲述与课程相关的背景故事，或者根据授课内容创编故事，最终达到引出教学知识点、激发学生求知欲、拓宽学生思路、增强课程趣味的目的。

（4）设置悬念，激疑启智

悬念式导入语。教师有意在课程导入语中融入疑问，制造悬念，激发学生的思考欲望，强化学生的学习动机；或者是在进行课程导入时，教师直接提出与教学内容相关的问题，要求学生回答，推动学生深入思考。

（5）温习旧知，引出新识

通过带领学生复习已学知识，激活学生旧有图式，为接收新知识做好铺垫，为融合新图式做好准备。巴甫洛夫说过："任何一个新的问题的解决，都是利用主体经验中已有的旧工具实现的。"不难看出新旧知识之间的联系是极为密切的，掌握新旧知识的内在联系对于学生的后续学习是极为重要的。将温故知新理念在导语中积极融合，可使教学从易到难、循序渐进，降低学生的学习焦虑，帮助学生在回忆旧有信息的同时，高效吸收新知识。

（二）讲授语

1. 概念

讲授是课堂教学的最关键环节。讲授语是教师运用明白易晓的话语，系统、完整地传授知识，培养技能，塑造价值观的教学语言。它是运用范围最广、频率最高的一种教学语言，占有极为重要的地位。在现代化教学背景下，教师应积极思考"讲什么"和"怎么讲"两个问题。因此，教师在说清楚，讲规范的基础上，应力争突出重难点，保证知识传授的有效性。同时，教师应根据受教育对象的特点，调整语言状态，力求形象化，深入浅出。

2. 类型

（1）叙述型

教师主要运用较为平实的语言，采用叙述和说明的方式，围绕授课内容进行过程完整的表述，适用于展示过程、讲述知识、明确观念等方面。要求通俗、简明，无须过多地融入教师主观情感，也不必进行语言的外在修饰，做到逻辑清晰，表述准确且完整即可。

（2）解析型

解析型又称为"讲解"，教师采用解说的方式来讲授知识点的一种教学语言，重在对课程内容的解释、说明与剖析。教师可运用一些方法来把复杂的内容解析清楚，化繁为简，化抽象为具体，降低难度。方法有下定义、打比方、做比较、举例子等。

（3）归纳型

相较于解析型讲授语的具象化，归纳型讲授语则主张从感性上升到理性，由局部到整体，透过现象看本质，帮助学生跳出微观角度，站在一个相对宏观的视角上把握所学知识，重在复现、总结、推演等。正如叶圣陶先生所说："讲话的内容如果较多，时间较长，那么，也得在发挥完毕的时候，给学生一个简明的提要。学生凭这个提要，再去回味那冗长的讲话，就好像有了一条链子，把散开的线都穿起来了。"[①]

（三）提问语

1. 概念

"引导之法，贵在善问。"提问是教师在课堂上，根据教学内容、目标和基本要求设置独立或一系列问题进行问答的教学行为和手段，是课堂教学的重要组成部分。提问这一教学行为是否有效，提问语的运用十分关键，包括教师的问话、教师对学生回答的评价性反馈。好的提问语可集中学生注意力，反馈、调节学生与教师的课堂状态，培养学生的思考能力等。

提问语要目的明确，力争做到问有所获，杜绝目标不明、语意不清的无效语言。提问语要呈现得适时、适度、适量，教师应视教学对象的知识掌握情况或上课状态来选择呈现提问语的时机，难易要适度，应做到深文浅问，浅问深究，循序渐进。提问语切忌繁复冗长，总量不宜过多，且均匀分布于整个教学环节。提问语应点面兼顾，既要考虑到学生个体差异，有针对性地面对个别学生设计提问语，也要面向全体学生，以推进全体学生进行积极思考，实现共同进步。

2. 类型

（1）直接式

直接式提问语就是直截了当地正面提出问题，可以分为教师的自问自答和教师与学生间的发问回答，目的在于快速获取直接答案。其语言形式常为"是什么？""有什么？"等等。直接提问语言简意赅，目的明确，简单易操作。

（2）曲折式

曲折式提问语也称迂回式提问语，避开本题，不针对课程内容的难点和疑点设计提问语，而是顾左右而言他，从而达到"曲径通幽"之妙。此类提问语相较直接式提问语更富启发性，对教师的发问和学生的回答也提出了更高要求。

（3）连环式

---

① 张祖利.教师口语技艺［M］.济南：山东人民出版社，2013：59.

连环式提问语指教师根据课程内容的内在联系设计的一系列环环紧扣的提问语言。提问语言应紧扣知识内容，遵循一定逻辑，可由表及里、由浅入深、由近及远、由此及彼。在师生问答过程中，引导学生深入理解课程内容，培养学生连锁思维能力。

（4）发散式

发散式提问语即以某一关键问题为中心，派生若干相关小问题，逐一问答，各个击破的思路而设计的提问语言。该类提问语，可有效降低问题难度，缓解学生学习焦虑感，培养学生剖析问题能力，更有利于教学的顺利进行。

（5）对比式

对比式提问语的设计是对有一定关联且较为相似的知识概念进行呈现的提问语言，旨在比较各知识点间的异同。此类提问语可引导学生温故知新，训练学生思维的条理性，培养学生求异思维和求同思维能力。

（四）结束语

1. 概念

一篇之妙，在乎落句。[①] 一个出色的结尾，可使文章更加精彩，主题更加突出，思想更为深刻。结束语是部分教学内容或完整一课告一段落时，教师设计的一段结语。结束语是一堂成功课程的最后一步，如不精心设计，可能造成课程前段的努力功亏一篑。好的结束语应简洁明了，紧扣重点，也应妙趣横生，耐人寻味，旨在帮助学生整理本课所学知识，深化学生理解，引导学生进行开拓性思维，为后续内容做好铺垫。

2. 类型

（1）总结式

总结式结束语是指教师在授课结束时，总结概括本节课所学内容，梳理知识点。此类结束语需逻辑清晰，语句组织有条理，旨在帮助学生避免轻重倒置，让学生纲举目张，牢固地掌握所学知识。

（2）设疑式

设疑式结束语是教师在课程结束时，根据讲授内容及重难点知识，设置一个悬念性问题，可引导学生课后进行探究性思考，激发学生的求知欲。

（3）延伸式

每堂课的教学时间有限，教师无法保证将所有知识讲到练到，讲透练透，教师可以利用结束语，引领学生进行深入思考，帮助学生在新旧知识间建立联系，由点到线、由线及面，巩固所学知识，完善知识结构，培养创新思维能力。

（4）布置任务式

教师在课程结束时，运用结束语提出新的任务，给学生留出深化探究空间，任务可与下节课的新知识进行联系，起到承上启下作用。

---

① 　高林广. 教师口语实训教程［M］. 北京：高等教育出版社，2016：146.

三、口才实训

1.阅读以下教学示例，谈谈教师口才的特点与优势。

示例1[①]

在讲解"通感"的意思时，某位语文老师和学生的对话：

师："通感并不仅仅在文学作品中才被使用，实际上日常用语中，也常常有通感。比如，说某位同学的声音很粗，难道他的声音是有直径的吗？"

生：哈哈大笑。

师："看，现在每一个同学脸上都呈现出甜美的笑容。可是，你们绝不认为我是在说你们的笑脸是抹了糖的吧！"

生：点点头，表示心领神会。

示例2[②]

在上《大堰河——我的保姆》一课时，老师这样引入他的课堂：

师：我这个人有很多优点，有的优点大家一看就能发现。比如我朝这一站，瞧，身材不错，挺苗条；模样也还可以，挺潇洒的；这脸上优点更多了（微笑着指着自己脸上的痘痘），这个，这个，还有这个，共二三十个呢。看不到的优点也不少，比如我音色好，歌唱得很好，今天我就给大家唱一首歌。唱歌得有音乐伴奏。（老师打开多媒体音频，一曲沉缓、悠扬、深情、动人的笛子协奏曲，回响在整个教室中，一种动人的气氛形成了。曲名叫《遥远的思念》。）

（一曲结束）

师：古人所说的"唱和"的"唱"，实际就是朗诵。今天我给大家朗诵的是一首诗：《大堰河——我的保姆》。

示例3[③]

政治老师在讲解生产力和生产关系之间的关系，做了这样一个类比："生产力好比一个人的脚，生产关系就好比人脚上穿的鞋子。脚的大小决定鞋子的尺码大小，鞋子的尺码只有适合了脚的大小，人走起路来才能快步如飞，否则就会感到不适应。同理，生产力的发展水平决定生产关系的性质和具体形式，生产关系只有适应了生产力发展的要求，才能促进生产力的发展。在任何一个社会形态里的表现都是如此。"

示例4[④]

有一位小学体育教师，在一次课上教孩子们传接实心球。实心球较重，容易脱手落地。时值盛夏，这位教师灵机一动，问孩子们道："这两天，大家吃西瓜了吗？"孩子们齐声

① 高林广.教师口语实训教程［M］.北京：高等教育出版社，2016：124.
② 王劲松.普通话与口才训练［M］.合肥：安徽大学出版社，2009：255-256.
③ 王劲松.普通话与口才训练［M］.合肥：安徽大学出版社，2009：251.
④ 王惠生.体育语言［M］.南京：江苏教育出版社，1999：22.

回答："吃了!""好吃吗?""好吃!""让大家去搬西瓜,去不去?""去——!"接着他又继续引导学生一一答出:西瓜是农民伯伯种的,要爱惜劳动果实,搬的时候应当小心,应当双手用力捧住西瓜下半部。最后,他指着身边的一堆实心球说:"这些是农民伯伯刚送来的西瓜,大家搬吧!"孩子们愣了愣神,哄然大笑,而后兴致勃勃地传接起实心球来,传的人还对接的人说:"请你吃西瓜""请你吃西瓜"……

2. 教师口才步骤训练。①

（1）从本教材第一章中选择一篇文章,设计一段导入语并进行试讲。

（2）从所学专业的某一门课程中选取一个概念、原则或事理,设计一段10分钟左右的讲授语,进行试讲。

（3）任选一个研究课题,以本班同学为教学对象,设计一组提问语,一名学生作为教师进行模拟提问,其他学生回答。

（4）任选一个主题,设计两个不同类型的结束语,向全班同学展示,并说明设计理由。

3. 阅读以下材料,分析教练教学用语特点,根据自身学习经历再搜集两三个这样的体育教学用语示例。②

材料:有一位足球教练谈过自己的深切感受。他说:踢球的正确动作应当是先以大腿摆动带动小腿,膝盖垂直地面时,大腿制动,小腿迅速摆出,其速度越快,力量则越大,球速亦快。可是,许多初学者就是学不会,尽管我详加说明、大声呵斥,他们踢起来总是大小腿笔直,动则都动,停则都停,球场上的气氛很紧张。有一次,我一边注意观察队员的动作,一边苦苦思索纠正的方法,越看越气,越想越恼,不禁脱口喊道:"腿怎么像棍子一样!"不料,这一声"像棍子"倒挺灵,队员都笑了,而后十分注意避免腿像棍子,竟很快学会了正确的踢法。

4. 体育运动教学过程中的教师口才具有简明扼要、精练准确的特点,同时生动形象、新鲜活泼也是教师所追求的,如炎夏寒冬,学生情绪低落,怕苦怕累,教师可以及时插入"冬练三九,夏练三伏"这样的谚语,激励学生的同时活跃训练气氛。

（1）请搜集与"冬练三九,夏练三伏"类似的体育特色谚语。

（2）创设体育运动教学情境,结合体育特色谚语,设计可反映教师不同情绪（坚定、愤怒、激动、欣喜、失望等）的课程教学语言。

（项英　撰写）

---

① 张静,周久云.实用口才训练［M］.上海:东华大学出版社,2016:291.

② 王惠生.体育语言［M］.南京:江苏教育出版社,1999:21.